Kohoku
Kosei
Koto
Konan
Omi Area
Omi River

乾坤（けんこん）は十擲（じってき）、一期（いちご）は百会（ひゃくえ）。

近江ARS（アルス）が走りだす。

この本は、
松岡正剛と近江ARSの
仲間の活動と思いを
まだ立ち上がったばかりだというのに
あえて漏洩するものです。

私たちは近江が
秘めている本来と将来に
「まだ見えていない日本」の
可能性を感じています。

大小比歐

開示佛知見

見諸匯頂

仕新加三月十

傳法之主保大

德試葉葉秋受

丁宣鎮回歸

開起後財金

年仕後可一様

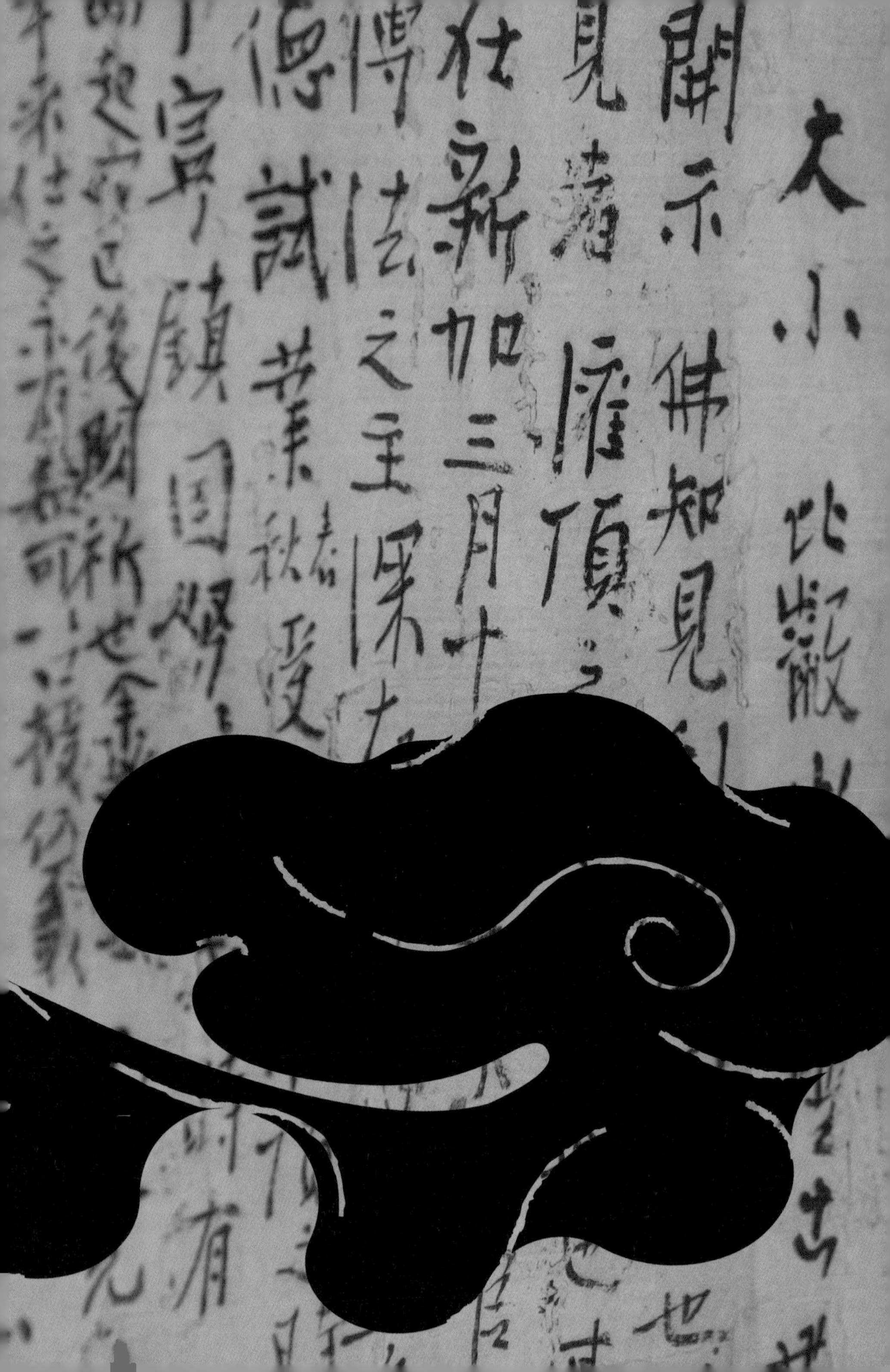

この可能性は
語ってみなければ形を
あらわさない。

伏(ふ)せてみないと、
あけられない。

たくさんのアートや才能との
コラボレーションが必要です。

近江ARSは
乾坤十擲、
一期百会。

みんなで組み上げたくて、
この一冊を編集しました。

近江ARS
いないいないばあBOOK

別日本(べつにほん)で、いい。

SEKAI...

Another
Real
Style

編著
松岡正剛

春秋社

目次

近江ARS いないいないばあBOOK

デザイン＝佐伯亮介

第四幕 別日本（べつにほん）を臨（のぞ）む

近江ARS十七景

松岡正剛

一

私の中の近江は父方の血が
湖北長浜にあることから始まっていた。
父は若くして京都に出て修行して、
やがて「お東（ひがし）さん」を背負っていた。

二

私の記憶の最初の印画紙には、
長浜の醤油屋の庭先、江若（こうじゃく）鉄道のレールの光、
木之本の山羊との戯れ、
竹生島の土産屋に降ってきた時雨（しぐれ）、
瀬田川で食べた蜆（しじみ）の味噌汁が
焼き付いたままになっている。

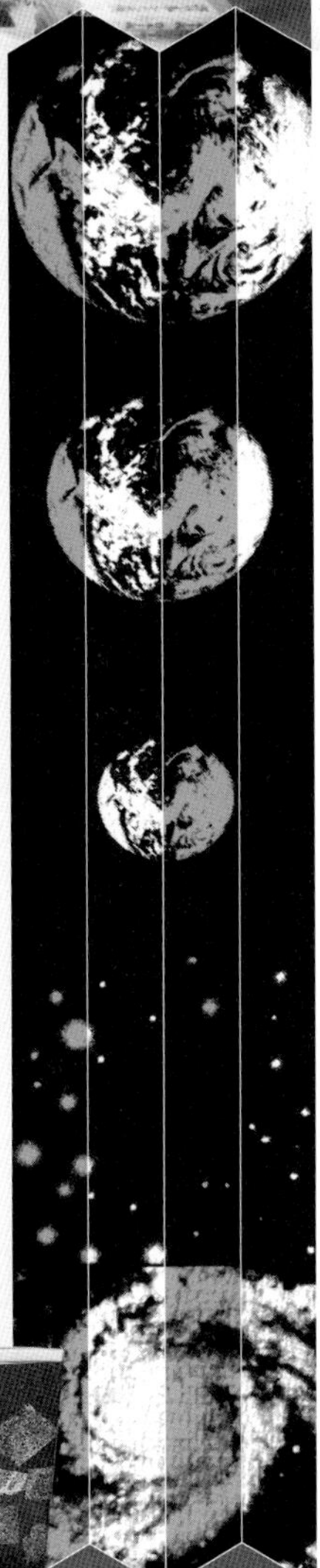

三

近江が印象的に近づいてきた機会が何度かあった。
家族とともに玻璃（はり）丸で琵琶湖一周をしたとき、
佐々木道誉のバサラ桜を知ったとき、
白洲正子の数々の近江紀行にしみじみ感じ入ったとき、
美術全集の取材で寂室元光の永源寺を訪れたとき、
日高敏隆が滋賀県立大学学長になってその祝いに駆けつけたとき、
芭蕉の幻住庵（げんじゅうあん）を訪ねたときなどである。

四

仏教は私の中の難問だった。
早くに親しんだものの、また私の最初の著書が
『空海の夢』であったものの、
仏教は襲ってもこなかったし、
こちらから攻め立てる手立てもなかった。

五

長らく仏教とは何か、
とりわけ日本仏教とは何だろうと考えてきた。
細部にとらわれているとも、停滞しているとも感じたが、
しかし哲学や宗教をどう眺めわたしても、
これほどの思想がほかにあるとは思えなかった。
ただ、あまりに野暮なものになりすぎていた。

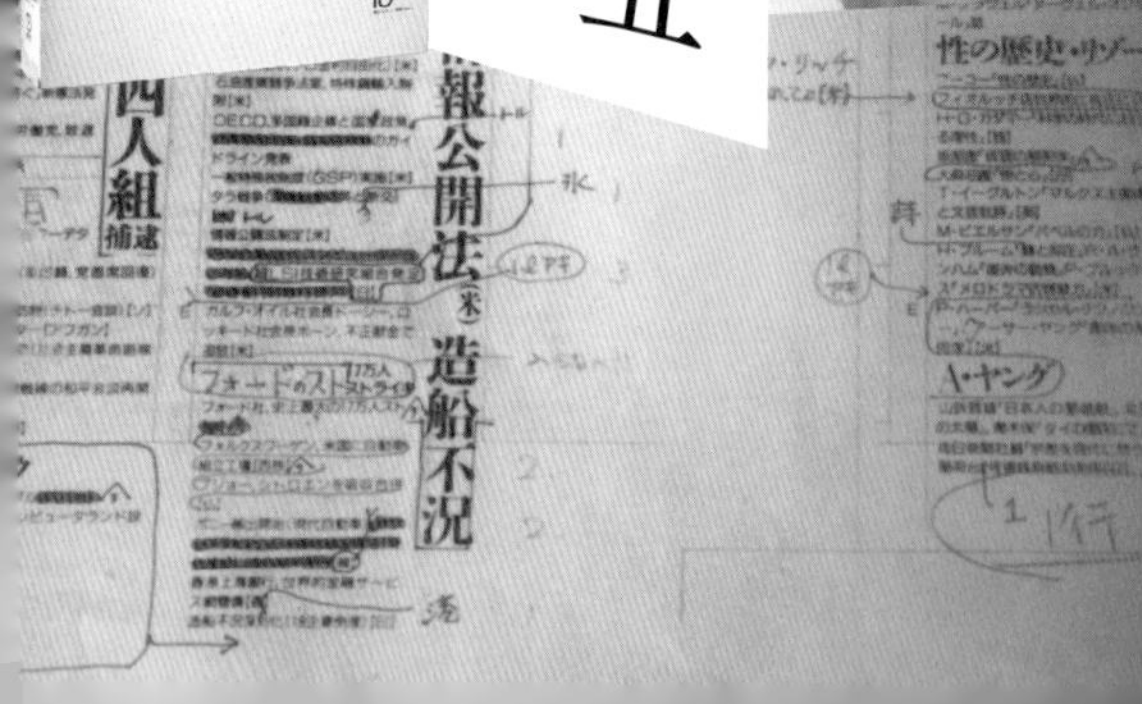

六

いつから日本仏教は「裸の王様」か
「バベルの塔」になってしまったのだろうか。
誰かがアンデルセンの童話を書くか、
日本の神仏グノーシスに向かうべきだった。

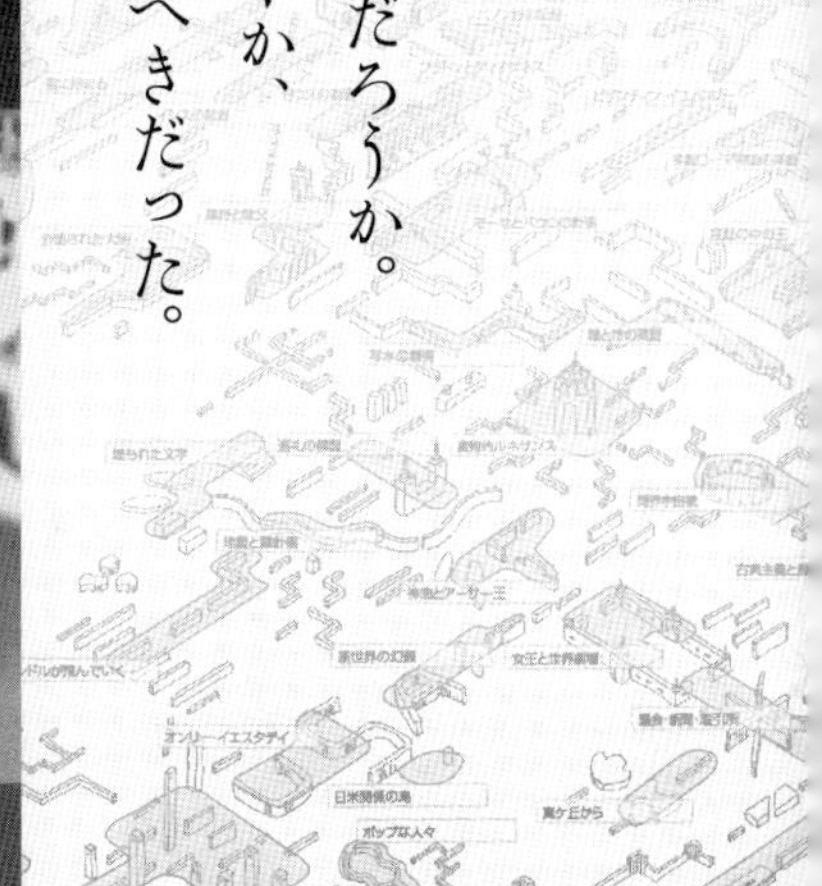

七

日本仏教は多くの文化や思想や
芸能と踵(きびす)を接していた。
私はかなり時間をかけて、
この隣人たちの踵と足跡を
詳しく渉猟(しょうりょう)することにした。
二〇年くらいかかっただろうか。
『日本流』『日本数寄』
『日本という方法』などを書いた。

八

あるとき、ギョッとした。ひょっとして私は京都の歴史文化にかこつけて日本を見すぎてきたのではないかと思ったのだ。宝ヶ池の京都創生シンポジウムで「いったん離れなくちゃね」と言った。樂吉左衛門（直入）、ワダエミ、金剛永謹と話していたときのことだ。三人が三人とも、うん、われわれもそうだったのかもしれないと応じた。ワダエミは、私はもう捨ててるわよと言った。

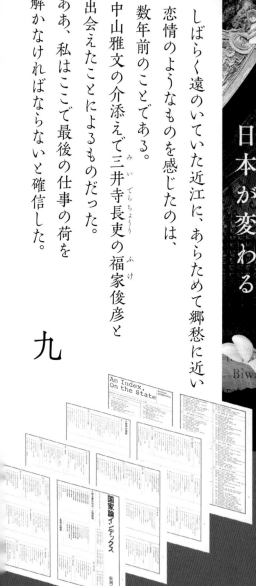

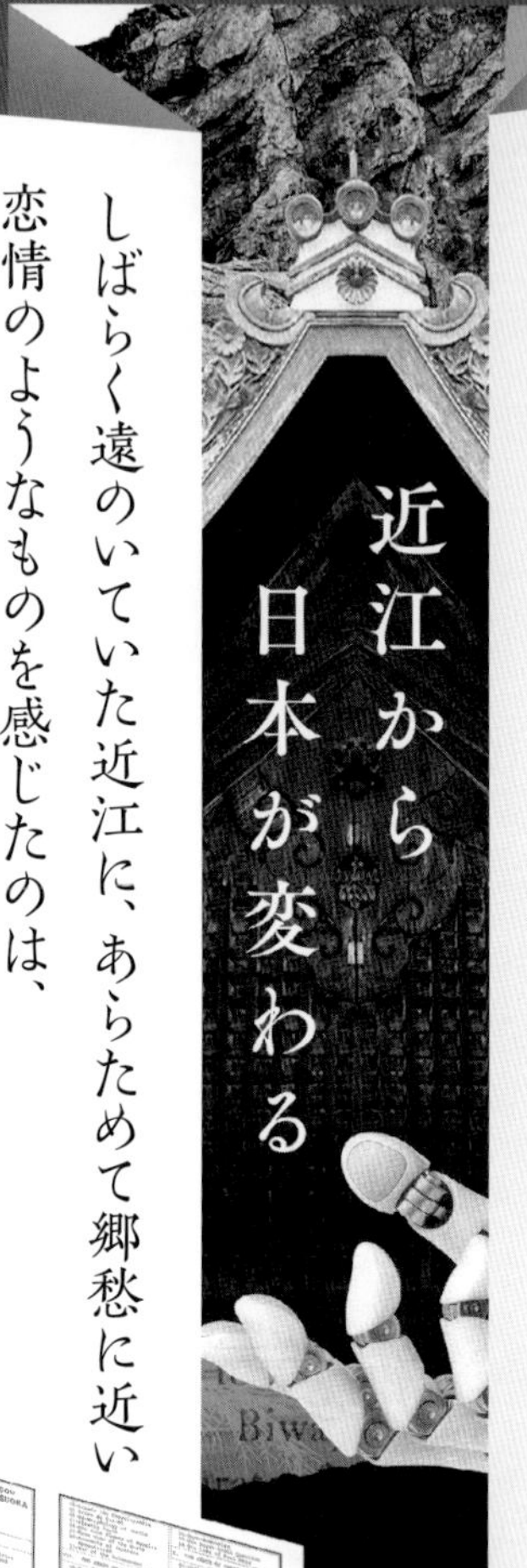

九

しばらく遠のいていた近江に、あらためて郷愁に近い恋情のようなものを感じたのは、数年前のことである。中山雅文の介添えで三井寺長吏の福家俊彦と出会えたことによるものだった。ああ、私はここで最後の仕事の荷を解かなければならないと確信した。

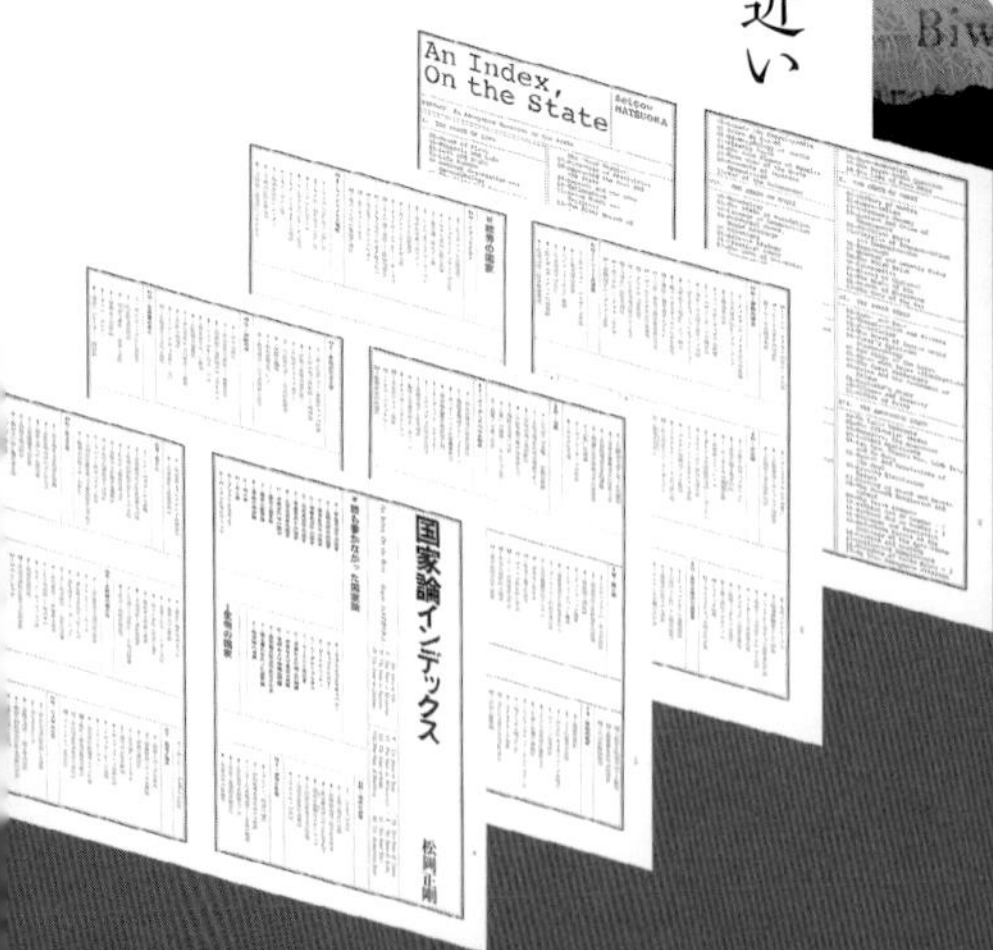

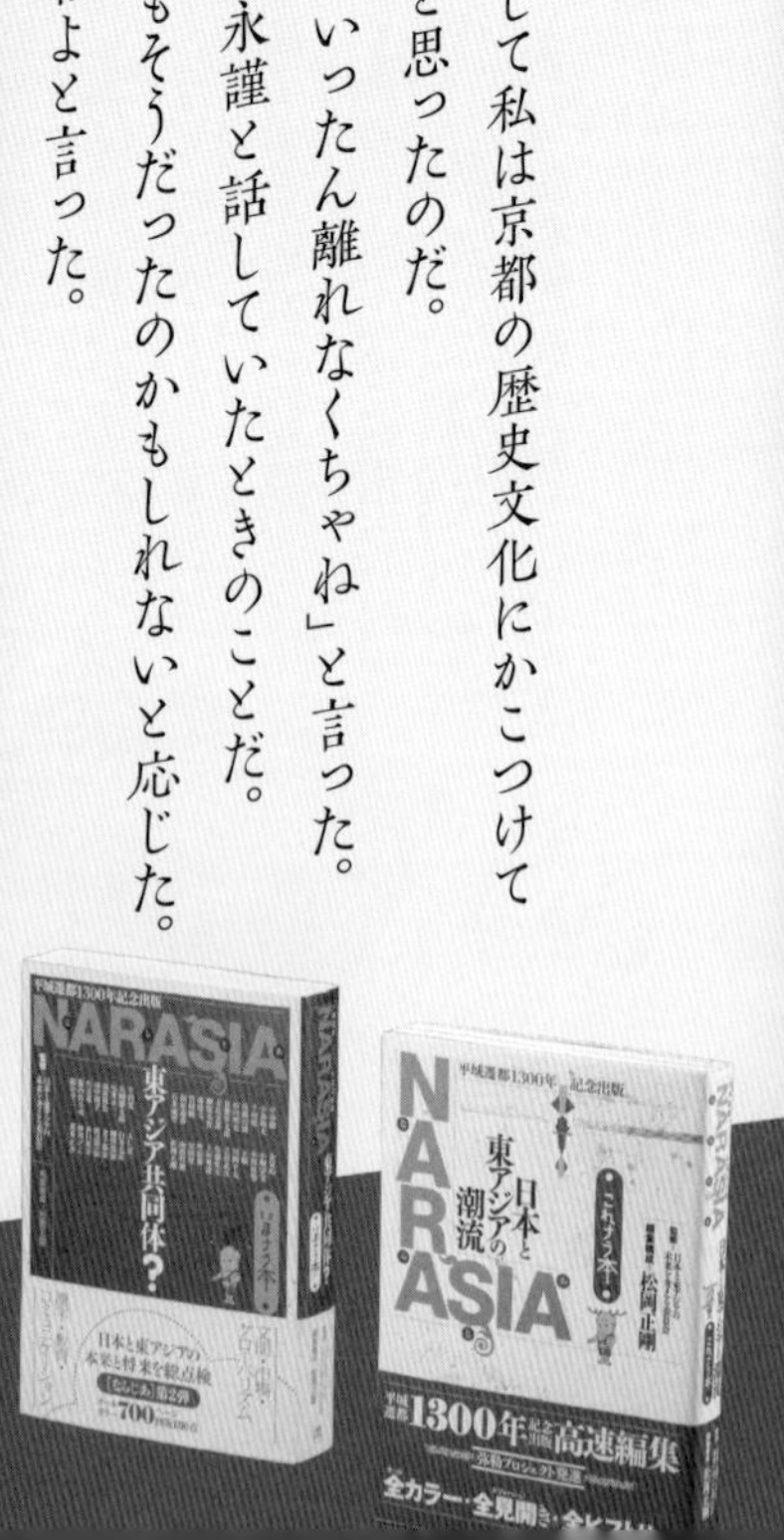

十

有志による近江ARSが誕生した。関蝉丸神社に詣でた。
この逢坂の関で、近江と京が分かれるのである。
また三井寺の別所をめぐった。
ここから比叡が都寄りと日枝寄りに分かれたのである。

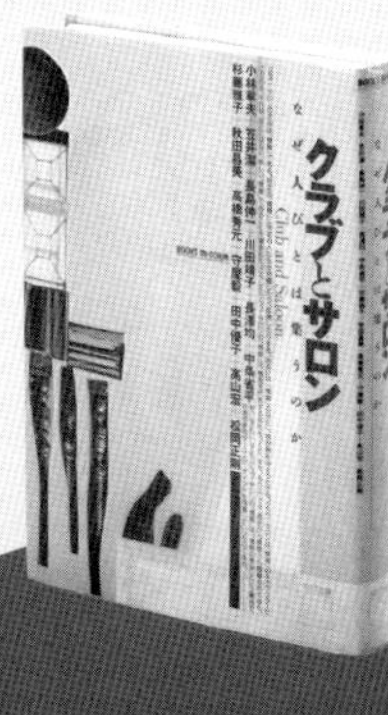

十一

近江ARSの活動は「別様のスタイル」を掲げるものにしたいと思った。
ARSはアナザー(A)・リアル(R)・スタイル(S)のことだ。
それとともにARSの本義であるアートでなければならないと思った。
別様を謳うアートだ。近江ARSのお披露目キックオフのステージに
大きく「別」という書を飾った。

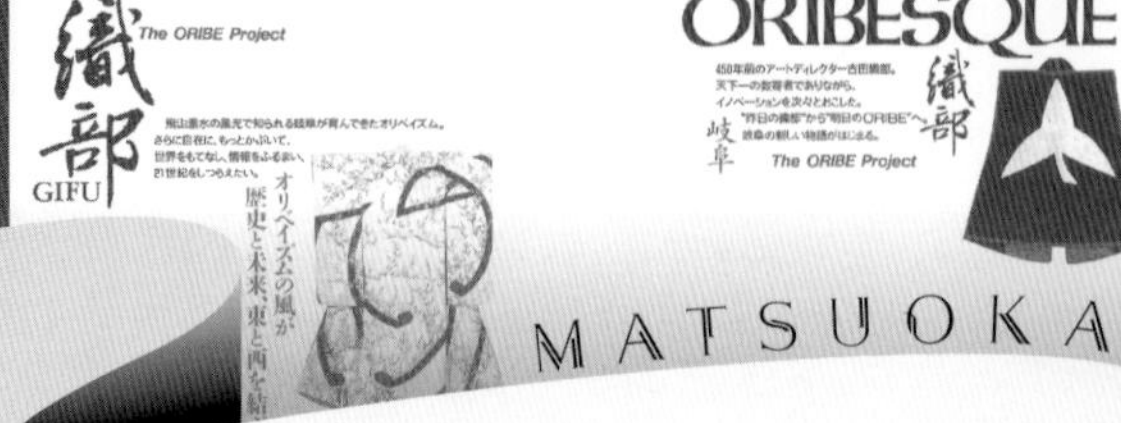

十二

近江には琵琶湖という別格がある。
ここからすべての空間が配置されている。
隈研吾に近江の空間に独特のクサビを打ちこんでいってもらうことにした。
近江にはたくさんの音がある。
本條秀太郎に音を拾い、奏でてもらうことにした。
近江は茶をもっている。
熊倉功夫と小堀宗実家元に数寄の文化を寄せてもらうことにした。

十三

日本仏教もアートを取り戻すべきだった。
そうなっていくには、日本仏教がどういうものかを
ある程度は理解しなければならない。
この「ある程度」が問題だ。
やさしく、わかりやすくすればいいわけではない。
日本仏教史の末木文美士に
連続講義をしてもらうことにした。
「還生(げんしょう)の会」である。

十四

いつか行事や祭りが生まれてくるといい。
そのための下地をつくりたい。
芝田冬樹の叶(かのう) 匠壽庵(しょうじゅあん)に節会(せちえ)を用意してもらい、
道具立てを横谷賢一郎に準備してもらうことにした。

十五

石山寺の鷲尾(わしお)龍華(りゅうげ)が座主(ざす)に就いた。
私は日本の寺の仏像の見せ方に不満があった。
石山寺と三井寺で「仏さん」が動きだすようなことができればいいと思っている。

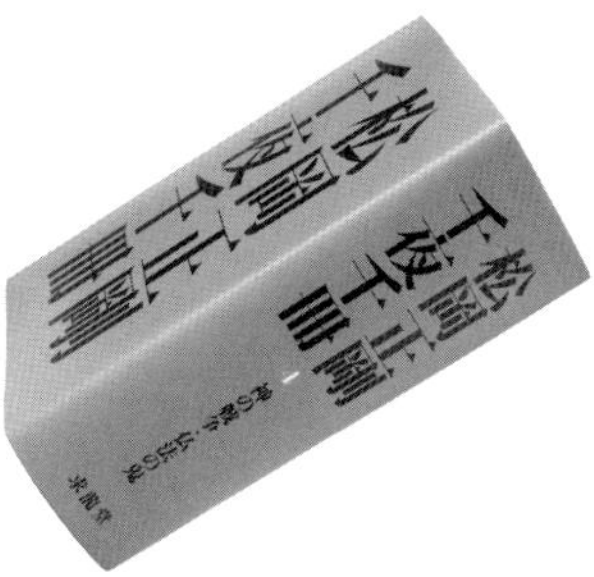

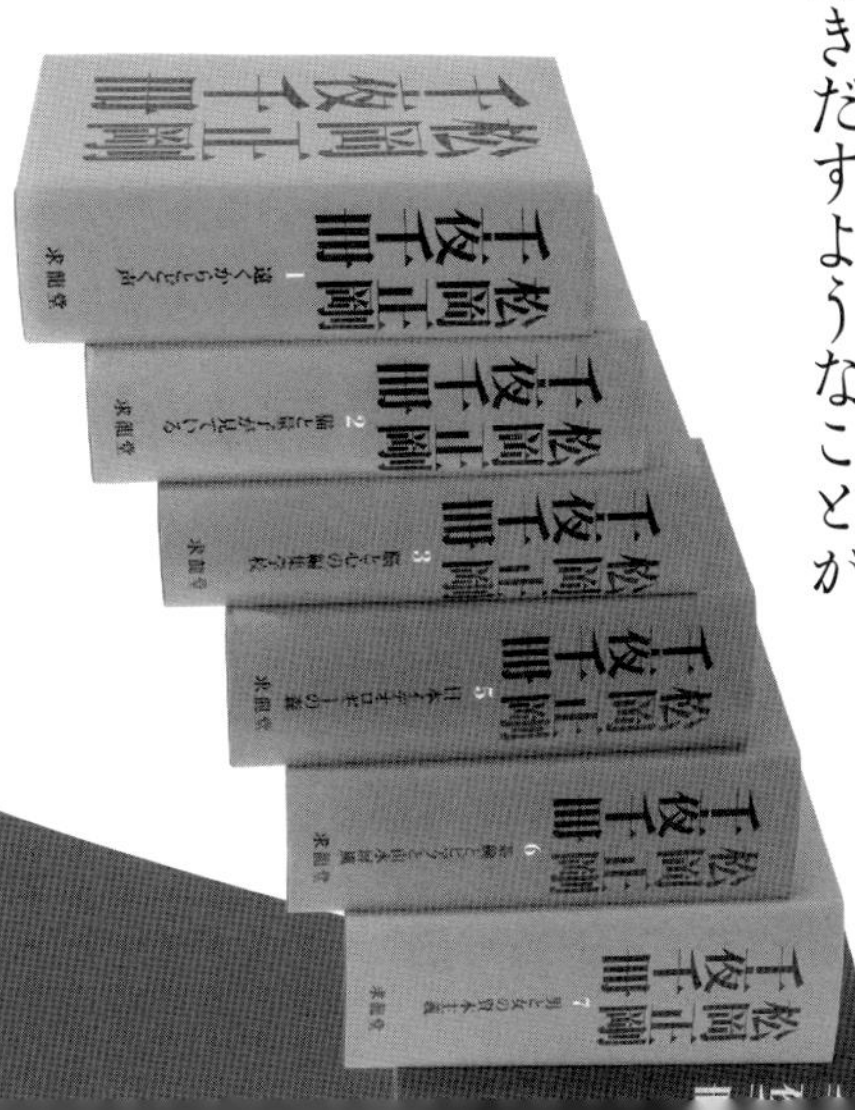

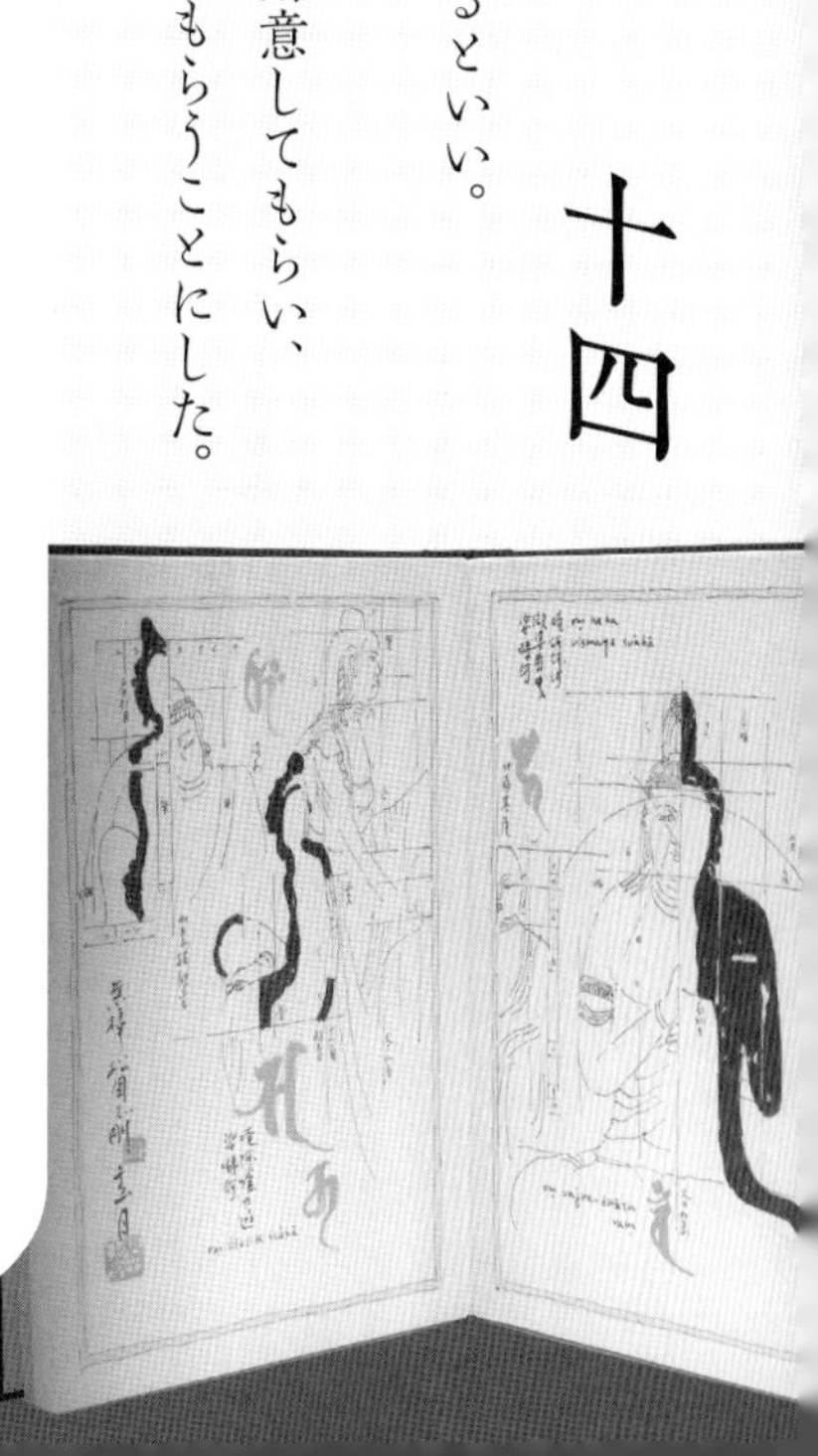

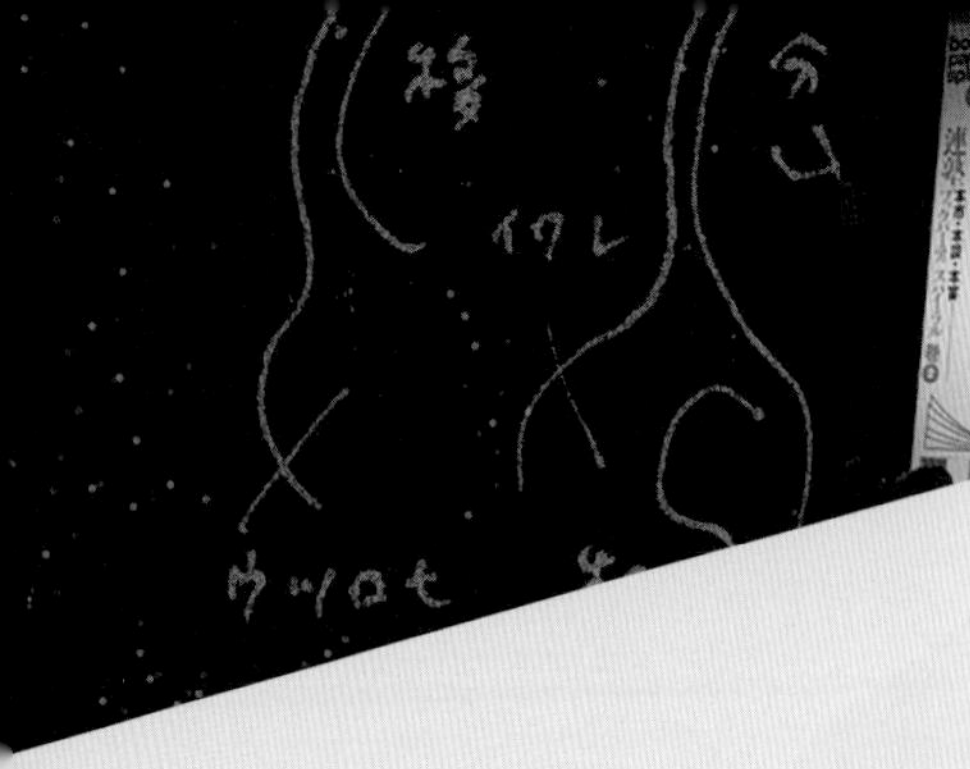

十六

近江ARSの準備と活動は、
できるかぎり映像を伴って語られる。
加うるに、さまざまな意匠やモードや
音楽がくっついてきたほうがいい。
川瀬敏郎、山本耀司、森村泰昌をはじめとする
多くのクリエイターに遊んでもらいたい。

十七

近江ARSは「別様の可能性」を求める。
第I期は、「仏教が見ている光景」として、
いま立ち上がろうとしている。
私の記憶の中の印画紙が滲みすぎて見えなくなる前に。

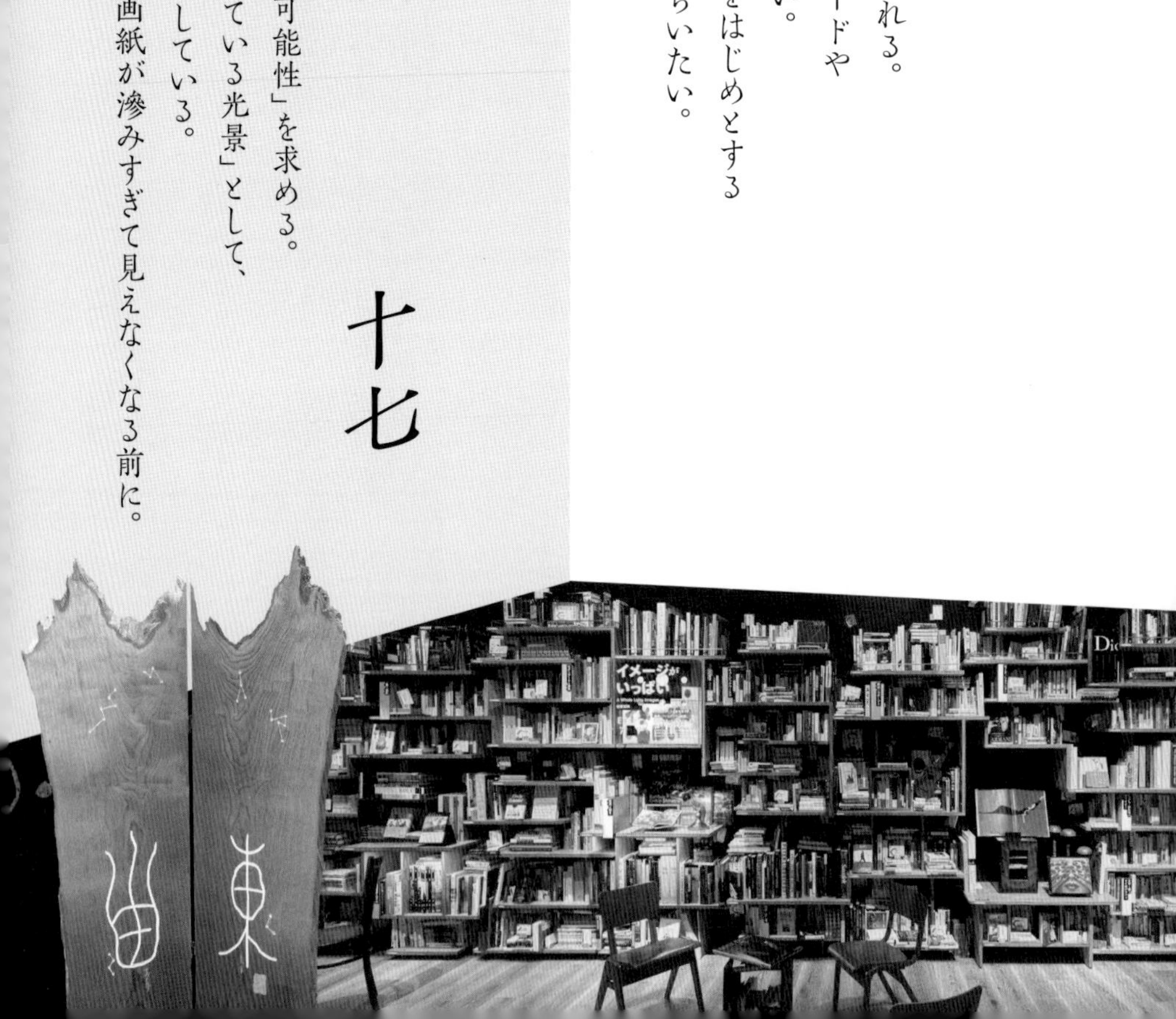

susabi
kochi
guest
HASHI
out
in
suga
sate
tokei
kon
seigow

第一幕

伏せて、あける

世界の語り方を近江から変えてみる

アルス・コンビナトリアと別様（べつよう）の可能性

松岡正剛

Matsuoka Seigow

セカイとは何なのだろうか。この文章の前半は、
世界に「別様の可能性」を感じるにはどうしたらいいのか、
そのことを思案してきた要訣と理由を手短かに説明するものだ。
出し遅れの証文でもあろうけれど、
この思索の束をカバンに詰めて、私は近江ARSに馳せ参じた。
後半は、近江をセカイとみなしたくて書いてみた。
片思いでなければいいのだが。

1／セカイは一つではない

友人の押井守（おしいまもる）に、『世界の半分を怒らせる』というエッセイ集がある。『GHOST IN THE SHELL／攻殻機動隊』や『イノセンス』などでアニメ映画に旋風を巻き起こした監督らしく、世界の半分を怒らせたっていいという憤慨と気概に充ちたタイトルだ。宮さん（宮崎駿）とはいまも対峙しつづけている。

また友人の吉福伸逸（よしふくしんいち）の遺文集に、これまた痛快な『世界の中にありながら世界に属さない』があった。バークレー音楽院出身のジャズベーシストで、ニューエイジ・サイエンスの翻訳やトランスパーソナル心理学の探求に従事した吉福らしいタイトルだった。

後述するように、セカイには「世界」と「世界たち」がある。これみよがしに品行方正を嘯（うそぶ）く「世界」にくらべると、いささか勝手で乱暴な「世界たち」は不均衡で危うい。押井は「世界たち」から「世界」を射抜き、吉福は「世界」の中に「世界たち」を穿った。

世界とは、われわれが属する自然・環境・社会・時代の枠組の総称である。ギリシア語ではコスモス（cosmos）、サンスクリット語はローカ（loka）またはローカ・ダートゥ（loka-dhātu）、ラテン語ではムンドゥス（mundus）、英語ではワールド（world）。中国語の「世界」（shìjìe）は「世」が時間を、「界」が空間を意味した。インド哲学や仏教では「三千世界」（三千大千世界）

とか「器世間」などと言った。日本語の習慣では「世」（よ・ゆ）あるいは「世間」とも言う。いずれも〈世界〉のことだ。

ただ、世界はわれわれを取り巻くすべてを示せる妙に便利な言葉なので、これまでいろいろな世界が想定されてきた。自然科学にとっての世界、地球儀や地図帳があらわす世界、神話が語っている世界、国家を成立させている世界、ユニヴァースとしての世界、小説や映画で表現される創作的世界、人々が生活する日常世界、通貨が入り交じる金融世界、デファクト・スタンダードとしての世界、コンピュータでつながっている世界、メタヴァースな世界、夢や幻想の中の世界……。いろいろだ。昆虫世界、世界観、世界史、第三世界、古典バレエの世界、ナースの世界、ＬＧＢＴＱの世界などともつかう。

それぞれ着ている服がちがうのである。乗っているヴィークル（乗りもの）もちがう。そこでこれらをついつい片仮名やアルファベットで「セカイ」とか「SEKAI」とかと綴っておきたくもなる。とはいえセカイと綴ったからといって、そのままほったらかしたままでいいわけはない。自分や家族や仲間たちが属し、民族や政治や会社が属しているセカイの特徴を弁（わきま）えておく必要がある。旅に出ても、小説を書いても、家を建てても、ポップソングを作っても、セカイは顔を出す。この顔のことをワールドモデルという。

江戸歌舞伎には「世界定め」という約束事があった。向こう一年の演目を立てるにあたって、狂言作者・太夫元（たゆうもと）・帳元・座頭役者らが一同打ち揃って翌年の演目の土台になるセカイを定めたのである。

時代・お家・世話・男伊達（おとこだて）といった大分類から然るべきワールドモデルとしての「世界」を選びだし、曽我物・六歌仙物・太平記物などの「世界たち」を決める。二代桜田治助の『世界綱目』によると、ざっと百をこえる大世界・中世界・小世界が用意されていた。

歌舞伎づくりでは「世界定め」が決まったら、次は「仕組」と「趣向」を組み立てる。仕組は主として序破急のアレンジをどうするかという工夫のことで、趣向は「事」のパターンフォーメーションをどうするかということだ。荒事・浮世事・金平事（きんぴらごと）などの「事」を組み合わせていった。この「事」がものを言う。仕事の事、大事の事、無事の事、事件の事、事実の事である。

私の仕事は「編集」だ。いろいろのモノやコトを編集するのだが、つまり編集でものを言うのだが、編集にあたっては、私と編集チームなりの「世界定め」をするようにしてきた。たんに編集するのではなく、セカイにかかわる編集をしたかったからだ。そうしたいと思ったのは20代半ばのことだったのだが、さてセカイをどう考えていけばいいのかが、当時はまだわからなかった。そこで、セカイを知るための準備作業にとりかかった。ざっと10年ほどをかけた。準備作業は大きくまとめれば、二つある。

[A]「世界設定」をめぐる歴史にはどういうものがあったかを、できるだけ広く、ときに委く（くわし）見る。これは世界史をやたらめったら見極めていく作業となった。[B]個々に際立つ「世界たち」を見いだし、そのセカイがどのように表現されているのか、そのコード（構成要素）とモード（仕上がり様式）の按配を知る。このためには建築や文学やアートや映画などと出会うのがいい。

この二つだ。かんたんに説明する。若気の至りの私がどんなふうにセカイにとりくんできたかが、見え隠れするはずだ。

［A］の世界設定をめぐっては、古代文明がとりくんだ仕組とコンセプトと制度に学ぶことにした。

たとえばエジプトやオリエントの神話、シャーマニズムとアニミズム、諸子百家の見方のちがい、ユダヤ教の歴史、王権思想と制裁法の出来ぐあい、各民族や部族の言語システム、穀物生産の重視、ヒンドゥイズムとカーストのありかた、タオイズムと儒教がもたらしたもの、占星術や錬丹術の役割、ギリシア哲学および数学の登場、六師外道と仏教の意図、医療感覚と生死の思想などが、何をその後のわれわれにもたらしたのか、そういうことを学ぶ。

その後の植民地主義や産業技術革命や資本主義や核開発など、また歴史学や社会学をはじめとする学問が何を世界観にしようとしてきたかということも看過できないのだが、世界設定に関しては、今日のインターネット時代のGAFAや生成AIの登場にいたるまで、その中身は古代文明の蒸し返しであることも少なくなく、私はどんな時代の「文明の力」と「文明の病気」も、たいていは古代文明の世界観からの照射をもって眺めるようにした。だから基本的なことは古代に学べば十分だった。

占星術で使われてきた
黄道十二宮のホロスコープ

ただし例外がある。でっかい例外だ。それは「科学」（ときに技術を含む）だ。科学にはいろんな特徴があるが、思想などと異なる一番の特徴は、時代が進むにつれて大幅に刷新されていくことにある。それゆえ古代文明の用語や思考方法では科学的思考のプロセスは説明できない。とくに物理学的世界像、生物学的世界像、および脳科学が示す見地については、つねに新たな展望のもとで検討せざるをえない。私もやむなく10年に一度ほどそれらの成果を素人なりに棚卸ししながら、展望を切り替えてきた。科学は10年もたつと様相が変わるのだ。

［B］の「世界たち」探しをめぐっては、文明ではなくて、もっぱら「文化」あるいは「表現」に注目した。

たとえば屈原の楚辞（そじ）の作り方、グノーシスやカバラの思想、人麻呂や紀貫之の表現方法、ベネディクト修道院のありかた、慶派の仏像づくり、バッハのフーガ、長次郎の陶芸、ベルニーニのバロックの手法、本居宣長の思索、八大山人や浦上玉堂の水墨画、ディドロの百科全書、バルザックの小説、エジソンの電球、ディアギレフのロシアバレエ、漱石の苦悩、エイゼンシュテインの映像主義、クールジャズの出現、ジャン・コクトーのＬＧＢＴＱ、手塚治虫のマンガづくり、コカ・コーラの広告、ボードビルの流行、ピンクフロイドや井上陽水の歌、フランシス・ベーコンのタブロー、ウォークマンの出現、映画『ブレードランナー』の出来ばえ、ヴィヴィアン・ウエストウッドのファッション、独特の料理のメニューとレシピ……。こういうものに「世界たち」を認めていくのである。

大きい文明に対して小さな文化（作家行為やサブカルの動向）を称揚するというのではない。

世界とたくさんの世界たち

❷

❸

❶

キリスト教の王権を象徴する❶宝珠（オーブ）。まさに「世界」を表すシンボルだ。歌舞伎は「世界定め」により無数のコトを生む。❷は豊原国周作「暫」。
❸押井守監督『GHOST IN THE SHELL / 攻殻機動隊』から派生したキャラクターの思考戦車タチコマ。
❹バッハの自筆譜。フーガは旋律が二重、三重となって追いかけっこするのが特徴。
グラフィックデザイナー・杉浦康平の造本哲学は❺「二即一即多即一」である。「一であり多である」という本の奇妙な性質は、世界と知の関わり合いの本質を写し取っている。
❻シェイクスピアゆかりのグローブ座（2代目の建物）。地球座とは意味深な命名だ。
人類は誕生以来、土地を好きに切り取ろうとしてきた。❼世界地図の中で最も正確とされる舟形多円錐図法。

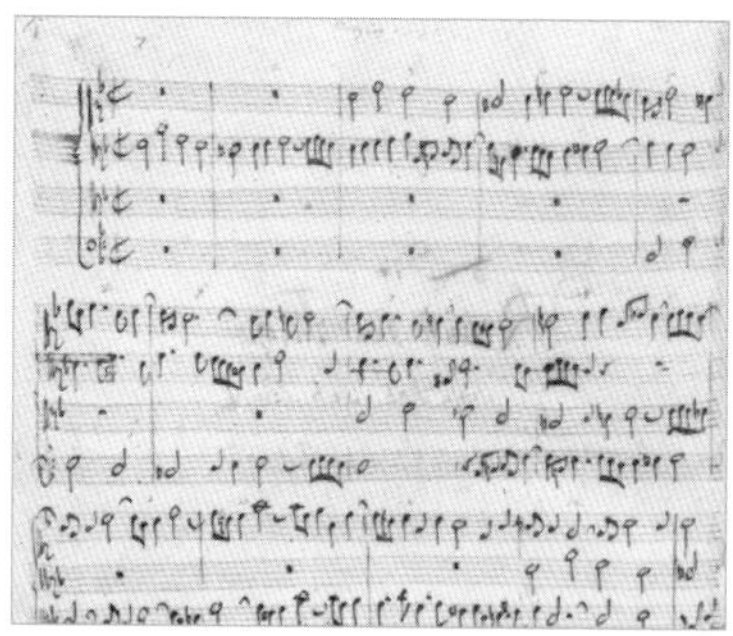

❹

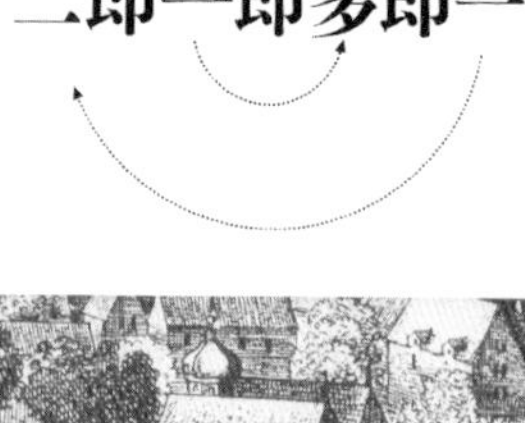

❺

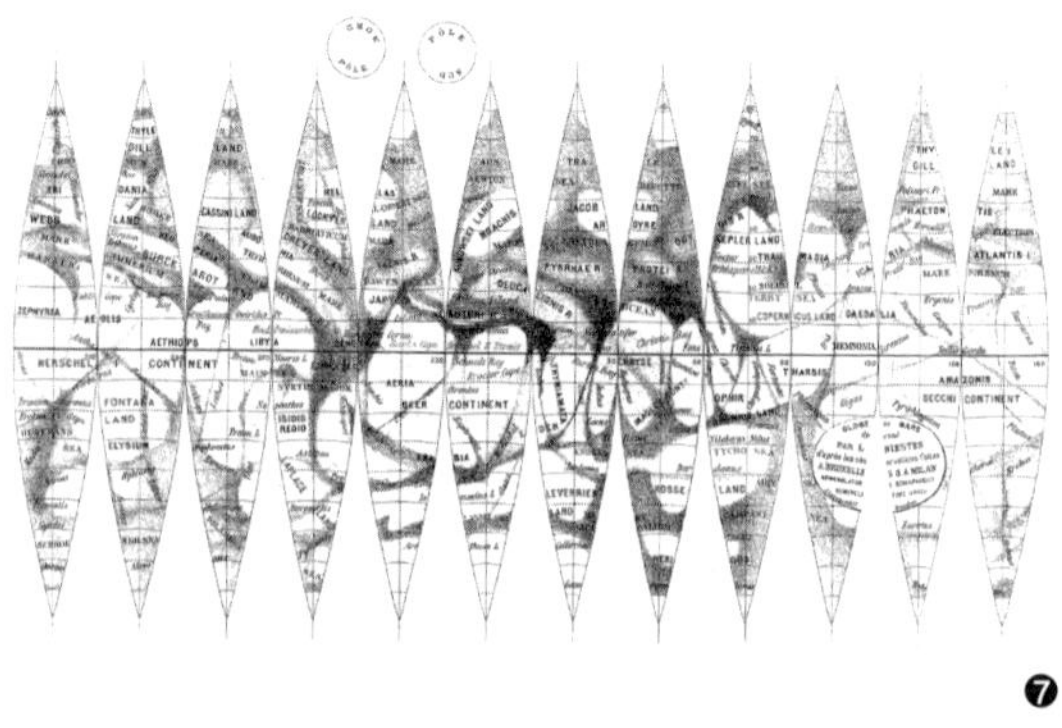

❻

❼

一つの個性あるいはチームの表現行為に漲(みなぎ)るものに、新たな編集力の突起を積極的に認めていく。とくにその文化のモードが示すスタイルと既存モードからの逸脱のセンスに注目する。それらを通じて、私はマルチモーダルなモダリティ（様子）をいつでも発揮できるように準備した。

2 抱いて普遍、放して普遍

ここで、あらためて大事なことを言っておく。「世界」と「世界たち」はべつもの、、、であるということだ。「国連」と「地方」が、「FIFA」と「サッカークラブ」が、「経済」と「商品たち」が、「宗教」と「信仰する」がべつものであるように、「世界」と「世界たち」はべつものなのである。

品行方正（つまりはコンプライアンス）を言いはる「世界」は普遍性を抱え、一方の、好き勝手に走りがちな「世界たち」は個別性を放つ。二つのセカイの出来ばえは、同じようにセカイを相手に何かをあらわしているようでも、別々の特徴を発揮する。別々のロジックや別々の感情でできている。

ここが大事なところなのである。われわれはついついセカイはグローバルな「世界」だけだと想定してしまうけれど、「世界」に届しない「世界たち」はいくらでもありうるのだ。

もっと踏みこんでいえば、普遍にはカントやヘーゲルがめざしたような「抱いて普遍」もあるけれど、夏目漱石やガルシア・マルケスが試みたような「放して普遍」もあるということだ。世界に近づきたくて普遍を抱くのではなく、その世界から離れたくて普遍を放すことがあるものだが、それもまた普遍の説明になりうるということだ。「世界」だけが普遍を自慢しないほうがいい。個別性に向かっているようで、「世界たち」がときに普遍を気付かせることも、いくらだってありうるのだ。

私は多くのモノやコトを「世界」の歴史から学ばなければならないと思ってきたけれど（さすがに世界史にのめりこんだけれど）、ふだん応援すべきは（数寄の対象になるべきは）、［B］の「世界たち」のほうがいいかもしれないと、意図的にみなしてきた。普遍性を広げる使命を行使したがる「世界」派（抱いて普遍）よりも、個別に突起する「世界たち」派（放して普遍）のほうが、しばしばずっと鋭いからだ。わかりやすくいえば多数決よりアミダ籤（くじ）、グローバルよりローカル、アポロンよりもディオニュソス、国連よりマルチチュード、全景山水より辺角山水（残山剰水）、大学より私塾、フルコースよりお好み、なのである。

以上のこと、当然、私が近江に馳せ参じたくなったことと、密接にかかわっている。近江は「放して普遍」から「抱いて普遍」を突いていく。

ついでながら、こんなところで急に言うのも唐突だろうけれど、日本というセカイにも「日本」と「日本たち」の両方が必要だ。

日本は連邦でも合衆国でもないけれど、実はJapanというよりも、むしろJapans（日本たち）

と捉えたほうがいいように思われる。この言い方は『吉田茂とその時代』や『敗北を抱きしめて』を書いたMITの政治学者ジョン・ダワーが言い出したものだった。

公家と武家とがちがっているからではない。幕府と諸藩がちがっているからでもない。明治政府が薩長土肥で仕組まれたからでもないし、大日本帝国がGHQによって解体させられたからでも、保守政権が自民党だけで自立できないからでもない。おそらく日本はもともとJapansっぽかったのである。それが「分かれて百余国」のあたりからのことなのか、それとも伊勢神話と出雲神話が併立するようになってからのことなのかはわからない。

しかしながら、それらのことを含めて、南北朝のときも、鎌倉五山と京都五山が登場したときも、元禄に西鶴と芭蕉と近松が並んだときも、大正浪漫にアナキズムと竹久夢二が同居したときも、日本はJapansだったのだ。

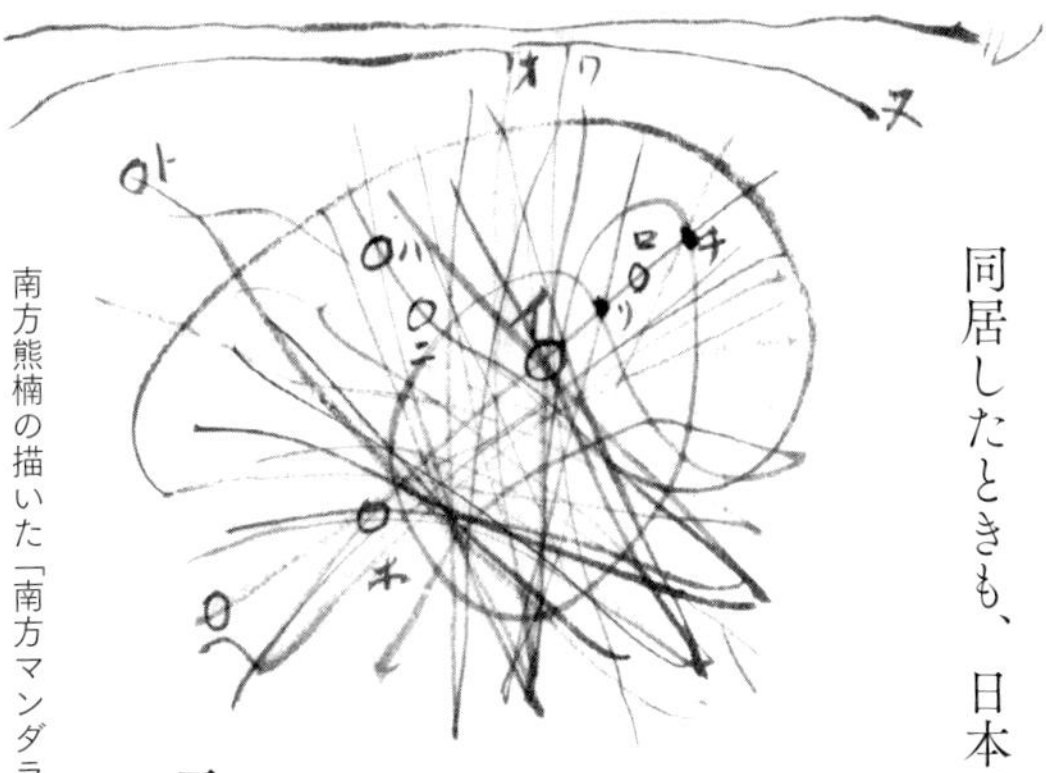
南方熊楠の描いた「南方マンダラ」

では話を戻す。というわけで、私は若いころから［A］と［B］を追ってきたのだが、このことを通して「世界」と「世界たち」の両方を展望するには、さらに三つのマップをつくる必要があった。ちなみに編集という仕事は準備に70パーセントを費やすものなのである。

一つ目は洋の東西と環境の南北をまたぐ歴史マップ（歴象マップ）、

二つ目は自然科学と生物学と知覚像のための混合マップ（認知マップ）、

三つ目は表象と表現に関する文化マップ（アートマップ）だ。私の30代はこれらのマッピングに費やされた。これは工作舎で「遊」を編集していた時期にあたる。だんだん仕上がっていく三つの準備マップをいろいろ見比べていて、気がついた。地球の各所で膨張していった古代の世界観は、ほぼ総じてバロック期に「編集可能なもの」に転化していったということだ。古代的な「世界」と中世以降の「世界たち」がまじりあえるようになってきたからだ。

私は勇んで各地のバロックの特徴に浸り（イタリアン・バロック、メキシカン・バロックから桃山バロック、蘇州バロックまで）、バロック特有の「まじりあい」を胸いっぱいに吸い、これらに準じた今後のニューバロックはどういうふうになればいいのか、いろいろ探しはじめた。

ちょうどそのころ、横尾忠則さんがぶらりとやってきて、こう言った。「ぼくね、画家になることにしたよ」。デザイナーを捨てるらしい。ほんとかなと思ったが、ほんとだった。横尾さんはカラヴァッジョのように描きまくりはじめた。しばらくして中沢新一が「次の本で『森のバロック』を書こうと思っている」と言った。南方熊楠のことだった。

ヨーロッパでは、バロックに先立ってマニエリスム（方法主義）が充実した。美術ではエル・グレコ、パルミジャニーノ、文学ではセルバンテス、ゴンゴラが先頭を切った。いずれも自由な方法を模索した。カラヴァッジョも応じ、これを受けてバロックが開花した。その後はベルニーニの彫像が前期バロックを極め、バッハのフーガ（追走曲）が後期バロックを飾った。日本では桃山の「辻ヶ花」や織部の「へうげもの」が登場して日本バロックがやってきた。

バロックはどのように誕生したのか。方法（マニエラ）がバロックをつくったのである。方

❸

❶

方法主義(マニエリスム)がとびらを開く

❷

❶カラヴァッジョ「バッカス」。彼のすべての作品には「闇」と「光」と「意外な物語性」がうごめく。
グラフィックデザイナーだった横尾忠則はカラヴァッジョを目指して絵描きになった。
❷横尾忠則「エクトプラズム（カラヴァッジオに捧ぐ）」。
❸ドン・キホーテ（ギュスターヴ・ドレによる挿絵）。セルバンテスは『ドン・キホーテ』によって、スペインという「世界」をつくった。詩人ダマソ・アロンソは、「スペインのすべてが『ドン・キホーテ』に塗りこめられている」と綴った。

法は個人の個性がセカイを相手にしようとすると生じてくる可能性が高い。横尾さんも、それに準じたのであろう。歴史上のバロック期の開花とはべつに、バロック的な試みはいつの時代にもおこりうる。中沢新一は、南方熊楠が森の粘菌に着目してセカイを「萃点（すいてん）」の自在な動きとしてマンダラ・バロックふうに構想したことを特筆してみせた。

3 日本とニューバロック

セカイは創発されてきた。そのプロセスは一様ではない。のんべんだらりとはしていない。神を崇（あが）め、町をつくり、鉄道を敷き、電話をめぐらし、たくさんの記録をのこし、そのときどきの葛藤と光景を描いてきた。また栽培を手がけ、戦争を仕掛け、犯罪を広げ、旅行を愉しみ、ニュースを報じ、日々の生活に文明と文化の飛沫をかぎりなく取り込んできた。

支配者も、裏切り者も、虐げられた者もいた。ガルシア・マルケスの『百年の孤独』が描いたように、どんな辺境でも文明は模倣され、文化は挑発を試みた。そのプロセスは一様ではない。たえず大きな変化を見せてきた。その変化の一万年、三千年を縮めて語ることはできない相談だが、ざっとは以下のような順だったろう。

原始、われわれは薄明にいて、道具を工夫し、生産に従事し、言葉と文字と図形を生み出した。先史古代、世界は朦朧としていたはずだ。そこにアニミズムとシャーマニズムとフェティシズムが動きだし、仮託、予言、占術、交易、記録、物語、葬祭、分業、栽培がおこって、集落は都市となり、祠は神殿となり、政事のサイクルの渦中から哲学と宗教が芽生えた。これらはいずれも初期の編集の発動にあたっていた。

やがて大編集を引き受ける者が登場してきた。ソクラテス、プラトン、ゾロアスター、マハーヴィラ、ブッダ、老子、荘子、孔子、ピタゴラスたちである。かれらはほぼ同時期の編集的思索者だった（ヤスパースはこの時期を「枢軸の時代」と名付けた）。いずれも「世界」とはどういうものかを語り、その世界にどうかかわるべきかに答えようとした。それぞれの答えはちがっている。プラトンは理念を掲げ、ゾロアスターは光と闇をもって眺め、老子は「道」に始原の動向を見て、ピタゴラスは数の神秘を世界の構成要素とみなした。

なかでもブッダは世界を「一切皆苦」「諸行無常」と捉え、荘子は世界をあらわすには「寓言」と「狂言」をもってあたるべきだと考えた。ブッダと荘子には、制作された世界に対する痛烈な反応が躍如していた。

以降、世界はアッシリア帝国やローマ帝国や秦漢帝国といった世界帝国を確立させたので、文明はみずから割れながらよんどころないクラスターに分散して栄枯盛衰を見せていった。西方ではギリシア＝ローマ神話とユダヤ＝キリスト教を下敷きにした理念社会の価値観とプトレマイオス宇宙観と表音文字が君臨し、東方では華夷秩序と表意文字と天円地方説がアジア社会を統括し、東西の中間には遊牧騎馬文化、定期市、イスラーム的バザール、工芸、芸能集団、コモディティ（日用品）が主人公を替えながら出入りした。

クラスターに分かれることを嫌った思索や行動もあった。それらはピタゴラス主義、グノーシス、神秘主義、不可知論、オカルティズム、錬金術、遊牧思想などとなったはずだ。「世界たち」が名のりをあげたのである。そのぶんそこそこ独自な「影の世界観」も提出されていたけれど、中央文化からはほぼ無視された。

ところが中世になってしばらくすると、ホイジンガやボルケナウ、ウンベルト・エーコや網野善彦が読み解いたように、古代的な「光の世界観」と中世的な「影の世界観」がさまざまに交差しはじめた。フランシスコ会、天台山、ビザンチン文化、蘇州文化、シーア派、高野山、園城寺（おんじょうじ）、度会（わたらい）神道、地域ごとの祭祀芸能、吟遊詩人、悪党、別所（べっしょ）、アジールが動きはじめた。いわば各地で「世界たち」による和光同塵（わこうどうじん）がおこっていったのだ。セカイはバロック化に向かっていったのだ。

私は、古代・中世の世界観が円形的なルネサンスのあとの楕円的なバロックの中で、セカイがどのように再構成されていったのかということに、あらためて興味をもった。

なぜコスモロジックな中国華厳（けごん）から南頓北漸（なんとんほくぜん）の個性的な禅が派生していったのか、あれほど集権的なイスラームにシーア派・イスマーイール派・照明学派などが生まれていったのはどうしてなのか、歌曲や文学作品や意匠デザインに個性と多様性が輩出するようになったのは何のせいなのか。

代表的な思索者や表現者を例にすれば、ライプニッツ、ガッサンディ、法然、道元、慈円、覚鑁（かくばん）の考え方や、カラヴァッジョ、デフォー、ベルニーニ、バッハ、運慶、心敬、世阿弥、宗祇らの表現の冒険には、「歴史をこえて編集する方法」が提示されていたのではないかということになる。

けれども、ライプニッツと道元と慶派が交差することはなく、世阿弥とベルニーニとバッハが較べられることはなかった。私は若気の至りの勢いで、異ジャンルの成果や特徴を重ねたり、東西の方法のちがいを少しずつ組み合わせたり、文化と科学とを寄せあわせてみたりしてみた。たとえばケプラーの法則と水墨山水の三遠を、ロバート・フラッドの両界宇宙とベラスケスの油彩画を、カバラと連歌と微積分を、ミンネジンガー（吟遊詩人）と禅林文化と踊り念仏集団を、少し時代が進むがコーヒーハウスと茶の湯を、あれこれまぜまぜしながら連動させて、そこから何を思い及ぶのか、多くの連想をたくましくした。この作業はその後の私の編集思想のティスティングにもなった。

そうこうしているうちに、「世界」と「世界たち」がどこで交差するようになったのかがはっきりしてきた。これらは歴史的にはバロック期間に、方法的にはバロック的にまじったのだ。

バロックとは両界的であるということである。ルネサンスのように一つの中心を守ろうとすることから脱して（円形的ないしは球的なものから脱して）、二つの焦点をもつ楕円のような活動性を敉し、そこでマクロ（極大）とミクロ（極小）を自在に出会わせた。ガリレオの望遠鏡とフックの顕微鏡を一緒にもった。またバロックとは、偶然の所産を許容することでもあった。真珠に

黒織部六波文茶碗。へうげものである

歪みが生じても（そういう歪んだ真珠をスペインやイタリアで「バロッコ」と呼んだ）、それをおもしろがった。オーバルな形状を好んだのだ。こうして日本では、長次郎の黒楽と織部の沓茶碗が並んだのである。

そうか、ここなのか。私は膝を打った。

編集力の結集には然るべき時宜（タイミング）と場所（トポス）とがあるのだが、私が近い将来に時宜を得て編集の全容を向かわせる行き先は、古代このかたバロックの種子が撒かれた地であろうということかもしれないと思うようになった。

そういう場所（トポス）がどこにあるのか、すぐには見当がつかない。そこで、70年代はプリンティング・メディアの中にそのバロック的な彼方を求めて雑誌「遊」をつくり、80年代はそれを書物の砲列に求めて版元と組んで刊行物を編集し、90年代は「編集工学」というスコープにその探索の先を託し、21世紀に入る直前になって、これを電子ネットワークの一角に移転させ、そこに「千夜千冊」と「イシス編集学校」を開設した（2000年2月と6月）。

いずれも「世界定め」をし、そのうえでできるかぎりバロック的あるいはニューバロック的であろうとはしたものの、これらはすべて実在の場所ではなく、メディアの中でのヴァーチャルランドやヴァーチャルプログラムを編集耕作したことになる。

なかで、いくつかの店舗や大学のスペースで「編集的な書店」を構成したり（松丸本舗、近畿大学ビブリオシアター、MUJI BOOKS、KCMエディットタウン）、大学の教職を求められたときは数年だけ責務をはたしたり（東大客員、帝塚山学院大学）、勝手な私塾づくりに手を尽くしたり（遊塾・半塾・幹塾・連塾）、また国や自治体からの声がかりで京都や岐阜や奈良のプロジェクトにかかわったりしたが（筑波科学博、平安建都P、岡崎市立美術博物館、織部賞、平城遷都P、NARASIA）、これらは線引きされた計画の中の光景づくりにとどまった。

そんな仕事をしている途中のことだ、意外な暗合にハッとした。これらの試みが「日本という方法」の探索に重なりうることに気づいたのだ。日本はセカイをバロック的に編集する方法を見せてきたのではなかったのか。

苗代や仮名の発明、連歌や俳諧、能や立花や茶の湯、男ばかりの歌舞伎と女ばかりのタカラヅカ、トランジスタや小型車、マンガやアニメなどは、日本が「主題の国」ではなく「方法の国」だったことを示しているのではないか。日本はそういうJapansだったのではないか。そういう構図が見えてきた。

大陸文明から隔てられた列島日本は、四季と照葉樹林と魚介に恵まれてはいたものの、穀物資源や金属資源に乏しく、文字がなく、技術もあまり発達していなかった。また絶対的な王もいなかった。それでも一万年をこえる縄文社会をそこそこやりくりしていたのだが、そこへ、稲と鉄と漢字と馬がほぼ同時にやってきた。日本はこれらを受け入れ、いくつもの工夫を加えて日本の風土や習慣や言語文化に合うように変換することを思いつく。

稲は大陸型の直播き天水農業ではなく苗代や田植えを工夫し、漢字は中国語そのままではなく音訓を両読みして仮名を発明し、社会制度は官僚制や律令制をそのまま用いずに柔らかくしていった。瓦を焼き、土壁を作り、木と紙による襖（ふすま）や障子を組み立てた。グローバルな外来コードをつかって、ローカルな内生モードをつくっていったのである。日本は「日本という方法」にめざめたのだ。

日本はおそらく、古代にしてはやくもバロック的なマニエラ（方法）にめざめたのである。稲・鉄・漢字・馬とともに儒教や神仙思想（道教）や仏教もやってきていたのだが、これらについても日本的な工夫によって早々にバロック的な編集を加えていった。聖徳太子の仏教がそういうものだった。また神仏習合がそういうものだった。

これは私にとっては思いがけない重なりであって、展開だった。よしよし、日本を掴まえていけば、セカイの説明と出会えるではないか。そう、思えたのだ。あわてて『花鳥風月の科学』『日本流』『日本という方法』『日本数寄』を書いた。

ところが書いてみてわかったのだが、いまのべたような「外来コードを内生モードに転じていく編集力」について、近代以降の日本人はあまり関心を示せなかったのである。欧米化やグローバル化に関心を寄せすぎたためだった。これがまずかった。日本はもっともっと「世界」と「世界たち」の両方を検証すべきだったのである。いろいろ検証しそこねてきたが、とくに日本仏教の検証がほったらかしにされすぎていた。

日本仏教は独自のアジア的な「世界」観をもつブッダの仏教と中国的な漢訳仏教による「世界定め」を前提にしながら、独自でソフィスティケートな仏教観を編み出したはずだった。当初の仏教の特色は「ブッダの三法印（さんぼういん）」と「絶対者を想定しなかったこと」にあらわれている。「諸行無常、諸法無我、涅槃寂静」（三法印）ではセカイを移ろいやすい苦に充ちたものとみなし（一切皆苦）、そんな世界の中心に「我」など設定できるはずがないという痛烈な見方を提起した。他の世界宗教にはまったくない思想だった。超越者や絶対者を想定しなかったことも独得だった。我もなく絶対者もなくて、何がセカイを動かすのかといえば「縁起」（関係の作用）が事態を動かしていくと見た。驚くべき思想だった。

その後、仏教は小乗と大乗という二つの乗りものに分かれて発展し、その成果は中国の漢訳仏教をへて日本に着くころにはそうとう大乗がかくされるものになっていた。日本仏教はブッダの思想を見据えながらも、しだいにソフィスティケートされていく。

たとえば聖徳太子の仏法僧の重視、空海の真言密教、源信の浄土観、安然の草木成仏、明恵の仏眼仏母、法然の専修念仏、親鸞の悪人正機説、道元の朕兆未萌の自己、臨済禅の瓢箪鯰の公案、五山僧の水墨山水画、茶禅一味の茶の湯などは、インド仏教や中国仏教にはないもので、日本独得のものだった。日本バロック的だった。けれどもその長所も短所も、ぞんぶんには評価されてこなかったのである。

とはいうものの、仏教の「世界」と「世界たち」の両方を日本の特色あるいはその日本的バロック性において語るには、そうとうの力量がいる。仏教知は専門用語も多く、その解釈をめぐってはそれが無数の宗派としてセクト化してきたほどなので、勝手な解釈をするとすぐに文句がとんでくる。私も何度か日本仏教の特色を抜き出そうとしてきたのだが、それを周知に向けていくのは容易ではなかった。

そこで近江ARSでは「還生の会」を設け、末木文美士さんに8回にわたる日本仏教史のレクチャーを頼むことにした。日本仏教の全容を配慮してその方法の特色を語れるのは末木

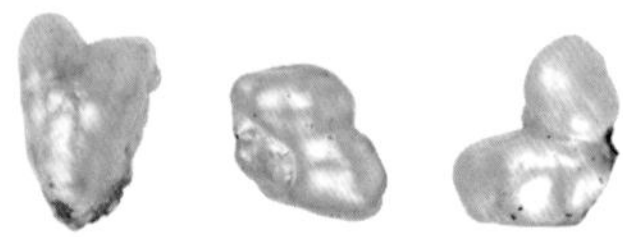

❶

歪んだ真珠とへうげもの

❸

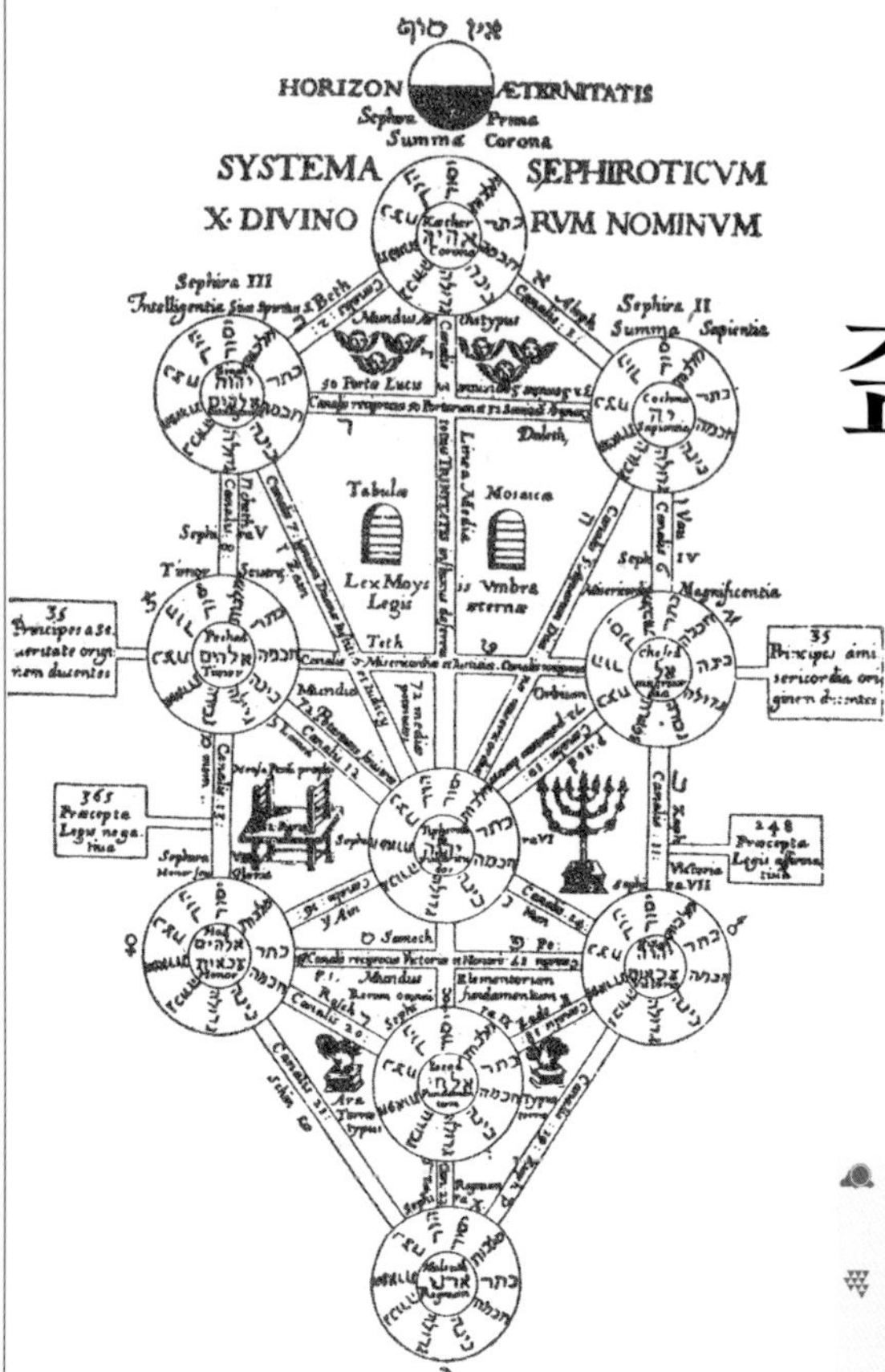

❷

❻

安—安—あ—あ

阿（阿）—ア—ア

❺

❶バロックの語源となった「歪んだ真珠」。
ルネサンスを経て、人びとは忘れられていたものたちを再び思い出す。それらは、❷ユダヤ教の神秘思想カバラのセフィロト（生命の樹）や、グノーシスなどである。

そのきっかけの一つは、❸ロバート・フックの複式顕微鏡と❹望遠鏡の発明にある。従来の世界観では、新たに発見された「ミクロ」と「マクロ」の２つの異なる世界像を説明することが不可能であることが明らかとなった。
❺漢字からひらがなとカタカナを生んだ古代日本の編集はバロック的だ。
❻方法日本を海外へ発信した冊子「Roots of Japan(s) 面影日本」（松岡正剛構成、編集工学研究所制作）。

❹

さんしかいなかったのである。一方、横尾さんや中沢さんを仏教的なテイストとして語るのは、私や福家さんの役目であった。福家長吏は仏教とロラン・バルトを、三井寺とダイアン・アーバスや森山大道の写真を同時に語れる稀有な人だった。

4 アルス・コンビナトリアという方法

マニエリスムが方法を追求し、そこからバロックが開花したのだが、その方法とは何だったのかというと、イメージをどのように具体化できるかということだった。それは絵画や彫像だけにあらわれるものではなかった。編集を通せば何にでも応用できた。

そのころ神戸製鋼をラグビー日本一に導いていた平尾誠二は、会うたびに「ラグビーって編集なんです」と言っていた。二人で対談本『イメージとマネージ』(ダイヤモンド社)を上梓したときは、マネージメントがあるならイメージメントがあるんだよな、それをするのが編集だよねという話を交わした。

私の仕事の眼目は「方法を編集する」ということ、および「編集を方法にする」ということにある。編集といってもいろいろで、雑誌づくりも映画づくりも編集だし、ラグビーのチームプレイも、囲碁将棋もシンガーソングライティングも、化石研究も物語をつくるのも編集だ。商品開発も料理をするのも編集で、そもそも信仰も思索も編集なのである。

そういう成果を求めるための手法は編集技法として、それぞれの分野でさまざまな技法を生んできたのだが（朝日文庫の『知の編集工学』を参照していただきたい）、それらをまとめていうと、どうなるか。編集が生み出すさまざまな方法をまとめて言うと、何になるのか。

ラテン語でいうと「アルス・コンビナトリア」（ARS COMBINATORIA）という方法になる。私の編集方法の基本の基本はアルス・コンビナトリアなのである。スタイルはバロック的なものをめざしたが、その方法の根幹になるのはアルス・コンビナトリアだったのである。

アルス・コンビナトリアは英語でいえば〈Art of Combination〉だ。「組み合わせの方法」あるいは「結合のアート」のことだ。ARSは〈アート〉つまり方法のことをいう。もともとはルルスとライプニッツが提案した用語だ。

組み合わせ（コンビネーション）とはいえ、何をどのように組み合わせてもいいわけではない。「世界」あるいは「世界たち」にもとづいて、コンビネートされていく。ホメロスやヘロドトスは「伝聞」にもとづき、ユダヤ教徒は「十戒」にもとづき、『バガヴァッド・ギーター』は「クリシュナの教え」にもとづき、ブッダは「三法印」（諸行無常・諸法無我・涅槃寂静）にもとづいた。連歌は「花鳥風月」をシバリにし、ラシーヌは「悲劇」を背負い、浮世草子や歌舞伎は「世」（よ）に応接した。これらは今日ふうにいえば、コンピューティングにおける演算思考のためのOS（オペレーティング・システム）のようなものだった。

ルルスやライプニッツはどうしたか。「世界を構成する要素が自在に組み合わせられる円盤」にもとづいた。このOSとしての円盤はローギッシェ・マシーネ（論理算盤）と呼ばれた。

歴史上初めての思考コンピュータの登場だった。アルス・コンビナトリアという方法がここから開花していった。

ただしローギッシェ・マシーネでは不足が目立つ。ライプニッツも気がついていたようだが、そういう思考の算盤めいたものなら、古代中国にはすでに「易」があったのだし、古代インドの六派哲学ではサーンキヤ学派が思考計算に乗りだしていた。またその後はブール代数やフレーゲの概念記法という方法も提案されていた。今日では人工知能が思考をアルゴリズム(計算主義)で引き取ろうともしている。そのもとになったのは、20世紀のローギッシェ・マシーネともいうべき天才アラン・チューリングのチューリング・マシンだった。

しかし私はここから学ぶべきは、どのOSをデファクトスタンダードにするかではなくて(そこを競いあうのではなくて)、アルス・コンビナトリアという「組み合わせの方法」そのものを重視すべきだろうということだった。

あらためて言う。アルス・コンビナトリアとは、さまざまなモノやコトを組み合わせる作業をARS(アート)として捉えるということなのである。外からアートをもってくるのではなく、その作業自体がアートになっていくということだ。思索が詩になり、石や材木が家屋になり、声が歌になり、土が壁になり、裁縫がファッションになり、祈りが仏像になるように、そういう思いを抱いて編集を促していくということだ。

思いを抱いてどうするのかというと、作業がアート(方法)となってモードやスタイルを生んでいくようにする。いくつかのコード(要素)が組み合わさってモードとなり、知覚に

訴えるスタイルになっていくようにする。文章も音楽もそうやってモードやスタイルを示していったわけである。哲学も文学もマンガもそうやって生まれ、建築もオペラも陶芸もそうやって作られた。これがアルス・コンビナトリアとしての編集なのである。

われわれはこの作業を言葉や絵の具やピアノを使い、表現を努力して組み立てるのだが、実は生物たち（有機体）こそ、このプロセスそのものを進化や分化として、今日地球上で見るようなモードとスタイルをつくりあげたのだった。そしてシダやバラやアゲハチョウや、ウグイスやサンショウウオやマグロに、シマウマやオナガザルやゴリラに、なってみせたのだった。

有機体としての生命は、情報コードを無限に組み合わせ、環境に適合し、無数の「生物個性」の発現を完成させてきた。生命情報のマニエリスムをもって、バロック的な進化の多様性をつくりあげたのだ。生物学ではこれを、遺伝型（ジェノタイプ）が表現型（フェノタイプ）をめざしていったと解釈する。進化史ではこの発現が一挙に集中したことを突きとめた。「カンブリア紀の爆発」と呼ばれている。

アルス・コンビナトリアとしての編集も、なんらかのジェノタイプとしての要素情報を組み合わせて、モードやスタイルとしてのフェノタイプの発現をめざしている。ジェノタイプがフェノタイプになるところがARSだった。この生物学的なARSは、コンラッド・ウォディントンによって「エピジェネティクス」と呼ばれることになった。

以上のニュアンスをあれこれこめて、私は近江にアルス・コンビナトリアと

あつめて かさねて むすび あわせる

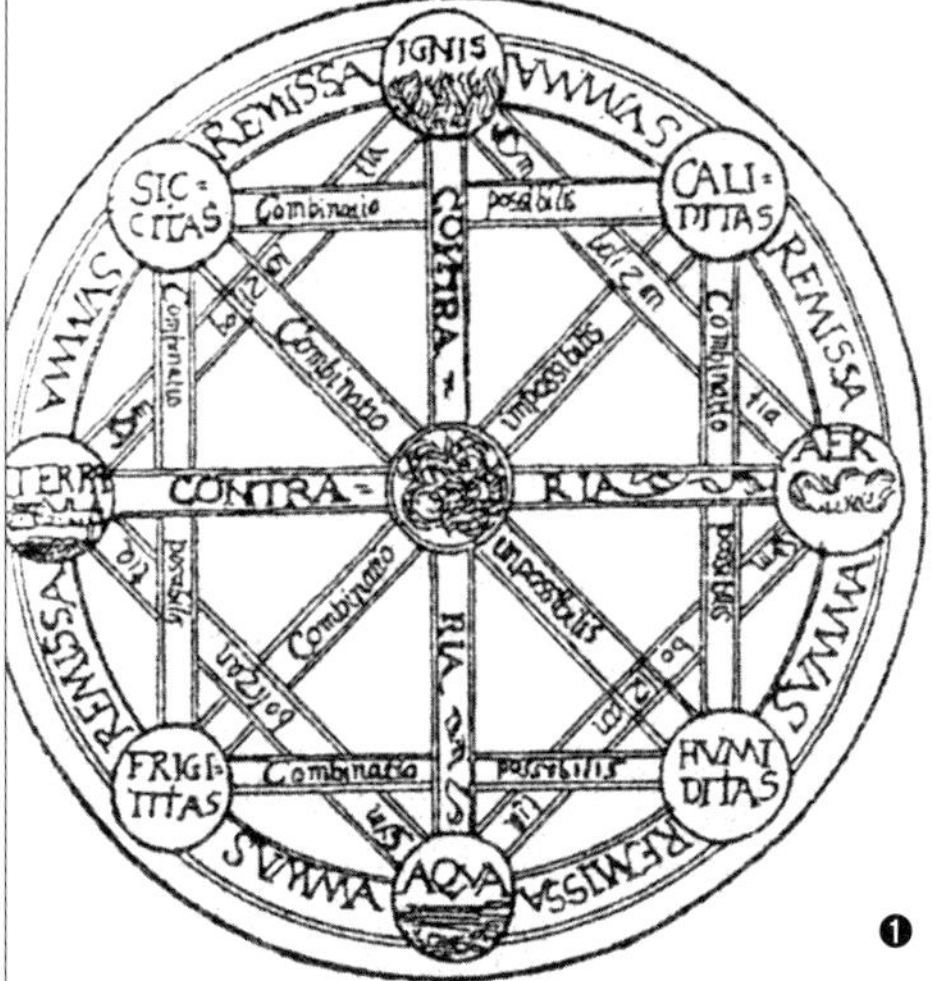

❶

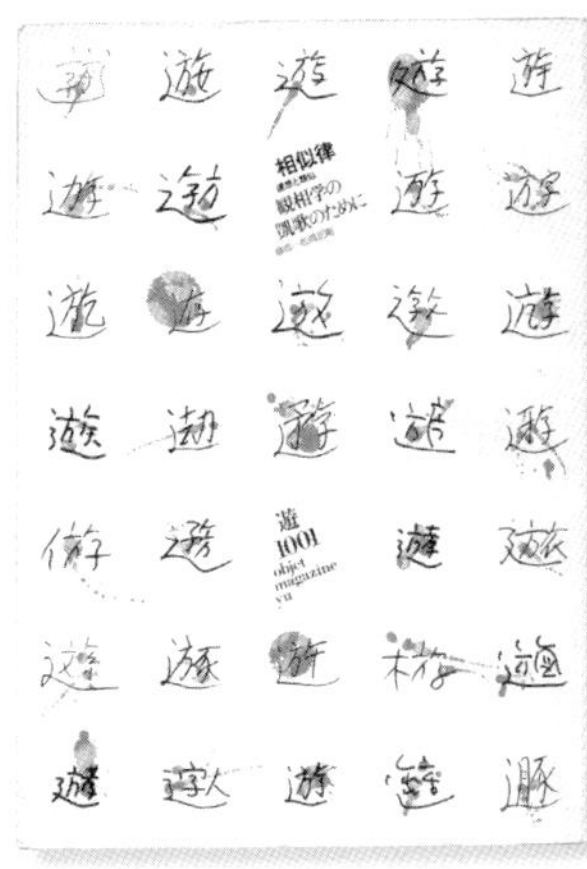

❹

ARS COMBINATORIA

❶ライプニッツの著作『結合法論』の扉絵。ライムンドゥス・ルルスの「アルス・コンビナトリア」(結合術)やローギッシェ・マシーネ(論理算盤)を受け継ぎ、「人間思想のためのアルファベット」という壮大なアイデアに挑んだ。
❷太極から八卦が生じる「易」は、西洋の二進法に影響を与えている。
❸ライプニッツの肖像画。思想家であり、政治家であり、外交官でもあった。
❹遊 1001 号「相似律」(工作舎)の表紙。この世のありとあらゆる似ているものたちを誌面上に並べて結合した。

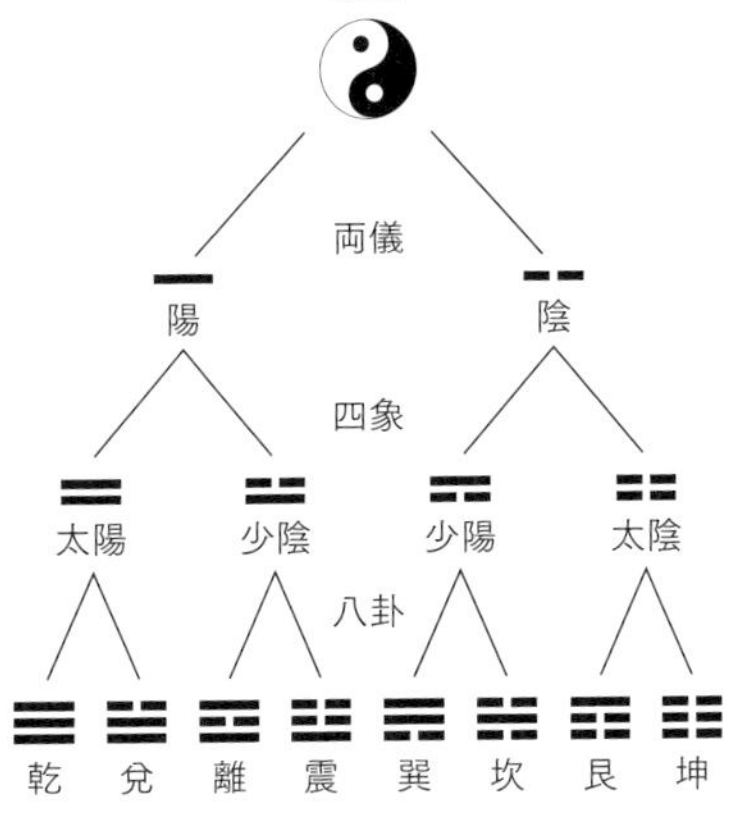

❷

❸

いう方法の魂をいかしてみたいと思い、そのヴィジョンを〈近江ARS〉と名付けてみたわけである。近江を私の「世界定め」にしたいと思ったからだ。近江にARSとしてのアートが滲み出てほしいと思ったからだ。

なぜ近江なのかということについては、本書のそこかしこで漏洩(ろうえい)しているので付け加えなくともいいように思うけれど、その近江にARSがくっついたところがやっぱりミソなので、そのことについて少しだけ説明しておく。

たんにくっつけたのではない。oneとanotherの関係を保存したくて、いいかえればanotherからoneを捉えなおしたくて、くっついたのである。

5 oneとanotherの関係

セカイは「世界」と「世界たち」を生み出しながら変貌してきた。二つが交差したのは世界史的にはバロック期だが、その後は植民地による過度の拡張が流行して、またまた変貌していった（極東の日本は中国グローバリズムや欧米グローバリズムの波濤(はとう)をまとめて受けた）。

順調な変貌ではない。困ったことに、そこには必ず覇者や征服者や勝ち組がいて、セカイを恣(ほし)いままにしてきた。始皇帝、古代ペルシア、古代ローマ、チンギス・ハーン、フリードリッヒ大王、ハプスブルク家、東インド会社、スペイン王国、エカテリーナ、大英帝国、ナポレオン、モルガン資本、セシル・ローズ、第一インターナショナル、スタンダード石油、ナチス第三帝国、ヒトラー、大日本帝国、スターリン、アメリカ・リベラリズム、毛沢東、ゼネラルモーターズ、IBM、金融資本主義、習近平、GAFA……。

覇者はいつまでも勝ちつづけるわけではない。栄枯も盛衰もくりかえし、盛者は必衰である。けれども実際には勝ち組がのこした体制や蓄財や組織の多くが温存され、その後の世界のイニシアティブとなっていった。これを「覇権主義」という。イニシアティブをヘゲモニーにしてしまうこと、これが覇権主義だ。

覇権主義の争いには必ず負け組がいる。覇者は一握りだから、当然のことに負け組のほうがずっと多い。ずっと多いのに、いつまでたっても文明は覇権主義の方に引っ張られて栄えようとしてきた。oneが勝って、残りのanotherは十把一からげなのである。

私はある時期から、こうしたメガシナリオの傘のもとにセカイが進展していくという見方に見切りをつけたいと思ってきた。また、セカイが覇権主義の過ちを決定付けたのは、20世紀のイギリスが三枚舌をつかってイスラエルを強引に建国させたことにあるとも結論付けた。そのことについては『国家と「私」の行方』(春秋社)に詳しく書いたので、できればそれを読まれたいが(この本は中国語訳された)、ではそれで何をどのように考えるようになったのかというと、oneとanotherを切り離さないようにして、世界たちを編集しようと決めたのである。oneとanotherを関係づけ、むしろanotherからoneを見るようにしよう、そこに新たなアルス・コンビナトリアを現出させようと決めたのだ。

子どものころ、お菓子を一つ食べると、もう一つほしくなった。おもちゃを買ってもらうと、別なものもほしくなった。これが児童心理学的な one に対する another の発動である。生物史は有性生殖をするようになってから one と another の関係を求めるようになった。オスとメスという配偶子をつくったのだ。

社会人類学的には、家族や親族が one と another をくり返していった。そのうち部族間で one と another を意識するようになり、一方では領土の取り合いが進み、他方では one と another を分ける河川や峠や道による境界ができていった。

神々にも one と another が生まれていった。オシリスとイシスが一対となり、アポロンとディオニュソスが一対となり、アマテラスとスサノオが一対となった。親子や兄弟も one と another とみなされたのである。やがて生者と死者、この世とあの世、天国と地獄、穢土(えど)と浄土、「ここ」と「むこう」、昼と夜、今日と明日、陰と陽、童(わらべ)と翁(おきな)、光と影なども one と another の関係圏のものとみなされると、さらには楽と苦、理性と感性、直線と曲線、秩序(コスモス)と混沌(カオス)、運動と静止、健康と病気、味方と敵なども対比されるようになり、何もかもが一対になったわけではないが、主要な価値観の多くが one と another の関係の裡に捉えられ、気がついたときには言葉や概念は one と another の対比からできあがってきたという経緯のしるしとして把握されていた。

こうした対比的な価値観の増殖は、すべてが好ましいとはかぎらない。いつのまにか、これらの one-another 関係に「正常」と「異常」という区分けが生じると、そこから優越観と差別観がせりだしてきて、やがてはさきほど述べたような勝ち組と負け組の裁断がおこって、社会的には「支配や覇権」と「従属や屈服」という癒しがたい分離が進んでいったのだった。

とくに市場資本主義と金融資本主義は、この分離に拍車をかけた。

いったい、こんな並はずれた分離の進捗に歯止めをかけられるだろうか。そうとうに難しい。せいぜい「柔らかい資本主義」や「新しい社会主義」を唱えるか、さもなくば「ゆっくりズム」や「ウェルビーイング」を応援するか、そんなところだ。けれども、これって「逃げ」ではあるまいか。

だったら、待てよ。むしろ one と another の原初に戻ってみたらどうなのか。お菓子を一つもらうともう一つをほしくなるあの感覚に戻って考えなおしてみたら、どうなのか。一つのおもちゃには別のおもちゃをあてがいたいと思うあの気分に戻ってみたら、どうなのか。私はそんなふうに考えるようになっていったのである。

江戸後期のケタはずれな思索者で大胆な表現者でもあった三浦梅園（みうらばいえん）に『玄語（げんご）』がある。続刊に『敢語（かんご）』と『贅語（ぜいご）』もあって、まとめて「反観合一（はんかんごういつ）の条理学」と名付けられている。

反観合一というのは、一つの現象や象徴にはたいてい一対の互いに相反しあう概念がひそんでいて（隠れていて）、その一対が何かのきっかけ（機縁）によって二つながら顕われてくるという見方のことをいう。梅園はこの見方を反観合一と言ったのだ。そして、この条理は「一即一一（いちそくいちいち）」と言いあらわせるとみなした。「一一」と見えるものには、当初に選択された一と、その一に触発されたもうひとつの一とが潜在しているというのである。「一一」は「一、一」で出来ているというのである。それを条理と呼んだのは、孟子が「条」を木の枝に見立て、「理」をその筋をつくる考え方だとみなしたことに因（ちな）んだ。

三浦梅園の反観合一
条理学と玄語図

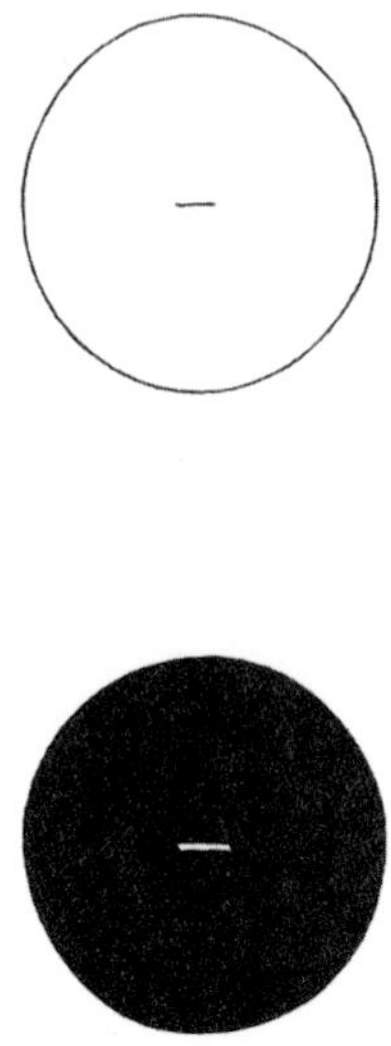

❶

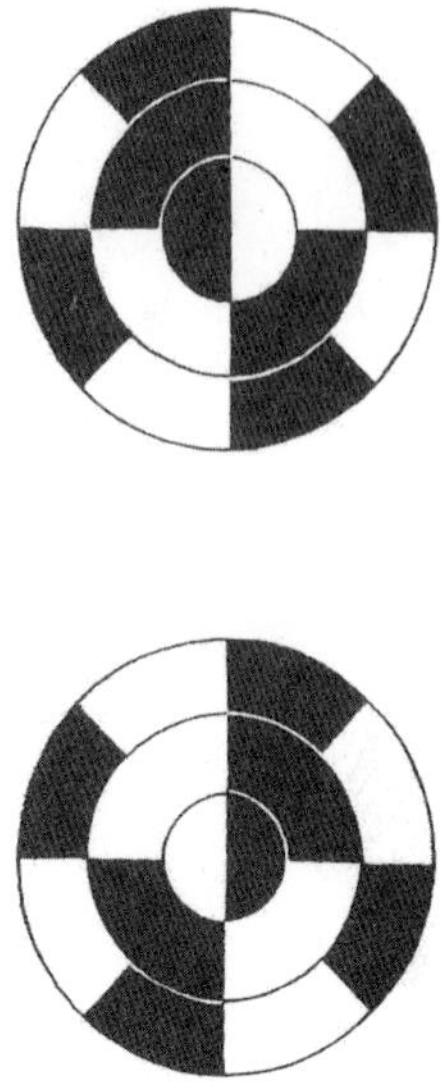

❷

❸

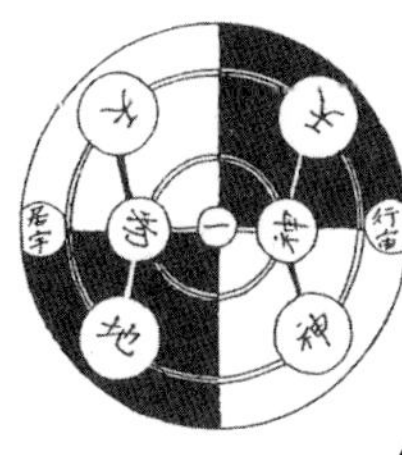

❹

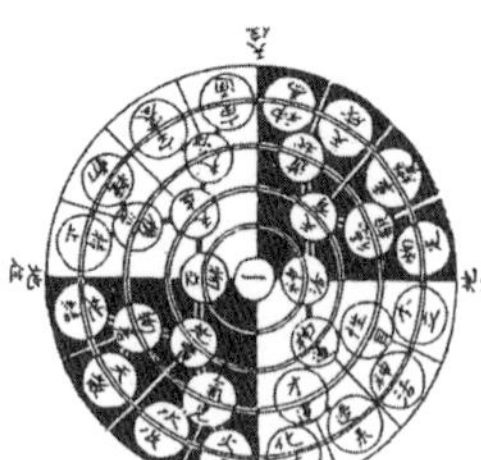

❺

❻

梅園は老荘思想、タオイズム、陰陽哲学、易をもとに反観合一を構想した。「反して観、合せて観て、其本然を求める」と語っている。その思想をかたちにしたのが「玄語図」(❶～❺) である。

ここに掲げた❶「一一相食混成図一合」、❷「分合図一合」、❸「剖對反比図一合」、❹「天神天地図」、❺「神物剖析図」は、混沌の「一」から、「一、一」に次第に分節化が進んでいくプロセスでもある。梅園の図は平面ではなく、原則としてすべて立体で考えられていることにも注目したい。

❻一生を国東半島で終えた梅園 (1723－1789) だが、西洋のティコ・ブラーエの天文学も学んでいた。

こうして梅園は、自然界や世俗界の多くの価値観をあらわす概念は、もともといくつかの対概念から生じたもので、そこには「陽―陰」「天―地」「精―神」「気―物」といった原初の「一、二」が先行していたとみなし、それらが次々に分岐してさまざまな概念言語をつくりだしていったと展望した。そして、その展望の主要な関係図を玄語図として円形表示してみせたのである。

これは、驚くべき one-another の関係仮説だった。いやいや、one-another の発生系統樹であった。もっとも梅園の条理学はすべての概念を漢字一文字で示しているので、欧米思想にはすぐさま適用できない。また、ある程度は陰陽思想に通じている必要もある。しかしとはいえ、私は梅園の反観合一の条理学を知って（そのことを示唆してくれたのは湯川秀樹で、その詳細への入り口を示したのは内藤湖南と三枝博音だった）、根本を衝かれたのだった。かくてその後は、しだいに「one-another による編集思想」を組み立てるようになっていったのである。

これで少しはわかってもらえたと思うのだが、one-another という見方は、歴史や発生の原初に戻って考えなおすという方針に、私を導いたのだった。そこには「天地の初めに戻る」や「国々の別れの当初に戻る」という方針が唸りを上げていた。こうして、あるとき、以上のことを近江に向けて考えなおしてみたいと思ったのだった。「近江以前の一」と「近江の一、二」を同時に見つめたいと思うようになったのである。

6 いない、いない、ばあ

「近江の湖は海ならず、天台薬師の池ぞかし。何ぞの海、常楽我浄の風吹けば、七宝蓮華の波ぞ立つ」（梁塵秘抄）。

近江には近江ならではの動向が幾重にも重なっている。その綾なす文様はたいへん魅力的だ。白洲正子の著作を読んでいるうちに、私はその魅力を白洲さんの脳裡に閉じこめてしまうのではなく、「世界たち」の束としてアルス・コンビナトリアしたいと思うようになっていた。父が長浜に生まれ育ち、私が最初に登った山が伊吹山で、最初に家族で〝海水浴〟に行ったのが近江舞子だったことも、近江への深い愛着を形成していたのだと憶う。

近江の魅力を最も底層でつくっているのは、いうまでもなく満々たる湖水をたたえる琵琶湖を懐き、比良山系を抱える稀有な地形と地層を底支えとした、今森光彦がみごとに再生してみせた里山に象徴される美しい自然風土だ。そこにさまざまな人知や文物が行き来して、いつしか古代近江ができあがっていった。とくに真ん中に巨大な湖水が穿たれているという地形は、日本のほかにない。何かが先駆的におこりやすかったとしても当然だ。

では近江日本には、いったい何が先行して（何がoneとなって）、何があとからやってきたのか（何がanotherとなったのか）。そのアトサキをぜひ知りたいとは思うものの、5世紀以前の近江のことは「近江国風土記」が一行ものこっていないので、ほとんどわからない。謎多き古代近江なのだ。いったい古代の近江（淡海）を近江として世に知らしめたのは、何だったのだろうか。誰だったのだろうか。なかなかはっきりしない。

だから、次のようなことをついつい考える。

たとえば伊吹山にはヤマトタケルの伝承がのこっていて、伊吹の神の化身とおぼしい大蛇あるいは白い猪に誑(たぶら)かされるのだが、ということはもともと近江にはこの伊吹の神を崇(あが)める一族がいたということである。どういう者たちであったのか。

日本神話の主要な筋書きではヤマトタケルは勝ち組である。けれども近江ではそうはなっていない。ヤマトタケルは近江で挫傷した。この伝承のヴァージョンであろう伊吹弥三郎伝説やそのまたヴァージョンであろう酒呑童子(しゅてんどうじ)伝説の担い手たちを含めて、挫傷した。ここには one-another が残像しているのだ。父と登った伊吹山山頂のヤマトタケルの小さな立像を見たときの奇妙な印象が何かを訴えていた。

また比良の山系には比良明神がおわしまして、どうやらそうとうに古い近江の地主神として仏教の神に近江の地を譲ったようなのだけれど、それがまた石山寺の良弁(ろうべん)の伝承につながって石山寺発祥の物語になっているのだが、それなら明神さんの正体は誰なのかというと、よくわかっていない。

能の「白鬚」。白鬚明神が舞う

ひょっとすると比良に伝わるシコブチ神と重なるところがあるかもしれないが（この神の正体も不明）、仮にそうだとすると、シコブチ神が比叡山の僧・相応に比良の山並みを明け渡した伝承（葛川明王院の開創伝承）や、のちに謡曲『白鬚』に琵琶湖で釣り糸を垂れていた翁がはるばる渡来した釈尊からこの土地を譲ってくれないかと言われたと謡われた、かの白鬚明神の伝承とも響きあっているのかもしれず、そこは辿ればたどるほど、幾重もの不思議な波になっていくのである。近江ではone-anotherが入れ子になっていくのだ。

きっと古代近江の地は、土地の者と外来の者とのたいへん重要な折衝の地だったのだろうと思う。古代近江の伝承を追っていくと、そうした折衝のやりとりがたいへん多い。近江は当初から複雑なのである。多様なのである。相互的なのである。近江で起こったことは、このあとの日本の何かの先触れなのである。

のちのち天下を取ろうとした信長や秀吉が近江に重大な拠点をおこうとしたのも、こうしたことが見えていたからだったろう。そういう土地勘は当然に古代の部族たちにも沸々と芽生えていたにちがいない。少しふりかえっておく。

おそらく5世紀半ばには、朝鮮半島からの移民が目立ったはずである。愛知川沿いの秦氏が代表的だ。一方、「志賀の津」には早々に漢人が住み着いていたはずだ。志賀漢人はかなり高度な知識と技術をもっていたようで、近江を各地の陸路と水路につないでいったのは、このテクノクラートな一団だった。それをたとえばワニの一族の和邇臣らが継承していったのであろう。百済の鬼室集斯が七百余人を蒲生郡に移住させたという記録ものこっている。

そんな古代近江に初めて王権の風をもたらしたのは6世紀のオオト（オホド）こと継体天皇だった。大伴金村（おおとものかなむら）と物部麁鹿火（もののべのあらかい）に推挙されて、26代天皇に就いた。オオトの出自は越前出身説と近江出身説が議論されてきたが、母のフリヒメにまつわる伝承では近江高島の三尾（みお）で誕生したことになる。三尾はもともとが越前の一族で、その一部が湖西に入ってきていた。

また一説では、オオトは近江坂田郡を本拠とする息長（おきなが）氏がルーツとも言われてきて、そうなるとワニ氏や神功皇后（オキナガタラシヒメ）の系譜ともつながっていることになるのだが、実際のところはわからない。いずれにしてもオオトは古代日本史上における another の象徴だったのだ。

古代すでにして、近江は one-another 受容器だったのである。だからコンビナトリアをする必要があった。そのことは倭国の体制ができあがったとき、近江に「近つ淡海の国造」と「近つ淡海の安の国造」の両方の国造がおかれたことにも暗示されている。近江ではリーダーシップという面でも、クニ（国）とコホリ（郡・評）は別々だったのだ。

こうして、乙巳（いっし）の変（つづく大化の改新）をおこした中大兄皇子が天智天皇として近江にやってくる。大津の一画に近江朝が開かれた。けれども天智は46歳で亡くなり、これを継いだ大友皇子は壬申の乱に敗走して、自害せざるをえなかった。

近江京はあっというまに荒都と化した。その寂漠は柿本人麻呂の「ささなみの志賀の大曲（おほわだ）淀むとも昔の人にまた逢はめやも」に、また高市黒人の「ささなみの国つ御神のうらさびて荒れたる都見れば悲しも」に結露したままである。

私の近江幻想は、この天智＝大友の「負の近江」を追慕するところから始まっている。まさに人麻呂の「また逢はめやも」と黒人の「見れば悲しも」に始まっている。

仮初のような小さな宮都が、なぜ近江大津に開設されたのだろうかといえば、その理由ははっきりしている。未曾有の国難が迫ったからだ。斉明天皇6年（660）、唐と新羅が百済を滅ぼし、百済救済の援軍をくりだした中大兄皇子の船隊も白村江で敗退し、つづいて唐が大軍をもって高句麗を攻め、高句麗が乞師を送って倭国に救援を求め、皇子は唐が倭国にまで進軍してくるかもしれないという危機感をもったためである。

皇子は急遽、大津の錦織に宮廷パビリオンを作り、天智天皇として即位すると、ただちに近江朝廷を構えた。668年のことだ。大津宮、志賀の都、水海大津宮などと呼ばれた。近江は国難を背負う代行者となったのだ。けれども、事態は好転しなかった。あまつさえ天智崩御のあとは壬申の乱となり、天智の意志を継ぐべき大友皇子は敢えない最期を迎えた。その最期は三井寺の北院あたりだったとも伝えられている。

近江の歴史は古代史最深のスティグマを刻まれたかのように、このあとの日本史の一角を占めるようになった。私は近江京が失われ、奈良や京都が都（キャピタル）になったあとの日本について、近江の歴史をのけものにしながら語ろうとするやりかたを好まない。「ない」や「いなくなった」だけを語る語り方を好まない。中大兄皇子や最澄や円珍や、信長や光秀や秀吉が近江を拠点にしようとした理由を省いて日本史を語るやりかたも、好まない。まして大友皇子を語ろうとしない近江語りを好まない。

日本の歴史は都だけがキャピタルの資産をもったわけではない。かつての近江京があった逢坂山の手前の琵琶湖のくびれにこそ、ネガティヴ・ケイパビリティ（もうひとつの可能性）としてのキャピタルが潜在することになったのではないか。Japans は近江の何たるかを語らないでは、肝心と要が浮上するはずがない。そう、切々と思うのだ。

わかりやすく言うのなら、近江には古来このかた「いない、いない、ばあ」がおこってきたのである。いったん「いない、いない」をして、そのあとに「ばあ」をしてみせるのが、このユニークな遊びだが、このマスキング（伏せ）とディスクローズ（開け）を同時のケイパビリティにして見せてきたのが、おそらく近江の近江たる所以だったのである。

たまさか「ばあ」をしそこねたからといって、この遊びの意図は歪まない。近江において何度も「いない、いない、ばあ」がおこってきたことは、毫も消えるわけはない。また、しんば「ばあ」を歴史のいきさつで誰かに譲ったのだとしても、その準備を近江が引き受けていたことは、当初の「いない、いない」の意図をもってこそ縷々語られるべきなのである。

念のために書いておくが、このこと、日本史においては近江だけにおこったことではない。出雲神話の主導者たちにも、東北の奥六郡の群像にも、平家の海の都にも、藤原三代の平泉にも、承久の乱の後鳥羽上皇においても、後醍醐とその皇子たちの行方でも、水戸弘道館の歴史編纂の現場でも、奥羽越列藩同盟でも、西郷隆盛の薩摩でもおこっていたであろうことで、さらには誤解をおそれずにいえば、板垣退助や北一輝や石原莞爾にも、ダイエーの中内㓛にも西武の堤清二にも資生堂の福原義春にも、また芥川龍之介や山本周五郎や三島由紀夫や中上健次の作家活動にも、あるいは手塚治虫や美空ひばりや寺山修司にも、おそらくおこっていたことであると思う。

これらのこと、ゆめゆめ世の「負け犬」や「弱者」のドキュメンテーションのように語られるべきではない。日本の歴史語りは往々にして、南朝ロマンに酔いたいためか、それとも敗戦史観や東京裁判史観に引きずられてのことか、日本史におけるさまざまな敗走の経緯を、しばしば判官びいきに、またひどく矮小な悲劇のように、もしくは誤った世界観や価値観の選択の結末として語るきらいがあるのだが、これはまことにつまらない。つまらないだけではなく、かなりまちがっている。

日本史はすでに慈円の『愚管抄』が喝破していたように、「顕るるもの」と「隠るるもの」との同時的な葛藤によって語られるべきなのである。「顕」と「冥」とは一対のone-anotherなのである。

ただしこの「顕」と「冥」を語るにあたっては、かなりの腕が必要だ。格別な言述力が必要だ。これについては、本居宣長が決定的なヒントを提出していた。歴史の結末に頼った「ただの詞」では突っ込めない。どんどん滑っていく。それに代わる「あやの詞」の彫琢が忽然と浮上する必要がある。そこにこそ日本編集思想と日本アルス・コンビナトリアの骨格が見えてくる。こういう格別な言述力だ。

このことをここで通史として議論するわけにはいかないが、せめて近江については、もう少し語っておきたい。「いない、いない」(伏せ)と「ばあ」(開け)の関係を、つまりは世界と世界たちの交差を、oneとanotherの関係を、さまざまな人物とアイテムの出入りをもって積極的に示しておきたい。

❶

❷

❸

❹

❺

❻

顕るるものと隠るるもの

❶英雄であるとともに悲劇の皇子としてその名をとどめるヤマトタケル。
❷酒呑童子はヤマトタケルと戦った伊吹山の神の別バージョンともいえる。
❸オオクニヌシの半生を描いた漫画『ナムジ：大國主』安彦良和（中公文庫）。
❹本居宣長は「冥」の世界を語るために「あやの詞」が必要であると唱えた。
❺今なお近江の偉大な王としての面影を残している天智天皇。
❻『近江山河抄』に「近江は日本文化発祥の地」と書いた白洲正子。

以下は、私の編集的にチカチカと点滅する近江思いに対して、もう一人の私がツイートしているという趣向だ。その一部を摘みだしておく。

7 近江ツイート点滅集

[イ] 比叡山と比良の麓に「ヒ」(霊)の信仰が蟠った。そこに山王日枝信仰が芽生えていった。一帯に神仏同体の稜威(イツ)の意識が育まれ、ここに宿すものたちにヒエの霊力をもたらしていった。

[ロ] 藤原京の杣や山作所は田上山などが受け持った。万葉集巻1に「淡海の国の衣手の田上山の真木さく、檜のつまで」とある。田上山は東大寺や石山寺の木材も担当したであろう。近江は杣の国だった。

[ハ] 聖武天皇は膳所や信楽に行宮をつくり、藤原仲麻呂は保良宮をつくった。おそらく、近江は何かをデポジット(担保)しておくのに便利だったのだ。

[ニ] 大津に生まれ育った最澄は近江国分寺で行表に仕えて得度し、比叡山に大乗戒壇院の設立を念願した。比叡山が日本仏教のエントランスになった。私は空海と最澄の消息の書(『風信帖』と『久隔帖』)を見るたびに、日本仏教の究極の幅に打たれる。

[ホ] 円仁の延暦寺と円珍の園城寺(三井寺)が分かれた。円珍(智証大師)は入唐して物外和

尚から「止観」を授かった。その後、安然が「草木成仏」のヴィジョンを組み立て、天台本覚を構想した。日本中世の「無常の思想」は園城寺の周辺から広まったのである。その余韻が別所に残響する。福家長吏から初めて三井寺の別所を案内されたとき、私は「近江を応援したい、最後の荷を近江で解きたい」と決意した。

［ヘ］良弁が聖武天皇の念持仏の如意輪観音を祀って石山寺が始まった。硅灰石が目立つトポスだ。良弁をそのように導いたのは比良明神（また白鬚明神）である。やがて密教化して、淳祐内供が「匂いの聖教」をのこして、宮廷官女たちがそれを慕って参詣するようになった。菅原孝標女も和泉式部も紫式部もその一人だ。明治末に鷲尾光遍が座主となり、いまは鷲尾龍華が世襲している。龍華さんは近江ARSの華である。

［ト］近江の神仏習合にはたいてい他国や異国がまじっている。湖北の己高山では白山信仰を感じ、湖東三山（百済寺・金剛輪寺・西明寺）では百済仏教を感じた。ところが残された仏像群に接してみると、白洲正子の十一面観音巡礼がそうだったように、近江独自の日本バロック的なるものが佇む。それらはoneに対するanotherなのである。

［チ］三井寺の新羅善神堂は対馬海流を越えてきたであろう新羅明神の面影を祀る。山本ひろ子は摩陀羅神の可能性を説いた。ここにもoneとanotherの関係がミラーリングする。異神を伴う「いない、いない、ばあ」である。

［リ］瀬田は「唐橋を制する者、天下を制する」と言われ、日本史を分けてきた。壬申の乱、藤原仲麻呂の乱、寿永の乱、承久の乱、建武の乱、観応の擾乱、明智光秀の謀反は、いずれ

も瀬田で勝負が決まった。これらのことに鑑みて徳川幕府は瀬田川に唐橋以外の橋を架けるのを禁止した。

［ヌ］逢坂山は芸能生活者のセンターとオフセンターの分かれ目だ。いまは小さな関蝉丸神社が悄然とのこるばかりだが、ここは日本独得の芸能の信仰地でもあった。逢坂山はいつか蝉丸と逆髪の往時を取り戻さなければならない。私はここに車椅子に乗った美輪明宏さんを連れてきたい。

［ル］天龍寺や建長寺からの住持就任の要請を断っていた寂室元光が、佐々木氏頼との出会いのあと、愛知川上流の雷渓に上棟された永源寺に入った。70歳を超えていた。門下に二千人におよぶ共鳴者が参集し、「京都五山、近江に動く」と騒がれた。このとき近江の禅、近江の漢詩が極まったのである。「風は飛泉を攪して冷声を送る。前峰　月上って竹窓明らかなり。老来殊に覚ゆ　山中の好きことを。死して巌根にあらば　骨もまた清からん」。のちに西田幾多郎が書斎に飾った漢詩だ。

［ヲ］近江の惣村は底力をもっている。竹生島北方の菅浦の日々がこれを物語る。贄人・供御人を含む僅か60世帯ほどの自治力ではあったけれど、断固として主張を譲らなかった。私のモットーはフリードリッヒ・ガウスに肖った「少数なれど、熟したり」(Pauca sed Matura) というものだが、網野善彦さんにすすめられて菅浦文書を読んで以来は、この孤高の湖岸集落をひたすら依怙贔屓している。

［ワ］永源寺から谷を越えて伊勢に向かう途次に、北の八風越え、南の千草越えがあって、

そこに石塔・今堀（保内）・小幡・沓掛の山越四本商人が発祥した。近江商人の源流だ。

［カ］鎌倉新仏教で最も遅れて広まっていったのは一向宗だった。赤貧洗うが如き青年期の蓮如が父を継いで本願寺の法王に就いたとき、教団は難問山積で、山門（延暦寺）の蔑視や弾圧も強かった。近江堅田の法住らの奔走でいったんは叡山西塔の末寺となったのだが、堂宇は焼かれ、河内・大和をへて南近江を流浪するありさまだった。折からの応仁の乱が蓮如の教団をゆさぶり、堅田も襲われ、門徒たちは沖島に逃げた。このとき蓮如に肩入れしたのが寺門（園城寺）だった。別所の近松を本願寺用地として提供した（のちの顕証寺）。ここは若き近松門左衛門が逗留していたところでもあったらしい。

［ヨ］軟弱きわまりない足利将軍たちの貧政は応仁の乱を招いて中世日本を混乱させ、近江を四分五裂した。とくに説明したくない。こんなことを言っては歴史語りに悖(もと)ると詰(なじ)られるだろうけれど、なんだか空しいのだ。ともかくも図式的にいえば、西軍についた近江守護の六角と東軍についた江北守護の京極の対比は、途中の足利義晴の近江坂本への縮退などを挟んで、結局は「北は浅井、南は六角」という構図で了(おわ)ったのである。野望多き信長はその近江に目をつけた。

［タ］浅井氏は国人出身で、京極の有力武将だった。重臣の上坂信光を倒して、新築の小谷城に京極父子を住まわせた。守護京極は浅井の傀儡(かいらい)になった。そのころ信長は天下布武を狙っていて、一乗谷にいた将軍義昭を強引に岐阜に迎えた。朝倉の反発は必至だ。信長は妹のお市を浅井長政に嫁がせ、浅井を朝倉の攻撃の防波堤にした。しかし浅井と朝倉はもともと同盟関係にあったので、浅井は信長に朝倉を討たないでくれと一札を入れた。信長はこれ

きていく。

を無視して3万の兵で朝倉を攻めた。かくしてここに湖北の激しくも哀しい物語の下地ができていく。

［レ］お市の長女の茶々は秀吉に嫁いで秀頼を産んだ。三女の江姫（ごうひめ）は徳川秀忠に嫁いで家光を産んだ。織田と浅井の血が徳川270年のジェノタイプとなったのである。

［ソ］信長の安土、秀吉の長浜は城も城下ものこっていないためか、ほとんど本格的に語られてこなかった。またそのぶん、坂本に拠点を構えて信長を襲い、直後に秀吉に襲われた明智光秀についても、あまり語られてこなかった。しかし私はこの一連の「近世近江の短日の有為転変」にこそ、かの近江朝の凋落と並んで今日にいたる近江語りのミッシング・リンク（いない、いない、ばあ）があると思ってきた。

［ツ］元亀元年（1570）、信長は大津に宇佐山城を築いて森可成を城主に据えた。本丸跡はいまNHKの施設になっている。その秋、顕如率いる石山本願寺が信長に叛（そむ）いて門徒に決起を促すとともに、朝倉・浅井・六角と反信長戦線を組む作戦を練っていることが発覚した。どうも延暦寺が一枚加わっているらしい。激怒した信長は新たに宇佐山城主となった明智光秀に叡山包囲網を準備させ、自身は園城寺の光浄院（現在の建物とは別）に入って山門焼討ちの指揮をとり、一方では石山本願寺攻めにとりくんだ。日本宗教史上、平重衡の南都（東大寺）焼討ちにならぶ最大の暴挙がこうして断行された。延暦寺は炎上し、光秀は坂本城を築いた。

［ネ］信長の安土城の建造、本能寺の変、秀吉の大返し、光秀の敗北、秀吉の長浜（今浜）

づくりは、たてつづけである。しかし、このすべてが短期間で近江から撤退していった。なぜ、近江はこんな憂き目を見なければならないのか。何かが残念だ。このこと、いざとなるとなかなか文脈にするのが難しい。

［ナ］私の幼年期の記憶には、高時川、木之本、余呉湖、賤ヶ岳が眩しい。また道々で出会った巨木たちが異様な印象を刻んだまま残像している。湖北は私の父のルーツであって、私の近江ＡＲＳの母性なのである。なかでも木之本・大音（おおと）は三味線や琴の糸の産地として心にのこってきた。水上勉の『湖の琴』とともに、いまなおときめく。先だって丸三ハシモトで絹弦づくりの一部始終を堪能させてもらった。「木之本からシルクロードを逆流させていきたいんです」と橋本英宗が語っていた。

［ラ］桃山・慶長・寛永文化は日本バロックの華である。工匠をこそ誇りたい。数年をかけて十五代樂吉左衛門（直入）が佐川美術館につくりあげた平成の茶室構造にその守破離（しゅはり）のプロセスがみごとに再生されている。当時の近江では穴太衆（あのうしゅう）の石組みと甲良大工の技が、この守破離を担った。

［ム］慶長12年、南光坊天海が比叡山探題執行となって、その才能に家康が目をつけた。山王一実神道（さんのういちじつしんとう）を構想した天海は、将軍家康を東照大権現として祀り上げることを主張して、一方で久能山と日光に東照宮を作り、他方では江戸上野に東叡山寛永寺を創建して、不忍池を琵琶湖に見立てた。天海一人による史上最大の「いない、いない、ばあ」のデモンストレーションだった。半村良は『産霊山秘録』で明智光秀と天海をめぐる伝奇物語を仕立てた。

［ウ］小堀遠州と甲良宗広の二人が「作事」「作分」においては図抜けていた。長浜（坂田郡小堀村）生まれの遠州は、秀長・秀吉・家康・秀忠に仕えつつ茶の道を極め、駿府城や伏見城の普請にあたって多くの工夫を仕上げて「綺麗さび」をもたらした。彦根（犬上郡甲良の法養寺集落）生まれの宗広は、家康に気に入られて伏見城修築や吉田神社造営に当たり、家光に選ばれて増上寺・寛永寺・東照宮の作事方棟梁となって匠の道を極め、「華麗はで」を演出した。いま近江ARSは遠州流当代の小堀宗実家元と事を構えようと企んでいる。先だっては叶 匠壽庵で〈龍門節会〉を始めて、家元の茶花のあしらいとふるまいに参加者全員が魅入られた。

［ヰ］徳川幕府は儒学を「世界定め」して、そのマネージを林家が管轄した。これに飽きたらず独自の学問に達したのが中江藤樹だ。高島郡小川村に出自した藤樹は伯耆や伊予や京をへて故郷で私塾を開き、独自の儒学を語って熊沢蕃山や淵岡山を育て、41歳で早逝したものの「近江聖人」と謳われた。37歳で王陽明全巻を入手して日本陽明学の泰斗となった。のちに内村鑑三は『代表的日本人』に、日本のバプテスマは中江藤樹に始まると書いた。

［ノ］芭蕉の師の北村季吟は近江野洲の人である。堅田本福寺の千那は芭蕉の弟子だ。芭蕉は伊賀と京都を行き来するたびに近江に寄るのを好んだ。『野ざらし紀行』の「山路来てなにやらゆかしすみれ草」は山科から大津に向かう途次の句だ。膳所藩中老の菅沼定常（曲翠）は芭蕉の高弟で、幻住庵を提供した。ちなみに「幻住」とは寂室元光が参禅した中峰明本の言葉でもある。そこから山を下ると、芭蕉が骨を埋めたいと希った義仲寺に至る。「ここは東西の巷、さざ波きよき渚なれば、生前の契深かりし所なり」。これが芭蕉の実質的な遺言

だ。史上最高の近江讃歌だ。

「オ」義仲寺に葬られた芭蕉の思いを、近江の人々はどのように応えたのか。私はこの後日談の顛末を知らなかったのだが、のちに蝶夢（ちょうむ）らによってすばらしく編集されていったことを聞いて、ほっとした。義仲寺を再興し、蕉門俳諧資料のアーカイブたる粟津文庫を用意し、現代につづく芭蕉忌日の奉納句会「時雨会」を始めたのは時衆であって俳諧師であった蝶夢だったのである。このことを詳しく教えてくれたのは当地の歴博の横谷賢一郎だ。この一件で私は横谷さんに一生の借りができた。芭蕉をどう胸中に抱いていくか、今日の近江の心はここにかかっている。

「ク」どうも近江の人々は互いを持ち上げない。褒めちぎらない。たとえば山岡孫吉（長浜高月町）や西田天香（長浜開知学校）や田原総一朗（彦根城東小学校）や岡林信康（近江八幡）や細野豪志（近江兄弟社中学校）をもっと応援してもよかったのではないか。これは遠慮が過ぎる。まずは近江の政治家・知識人・教育者・官吏・職人・商人・クリエイター・ボランティア・冒険家について、もっと関心を寄せたほうがいい。

「ヤ」朝鮮通信使とのコミュニケーションに身を挺した雨森芳洲は伊香郡高月の出身だ。渡岸寺が近い。日韓関係の最初の礎は芳洲が築いた。これからは近江における朝鮮文化の残響をまとめ、これを韓国側にも伝えていかなければいけない。

「マ」八日市の近くの建部村の建部七郎右衛門や田付新助は北方交易を開いた。彦根藩が松原・米原・長浜の三港だけを保護したので、勇躍、日本海に活路を求めたためだ。ひるがえって北海道松前に赴いた北前船に最初に乗り込んだのは、薩摩と柳川と近江の男たちだったのである。近江・敦賀・若狭・日本海のつながりはこれからの近江にとって、たいへん大きい。私は21世紀の近江は京都や大阪よりも北陸とつながったほうがずっといいと思っている。

［ケ］関白近衛信尹が瀟湘八景を近江に移してみせた近江八景は、広重の浮世絵、吉村孝敬の屏風絵、彦根玄宮園の庭、芭蕉の句、落語『近江八景』、今村紫紅の日本画、大和田建樹の鉄道唱歌、数々の和菓子の意匠、文部省唱歌、尺八・箏曲・詩吟、さまざまな絵葉書や写真などとして今日に及んでいるが、21世紀に見合う決定打がない。近江八景論もない。ラップや現代アートやファッション・シーンになっていくといい。

［フ］近江の民芸品や民間信仰はまだ集大成されていない。たとえば大津絵は大谷・追分あたりで旅人向けの土産や護符として広まっていったものだが、その絵柄があのように「めでたい愉快」として、ややユーモラスに組み上がっていった理由はまったく突き止められていない。各地の太子信仰、修験伝承、地蔵盆なども比較検討されていない。「鬼の念仏」「瓢箪なまず」はone-anotherの絵柄として雄弁なのである。もっと新たな大津絵がふえるべきだろう。近江のサブカルは大津絵と大津絵節からだ。

［コ］寛政10年7月某日、28歳の近藤重蔵が最上徳内とともに国後(くなしり)島に到達し、ついで択捉(えとろふ)島の地に立った。千島列島探検家として知られる重蔵だが、この男はとんでもない才能の持ち主だ。千五百巻の著述があるし、なんといっても書物奉行であった。紅葉山文庫の司書として抜群のエディターシップを発揮した。晩年はその意図が誤解されて高島（大溝藩）に移された。ちなみに近江一帯の本草学（植物研究）に最初にとりくんだのは重蔵だった。『江州本(ごうしゅうほん)

草』三十巻の残欠を見られたい。

［エ］安政の大獄を招いた井伊直弼も誤解されている。世界の趨勢、黒船の意味、日本外交の方針をあのころ正確に受け止めたのは、近藤重蔵、佐久間象山、吉田松陰、井伊直弼、本多利明だったのだ。彦根城内に生まれ埋木舎にお茶を嗜んだ直弼は、茶の湯に「一期一会」の思いを入れ、「余情残心」を尊んだ（『茶湯一会集』）。熊倉功夫さんが詳しい。

［テ］父は機嫌がいいと江州音頭のサワリを口ずさんでいた。志ん生が寄席でときどき唄ったという大津絵節、志賀廼家淡海の淡海節もおもしろがっていた。小泉信三は志ん生の大津絵節を聞いて涙を流していたらしい。いま、私は近江の民謡・歌謡・童謡・俗謡にひどく関心がある。新民謡の『近江堅田節』や『長浜節』ではものたりない。できれば多くの素材を提供していただいて、これを本條秀太郎さんにまとめてもらいたいと願っている。そして、新たな「近江歌」が生まれていくことを期待する。

［ア］天保13年、甲賀・野洲・栗太の三百村に矢川神社の触書がまわって、数万人におよぶ大一揆がおこった。「天保の義民」である。レジスタンスの歴史は近江にはめずらしいが、実はこの手の憤懣、さまざまに沈積してきたのではあるまいか。それをそろそろぶちまける時期が近づいている。

［サ］文明開化は近江に何をもたらしたのか。神仏分離は？　国家神道の波及は？　鉄道敷設は？　疏水の開通は？　滋賀県令の籠手田安定は疏水による琵琶湖の減水を危ぶんだが、京都府知事の北垣国道は若き田辺朔郎のプランを立てて押し切った。近江は京都に「貸し」

をつくったのだ。

［キ］江戸中期から「近江泥棒、伊勢乞食」と巷間に揶揄されてきた。それくらい近江商人がしぶちんでがめつかったという風評だが、一方では近江商人は「三方よし」（売り手よし・買い手よし・世間よし）をモットーとしてきたとも言われてきた。五個荘の中村治兵衛が書きのこした家訓を、初代の伊藤忠兵衛（犬上郡）が広めたものだということになっている。近江泥棒、大いに結構。泥棒だってone-anotherなのだ。最近の近江ビジネスはおとなしくなりすぎた。

［ユ］膳所に生まれて明治から昭和にかけて円山四条ふうの名画の数々を描いた山元春挙が、長らく拠点にしていた京都から故郷の膳所に戻り、大正10年に琵琶湖畔にみずから設計して建てた蘆花浅水荘（ろかせんすいそう）は快挙である。敷地内の記恩寺には森寛斎と父君の像が祀られている。春挙は膳所焼の復興もめざした。あの〈春挙ブルー〉は近江の青だ。

［メ］東京ではよく山の上ホテルを利用した。ヴォーリズの設計だ。ウィリアム・メレル・ヴォーリズは明治38年に滋賀県商業学校（現在の八幡商業高校）に赴任し、再来日したのちは近江八幡に暮らしてYMCA会館を手始めに多くの建物を設計した。のみならず近江兄弟社をおこしてメンソレータムなどを製品化すると、その事業で得た資金で結核療養所や図書館をつくった。昭和16年に日本国籍をとり、「八幡は日本の中心であり、世界の中心である」と言い切った。これ、これ、この気概が21世紀の近江にほしい。

［ミ］西武鉄道をおこした愛知郡出身の堤康次郎、高島郡出身の商家の婿養子となり高島屋を開業した飯田新七、白木屋を創業した長浜出身の大村彦太郎、神崎郡出身でワコールを成功させた塚本幸一、彦根出身でトーメンをおこした児玉一造、兼松（江商）を育てた北川与

平、八幡出身で蚊帳から「ふとんの西川」を拡張していった西川仁右衛門……みんな近江商人だ。ほかに住友の初代総理事の広瀬宰平が野洲の、二代目の伊庭貞剛が蒲生の出身で、彦根の豊田利三郎がトヨタの初代社長となった。日本生命は彦根の弘世助三郎の呼びかけで始まった。

［シ］ヤンマーディーゼルは私の子供時代からの憧れだ。山岡孫吉は伊香郡東阿閉（長浜高月町）に生まれ育ち、大阪でガスエンジンに出会って山岡発動機工作所を起業した。ヤンマーは上場しない、ヤンマーは近江に錨（いかり）を下ろす、ヤンマーは文化を重んじる。これ、とても大事な「世界たち」ビジネスだ。ヤンマーを近江ビジネスの誇りと思いたい。

［ヱ］三島由紀夫に『絹と明察』がある。1954年におこった彦根の近江絹糸の争議（彦根工場の争議）に取材したもので、急成長する企業セカイの中での父と子の対立と葛藤を描いた。絹が父を、明察が子をあらわしている。三島は日本が「ニセモノの父」によって覆われることに危機感を覚えていて、この作品を書いた。以降、『豊饒の海』まで小説を発表しなかった。近江の父子像に代わって、三島は自滅を辞さぬ行動を示したかったのである。

［ヒ］青木文教、梅棹忠夫、西堀榮三郎。いずれも近江に縁が深く、三人とも「世界」と「世界たち」のあいだに自ら割って入り、大胆な冒険を引き受けた。青木は高島の浄土真宗・正福寺に生まれて、インドの遺跡調査を皮切りに、ダージリンに亡命していたダライ・ラマ13世に謁見、その後はチベットのラサに入って多田等観とともに調査に徹した。梅棹家のルーツは菅浦である。今西錦司の門下として登山と探検を好み、『文明の生態史

い
ろ

に

と

り
ぬ

を

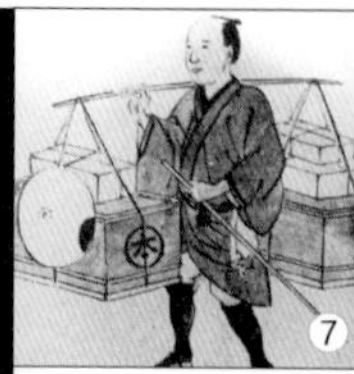

か

た

そ

つ
ね
な
ら
む

❶滋賀県の甲賀に紫香楽宮を築いた聖武天皇。
❷天台寺門宗の宗祖・円珍（智証大師坐像）。母は弘法大師の姪にあたる。延暦寺の座主と園城寺の長吏を同時に担った。
❸三十三段からなる「石山寺縁起絵巻」。三十三は観音の変化身を踏まえている。
❹三井寺を守護する新羅明神。円珍が唐から帰国する際に船中に顕現したという。
❺臨済宗の僧・寂室元光。名誉や役職を求めず、近江の永源寺の開祖となった。この時、「五山、近江に動く」と言われたほど、その器量を慕って京都の五山僧や貴族らがこぞって訪れた。
❻「少数なれど熟したり」の名言を残した数学者フリードリヒ・ガウス。
❼天秤棒が目印の近江商人。出身地域によって、八幡商人、高島商人、日野商人、五個荘商人に分けられる。
❽新しい天下を目指した織田信長。信長の妹・お市の方は浅井長政と結婚して三姉妹を産み、
❾長女・茶々（淀君）は親の仇である豊臣秀吉に嫁いで秀頼を産み、三女の江は徳川秀忠と結婚し、三代将軍・家光の母となる。

観』を書いてセカイを生態学的にみることを提唱すると、現代社会では「情報」を編集することこそが新たな生態学になると予測し、その主旨にもとづいて長らく国立民族学博物館の館長を務めた。

［モ］西堀は今西錦司の妹を嫁さんにした。東近江に西堀榮三郎記念の「探検の殿堂」がある。東芝の技術本部長をへて第一次南極観測隊の越冬隊長、日本山岳会会長を務め、ざっくばらんな発明感覚を先導した。私は筑波科学博のパビリオン〈超と極〉を演出したとき、西堀さんに「石橋は叩かないで渡りなさい」と教わった。近江ARSに石橋はない。

［セ］近江を見る目が最も澄んでいて、最も深かったのは白洲正子さんである。『かくれ里』『近江山河抄』『十一面観音巡礼』はすべての滋賀県関連の最高の必読書だ。私は白洲さんを読んで近江ARSを引き受けることにした。大沼芳幸の『白洲正子と歩く琵琶湖』シリーズ（海青社）も必読書。大沼さんは琵琶湖八珍の提唱者でもある。

［ス］近江についての本をできるだけ読みたいと思ってきたが、まだ果たしていない。大小各種のミュージアムが展示してきた図録にも目を通したい。琵琶湖博物館、大津市歴史博物館には教えられることが多い。とびきりは佐川美術館の十五代樂吉左衛門による茶室空間だ。熊倉功夫がMIHO MUSEUMの館長になったのはセレンディップなことだった。私は近江ARSの最初の一歩を、三井寺の光浄院に樂さんと熊倉さんを呼ぶことから始めた。これらに加えて、建築家の隈研吾さんには、キオスクならぬクマスクを近江のそこかしこに出現させてもらおうと相談している。

［ん］近江ARSのメンバーは私の人生最後の友人たちである。敬称略で紹介させてもらう

が、琵琶湖汽船の社長だった川戸良幸からは湖のように広くて深い近江魂をひたひたと、観音ガールの對馬佳菜子からはジェンダー近江の本来の根性をひしひしと教えてもらっている。叶匠壽庵の芝田冬樹は近江とARSの接面を粋な刺青のごとくに体ごと背負う裂帛の志士で、中山倉庫の中山雅文は大半の活動資金を拠出している草莽のチェアマンである。二人の熱い心意気がチームの羂索をすべて引っ張っている。

一番若い三井寺の福家俊孝と数寄屋建築の六角屋の三浦史朗は、いつもめざましい設いの意匠を現出させ、私を驚かせてくれる。長浜を拠点にするタウンディレクターの竹村光雄、木之本の糸作りの橋本英宗や酒造りの冨田泰伸は伝承文化とポストモダンの掛け算を手掛け、もと朝日新聞記者の三宅貴江がそこに湖北の風を送りこむ。石山寺座主の鷲尾龍華はこれからの日本仏教をなでしこジャパンに染め上げていく中心にいる。

チームきっての異色な才能の持ち主がご当地の歴史博物館の横谷賢一郎だ。日本の書画骨董とワインと靴と茶事一切に精通し、マンションは古今東西のレアものでぎっしり埋まっていて、どこで寝ているのかわからない。叶匠壽庵の池田典子は私の近江ナースである。全タイムテーブルとプロデュースとディレクションを引き受ける百間の和泉佳奈子は20年をこえる私の分身だ。私が倒れても、近江ARSは止まらない。

村田製作所の阿曽祐子はイシス編集学校の師範でもある。なんでも編集してくれる。柴山直子は近江の地と水を愛しているので、ポケットからいろんな滋賀県が出てくる。茶人の堀口一子は馥郁たる三井寺茶を静かにふるまい、成安造形大学副学長の加藤賢治は地蔵盆を調べまくっている。民主党政権時に知り合った、初代高島市長の海東英和は将来の滋賀県知事になるべき人物で、深い近江愛もさることながら、気配と細部に対する配慮がゆきとどいている。

これらにたくさんの制作スタッフが映像・写真・音響・料理・案内接待・セキュリティ・運搬を通して入り交じる。そんな万事を二人のナカムラ、中村裕一郎が配信し、中村碧が交信する。そこにさまざまなゲストや来場者が躍りこむ。みんなバロック、みんなアルス・コンビナトリアだ。

8 別様の可能性を求める

2021年12月3日、びわ湖ホールで「近江ARS」のキックオフ〈染め替えて近江大事〉を披露したとき、舞台上に〈別〉という一字書を大きく仕立てた。キックオフのイベントの舞台に〈別〉の字が何かを訴えているというのは、ちょっと異様だったはずだ。

〈別〉とは何か。日本では古来、「別当」「別業」「別所」「別格本山」「別伝」などというふうに、格別な位や場所や建物をあらわすばあいに、しばしば〈別〉の字をつかってきた。「別格の」「特別な」「とりわけ」という意味あいだ。今日でも「別荘」「別棟」「別館」「別冊」「別巻」「別立て」などとつかう。食後のケーキは「ベツバラ（別腹）に入る」などともいうし、映像業界ではしばしば「別撮り」をしてあとから嵌めこむ。ベッピンという言葉は死語になっているけれど、もともとは「別嬪」で美しい女性のことをさしていた。東海道吉田宿の織清（おりせい）で格別のうなぎの蒲焼を出すことになり、渡辺崋山の次男の渡辺小華がこれを「頗（すこぶ）る別品」と銘打ったのが、美人に適用されるようになった。最近は「別班」も有名になった。

この〈別〉は何を意味しているかというと、one に対する another をさしている。one があってもなおもうひとつの（別の）another がありうることを言っている。できるだけ one と another の関係を残したくて、あえて〈別〉の字をつかったのである。

キックオフの舞台に〈別〉の字を掲げたのは、ひとつには三井寺がその寺域に五つの「別所」を擁してきたことを強調しておきたかったからと、もうひとつにはＡＲＳの三つの頭文字が〈Another Real Style〉にもとづくものであることを暗示しておきたかったからだった。このとき舞台に登場してもらった田中優子さんは、私は江戸文化の大半が「別世（べつよ）」でできていると見ていますと言っていた。

アナザー・リアル・スタイルというのは、文字通りは「もうひとつの現実のためのスタイル」ということだが、実は「アナザーリアルのスタイル」という意味と「もうひとつのリアルスタイル」という意味とが、つながるように重なっている。そういうフレーズにした。このフレーズは、one に対する another が格別に提示されていってほしいということを念じたものだ。わかりやすくいえば、どんなコトやモノにも（つまりどんなセカイにも）、one があれば、必ずやどこかに「もうひとつの one」としての another がありうるということを訴えている。

では、なぜアナザー・リアル・スタイル（＝ARS）が「近江」の来し方行く末を形容する枕詞になるのかというと、すでに述べてきたように、近江は多くの another を引き取りうるような土地と歴史と風土文化を抱えてきたのではないかと思われるからだ。それゆえ、「もうひとつの日本」「別日本」を発信するのにふさわしいと感じられるからだ。

ところで、このような〈別〉への思いをあらわす概念に、「コンティンジェンシー」（contingency）がある。ちょっとわかりにくい英語の言葉だが、私がとても気にいっている考え方をあらわしている。残念ながら的確な日本語の翻訳がないので、とりあえずは「別様の可能性」というふうに捉えてもらうとありがたい。仕組やシステムに潜在している「別様の可能性」のことで、それが何かはコンティンジェンシーが起動したときにわかる。

コンティンジェンシーとはもともとは「不確実性、偶有性、偶発性、代行性」などを意味する言葉で、社会学やビジネスシーンやIT現場ではよくつかわれる。たとえば80年代のアメリカで話題になった経営理論では、どんな環境の変化にも適用できる万能な組織はなく、万能なリーダーはいないという判断にもとづいて、「ゆらぎ」や「変化」を内包する経営方針をたてることをコンティンジェント・マネジメントと呼んでいた。

社会学でコンティンジェンシーに注目したのはニクラス・ルーマンである。ルーマンは社会システム理論を構築するに際して、多くのシステムがリスクに見舞われることを重視して、次のように考えた。

リスクを回避しようとすれば、リスクの大小多様な危険性の種類や度合いからいって、回避すればするほどシステムはどんどんヤバくなりかねない。リスクに過敏に反応しすぎてもうまくいかない。むしろリスクには、危険性とともに「別様の可能性」がひそんでいるとみなしたほうがいいのではないか。その「別様の可能性」はすこぶるコンティンジェント（偶有的）なもので、一見すると偶発的なリスクに見えるのだが、そこには同時にチャンスに転化するものやシステムの自動変更に寄与するものもひそんでいるのではないか。ルーマンはそんなふうに考えた。

システムがひょっとするとコンティンジェントな隙間（可能性の隙間）でできているという見方は斬新だった。あたかも生命体のような非線形なシステムにカオスが創発性を発揮するようで、ルーマンの考え方はきわめて新しい社会システム理論に向かうかと思われた。

ところが、システムにはもともとめんどうな性質があったのである。自己再帰性あるいは自己言及性という性質で、システムは自己システムから外に向かって出ていった情報やエネルギーを自分に代入するとハウリングをおこしかねないという性質をもっていた。マイクからスピーカーを通して拡声された音がふたたびマイクに入ってくるとハウリングがおこるようなものだ。なんとか自己再帰がおこす撞着（どうちゃく）を超えなければならない。

またシステムはそれを大きく成長させようとすると、当該システムを維持するためのコストがかかりすぎる。そのため自身で崩壊を招くことが少なくない。進化史上では恐竜が有名だが、歴史上でもアッシリア帝国、古代ローマ帝国、大唐帝国、ナポレオン帝国、大日本帝国、ソ連などが自己荷重に耐えられないほど巨きくなった。ビジネスシーンにおいてもしばしば大企業病が問題になってきた。

これらはまとめてシステミック・リスク（国の場合はソブリン・リスク）と呼ばれる。21世紀のセカイでは、このシステミック・リスクが禍々しい。ニコ・メレの『ビッグの終焉』では、ビッグガバメント（国家・政府）、ビッグアーミー（軍組織・兵器システム）、ビッグカンパニー（大企業）、ビッグパーティ（政党・利益集団）、ビッグニュース（マスメディア）、ビッグファン（大顧客主義）、ビッグマインド（ポピュリズム・宗教教団・巨大大学）という七つのビッグシステムが危険視された。

しかし一方で、すぐれたシステムは自己回帰を巧みに逸しているような機能ももっている。多くの生物体にはその機能が用意されてきた（恐竜などの失敗例もあるが）。ルーマンは考えこんだ。コンティンジェンシーにはシステミック・リスクを超えていく何かの秘密が隠れているのかもしれない。タルコット・パーソンズがヒントを提案した。コンティンジェンシーは「ダブル・コンティンジェンシー」になっているのではないかというのだ。別様の可能性は二重にあらわれているのではないかというのだ。

これは大きなヒントだった。ルーマンはパーソンズの意見をとりいれて、真に有機的なシステムはその内部の相互性・鏡像性・相補性をつかってダブル・コンティンジェンシーの状態をつくっているというピクチャーを描いたのである（私はダブル・コンティンジェンシーはたんに二重というよりも、ポリフォニックに多重になっていると思っている）。

われわれは不確実で不確定なものには慎重になる。慎重になると、行動や決断が先送りされる。果報は寝て待てになる。個人が慎重になるのはそれでもいいかもしれないが、組織はその先行きが見えない不確実な状況のあいだも、システムを維持していかなくてはならない。仮になるべく冒険をしないようにしたとしても、何もしないことにもコストがかかる。成長してきた大きな組織やビッグなシステムにとって、そのコストは膨大だ。

こうした隘路（あいろ）に立たされないようにするには、どうするか。成長過程の早期から、いくつかの「別様の可能性」が発現するように仕組んでおくべきだったのである。それがダブル・コンティンジェンシー（実は多重コンティンジェンシー）の採用だ。

そもそも組織には「自己組織化」という傾向が内包されている。有機体としての生命体はとくに進化の方向など決めていない。巨きくなろうともしていない。草木が巨木になるか、タンポポや松葉ボタンのように小さいままで環境に馴染むかは、初期の自己組織化のプランによっているのであって、ビッグになろうとしたらうまくいかなかったので方針を変更したというようなことは、しない。有機的な生命体は細胞の段階から「適度な自己」を組織の起点において、その起点にふさわしいオートポイエーシス（自律的調整）という自己産出系の調和律にもとづいた持ち前の成長をするようになっている。コオロギはカブトムシをめざさず、シマウマはキリンをめざさず、チンパンジーはヒトをめざさない。

けれども、大半が人為的につくられてきた社会的な組織やシステムにおいては、自己組織性は自律的にははたらかない。資金の投入、技術の開発、才能の獲得、人事の刷新、株式の公開、借り入れ、事業所の移転、サービスの充実、流通経路の改善、倉庫の確保、そのほかいろいろの手を打って、やっと成長組織の体裁を保てるわけである。しかしながらそのような手を打っていても、金融状況の変化や競争相手との激突は避けられない。

そこでさまざまなリスクヘッジをするのだが、旧来の「世界」に所属しきって成長してきた組織やシステムの場合は、新たな「世界たち」が時代を席巻していくことに対応しきれない。アマゾンやアップルといった小さな「世界たち」が、あれよあれよというまにマイクロソフトやグーグルなどとともに世界大になるとは予想もつかない。

ここにおいて「別様の可能性」への転回が望まれることになるのだが、危機や停滞がおこってからではまにあわない。あらかじめ組織やシステムの内外でコンティンジェンシーがはたらきだすようにしておかなければならなかったのである。

ちなみに、コンティンジェンシーが発動できなかった日本現代史の悲劇的な例として、太平洋戦争と日中戦争がある。戸部良一・寺本義也・野中郁次郎らが日本軍の組織論的研究として世に問うた『失敗の本質』（ダイヤモンド社・中公文庫）は、インパール作戦におけるコンティンジェンシーの決定的欠落を指摘した。

コンティンジェンシーはどのように発動できるのだろうか。何を用意しておけばいいのか。

第一には、組織やシステムに何かのトラブルがおこったときに、修正に向かう枝と別の方向に転換する枝の両方をインストールしておかなければいけない。そのトラブルは小さなものであっても見逃せない。

第二に、そうした別の枝に向かうことを担う人材や才能や技術を、少数であれ用意しておかなければならない。この才能の維持は、組織が利益主義に全面化していては難しい。才能

ダブル・コンティンジェンシー

Contingent Editing

❹

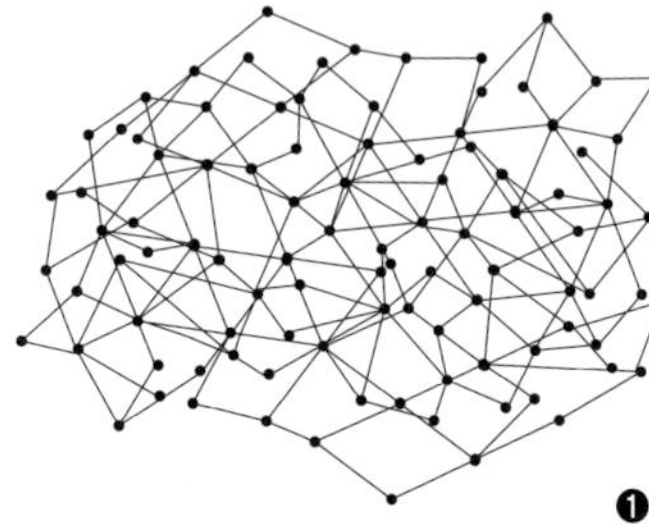

❶

❷

システムには開放系と閉鎖系の二つがある。インターネットは万人がリンクできるように開放したことで世界中に広まった。❶インターネットのリンク構造の例。神経生理学者ウンベルト・マトゥラーナは、開放系とみなされている「生命」が、自律的な閉鎖系である「オートポイエーシス（autopoiesis）」ではないかと論じて世界を驚かせた。

❷『社会システム論』の著者ニクラス・ルーマン。彼によってオートポイエーシスは一般システム理論に普遍化された。タルコット・パーソンズの「ダブル・コンティンジェンシー」の考え方に深く影響を受けている。

❸数学者ジョン・ベンが考案したベン図。二つの円の境界の重なり具合によってさまざまな意味と論理が生まれる。システムにおいては境界こそが重要である。

❹ロボット工学者の石黒浩が作り出した本人に生き写しのロボット「ジェミノイド HI-5」。生命とテクノロジーの境界が溶け合う社会における別様の可能性とは？

❺写真家ダイアン・アーバスの代表作「一卵性双生児、ローゼル、ニュージャージー州」（1966）。双子は、鏡合わせのように、もう一つの有り得たかもしれない人生を映し合う。

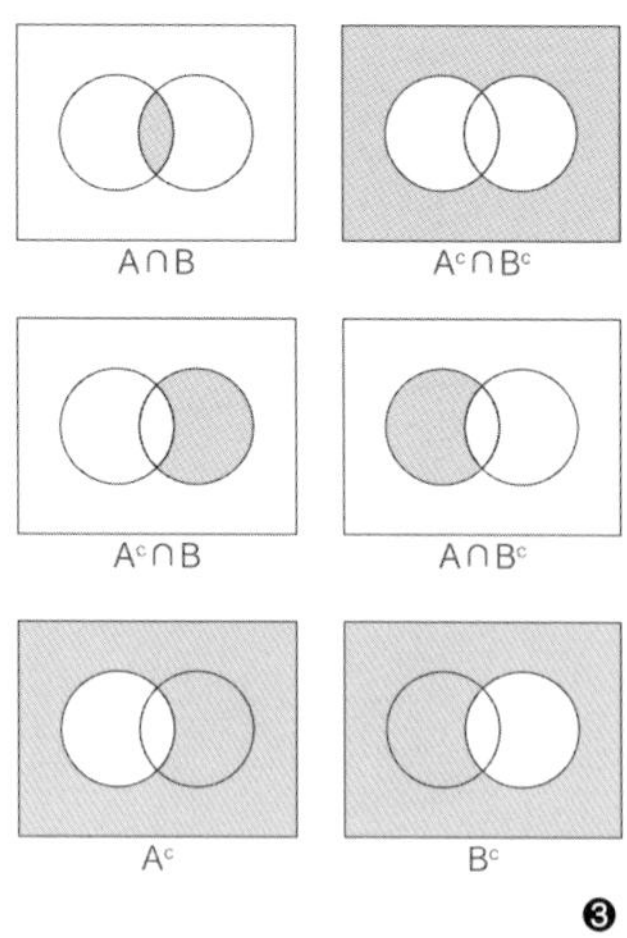

❸

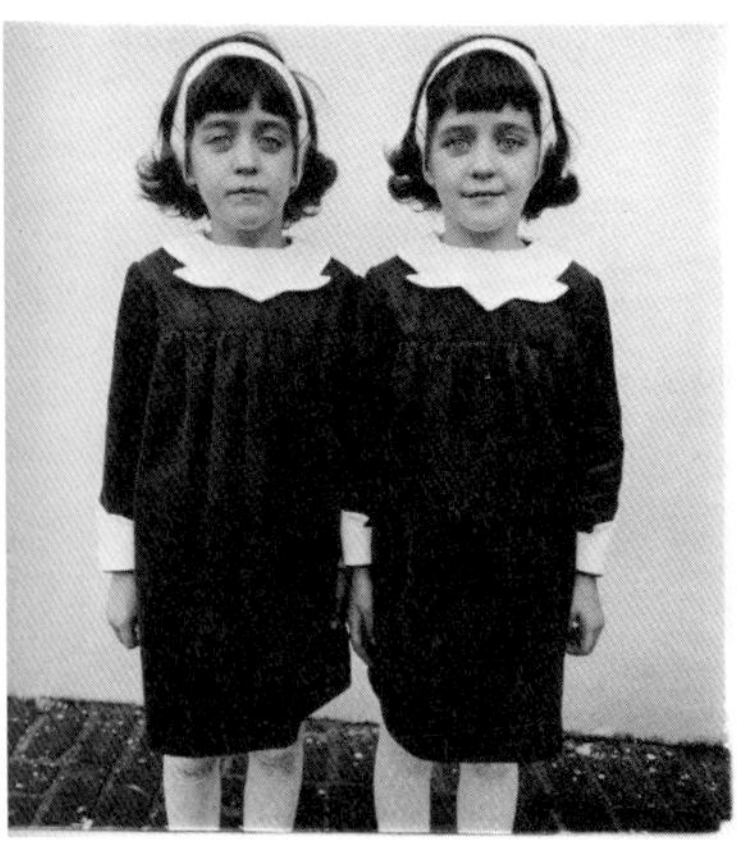

❺

の温存は会計面にはあらわれないか、ムダに見えるからだ。

第三に、組織は状況判断や環境判断のための敏感な感知センサーを内包しているべきなのである。『失敗の本質』では英印軍のビルマ南部上陸についての情報探知の欠如と、そのことに鈍感だった第15軍と大本営のウ号作戦を問題にしていた。

第四に、コンティンジェントなきっかけはたいてい偶然の出来事に見えることが多いので、計画や仕事を「合理」(リクツや数字)だけで組み立てたり評価することを、ときに中断できる勇気をもたなければならない。これはふだんから定性的であれということではない。リスクに近いところで偶然性を無視しないようにするのがいい。第五に、組織やシステムはある程度のノイズ、リダンダンシー(冗長度)、遊び、複雑さ、カオスが必要だということである。

こうしたことを集約すると、ルーマンの言うダブル・コンティンジェンシー(多重コンティンジェンシー)の有効性が浮き出てくるのだった。

うまく説明できたか自信がないけれど、以上をぶっちゃけていえば、組織やシステムも「いない、いない、ばあ」を発現させるのを辞さないということになる。また、〈別〉にはこのようなリアル＝ヴァーチャルな意味あいや、リアルとヴァーチャルが相互に「いない、いない、ばあ」をしあうという意味あいが、こめられていたと思われたい。これをいいかえれば、まさに「別様の可能性」を秘めることこそ、近江の真骨頂だったのである。比叡山に延暦寺と園城寺が誕生していったということは、ダブル・コンティンジェントなことだったのである。

9 虚（きょ）に居て実（じつ）を行ふべし

数年前から自宅と仕事場に酸素吸入器を用意して、一日に数度、スースーハーハーしている。声がしゃがれ、体重も減ってきた。そこへ2023年の春、三度目の肺癌になった。リンパ節の癌なので手術ができない。放射線治療で陽子線を照射することになった。照射は毎日だ。申し訳ないことに、近江ARSの当面の予定をすべて延ばしてもらわざるをえなくなった。やむなく「還生の会」を3ヶ月先にリスケしてもらった。

80歳を前にしての不覚だ。なんとか巻き返したいのだが、体重が45キロまで落ちて、いろいろ支障をきたすようになった。せめて本書の準備にとりかからねばと、和泉佳奈子と佐藤清靖と、イシス編集学校の才能とともに企画構成にとりくむことにした。それから数ヶ月、5回目の「還生の会」も8月末に開催することになって、執筆・編集・制作が進み、撮り下ろしもなんとかまにあい、ご覧のとおりの仕上がりとなった。

本書がめざしたことは近江ARSのとりあえずの紙媒体化である。一冊の単行本であるが、できるだけ雑誌っぽくつくることにした。多くの方々の参画に頼り、多くのエディターシップと執筆力を借りた。すばらしいエッセイをいただき、斬新な写真も撮ってもらった。編集デスクは広本旅人が引き受け、すべてのエディトリアル・デザインは佐伯亮介がすばらしいARSを発揮した。

どんな一冊になろうとしたのかといえば、二年ほど前に動きだした近江ARSが〈別〉（別様の可能性）を求めて歩むさまを450ページほどのページネーションに少しアレンジをして再登録していった。その歩みのさまを、日本仏教がじっと見ているという、そういう結構にした。日本仏教が下敷きになっていて、そこにさまざまな近江ARSがバチバチと爆ぜているという構図だ。

はたしてこのような編集意図がどのように伝わったのかは、本書に出会っていただいた読者諸姉諸兄の判断にお任せするしかないが、そのうえで付け加えておきたいことがある。私の心は次のところにあったのである。

それは、なんとかして芭蕉の「虚に居て実を行ふべし」に準じたいということだ。初心をあえて「虚」において、そこから「実」を臨んでいこうというものだ。芭蕉の「いない、いない、ばあ」である。最後にこのことについて、ちょっと説明しておきたい。

「虚に居て実を行ふべし」。この芭蕉の言葉は森川許六の『風俗文選』に、各務支考（かがみしこう）の一文として伝えられたもので、支考は翁が次のような考え方を述べたのを覚え書きにした。

翁はこう言ったという。「寂寞は情としてあらわれる」、「風流はといえば、その姿にあらわれる」。そして「風狂は言語にあらわれるものだ」。ではその言語はといえばと言って、「虚に居て実を行ふべし、実に居て虚に遊ぶ事は難し」と続けたというのである。ちなみに許六は彦根藩士で、槍は宝蔵院流を、絵は狩野派をよくし、のちに蕉門十哲に与された。

支考の『二十五箇条』も、翁の考え方をまとめている。そのなかに次の一節がある。「万物は虚に居て実にはたらく。実に居て虚にはたらくべからず。実は己を立て、人を恨むる所あり。たとへば花の散るを悲しみ、月のかたぶくを惜しむも、実に惜しむは連歌の実なり。虚に惜しむは俳諧の実なり」。

のちに有名になった芭蕉の風雅と俳諧をめぐる虚実論であるが、必ずしもその真意が理解されているとはいえない。連歌と俳諧のちがいなど説明を尽くさないとわかりにくいところも少なくないが、それよりも虚実の掴まえ方が意外に感じられるであろう。芭蕉は弟子たちに、あなたがたは日々の「実」にいて、そこから俳諧の「虚」に向かえと言ったのではなく、むしろ「虚」にもとづいて「実」をあらわしなさいと言ったのである。

これは逆説なのであろうか。そうではない。私がこの「遅ればせの証文」で一貫して述べたかったところを、芭蕉はとっくに「虚に居て実を行ふべし」と指南していたのである。

ふりかえって貞享元年（1684）、江戸深川にいた芭蕉は初めての旅に出る。能因法師、西行、杜甫の心を胸に秘め、「野ざらしを心に風のしむ身かな」と詠むと、東海道を上がって西の歌枕を訪ねた。〈近江ツイート点滅集〉の「ノ」にメモっておいたように、この道程と気分は『野ざらし紀行』に諄々と綴られている。この旅で芭蕉は近江（大津・坂本）に寄っていた。

奥の細道を行脚する芭蕉（左）と曾良

西の歌枕を訪ねる旅は、その後の芭蕉の風雅の体験の仕方とその俳諧の意匠化を決定づけていた。芭蕉のARS（意匠化）はここであらかた決まったのだ。やがて、当時の日本の最大のanotherであった「奥の細道」まで体験することになる芭蕉は、戻ってきてからは病いに冒され、おそらくは志半ばにして余命を覚悟して、自身の身柄を近江に葬ってほしいと言い残して没した。51歳である。門人たちが翁と呼んでいた理由がわからないほど、まだ壮年だった。

そういう芭蕉が自分の身柄をなぜ近江に託したかは、近江の人々が全力をもって受け取るべきことであろうが、そこで忘れてはならないことが「虚に居て実を行ふ」なのである。芭蕉から受け取るべきは虚と実の両方の発想なのだ。芭蕉のダブル・コンティンジェンシーを理解することなのだ。

そうなるにあたっては、いったん「実の近江」にとらわれないで、自由な「虚の近江」をぞんぶんに感じておくべきである。現実の近江のあれやこれやではなく、想像の近江のあれやこれやに近江自身を預け、そこに芭蕉の心境を受け取って、そのうえで新たな実をおこなふべしなのだ。

なぜ「実から虚へ」（リアルからヴァーチャルへ）ではなく、「虚から実へ」（ヴァーチャルからリアルへ）なのか。このことをわかりやすく説明するのはやや難儀だが、芭蕉の俳諧の意図を理解すればそこそこ見当がつく。

芭蕉の俳諧は「付合（つけあい）」に始まった。付合とは、誰かが詠んだ句に付けてこれを受けて詠むことをいう。連歌から連句に及んだ編集的創作様式だ。他者との連携を含んだ付合による句は「付句（つけく）」と呼ばれた。

このような付合連句は何人もの連なりが生み出すものだから（偶有性を孕んでいるものなので）、どんなイメージが付合で次々に連鎖していくかは、あらかじめわかるものではない。けれども俳諧師たちはサッカーやバスケットのプロのプレイヤーのようなものだから、どんな言葉のイメージをマネージすればいいかは、寄せていける。俳諧師にはイメージメントが可能なのである。だから付合の作法やニュアンスに困ることはない。それにしても、どうしたら虚に入って実に転じられるのか。そこがちょっと難しい。

さすがに芭蕉も大事なヒントを出した。それは、まずもって「うつり」（移）、「ひびき」（響）、「にほひ」（匂）を重んじなさいということだった。そして、これらをイメージメントしながら、俳諧セカイとしての「俤」（おもかげ）、「位」（くらい）、「景気」（けいき）をつくっていきなさいと、そう、奨（すす）めたのである。「うつり」「ひびき」「にほひ」を得てから、「俤」「位」「景気」に臨みなさい、そういうヒントを出したのだ。

わかるようで、わからない。わからないようで、わかるような気もする。門人にとっても、そういう主客や順序が逆転しているようなヒントだった。主客も順序も逆転していないのなら、これをどう受け止めればいいのか。

芭蕉は「実の位や景気」に惑わされるなと言ったのだ。惑わされないようにするには、付合で「うつり」「ひびき」「にほひ」を感じあってその場の座衆と連なり、そのうえで「実」に向かいなさい（俳句を選び出しなさい）と、そう、言ったのである。

この「虚に入って実に出る」という方法に、私は痺れた。芭蕉は「虚」がわからないよう

虚から実を動かす

西行の和歌における、宗祇の連歌における、雪舟の絵における、利休が茶における、其貫道する物は一なり。
（松尾芭蕉「笈の小文」）

しをり

さび

世間虚仮

ほそみ

からみ

①

②

①三井寺の秘仏である如意輪観音坐像。煩悩を破る仏として信仰を集めてきた。
②長谷川等伯「松林図屏風」。虚から風景の「奥」を創造した等伯の画境が、日本画を切り拓いた。

では（虚に実感できないようでは、また虚において他者と連なれないようでは）、「実」においては何も起こせないと見たのである。これはまさに「世界」と「世界たち」をバロック的につなげる方法であり、アルス・コンビナトリアを展いていきたいと思った編集工学がめざした方法と大いに重なっていた。

私はこのことをイシス編集学校の師範や師範代の諸君に伝え、千夜千冊エディションの『日本的文芸術』や『源氏と漱石』（角川ソフィア文庫）に強調しておいた。そしていま、この芭蕉の意図を、近江の人々とともに本書の編集意図の中核に据えることにしたのである。

芭蕉はこんなふうに近江に「うつり」を響かせていた。「行く春を近江の人と惜しみける」、「大津絵の筆のはじめは何仏」、「三井寺の門たたかばやけふの月」。

すでにのべておいたことだけれど、その芭蕉が長旅の疲れを癒した幻住庵の名は、寂室元光が参禅した天目山の中峰明本が理想とした「幻住」に一致する。寂室は31歳のときに元に渡り、天目山の明本に参じて霊感ともいうべき感化を受け、その雲や水のごとくに草庵に住み、船中に起臥する「いない、いない、ばあ」の生き方に憧れたのである。

また、芭蕉の終焉を記録した宝井其角が『芭蕉翁終焉記』に「遺骨を湖上の月に照らす」と書いたのは、芭蕉の魂を琵琶湖の月にささげて有名であるが、これもまた寂室の、かの「死して巌根にあらば、骨もまた清からん」を承けていた。こうした寂室元光の曳航の航跡を世に伝えてくれたのは、彦根智教寺の佐々木陵西住職だった。近江ＡＲＳはこんなぐあいに芭蕉の近江を引き継いでいきたいものである。

o*n*e

a*n*other

第二幕

近江ARSの帳（とばり）が上がる

近江ARSソワソワ

2020年冬に「近江ARS」という名前が決まった。みんながソワソワしはじめる。松岡さんが「あたたかくなったら特別な客人（まれびと）を招いて、近江のことを交わそう」と語りかけると、福家さんは「三井寺の光浄院でお待ちしています」と応えた。好きな時にひらく「数寄語り」を足がかりに、一堂に会する「還生の会」や「龍門節会」や「百間サロン」がぞくぞくと誕生した。

縁　数寄（すき）語り

時　2021年4月7日

処　三井寺国宝「光浄院客殿」

人　**松岡正剛、樂 直入、熊倉功夫**
福家俊彦、福家俊孝、横谷賢一郎、鷲尾龍華、芝田冬樹、中山雅文、和泉佳奈子、富田拓朗 他

興　染め替えて近江大事

時　2021年12月3日

処　滋賀県立芸術劇場「びわ湖ホール」

人　**田中優子、鷲尾龍華、中山雅文**
小堀宗実、三日月大造、大道良夫、石丸正運、中島省三、奥田博士、福家俊彦、平出 隆、川戸良幸、村木康弘 他

芸　見立て三井寺

時　2021年8月1日

処　三井寺国宝「光浄院客殿」

人　**本條秀太郎、髙橋松山、橋本英宗**
本條秀慈郎、森田啓介、佐藤健司、江木良彦、松岡正剛、鷲尾龍華、三浦史朗 他

座　還生（げんしょう）の会

時　2022年5月〜

処　三井寺、大通寺、大津市伝統芸能会館

交　**末木文美士、福家俊彦、福家俊孝**
河村晴久、吉岡更紗、河村直良、堀口一子、恩田侑布子、三浦史朗、芝田冬樹、竹村光雄、對馬佳菜子、加藤賢治 他

龍門節会（りゅうもんせちえ）

節

時 2022年10月27日
処 叶 匠壽庵「寿長生の郷（すないのさと）」
人 **小堀宗実、小堀宗翔、芝田冬樹**
横谷賢一郎、塩崎浩司、松本慎一、中川幸一、池田典子、野村智之、生地伸行、奥山奈央子、亀村佳宏 他

湖北紀

景

時 2022年4月〜
処 長浜、米原
人 **松田行正、今福龍太、竹村光雄**
冨田泰伸、橋本英宗、對馬佳菜子、MESS、濱田祐史、張 大石、櫛田 理、渡辺文子、伊賀倉健二 他

クマスク・プロジェクト

構

時 2022年3月〜
処 近江全域
人 **隈 研吾、渡辺 傑、川戸良幸**
福家俊孝、柴山直子、村木康弘、冨田泰伸、松岡正剛、竹村光雄、和泉佳奈子、富田拓朗、中村 碧 他

百間（ひゃっけん）サロン

間

時 2020年6月〜
処 三井寺、石山寺、BIWAKO PICNIC BASE、朽木小屋、清凉寺 他
交 **中村裕一郎、和泉佳奈子、中村 碧**
中山雅文、川戸良幸、山田和昭、阿曽祐子、海東英和、竹嶋克之、藤野徹雄、長浜賢太郎、黒川隆介 他

湖郷（こきょう）を語って縁（えにし）を結び、たゆたう音色に近江の芸を見た。その思いを胸に秘め、異界にかくれた大事を興（おこ）そうと、三井寺では日本仏教で一座建立し、寿長生（すない）の郷（さと）では新たな節会が始まった。ときに観音の里や湖岸集落の景色をめぐり、琵琶湖から「別日本（べつにほん）」の構えを探す。いつもどこかで見えないものの「間」と出会う。

数寄（すき）語り

2021年の春、松岡正剛は、のちに近江ARSの中心となる面々とともに、
三井寺の光浄院客殿にさいしょの大事な客人を迎えた。
十五代吉左衞門・樂直入は、
こんなに光が美しいところはないと言い、
日本文化史を究めた熊倉功夫は、
近江には忘れられてしまった日本があちこちにあると語った。

その日は、釈迦が入滅した灌仏会（かんぶつえ）。
そろって縁側に出て
菊と蓮の砂糖菓子で
三井寺茶をすすった。

行く春を近江の人を押しやらむ　玄月

松岡の発句に
熊倉と、樂がつづき、
三井寺長吏の福家俊彦と、
石山寺座主の鷲尾龍華が連句した。

それから、松岡はおもむろに
「故実十七段」の構想を語りはじめた。
数十年あたためてきた秘蔵の「次第」だった。
その一切を引き継いだ和泉佳奈子が、
その後の近江ARSプロジェクトを仕切ることになる。

見立て三井寺

ひと口に邦楽とはいうが、
日本音楽は一様ではない。
その土地、その風土、その習慣、
その言葉によって歌や踊りが変わる。
「うつり」「もちこし」「あじつけ」
「おとしどころ」がある。

東京からやってきた本條秀太郎は、本條秀慈郎とともに、
江戸土産の俚奏楽「吉原俄」を弾きはじめた。
元唄の「大津絵」や「近江八景」、それから糸竹初心集「近江踊り」と
じょじょに近江にちかづいて、
いよいよ新曲の「蝉丸」と「見立て三井寺」の初演へ。

陽が落ち、庭が黄金色に染まる頃には、
本條流の三味線と森田啓介のチェロ、
三井の晩鐘のアンサンブル
が奏でるカザルス「鳥の歌」。

名残りの一曲「月の舟」は、
線香花火とともに。
大津絵師五代目・高橋松山が筆をとり、
風来を絵にこめた。

染め替えて近江大事

近江ARSは、
よくよく練られた逸脱をおこす
愉快な一座である。

2021年冬、滋賀県立芸術劇場・
びわ湖ホールで開催した
近江ARSのキックオフイベントは、
題して「染め替えて近江大事」。

第一部「興——近江にARSを感じる」では、
松岡正剛、福家俊彦、田中優子、小堀宗実が
近江から日本が変わりうるための本音を交わした。

第二部は、福家俊彦の三井寺長吏就任を祝って
華族、能楽師、知事や市長、美術史家、
詩人、写真家、陶芸家たちが駆けつけた。
近江ARSメンバーを代表して中山雅文も登壇。
近江に新たな経済文化力をおこしたいと熱く語った。

還生（げんしょう）の会

日本に伝わったアジア仏教は、
この国のさまざまな要素と混ざり合い、
「日本仏教」という独自の思想と感性を形づくってきた。

仏教学の第一人者である
末木文美士に連続講座を託す。
歴史、民俗、文芸、意匠などが多様に交差する
日本仏教の姿があらわれ出る。

ときに大胆に、仏教と「別」の可能性を結ぶ。
西国三十三所第十三番石山寺座主の鷲尾龍華につづいて
第十四番三井寺が宗派をこえて声明（しょうみょう）を連ねる。

草木国土悉皆成仏は植物染、五輪塔は和菓子に。
本番直前まで松岡との確認がつづく。
もてなし・しつらい・ふるまいは、
菓子匠の芝田冬樹、構匠の三浦史朗、僧侶の福家俊孝、
風景プランナーの竹村光雄らによる近江ARSの趣向。

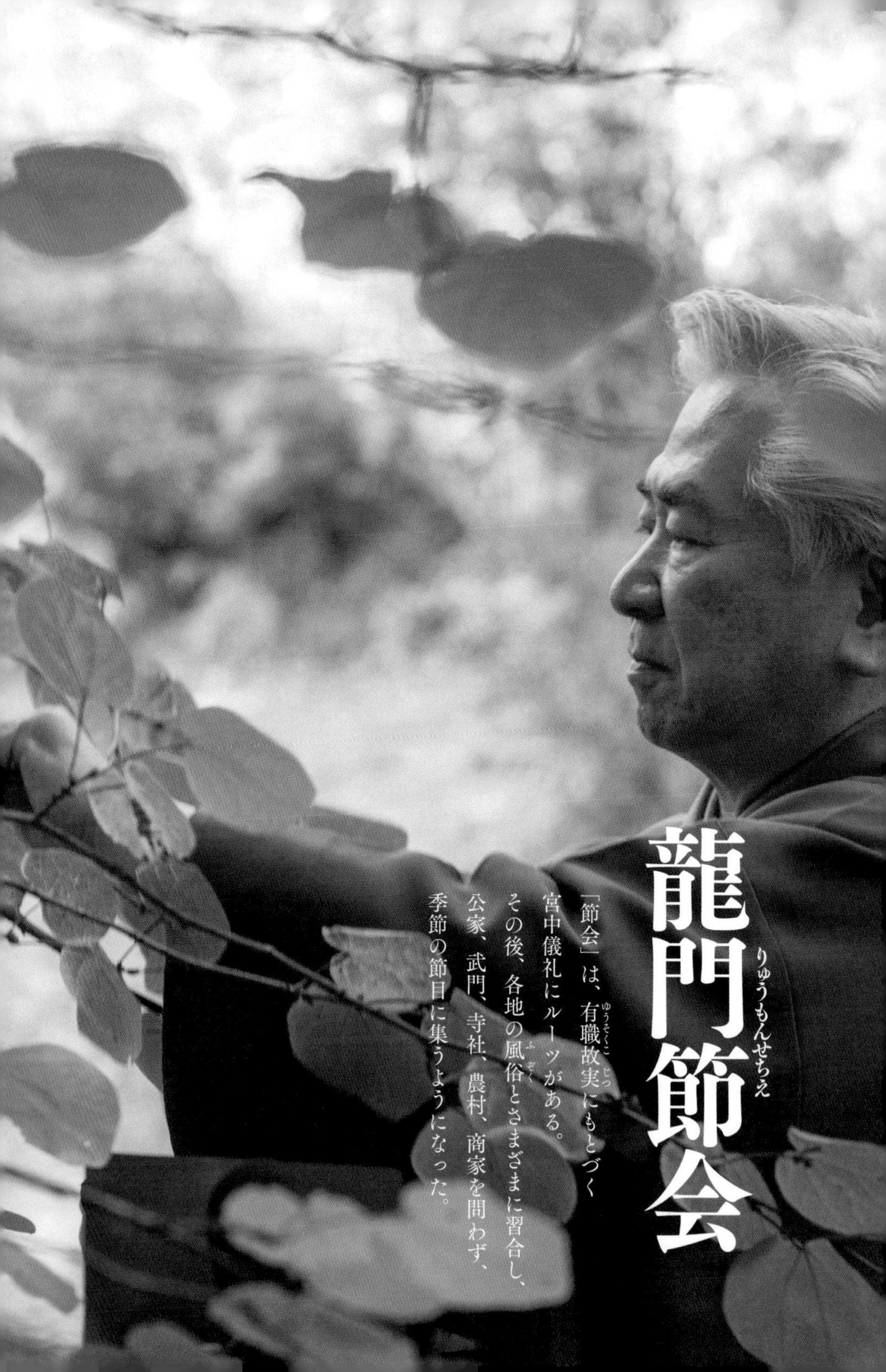

龍門節会（りゅうもんせちえ）

「節会」は、有職故実にもとづく
宮中儀礼にルーツがある。
その後、各地の風俗とさまざまに習合し、
公家、武門、寺社、農村、商家を問わず、
季節の節目に集うようになった。

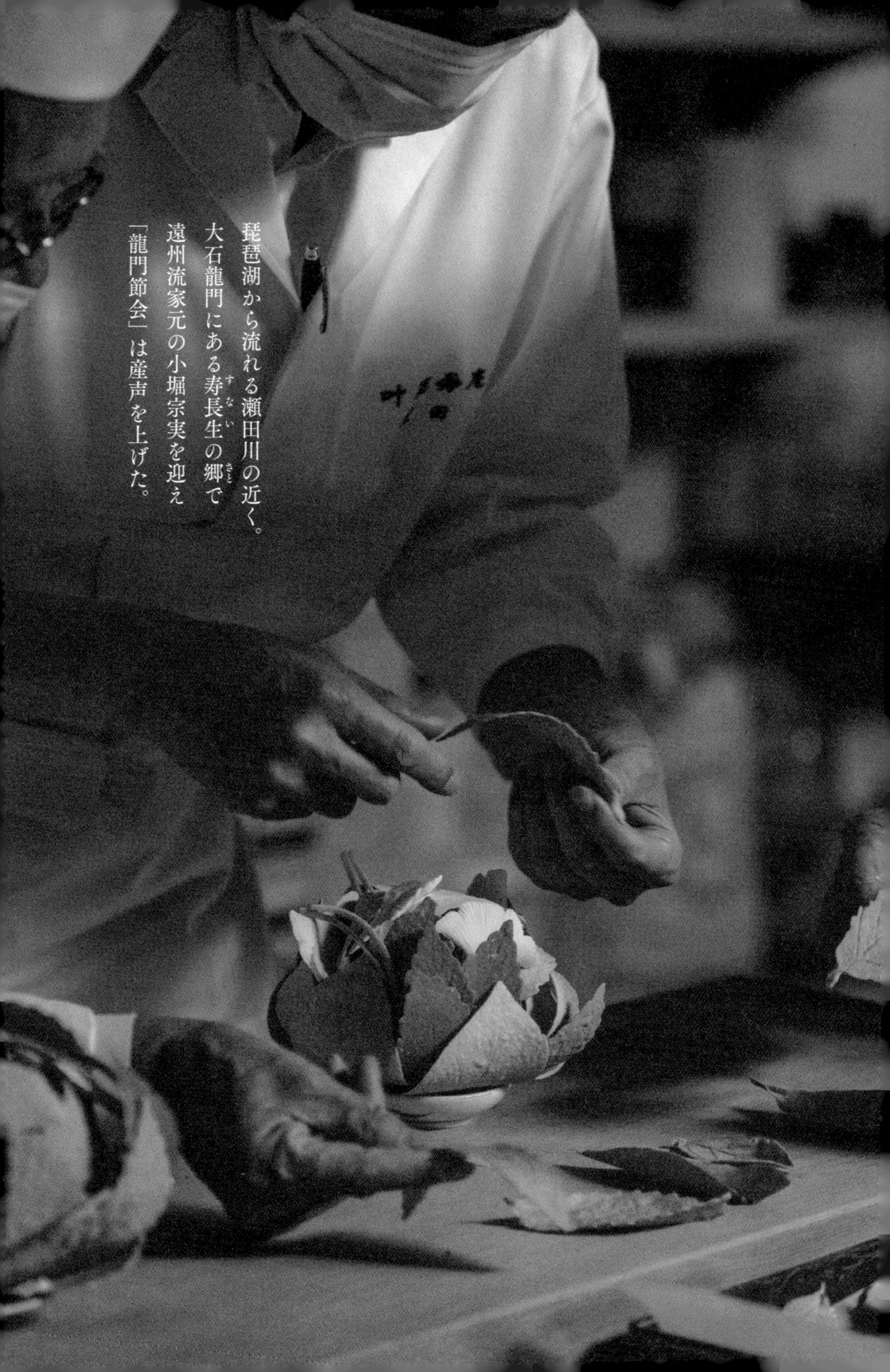

琵琶湖から流れる瀬田川の近く。
大石龍門にある寿長生の郷で
遠州流家元の小堀宗実を迎え
「龍門節会」は産声を上げた。

それはどこか不思議な「数寄の遊び」で
仕立て、作事、仕掛けのなかで
「伏せられてきたもの」がやわらかく開いていく。
花も本も音も舞も21世紀の節会になる。

この日のお題は
「近江」（近）と「遠州」（遠）を組み合わせる「をちこち」。
小堀宗実は客前で花を生け、
芝田冬樹が生菓子をその場でつくり、
横谷賢一郎は掛け軸を替えながら「きれいさび」を語り、
福家俊彦は好きな読書を初めて表沙汰にした。

湖北紀

湖北・長浜の案内役は、
450年つづく古酒造の十五代目・冨田泰伸、
琴糸や三味線糸をつくる橋本英宗、
観音ガールの對馬佳菜子、そして竹村光雄。

オコナイさんや子ども歌舞伎に没頭できなくなる前に、
熟鮓（なれずし）などの滋味深い発酵文化と縁遠くなる前に、
道端の草木の名前を忘れてしまう前に、
立ち返るべき日本を探したい。

長浜にルーツをもつ松岡とともに、
中世の薫りを残す琵琶湖北端の菅浦集落に船で入った。
平安時代の手法で繭から糸を紡ぐ大音に立ち寄り、
観音の里にある黒田安念寺の「いも観音」に手を合わせ、
小堀遠州の菩提寺・近江孤篷庵でしばし憩う。

驚き、嘆き、叱り、寿(ことほ)ぎ。
世代を超えた旅先での対話。
この土地に降り積もった歴史を展(ひら)き、
百年前と百年後をつなぐ。

クマスク・プロジェクト

隈研吾とともに実現を目指す「情報キオスク」は、
松岡によって「クマスク」と名をあらためた。
情報の「あずまや」や「よろずや」であり、
もっとも小さい情報文化の時空モデルである。

三井寺の別所、京阪石山坂本線沿いの街並み、
そして、石積みの穴太衆（あのうしゅう）と檜皮葺（ひわだぶき）師と左官職人らが
一堂に集まる坂本の町を巡り歩いた。

川戸良幸の案内で
南湖から北湖へ渡る
「琵琶湖縦断ルート」は、
かつてない航路となった。

百間(ひゃっけん)サロン

毎月ひらかれる百間サロンでは
近江ARSのメンバーが
それぞれの話題を持ち寄り
近江を再発見していく。
和泉佳奈子がリードし、
中山雅文がサポートする。

職業もばらばら、年齢もまちまち、
見方もいろいろ。
それでも、よく聞き、よく笑い、
よく悩む。そして、よく話す。

知性を競う場ではない。
知らないことや
分かりにくいことを面白がる。
対話をしていると
かくれていた「問い」が
向こうからやってくる。

近江ＡＲＳは、全員が「代表」を名乗る。
それぞれが考え、おのおのが動く。
その間を百間の和泉がつなぐ。

近江に〝別〟を吹き寄せる

目に綾なる和菓子の「吹き寄せ」のように、
近江ARSの風に誘われて多士済済たる顔ぶれが集い、
セカイから忘れられたものたちについて語り始めた。
かつて芭蕉が「湖水朦朧（こすいもうろう）」と愛した湖国を舞台に、
別様の日本をさがす新しいさざなみが広がっている。

福家俊彦（ふけ・としひこ）

聖と俗の境界領域

かくれた文化を生み出す無縁の場

近江ARSは
三井寺の「別所」から
火がついた。

どこにも属さない中間領域

日本という国の「隠れたスタイル」を語ろうとするとき、古代以来の遁世僧（とんせいそう）や聖（ひじり）の果たした役割を無視することはできない。世俗を離れた「無縁」の存在として国家体制からはみ出した彼らの活動は、各地に伝わる民間信仰、伝統芸能、祭礼など日本人の生活、生き方に大きな影響を及ぼしてきた。それは平安の貴族仏教、鎌倉新仏教といった仏教史の図式的理解をこえて、日本人が慣れ親しんできた宗教文化の土台となっている。

秋の田の
かりほの庵の
苫（とま）をあらみ
わが衣手（ころもで）は
露に濡（ぬ）れつつ

天智天皇

全国各地を遍歴し、民衆の日常に即した信仰を伝えていた彼らは、やがて「別所（べっしょ）」を拠り所とするようになる。もともと社寺の境内は、世俗社会とは異なった特別な空間と認識され、様々な芸能などが興行される場であった。なかでも平安時代以降、延暦寺や興福寺、三井寺などの権門寺院を本寺とし、その庇護のもとに本寺から離れた場所に設けられた「別所」は、国家制度の枠組みに包摂されない部分を引き受ける「無縁所」として、いっそう特殊な地域となっていた。そこでは世間を離反した遁世僧をはじめ念仏聖や遊行（ゆぎょう）聖、山伏、芸能職能民たちの教化（きょうけ）、結縁（けちえん）、布教の場となり、仏教のみならず神道や道教など様々な信仰が重層的に複合した宗教文化圏が形成されていた。

その特徴の一つは、別所に寄住する宗教者たちが、権門寺院に属する正式な僧侶ではなく、私度（しど）僧として一所に定住することなく全国を遍歴し、人々に身近な信仰を広めていった身分の低い者たちであったことである。

もう一つは、別所の多くが、地域社会のどこにも属さない中間の境界領域に成立していったことである。それは中世ヨーロッパでアジールと呼ばれる「世俗の世界から遮断された不可侵の聖なる場所・領域」に通じる特色をもっていた。

三井寺においても中世以降、北院・中院・南院の三院で構成される本寺の周辺部には、五つの別所があった。なかでも顕著な特色を示すのが、近松寺（ごんしょうじ）、微妙寺（びみょうじ）、尾蔵寺（びぞうじ）のある南院三別所である。この地域は、東海道と小関

鎌倉時代作の「園城寺境内古図」に
描かれている三別所

あかねさす
紫野（むらさきの）行き
標野（しめの）行き
野守（のもり）は見ずや
君が袖（そで）振る
額田王

越えに南北を挟まれた丘陵地帯で、西は逢坂山から関蟬丸神社へと至る坂の下にあり、東は大津の宿場に限られた区域で、やはり世俗社会から区別された無縁の境界領域であった。

南院の別所の三つの見どころ

南院の三別所で特筆すべき点はいくつかあるが、その第一は、三井寺派の説経節である。説経節とは、正式な寺院の僧侶によるものではなく、民衆を対象とした節付（ふしづけ）説教（節談（ふしだん）説教）や説経浄瑠璃ともいわれる民間芸能となった娯楽的な語り物のことである。説経師をはじめ琵琶法師、山伏、念仏聖といった遊行者によって、門付け芸として、あるいは小屋掛けして興行され、中世末から近世初頭にかけて全国に広がっていった。こうした説経節の家元的存在として、三井寺の定円（じょうえん）によって13世紀に始まったのが三井寺派で、芸能史とくに話芸の発展に大きな影響を与えたことで知られている。近世になると別所の近松寺が関蟬丸神社を介して民間の説経者を掌握し、近松寺を支配下におく三井寺の宗教的権威を背景に活動の範囲を広げていった。現在も関蟬丸神社が音曲諸芸道の祖神として信仰される由縁である。

第二は、一遍上人以来の時宗との関係である。弘安6年（1283）、一遍上人たちが別所エリアにある関寺（現在の時宗の長安寺）で踊り念仏を催した様子が『一遍上人絵伝』に描かれている。時衆といえば、猿楽能や連歌、茶の湯に立花、あるいは石を扱う作庭術など諸芸に長けていたことはよく知られており、その職能からも諸国を遊行し念仏生活を送った時宗系の聖たちが、三井寺別所を拠点にしていた説経節などの芸能職能民と同じ社会的基盤を共有していたことが想定される。

さらに、大津絵に関する最古の文献資料の一つである『似我蜂（じがばち）物語』には、大津の町人たちの話として、連歌の会に用いる天神の大津絵が売られていたとの記述が注目される。

三井寺別所の関蟬丸神社を
橋本匡弘宮司の案内で拝観する

たしかに大津絵の画題に天神像のほかにも立花や仏塔を描いた作品があることを考えると、やはり大津絵の絵師と時衆との間にも何らかの関係があったことになる。

第三は、庚申信仰と大津絵について。室町時代後期になると庚申の日に人々が集まって夜を明かす庚申講（庚申待、申待）が広がりをみせる。この発信源は、ほかでもない智証大師の系譜をひく三井寺の僧侶たちで、実際には別所に出入りしていた聖や山伏が、庚申縁起と本尊の青面金剛像をセットに全国を遍歴し、各地の村々に定着させていった。

現在、大津絵の仏画のなかで、もっとも多くの点数が残されているのが青面金剛像であることは、やはり大津絵の絵師たちも別所の宗教文化圏に属していたことを示唆するものである。さらに一歩踏み込んで言うと、大津絵は江戸時代の初期には素朴な仏画として別所の民間宗教者や芸能職能者たちによって描き始められ、やがて現在のような大津絵として様式化して、江戸中期以後に世間に広まっていったと推定できる。

これまで三井寺の別所が生み出してきた宗教文化の一端を紹介してきた。そこは民間信仰や芸能を伝播した遁世僧や聖、大津絵とゆかりの深い庚申信仰などを流布した山伏、説経節を生業とした芸能者、連歌師、時衆といった一般社会から排除され差別されてきた無縁の世界に生きる人たちの世界であった。まさに別所という存在は、聖と俗が交差する「無縁の場」として、日本の歴史にあって通奏低音のように流れ続けてきた宗教や文化の「隠れたスタイル」の源泉であり、「聖なるもの」が発現

大津絵の代表的な絵柄である
青面金剛

する周縁性と境界性を帯びた闇と死の領域でもあった。
現代に生きる私たちが、新しい文化や芸術を生み出し、自由で平等な社会を構想していくためにも、いま一度、別所の歴史に視線を注ぐことは決して無駄ではない。

❁ ❁ ❁

本條秀太郎（ほんじょう・ひでたろう）

三味線演奏家、作曲家
1945年茨城県生まれ。三味線・長唄・民謡・小唄を修め、71年に本條流を創流。古典の枠にとどまらず、多様なジャンルの音楽、奏者と共演し、数多くの国内外公演を行う。また民謡・民俗芸能の発掘、採譜などに力を注いでいる。

たゆたう日本の音

盲僧の琵琶法師が生きた地で

日本の〝おと〟のある近江は、日本の音楽、芸能の深層に根を張り支えています。これからの日本音楽、芸能の来し方を見つめている近江で、何かが起こる予感と鼓動を感じます。琵琶湖の湖面にど

日本一の声。その声に松岡正剛は何度も泣かされた。

紫草（むらさき）の
にほへる妹（いも）を
憎くあらば
人妻故（ゆゑ）に
我恋ひめやも
大海人皇子

弟子の本條秀慈郎とともに、
琵琶湖から近江八景を眺める

んな出来事を映し出すことができるのか。昔人が営んできたように楽器も、音楽も。

さかのぼること延暦7年（788）の比叡山根本中堂建立、桓武天皇の平安京造営の功により、盲僧の満正院阿闍梨は都にとどまり、大同3年（808）逢坂山に正法山妙音寺常楽院を開きます。盲僧琵琶の拠点です。4代目住持が蝉丸であるとも言われています。

その後、盲僧たちの流派は大きくは二つに分かれます。一つは、京都を中心に発展した「平家琵琶」を専業とする当道座。もう一つは、九州を中心とした、当道座に吸収されることを拒んだ琵琶法師たち。両者の間には対立が続き、延宝2年（1674）に当道座が勝訴します。その結果、当道座外の琵琶法師は、芸能活動は禁止され、地神経の読誦などの宗教活動のみに制限されるようになりました。

和讃や講式の音楽が琵琶と結びつき平家琵琶（平曲）が生まれました。他に、盲人によって行われた琵琶（盲僧琵琶）が声明講式などと結びつき、九州において行われた盲僧琵琶からは肥後琵琶が発祥します。さらに明治期、三味線音楽や月琴などの影響を受けて筑前琵琶が起こりました。

ちなみに、現在のような三味線が生まれたのは、当道の人たちの三味線の改良によります。慶長2年（1597）春3月、銘「淀」と名付けられた三味線が豊臣秀吉の命によりつくられます。これは現存する最古の三味線で、淀君に捧げるためのものでした。三味線が渡来した永禄年

「職人尽歌合（七十一番職人歌合）」にみる
琵琶法師の姿絵

間から文禄年間に至るわずか約30年の間に、京都で改造され今見るような形になったのです。すでに元禄の頃には、法師が宴席などで、端唄や小歌のような小さな歌曲で興を添えていたようです。端唄は文化文政期に最も流行しました。

琵琶湖のたゆたう水面の襲なりあいと仏教の光を受け、思想と日本の数寄、音ひろいを育んだ豊穣の地、近江。現代音楽のスペクトル楽派にみられるように、日本の楽人たちが楽派として、微に入り細に入り、自然の響きに導かれながら〝予感〟したであろう音の数々。蝉丸神社を訪れた折、身動きできず立ち尽くしながら、まるで未知の古代文書に出会ったかのような運命を感じ、作曲したいという気持ちにかられてつくったのが新曲「蝉丸」です。

端唄「見立て三井寺」

作詞　松岡正剛　**作曲**　本條秀太郎

昔ながらの　長等（ながら）の山に
寺門（じもん）、寺門と鐘が鳴る
北は新羅（しんら）の善神堂
南は三尾（みお）の地主神
ここは近江の　ここは近江の　扇のかなめ
からびたる三井の二王や冬木立

山鳥の
ほろほろと鳴く
声きけば
父かとぞおもふ
母かとぞおもふ
行基

いくたび絶えて　時よみがえる
この身　寄せたし　好みの御寺（みてら）
札所十四番の　観音堂に
如意輪（にょいりん）さまが　膝立てる
ここは近江の　ここは近江の　閼伽井（あかい）の泉
花ちりて　木の間（こま）の寺となりにけり

頼豪阿闍梨（らいごうあじゃり）の　ねずみの宮に
鉄のねずみが　誓っています
きっとくるくる　近つの誓い
明日がみたけりゃ　近寄りなさい
ここは近江の　ここは近江の　密厳（みつごん）の山
三井寺に緞子（どんす）の夜着や　後の月

弥勒仏（みろくぼとけ）は　三寸二分の
すがた隠した　未来のお方
いつか染めます　墨染め空に
四季を分けての　月々の色
ここは近江の　ここは近江の　今生（こんじょう）の夢
三井寺の門たたかばや　けふの月

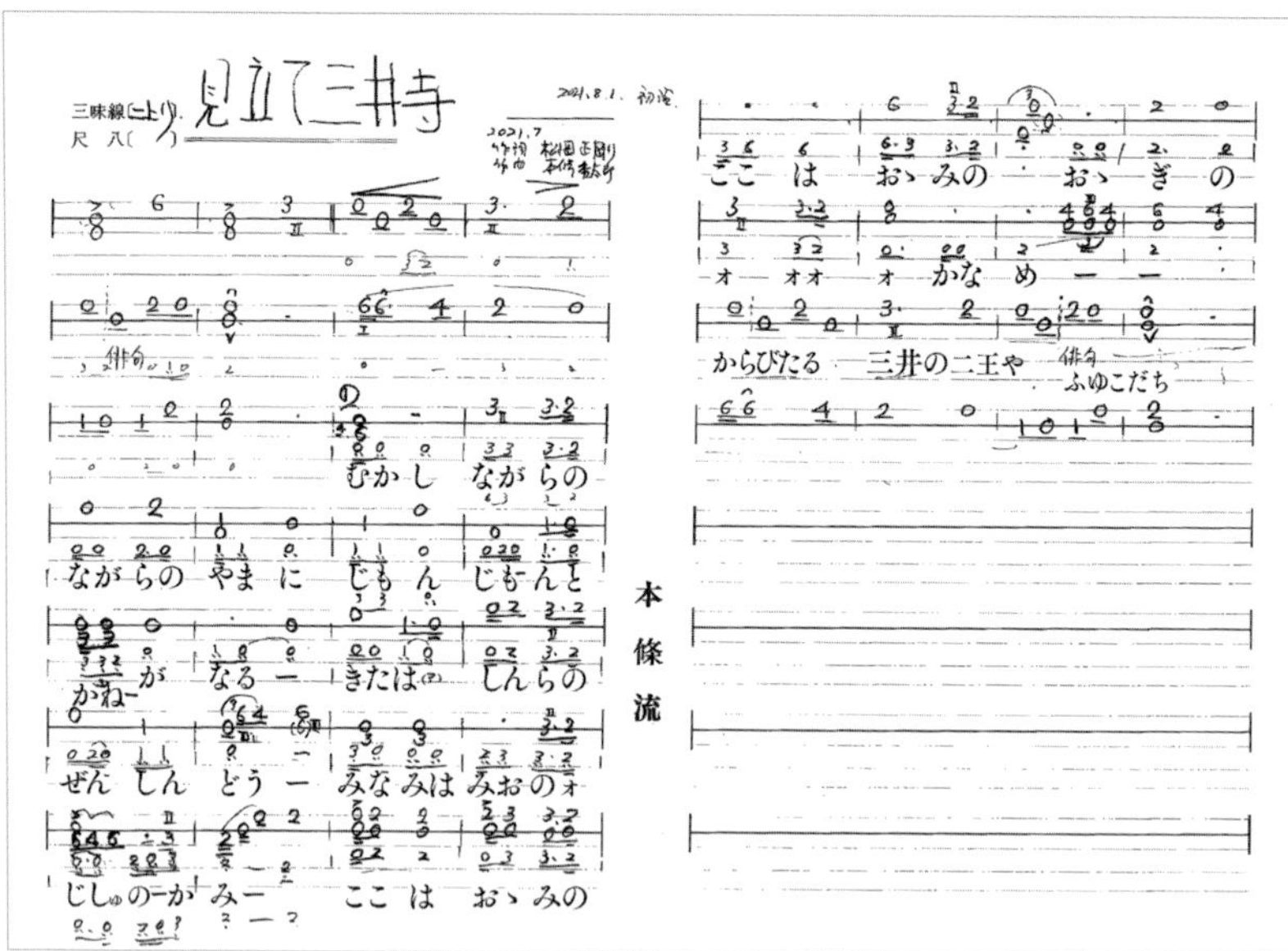

三井寺・光浄院で開催した「近江三味線語り」のために
書き下ろした本條秀太郎の直筆楽譜

田中優子（たなか・ゆうこ）

江戸文化研究者
1952年神奈川県生まれ。法政大学名誉教授。専門は日本近世文化・アジア比較文化。『江戸の想像力』『江戸百夢』ほか著書多数。松岡正剛との共著に『日本問答』『江戸問答』など。朝日新聞書評委員、毎日新聞書評委員を歴任。「サンデーモーニング」（TBS）のコメンテーターを務める。江戸時代の価値観、視点、持続可能社会のシステムから、現代の問題にも鋭く言及する。

巡り歩く、ということ

「遊行（ゆぎょう）」から生まれた近江八景

松岡正剛が日本に向かうときに欠かせない人。

激しい雨のなか大津、三井寺、別所、石山寺をめぐった。雨が降ろうと陽がてりつけようと、あるいは凍える寒さであっても、かつては人々がここを通り、すれ違い、交わっていたのだ。そう思った瞬間に、今歩いているこの世の時空とは異なる時空が、見えた。それは一言で言えば「遊行」という人間のありようであった。

三井寺には三井寺派説経節が生まれ、それを語り歩いた芸能民がいた。遊行芸能民の拠点である関蝉丸神社があり、関寺があり、近松寺がある。大津絵と縁の深い「庚申信仰」を流布した修験者たちが通り、時宗の僧たちが、あるいは連歌師が寄り集った。つまりは、民間信仰と芸能のるつぼのごとき「場」を形成していたのだ。芸能はかつて、信仰と無縁ではなかった。

江戸時代研究を始めたころのことが蘇った。それは不思議な経験だった。後に私が師事すること

楽浪（さざなみ）の
志賀の唐崎（からさき）
幸（さき）くあれど
大宮人の
船待ちかねつ
柿本人麻呂

になった廣末保教授の授業に最初に出た時のことだ。初めて聞くことばかりで、教授が何を言っているか皆目分からなかった。つまり理解できなかったのだ。しかしそこに立ち上がってくる世界の「不気味」に胸がざわつき、いたたまれなくなったのである。それは確かに「遊行」についての話であった。しかしなぜ「分からなかった」のに胸に迫り、内容まで覚えていたのだろう？　それは「理解」というものとは別の出来事だったのだと思う。

　後に、廣末保自身が子供のころ同じ体験をしていたことを知った。高知でのことである。ある雨の日、町はずれの田舎道を歩いていると、向こうから白装束の遍路がひとり歩いてきた。そのとき「急にその道が見馴れたいつもの道でないような気がした」という。それからは「かれらが自分たちとはちがった道の上を歩いている」ように感じ、「旅」という言葉を聞くとそのことを必ず思い出すようになった。廣末保が遊行の研究をするようになったのは、それが契機だった。この体験から出てくる言葉が、「理解」とは別の次元で私に写り（移り）込んだのではないか。遊行と巡礼は、世間に生きる人々の時空とは異なる時空に住まうことであったから。

　中世までは「遊行」という生き方があった。それが定住の中に吸収されていく江戸時代になると、近江は一方で西国三十三所その他の巡礼路を構成する「観音の道」となり、もう一方で「近江八景」の場となる。職業的巡礼者の時代を経て、江戸時代は多くの庶民が巡礼するようになった。巡礼、つまり巡り歩くこと。世間を向いていたまなざしは、歩くことによって、己の身体とその内部の仏性に向けられる。そのまなざし

キックオフイベント「染め替えて近江大事」で遊行について語る田中優子

古の人に我あれやささなみの故き京を見れば悲しき
高市黒人

は寺々で十一面観音、如意輪観音等々と出会い、その面影が自らの中に写り（移り）住む。江戸時代は檀家制度が整備され信仰心が薄らいでいくように見えるが、一方で多くの人が巡り歩くことで、仏の面影は自らの中に入っていった。仏教とは彼らにとって理念であるよりも、全身に染み込む音とリズムと面影であったろう。

三井寺の僧侶、興義（こうぎ）を主人公とする『雨月物語』「夢応の鯉魚」で興義は、「近江八景」を一尾の魚として泳ぎ巡る。そこに、その時代では極めて稀な「自由の躍動」が言語化された。「巡礼」と「八景」という江戸時代の二つの近江が、そこで合わさった。

三井寺別所の一つ、尾蔵寺の旧本尊である
十一面観音立像

隈研吾（くま・けんご）

建築家、隈研吾建築都市設計事務所主宰
1954年神奈川県生まれ。90年、隈研吾建築都市設計事務所設立。40を超える国々でプロジェクトが進行中。自然と技術と人間の新しい関係を切り開く建築を提案する。著作に『全仕事』『点・線・面』『負ける建築』『日本の建築』ほか。

隈さんの視察をとおして「琵琶湖縦断ルート」が生まれました。

近江にある新しい日本のかたち

三井寺の書院によって世界は日本のモダニズムと出会った

近江で、日本をつくった根源的な部分に触れることになった。現代人の多くが、日本文化のステレオタイプとして思う東京や京都とは全く異なるものがここにはある。琵琶湖の水面、周辺の地形の襞（ひだ）、湖上に浮ぶ島々、これらが織りなす化学反応。近江という場所に身を置くことによって、自然から日本という存在が立ちあがってきたプロセスを感じることができる。地中海の水面で起きた交易や交換がヨーロッパという場所をつくったのと同じことが、近江と日本の間にも当てはまる。

三井寺、石山寺、比叡山の寺社仏閣に代表される近江の建物も、日本文化をつくるうえで独特の役

これやこの
行くも帰るも
別れつつ
知るも知らぬも
あふ坂の関
蝉丸

割を果たしてきた。1954年のニューヨーク近代美術館での日本展は、世界に日本の近代性を知らしめる大きなインパクトとなり、戦後の欧米での日本ブームのきっかけとなった。その核を担ったのが、三井寺の国宝の書院、光浄院をリデザインした展示だった。三井寺の書院がひとつの機となって、日本は、冷戦構造のなかでアメリカとの新たな友好関係を獲得することになった。近江という場所こそが、世界に日本文化の力を示すだけの建物を生み、世界と日本とをつなぐ力を育んだ。近江を巡ることで、あらためてそのことが感じられた。

今こそ、近江にあるものを再編集し、世界に示したい。近江に点在している幾つかの宝物を磨きなおし、空間的につなぎなおすことで、場所がもつ意味が浮かびあがるだろう。今までの「和風」という概念を超えた深いものに出会えるに違いない。かつての近江のように、世界に対して新しいかたちの日本を提示できるのではないか。世界からの新たな注目と人の流れを呼び起こすのではないか。夢を見はじめている。

17 世紀に建てられた三井寺の光浄院客殿。
書院造の代表的遺構

小堀宗実（こぼり・そうじつ）

遠州茶道宗家十三世家元
1956年東京都生まれ。臨済宗大徳寺派桂徳禅院にて、大徳寺五百十八世福冨以清禅師のもとで禅の修行を積む。2000年大徳寺管長福冨雪底老師より「不傳庵」「宗実」の号を授かり、01年元旦より十三世家元を継承する。近著に『茶の湯と日本人と』『日本の五感 小堀遠州の美意識に学ぶ』がある。

小堀さんの
内なる仏教の知と
遠州の血が
騒いでいます。

摩訶不思議（まかふしぎ）な胸騒（むなさわ）ぎ

遠州流茶道ゆかりの近江

令和の御世の始まって間もなく、松岡正剛さんが、近江ARSを立ち上げるという話を伺った。何のことやら?と思っていると例によって和泉さんから丁寧な説明があり、ますます私の心の中の疑問符が大きくなっていく。

近江・長浜は、松岡さんの故郷であり、いよいよ、ご自身の原点とも言うべき場所から日本を考え世界を見つめるということなのであろうか。その程度のことは瞬時に理解できたが、「Another Real Style とは何かと問いかけられても、すぐには答えは出ない。誠に難題である。

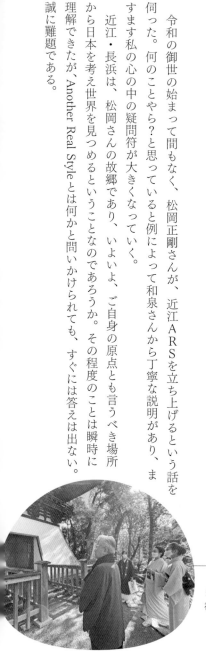

16世紀に綺麗さびを
生んだ茶人・小堀遠州を
祖先にもつ小堀家

その一方で、「仏教」というキーワードが示されたことが、私の興味を惹いた。つねづね松岡さんは、日本の宗教、ことに仏教について、「誰かいませんか？」等々、私との雑談の中で語られることがあった。「難しいですね」と私も答えていた。現代の日本にとっていったい仏教とは何なのか。日本人にとっては、仏教も神道も、ごく普通に向き合っている。しかし本当の意味では向き合ってはいないのであろう。日常では冠婚葬祭の場面において、初めて重きを成すというのが現実ではないか。それは私たち世俗に生きる者の姿勢も問題であるが、これはやはり、宗教側に立つ僧侶方の問題であろう。一般には私たちは宗論というものを聞いたことがない。それはいつの日からであろうか。少なくとも江戸期までは、宗論が交わされたことがあったと思うが、明治以降はほとんど一般の人は、耳にしない。私の家は臨済宗であり、私自身も禅寺に一年間修行生活をしたことがあったが、和尚同士が、そういった話をするのは見たことがなかった気がする。

さて、このたびは、三井寺（園城寺）の福家長吏が中心にいらっしゃる。園城寺と聞けば、私のような、茶の湯の道に生きる人間としては、まず第一に利休作の竹の花入の銘を思い浮かべる。その三井寺を始まりの場所と定めたのはうれしかった。合わせて石山寺も。さっそく私は初めて両寺を訪ねた。そこには独特の空気があった。

私自身も近江には縁が深い。遠州流茶道の流祖小堀遠州は長浜の小堀村の出身である。今でも小堀町には生誕の屋敷跡に石碑が建っている。また近江孤篷庵（こほうあん）には遠州の後の代々並びに家老、家臣の墓がある。かつて私が訪れた時に上から下へと段々に墓が並び、一番低層には今や無縁仏となったおそらく小堀家にかかわる家臣の家族たちの墓を目にし、自らの血が逆流する

千利休の作とされる
竹一重切花入 銘「園城寺」

音羽山
さやかに見する
白雪（しらゆき）を
明けぬと告ぐる
鳥の声かな
高倉天皇

気分を味わった。三井寺で私が体感したのは、同じではないが、それに近いものであった。私は、これが、仏教の持つ何ものかなのかと、ふと思ったのである。

❁ ❁ ❁

村木康弘（むらき・やすひろ）

不動産鑑定士、公益社団法人滋賀県不動産鑑定士協会 会長
1969年滋賀県大津市生まれ。三井信託銀行、日本不動産研究所を経て、有限会社村木アセット・コンサルタンツ設立。不動産鑑定評価業務から不動産よろず相談所と不動産いろは塾を展開。
土地と人との間を紡ぐ近江の潤滑油。

見えない日本へ、急がば回れ

「染め替えて近江大事」の舞台裏

近江ARSでいちばん鼻が利く、不動産鑑定士です。

400万年前の太古から続く琵琶湖の誘い。比叡、比良、伊吹、鈴鹿に抱かれ流れ入る460本の川と、そこから流れ出る1本の川とともに、いつの時代も舞台となってきた近江。

「染め替えて近江大事」の会場であるびわ湖ホールが建つこの地は「打出浜」。枕草子に「浜は打出の浜」と記された場所。古には対岸から船でこの地に渡り、逢坂山を越えて都へ向かいました。広重が近江八景・矢橋帰帆に描いた画角そのもので、当時を彷彿とさせる常夜灯が眼前に佇んでいます。

阿耨多羅（あのくたら）
三藐三菩提（さんみゃくさんぼだい）の
仏たち
わが立つ杣（そま）に
冥加（みょうが）あらせたまへ

最澄

村木康弘がつくった
「染め替えて近江大事」
リーフレット

びわ湖ホールの左手に見える山並みが比叡比良。まれに荒れる風雨に船が出せず、結局、瀬田唐橋を歩いて回った方が早いと、室町の頃、連歌で詠まれたのが「急がば回れ」の由来です。何処の地も、拾い上げれば名所旧跡史話が次々に出てくる近江。確かにある営みと祈りと結びから、日本の何たるかを取り出す機会にしたい。はじまりです。

❁❁❁

河村晴久（かわむら・はるひさ）

能楽師（観世流シテ方）
１９５６年京都府生まれ。同志社大学など複数の大学で教鞭をとる。父・河村晴夫のもと、３歳にて初舞台。林喜右衛門に師事。能の語り部として精力的に活動する。ハーバード大学、パリのユネスコ本部、ウクライナ国立大学など海外での講演は50回を超える。

心をもって心につたえる

神にも鬼にもナビゲーターにも変身する

還生の会のために
名曲「隅田川」と「屋島」の
仕舞をしてくれました。

能楽師は、舞台の上で様々なものに変身します。五穀豊穣、繁栄を約束する神。通りすがりの僧に

還生の会で「屋島」を舞う河村晴久。所作に込められた思いを丁寧に語りながら舞う特別仕立て

地獄の苦しみを述べて仏の救いを授かる武士。恋の想いを語る宮廷や市井の女。心の底から湧き上がる感情の赴くままに振舞う、子を失った母や絶体絶命の危機にある者。時には退治される鬼。

六百年も能が命を保つのは、いつの時代にも共感できる物を内在しているからに他ならず、私も自らの肉体を通してその情感を表現することに努めています。先人の工夫により洗練された表現は、理屈でなく、心から心に直に伝わる、えもいわれぬありがたさ、美しさを描きます。意識せずとも、自然と共生し、全てを受け入れ、謙虚に生きる価値観を感じます。能に触れることによって、平和を願い、互いを尊重し、共に楽しく暮らす世になることを願います。まさに『風姿花伝』で世阿弥の説く「寿福増長、遐齢延年」（幸せに長寿を送る）です。

鳰鳥の
息長川は
絶えぬとも
君に語らむ
言尽きめやも

馬史国人

阿曽祐子（あそ・ゆうこ）

電子部品メーカー人事総務マネージャー

１９７５年東京都生まれ。１９９８年、電子部品メーカー入社。主に人材育成、組織風土改革、総務を担当。２０１７年、イシス編集学校の［守］基本コースを受講。以降、［破］［離］［花伝所］を受講し、師範代、師範を担当。２０２０年より滋賀在住。

場に尽くし、共に学ぶ

日本仏教思想をたどる「還生の会」の場づくり

近江ＡＲＳの番記者。些細なことや小さな声もこぼさない。

「還生の会」の設えを一手に担う座組がいる。一途だが一様ではないあり様は、琵琶湖を囲んで各々の土地がつながりあう近江の姿にも重なる。近江ＡＲＳのメンバーとはいえ、仏教との付きあいは、三井寺執事の福家俊孝を除けば、たいていの日本人とそう変わらない。末木文美士氏、松岡正剛、福家俊彦の語りに毎度圧倒される。

当初は、所蔵品から置物を選びだす程度だった俊孝が次第に踏みだしはじめた。建築家の三浦史朗と「頭の中だけではなく、五感でもテーマを感じてほしい」と企てをはじめた。同じ頃、長浜のまちづくりコンサルタントの竹村光雄も、仏教初心の自分こそ何かできるはずだと設え衆に手をあげた。

「還生の会」第3回のテーマは草木成仏論。準備にあたり、俊孝は、三浦、「叶 匠壽庵」の芝田冬樹、中山倉庫の中村裕一郎を伴い、三井寺の山中に入った。三浦の仕立てによって、切り出された木々が、客人の前で命を吹き返す。竹村は、長浜の仲間と曳山（ひきやま）祭のシャギリとともに、湖北の自然の味と温もりを振舞った。

第4回のテーマは中世仏教。近江ARSでは同じことを二度はしない。第一会場は大津伝統芸能会館の能楽堂。客人たちは、河村晴久氏の能仕舞と末木文美士氏の語りを堪能したのち、三井寺へと移る。「本来の祈りとはどうであったか」。それぞれが何かを掴み、持ちかえる一日としたい。今回、俊孝と三浦が出したのが、「引き算」という方針だ。客人も登壇者もひとしく場の構成要素となって、渾然一体として中世と現代を行き来するためだ。俊孝が、草木の須弥壇（しゅみだん）に円空仏を設えた。

本番前日には、近江 ARS のメンバー全員で
会場の設営をする

「すべてが一体にならないと、客人に世界観は伝わらない」。毎度、和菓子を用意する芝田は、仲間と語らい、本を読み、絶え間なく次の場に思い巡らせる。切られてなお人々の前で生きなおす木々の姿が切り株見立ての「冬ざれ」を生み（第3回）、中世仏教の五輪説との出会いが有平糖の飴「五輪」につながった（第4回）。名脇役の和菓子を目指し続けている。茶人の堀口一子は、欠かさず駆けつけ、樹齢200年の木が育んだ三井寺茶を添える。当日の舵取り役は、琵琶湖を知り尽くす元琵琶湖汽船の川戸良幸だ。近江ARSメンバーを総動員して会の運びにあたる。客人のために場に尽くし、客人と共に学びを楽しむことが、近江ARSの成長となる。

「還生」とは、いったん別世を体験し、再び現世に戻って再生すること。その名に肖って、異空間をつくり続ける集団でありたい。全8回を終えたときの景色は、誰にも見えていない。仏教も寺も、かつては最先端の学問・文化・医療を取り込み、世に一石を投じてきた。別様への挑戦は、いつだって途上である。

近江 ARS のさまざまな職能が
組み合わさる

かくとだに
えやは伊吹（いぶき）の
さしも草
さしも知らじな
燃ゆる思ひを
藤原実方

福家俊孝（ふけ・としたか）

総本山三井寺（園城寺）執事
1986年滋賀県大津市生まれ。金沢工業大学環境建築学部卒。ゼネコン会社に勤務後、大原三千院門跡に随身。2014年、三井寺入寺。20年、近松寺住職および総本山三井寺執事に就任。同年、堀口一子とともに三井寺茶を始動。

数寄（すき）なおもてなし

アナザー・リアル・スタイルの実践

祈りの場を五感に変換できる次世代の僧侶。

三井寺の境内に群生する古茶樹

Another Real Styleの「場」は「しつらい」「もてなし」「ふるまい」の三位一体を意識している。それを踏まえた上で場作りは始まる。何気ない会話からテーマを元にキーワードを連ね、目に見えない「言葉」と目に見える「場」を行ったり来たりし、頭の中でデュアルに動かしながら構想を組み立てていく。メンバーと何回も言葉を交わし、別の道を探る。意味が曖昧な「右に倣え」の既成概念を捨て、別の概念を構築する。言葉では捉えきれないものがそこにはある。

お客様を迎えるにあたっては、祈りや信仰を少しでも感じてもらいたくて、五感（眼耳鼻舌身（げんにびぜっしん））で体験することを意識している。その一つが、三井寺茶。境内の奥にはお茶の木が生えている。大きなものは

夜をこめて
鳥のそら音（ね）は
はかるとも
よに逢坂（あふさか）の
関はゆるさじ

清少納言

樹高が5メートルほどあり、樹齢およそ200年。自分たちで新芽を摘み、加工も行う。会のテーマや開催する季節などを考慮して、緑茶、白茶、烏龍茶、紅茶のいずれにするかを選ぶ。一杯のために、自分のすべてを注ぐ。

❁ ❁ ❁

三浦史朗（みうら・しろう）

建築家、六角屋代表
1969年京都府生まれ。在学中に日本建築に魅せられ、数寄屋建築の中村外二工務店に勤務。98年、三角屋、2012年、六角屋を設立。「構匠」として、施主との対話を尽くし、土地と人と建物が活きる場づくりに挑む。

場の空気感を建築する匠。
対話で組み上げる
仏教空間のディテール。

土発のコトづくり

建築と庭と装飾と音響と仏像が一体となる場へ

1998年に「三角屋（旧とふう）」を起業して以来、下鴨（京都）と朽木（滋賀）の2拠点に両軸を置いてきた。素材・職人・仮組・意匠を礎に、家・庭・調度に境界線を引かないモノづくりの先の、コ

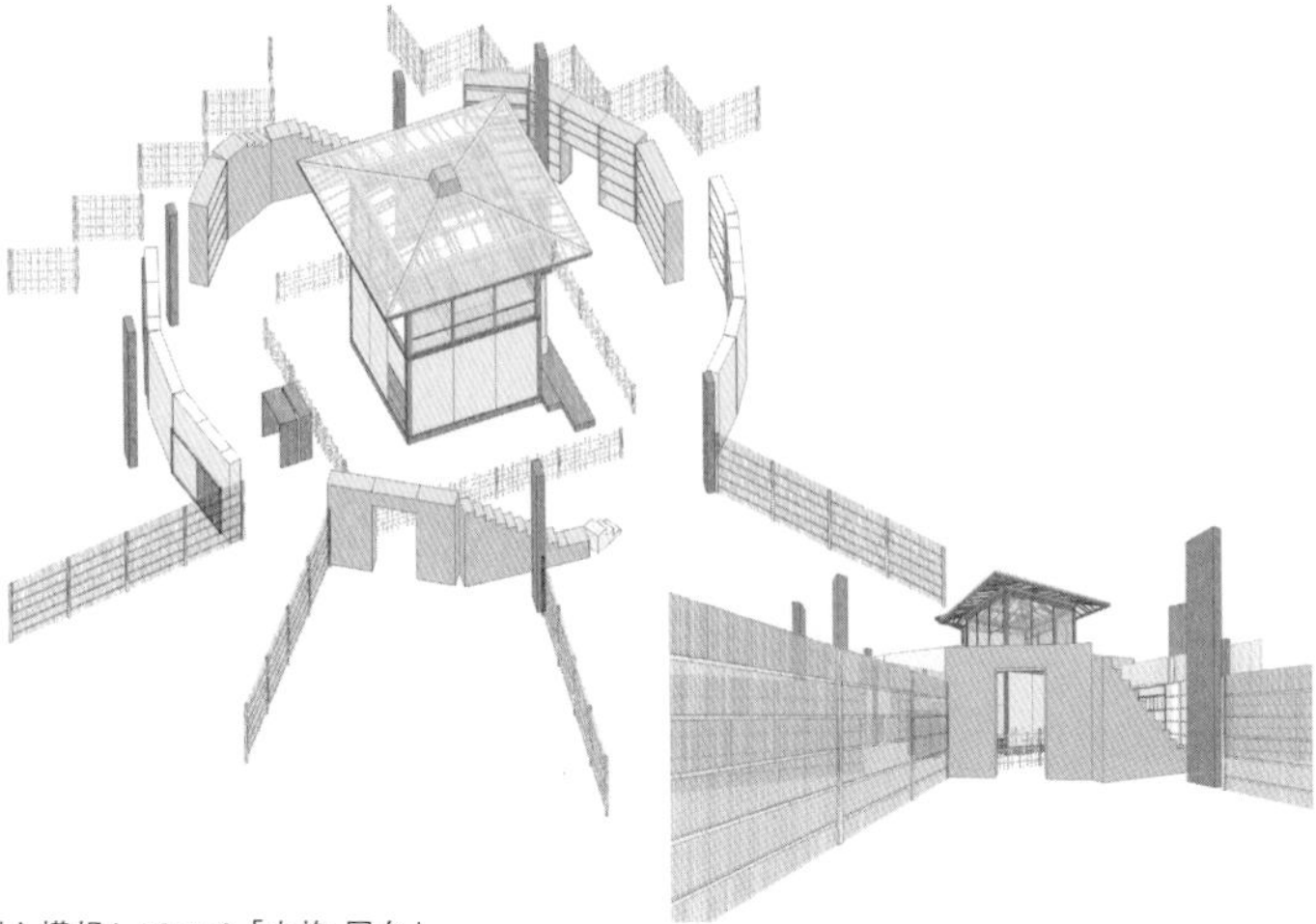

松岡正剛と構想している「本族 屋台」

トづくりに向かうため、「六角屋」に専念することを２０２１年に決めた。

松岡正剛さんからライプニッツの「アルス・コンビナトリア」を教えて頂いて以来、ＡＲＳには特別な思いを持ってきた。その特別な思いが、約25年間一貫して軸足の一つを置いている「近江」の場で立ち上がることになったのだ。

施主・自分・自分たちを主語にした従来のモノづくりではなく、土地（近江）・仏教を主語にしたコトづくりへ。人だけでなく人がまとっている技術や感覚を集結させることで立ち上がる、現代という時代。めった切りにされ、力を失った仏教を、あらためて外形だけでなく、血管や神経を含めて結合させ、一体となってうごめく龍を再生させる。

仏像、建築（伽藍）、庭（境内）、装飾（荘厳）、音響（声明）が、一体の龍となる姿をその場に居合わせた人々が心に刻む。信仰とは、心象を刻む行為なのではないか。新たに心象を刻む行為の中で、既に刻まれていた跡を知ること。近江の場で、近江ＡＲＳのメンバーと共に、この体験をしたい。

磯（いそ）がくれ
おなじ心に
鶴（たづ）ぞ鳴く
なに思ひ出づる
人や誰（たれ）ぞも

紫式部

芝田冬樹（しばた・ふゆき）

叶 匠壽庵 代表取締役社長
1964年滋賀県生まれ。叶 匠壽庵に入社後、生産・企画開発畑を歩み、三代目として2012年に社長就任。滋賀県大津市の里山に造営した6万3千坪の敷地を有する〝寿長生の郷〟で「農工ひとつ」の菓子づくりを目指し、自ら栽培することで得られる素材へのこだわりや、おもてなしの心を先代から受け継ぐ。

直観をかたちにする人。
和菓子の内側から
世界の近江へ。

百姓（おおみたから）の菓子づくり

和菓子の奥の日本へ

近江ARSに出会ったのは、3年前。私は和菓子屋を生業にしているが、「和菓子」という言葉に捉われすぎていた。初代・二代目が残してくれた茶や農の文化、美しい里山など恵まれた環境に甘え、突き抜けられないでいた。そんなとき松岡正剛さんは私の心を動かし、衝撃を与えた。初めて惚れた人であり、惚れた限りは期待に応えなければならない。ようやく、この歳になって日本数寄、日本流を本気で考えるようになった。

秋に近江ARS主催の「龍門節会」という会を催した。ゲストに遠州流小堀宗実お家元をお迎えし、私と掛け合う一幕が与えられたのだが、「遠近」「虚実（きょじつ）」というなんとも難解なお題であった。季節柄、紅葉や木の実を色とりどりの干菓子で球体にして小宇宙をつくった。それをバラすと吹き寄せとなり、客人に振る舞う仕掛けとした。菓子づくりも面影をみて姿にする行為であり、まさにバーチャルとリアルなのだ。近江ＡＲＳで得たことを和菓子で表現することに、創造力をかき立てられるのである。

龍女は仏に成りにけり
なとかわれらも成らさらん
五障の雲こそ厚くとも
如来月輪隠されし
梁塵秘抄

龍門節会で生まれた菓子「吹き寄せ」

廿

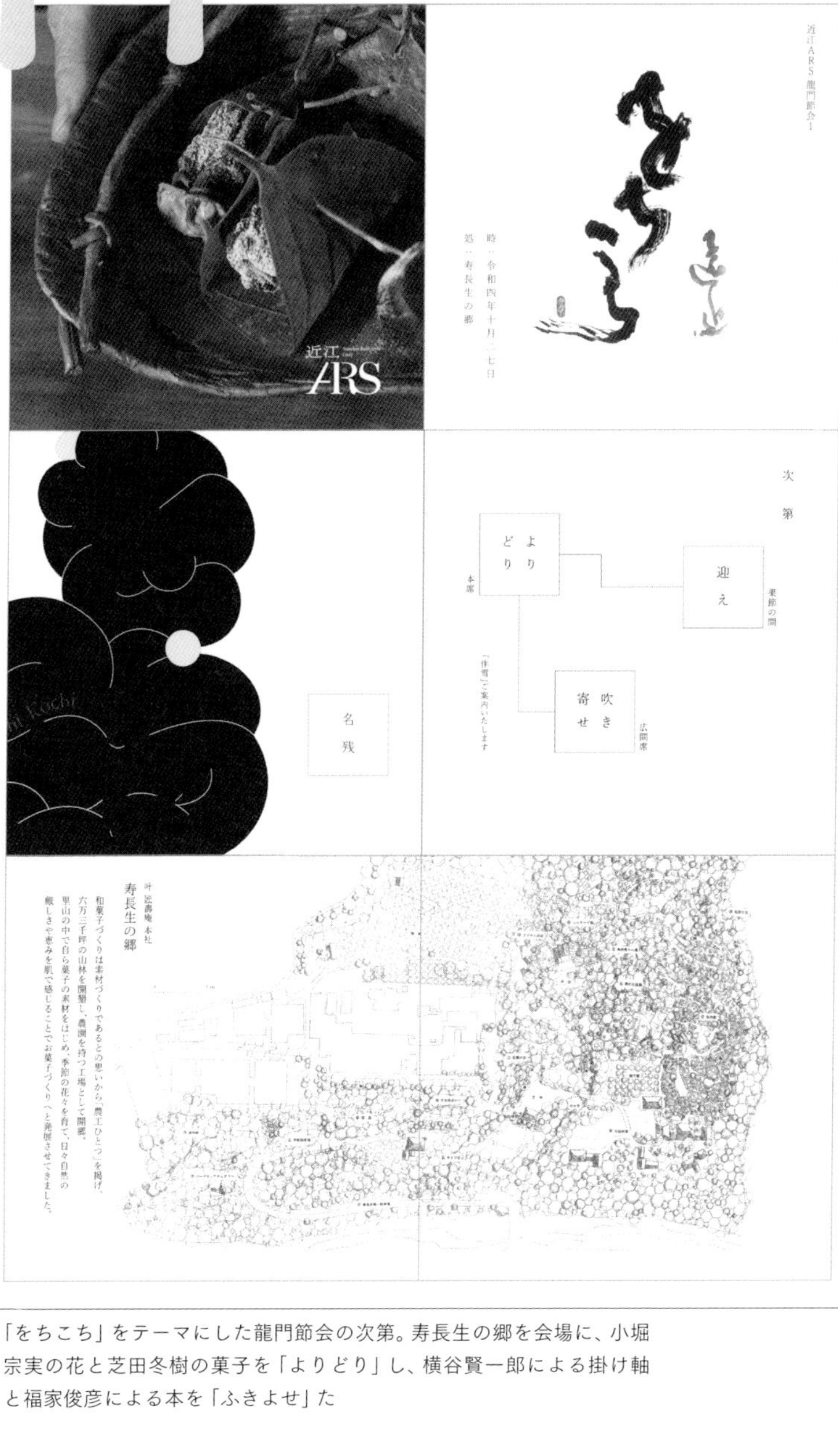

「をちこち」をテーマにした龍門節会の次第。寿長生の郷を会場に、小堀宗実の花と芝田冬樹の菓子を「よりどり」し、横谷賢一郎による掛け軸と福家俊彦による本を「ふきよせ」た

池田典子（いけだ・のりこ）

叶 匠壽庵 総務部部長、広報誌「烏梅（うめ）」編集長
1976年滋賀県生まれ。社内制作を基本とする「烏梅」をきっかけに近江の歴史や龍門の風習に興味を持ち、菓子づくりの根底である寿長生の郷とともに2012年から紹介している。6万3千坪ある寿長生の郷をめぐり見つけた花を生けるのが日課。

気配りが絶品。作業着も着物姿も似合います。

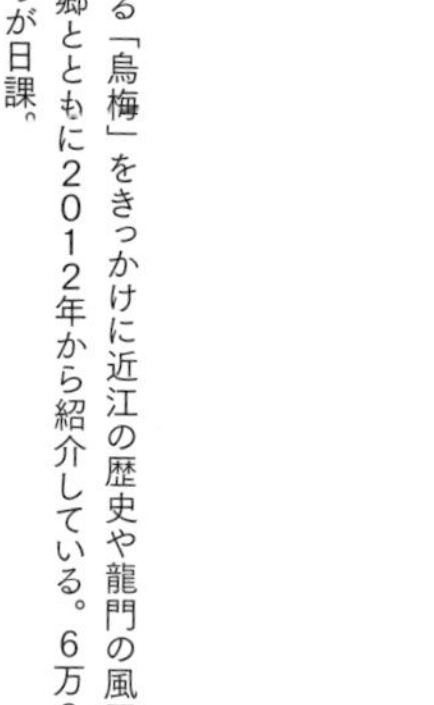

山と川と里の節句

季節の節目を味わうために

叶 匠壽庵の本拠地、寿長生（すない）の郷（さと）がある大津市大石龍門地区は、今も「総有（そうゆう）」で住人たちが山や川を守っている。私たちも菓子を作るための水を山から引く。地域には昔ながらの風習が少なからず残っており、人々の心に残る風景や文化を描いた「龍門記憶絵」を2年かけて協働で完成させていた。そんな中、この里山で一番やりたいことは何かと問われ、私が咄嗟に答えたのが和菓子とも密接な「節句」だった。意味や由来が薄れ、形骸化していると感じていたからだ。ここに来れば、記憶絵の中でも表現した二十四節気を感じ、五感に響く旬を味わえる……そんな催しができればという思いだった。それならば、と地名を付けた「龍門節会」の提案をいただいたのである。10月に開催した龍

名を聞けば
昔ながらの
山なれど
しぐるる秋は
色まさりけり
源順

門節会では、「をちこち」というテーマが設定され、夏の会の衝撃をうわまわる感動と達成感を会社全体に与えられた。その経験は、私にとって未来に繋がる宝物となったのだ。

歴史ある節会をハイパーカジュアルに、
21世紀の「寄合」に仕立てていく

竹村光雄（たけむら・みつお）

都市計画家、長浜まちづくり常務取締役
１９８２年茨城県生まれ。湖北長浜の濃密なローカリティに魅了され、それらを探究し、創造の源泉として活動する。伝統的町家・路地・水路など都市空間の再生と、それら空間を舞台とした企画やプロジェクトのマネジメントを手掛ける。

やさしくて、大胆。惚れて移住した長浜の新たな町衆。

壊さない街づくり

生きている多様性を多様なままに

29歳の時に湖北の長浜に移住しました。移り住んで10年以上が経ちます。生まれと育ちは茨城県日立市。大学で建築を学んだ後、都市計画のコンサルタントの会社に就職して日本各地の開発に携わりました。働くうちに、東京中心の考えにそって古い街並みを壊して新しい建築物をつくるよりも、古いものの中に自分たちがまだ見出せていない価値を発見し、大切にしたいと考えるようになりました。

訪れた地域のなかで、もっとも心惹かれたのが長浜です。町や風景が〝生きている〟と強く感じました。理由は、多様性に富んでいるからです。たとえばお雑煮ひとつとっても小さな集落ごとに個性があり、味付けも具材も異なります。住んでいる人の気

長浜曳山まつりで活躍する「子ども歌舞伎」の役者と語らう

暗きより
暗き道にぞ
入りぬべき
はるかに照らせ
山の端の月
和泉式部

質や風習が集落ごとに少しずつ違っているのです。言わば、「湖北モザイク」。この価値をそのまま残したいと思いました。

移住後、町づくりのために自分なりに試行錯誤し、２０１６年にはローカルコミュニティの拠点として「湖北の暮らし案内所　どんどん」を立ち上げました。それでも、自分の理想とする町づくりが思うように進んでいない歯痒さがありました。そうしたなかで出会ったのが近江ＡＲＳです。メンバーの一人である三宅貴江さん（「湖国と文化」編集長）に声をかけてもらったのがきっかけでした。

松岡正剛さんからは、「あなたが長浜のある部分に心酔して入り込んだところまではそれでいい。大事なのはそこから先。スピードを上げなさい」といつも鼓舞されています。ありがたいことに今は近江ＡＲＳの仲間がいます。湖北では、冨田酒造の冨田泰伸さん、丸三ハシモトの橋本英宗さん、観音ガールの對馬佳菜子さんがとくに心強い同志です（自分を含めて、長浜四人衆と呼ばれることもあります）。

おかげで、長浜市の大通寺で催した第６回「還生の会」では、来場者の方に感じてほしかった〝湖北の空気の密度〟が表現できたと思います。ものごとは躊躇したり調整したりしていると、どうしても折衷案になってしまいがちです。近江ＡＲＳは妥協せずに目的に向かっていくことを大切にするチームです。開催に向けてそれぞれが高め合っていき、研ぎ澄まされていくからこそ、会場にあの空気の密度が生まれたのだと思います。招待した長浜の人たちも喜んでいました。

桃山時代を駆け抜けた武将たちの面影も、古代の王族の気配も、湖の中を行き来する魚たちのうつろいも、目を向ければ芋蔓式に掘り出すことができるのが湖北です。僕はこの土地にこそ、未来の可能性があると確信しています。この町の風景を守るために、今の時代の新たな町衆としてできることを模索しつづけたいと思います。

對馬佳菜子（つしま・かなこ）

観音ガール
1993年東京都生まれ。日本女子大学文学部史学科卒業。2017年、暮らしに溶け込んだ仏像に惹かれ、滋賀県長浜市へ移住。湖北に根づく信仰文化の研究、講演、執筆のほか、仏像・地域文化に特化したプロデュースやコンサルティングなどを行う。

ウチの観音さん

守り守られる里の暮らし

話を聞く名人。湖北の集落では、観音ガールと慕われています。

1　ウチの観音さん

湖北ではじめて出会った仏像は「像」である前に「ホトケ」であった。そこで手を合わせ拝む村人は「このひとは」「ウチの観音さんは」と話し、聞けば何代にもわたって村人たちは拝み、宗派宗義の枠をこえてお守りされてきたという。民衆たちのあらゆる思いを一身に受け止めてきた仏像というのは、こんなにもホトケの顔をするものかと驚いたものである。仏像をホトケとして拝む人がいて、祀る場があって、村人たちが重ねてきた祈りが、仏像をよりホトケたらしめているのかもしれない。

流れいづる
涙の河の
ゆくすゑは
つひにあふみの
海とたのまむ
よみ人しらず

2　観音の里

湖北の村堂を巡ってみると「観音の里」と呼ばれるだけあって、観音さんに出会うことが多い。湖北は己高山（こだかみやま）を中心に、奈良中央仏教、北陸白山十一面観音信仰、比叡山天台宗が習合した仏教文化を構築したとされる。中世後半以降には、己高山周辺の寺院は衰退し、無住、廃寺化するなかで、そこに残された仏像たちが民衆たちによって村堂に迎えられたそうだ。

村人たちは「観音さん」に見守られて育ち、歳を重ねれば観音さんの身の回りのお世話をさせていただくようになる。時には我が子のように、また時には親のように思い、親しくも尊い。村人たちの心の拠りどころである「ウチの観音さん」。村人の前に現れる観音さんは、慈悲のホトケとして優しく寄り添うのだ。

3　石道寺の「村の娘」のような十一面観音

「観音さんは優しいだけではない。時として戦うこともある」。「旅考長濱」にて松岡正剛さんがおっしゃられたこと。それはもう一度、観音とは何かというところに立ち返るひと言であった。観音経では、観音菩薩の名を念ずれば、様々な危難を逃れ、福徳を得られることが書かれている。つまり観音さんは、様々な危難を退ける強い力を持たれているということだ。慈悲、救済の心も極まると衆生のために戦うこともあるだろう。湖北の観音が辿ってきた歴史を見直すと、村人たちに迎えられる以前に、天台系寺院で祀られ、鎮護国家を背負ってきた時代のことを忘れてはならない。観音さんは、湖北のみならず、近江国の鬼門を守護した。そして民衆に受け入れられてから

第６回「還生の会」では、高月町唐川の赤後寺の世話方衆が観音ガールの對馬佳菜子に「身代わり観音」と御仏供さんを託した

長浜市の己高山麓にある石道寺の十一面観音立像

は、その願いに応じ、救済する。

作家井上靖が『星と祭』にて「村の娘」のようだと表現し、登場する石道寺の観音さんは、ふくよかな頬に朱色の唇で、慈愛に満ちた表情であるが、そのまなざしは時に鋭くもみえる。その姿は天台系寺院に祀られていた時代の風格と、民衆に向ける優しさ、そして守るために時には戦う意志の強さを感じさせる。

村人たちが「何でも聞いてくださる」観音さんに祈るのは、朝に一日の安寧、夕方には無事に過ごせたことへの感謝である。これからも平穏な日常が続くことを願い、手を合わせる。一方、観音さんは村人たちが願う平穏な暮らしのために、時には障害となるものに立ち向かう。湖北の観音と村人たちの暮らしは、守り守られるものである。

4　安念寺の「いも観音」

平安時代、安念寺は七堂伽藍（しちどうがらん）を有する天台寺院であったと伝わる。いも観音の名で親しまれる安念寺の仏像は、戦国時代、村人たちによって田畑に埋められ戦禍を免れた。平安時代に遡る像の表面は摩耗（まもう）し、朽ちた姿であるが、不思議と痛ましくない。昭和のはじめ頃まで、夏にいも観音を川へ運び出し、洗い清める風習があったようで、子どもたちが浮き輪代わりにして遊んだという。村の守り仏としての相貌と、平安期からの歩みをその肢体が物語る。姿は朽ちても、ホトケは朽ちない。

橋本英宗（はしもと・ひでかず）

丸三ハシモト　代表取締役
1974年滋賀県長浜市生まれ。箏や三味線、琵琶、三線など和楽器の絃を製造。近年では正倉院事務所より依頼されて模造螺鈿紫檀五絃琵琶の絹絃を製造、さらには中国、韓国の伝統楽器市場へ進出するなど、つねに絹絃の音色を追求し活躍の場を拡げている。

※※※

手繰（たぐ）り寄（よ）せる原風景

世界でも稀にみる生糸づくり

千本の繭糸から一本の絃が生まれる。日本の音色の守り人。

滋賀県湖北地方。今なお昔ながらの集落が存在し、それぞれのしきたりや伝統行事を守っています。それは自分たちが出来るだけ社会の流れに沿って人間同士の付き合いを簡素化せず、共存共栄していこうとする精神があるからです。

6月の梅雨の時期にカタカタと座繰り製糸の器械音が集落の中で鳴り響く長浜市木之本町大音地区。ここは近江ARS「旅考長濱」にて歩いた地であり、このツアーは自分が案内する側であることを忘れ、新たに地元を考えるための新鮮な旅となりました。近江ARSはふだん見飽きた風景や文化をあらためて見直し、その心髄を味わえる場と言えます。

思へども
行（ゆ）くべき方も
なき島に
夜（よ）ごとに月に
誘はるるかな
行尊

大音地区は背後に戦国時代の合戦地「賤ヶ岳」を望み、扇状地の形状のため心地よい風が吹きあがるとても住み良い土地です。昭和初期の頃は大音地区の多くの軒下で繭（まゆ）から生糸を取る糸取り作業が行われていました。心地よい風は湿気や天候にデリケートなお蚕（かいこ）さんの発育にも好条件で、この地が養蚕、糸取りの里となった所以です。歴史は古く1300年以上と言われており、脈々とその技法は受け継がれています。

座繰り製糸という昔ながらの製法を守っているのは日本、いや世界でもごくわずか。それがなぜこの大音で残っているのでしょうか。長い年月をかけてずっと教え継がれてきた生糸づくりのこだわりが、箏（こと）や三味線など和楽器の絃（げん）の原料としてなくてはならないものであったからだと思われます。

まずは水。鍋にお湯を張り、そこに繭を入れて炊くことで糸口を見つけ糸を手繰りますが、水は賤ヶ岳の湧水をわざわざ汲ん

木之本町の大音集落の糸とり。
蚕の繭から集めた絹糸が、
楽器の絃となる

和楽器の糸で仕立てた「琴屏風」。黄色に染められた絹弦に触れると、細かく振動して柔らかな音を発する

で来て使用します。また、繭自体に水分を残したまま生糸にすることによって、繭糸の表面を覆うセリシンというタンパク質を変質させずに生糸に潤いを残すことができます。さらには、和楽器糸に必要な生糸の弾性をいかに残せるか等々、昔から言い伝えられたこだわりを崩すことなく、合理的に作業を簡素化することなくできあがった生糸の質感を自分たちの手の感覚に残しながら、その「手」が語り継いできているのです。

松岡正剛さんと訪問した際もこの作業を間近で見ることができました。糸取りの責任者の佃三恵子さんが、「この繭の糸の間に手を差し込んでごらんなさい」と言うと、松岡さんは手をかざし、指の間を糸が通っていく感覚に魅了されていました。指が絹の柔らかいシャワーに包まれるような不思議な感覚は、糸取りでしか味わえません。数十年、いや数百年と続くこの作業。伝統とは受け継いだ技を残すだけでなく、時代が変わろうとも常に必要とされるものであり続けることでしょう。いつの時代も自分たちが邦楽演奏の舞台を支えているという誇りを持っていたに違いありません。

この糸取りの風景には核心を変えず良きものを伝承するという日本人が忘れてはいけないものが残っています。この原風景を未来に残すことが我々の使命です。

巻々(まきまき)を
飾れる紐(ひも)の
たまゆらも
たもてば仏
よろこび給ふ
藤原俊成

冨田泰伸（とみた・やすのぶ）

冨田酒造　十五代蔵元
1974年滋賀県長浜市生まれ。東京のメーカー勤務を経て、2002年から家業の酒造りの道へ。地酒の〝地〟の部分に重きを置くことをコンセプトに、地元の農家と連携し、湖北の水・米・環境で醸すことにこだわる。日本酒を通じて地域の発信も積極的に行っている。

地の味の探求者。
湖北を味わうなら
冨田さんの案内で。

醸（かも）す日本

時も技も水も祭も地酒になる

日本酒は國酒（こくしゅ）と言われる。飲むというだけではなく、鏡開きや地鎮祭のように、祝いごとや清め、祈り、そして契りにも用いられる。日本酒は食、伝統、祭、歴史、宴、地域、技、素材、農、水、祈、建築、縁、結……これら多くを包含しているのだ。

これは日本酒のおもしろさであり、日本の強みだ。

また地酒とも呼ばれる。今はまだ47都道府県各地に約1300の日本酒蔵があり、いずれもその土地に根ざして代々歴史を重ねてきた酒蔵だ。ただ美味しい液体を造ることだけにエネルギーを注ぐのではなく、それぞれの酒蔵がその地で紡いできた歴史に加え、地域の文化や農、

衣手に　余呉の浦風　さえさえて
己高山に　雪降りにけり
源頼綱

北国街道に建つ冨田酒造。ここから日本海の敦賀市まで車で１時間もかからない

風土といった特色ごと日本酒にのせて表現すれば、こんなにおもしろくかつ意味のある飲み物は他に類をみない。言うなれば日本酒はその「地」を味わうようなもの、言うなれば「飲める地図帳」だ。

湖北と呼ばれる近江北部で酒を醸す私にとって、この「地」を徹底的に深掘りすることが、酒造りにおける最大の軸となっている。

雪深く、地下水を豊富に含んだ山々、注ぎ込む川、琵琶湖。そしてその水を湛え、広がる田園。

湖北の風景には豊かな水があるが、それは当たり前ではない。守り、つなぐ人がいたからこそ、その景色が今なおある。米と水から醸される日本酒は、湖北の風土を伝える存在なのだ。

日本酒を通じて、日本の魅力や奥深さを、これからの世代に響くかたちで世界に伝えていくことに、ますますの可能性を感じている。日本酒が國酒でありつづけるために、つないできた文化、景色を次に残すために、滋賀湖北の「地」を醸しつづけたい。

（右）冨田酒造の仕込みタンクに漢詩を綴る松岡正剛。
湖北の途分かれて冨田の八郎におよぶ
此に芳醇のとき将来を望んで眠る

隈研吾

牛塔（うしとう）とキオスク

クマスクを取材するために、
イギリスからBBCの
取材クルーも来日しました。

長安寺の牛塔にショックを受けた。石造宝塔として最古最大といわれるその巨大さにも圧倒されたが、抽象的なヴォリュームの3次元的組み合わせであるにもかかわらず、間違いなく牛そのものと感じられ、たじろいだ。その日から、この牛塔の内部にはいっていって、そこから牛の眼で世界を眺めてみたら、世界がどのように見えるだろうかという考えにとりつかれ、最終的にこのクマスク（クマのデザインしたキオスク）の形態を思いついた。

われわれは、いつも外側から牛を眺めたり、牛を食べたりしているばかりだが、牛の中にはいって牛の立場にたったなら、世界はどう見えるだろうか。牛の外部と内部とが反転する感じは、この牛塔が置かれている逢坂という場所の特別なトポロジーとも関連しているような気がする。京都と近江を隔てる逢坂という暗く狭い谷をクロスポイントとして、琵琶湖という拡がりと、京都という拡がりが、

にほてるや
なぎたる朝（あさ）に
見わたせば
漕（こ）ぎ行（ゆく）跡の
浪だにもなし
西行

三井寺別所・関寺の牛塔（長安寺宝塔）を眺める隈研吾と松岡正剛。鎌倉時代、関寺復興に活躍した霊牛を供養するために建造されたと伝わる

クラインの壺のごとくに交叉するのである。拡がりが一度絞られて、またひろがる感じ、交叉であると同時に大きな海の中に琵琶湖という海が入れ子になっている感じがたまらなくおもしろくて、それをこのウシスクという三次元物体（正確にはクラインの壺と同じく五次元物体）を使って、再現したいと考えたのである。

牛塔の故事には、老いて庵を結んだ小野小町のエピソードもからんでいる。クラインの壺は、生と死の入れ子構造を暗示するためにも有益なのである。是非この壺の中に身体を挿入して、五次元の世界の実際を体験し、体感してもらいたい。

スケッチ「牛塔／クマスク」隈研吾

富田拓朗（とみた・たくろう）

プログラマー、コードクリード代表、百間取締役企匠
1971年京都府生まれ。10以上のプログラミング言語を操り、インターネット黎明期に多くのサービスを立ち上げる。写真家、デザイナー、CGアーティスト、投資家、コーヒーエバンジェリストとしても活動。

好きなもの、
漢字、珈琲、プログラム。
近江一周、宇宙見物。

世界OSとしての百間HMHM（フムフム）

Hundred Metaphors Hundred Methods

最近ではコンピューターがOS（オペレーションシステム）という、基礎となるソフトウェアで動いていることを多くの人が知っている。おそらく、日常的にスマートフォンを使っていることでOSアップデートに直面する機会が増えたからである。

そもそもOSは、コンピューターを人間にもわかりやすく安全に操作することができるようにするものだ。アナログ動作をデジタル化し、目に見えない世界と目に見える世界の橋渡しをするのがOSの役割である。画面にアイコンや文字が表示されるのも、オンラインバンクがそこそこ安全なのも、ネットフリックスで動画を観られるのも、すべてがOSの働きである。OSが整えられていなければ、

ほのぼのと
近江の海を
漕ぐ舟の
跡なき方に
行心かな
慈円

三井寺・光浄院客殿にて。隈研吾、松岡正剛、福家俊彦が語った近江めぐりの音声データを「百間 HMHM」がリアルタイムで解析。キーワードと連環する意味世界を深掘りする

画面やキーボードを操作しても機械がその意図を正確にくみ取ることはできない。言葉が通じない見知らぬ国で、身振り手振りに頼らざるをえなくなることがあるが、残念ながら機械はそれすら解することはない。

　人類におけるコミュニケーションの起源がアルタミラの壁画に代表されるようなGUIだとしたら、すでにMac OSのオリジンは紀元前にでき上がっている。表意文字ベースの漢語アーキテクチャーをもつ日本語は、体系的に手続き型言語でありながらも多次元的オブジェクティブな要素を持ち、漢字一文字にボディランゲージベースのイメージ情報をも内包可能である。またサブクラスとして訓読という音情報を付帯させた文字体系は、すでにマルチメディア化されたイマジンコンプレックスシステムであり、とても懐が深い。世界OSを設計・構築する言語としてはこれ以上のポテンシャリティを持つものはない。

　極めて複雑でありながら統合化された言語

体系であり、それぞれの時代において入念に編み上げられたコミュニケーション言語としての日本語と、その時代ごとの日本語によって書き記され、あるいは伝承されている多くの古典情報体系の中には、いまだ我々が見いだしきれていない将来性が秘められている。これは松岡さんが雑誌「遊」、あるいは「遊」以前から日本語と遊び、紐解いてきたメソドロジーであり、ユニバーサルに拓いてきたフロンティアだ。

こうした普段あたりまえに使っている日本語のまだ見ぬ未踏領域の存在を認知し、応用することについては百間代表の和泉佳奈子の強いコダワリがあった。日本語にはまだ見ぬチカラが宿っている。その志だけを支えに、編集工学という礎から見えてくる微かな糸口を頼りにソルフレアの光永くんとＡＧＩ（汎用人工知能）開発技術を応用しながら試行錯誤を繰り返すことで、決定的な新しい日本語解釈とＡＩ開発のトレンドとは大きく異なる実践的アプローチ方法を発見することに成功した。たとえば松岡さんと話をすると時間軸、空間軸を超えて視野の外側から強烈な一撃である言葉の槍に突き刺される。密教について話を聞くとシネスシージアからメーテルリンクそして折口信夫にたどり着く。なぜそうなるのか？　いかにこのインパクトワードの作用を最大化することができるのか？　知の巨人が歩む見えざる日本語領域の顕現化をコンピューティングパワーをもって実現する。それを目的として3年間に及ぶ研究開発の成果として生み出されたものが百間ＨＭＨＭである。

日本語が紡ぎだす印象としてのリニアリティと、それぞれの狭間に潜むメタファーの塊を純化した形でエッセンシャルに抽出すること。それにより言葉や文章は単なるコマンドの域を越え、かつてないほどの情報量を解き放つことができる。これこそが百間が企てる、人類とＡＧＩが共存する社会にふさわしい世界ＯＳ、ＨＭＨＭの正しい活用法である。ＨＭＨＭで読み解くことで、たとえどれだけ言葉が狩られようとも、そのメタファーを完全に消し去ることはできなくなる。相応の計算力と方法の習得を必要とする仕組みではあるが、将来的に機械に人類が統合された暁にこそ日常的な実用が可能となり、その先には皆が想像するようなＡＧＩに支配される陰鬱（いんうつ）なるディストピアではなく、味わい深くて楽しい未来を実現できそうな気がしている。

この百間ＨＭＨＭという来たるべき世界をオペレートするためのシステムの上に、古典情報のるつぼともいえる近江そのものを「近江ＨＭＨＭ」として載せ、走らせる。そこで解凍され浮かび上がってくるのは、全く別の視野に基づいた日本という国そのもののパースペクティブであり、もうひとつの日本の姿であろうことが容易に予測される。

仕事では過去いくつかＯＳを作り、必要に応じて簡易的な言語も作ってきたが、世界をプラットフォームとしたおもしろいＯＳであるＨＭＨＭと、その新しい世界ＯＳの上で再発見される近江という別様の可能性。追いかけ続けるにはあまりにも時間が足りない。楽しすぎて、つくづく不老不死になりたいと思う日々である。

桜さく
比良（ひら）の山かぜ
吹くままに
花になりゆく
志賀（しが）の
うらなみ
藤原良経

第百六十四代三井寺長吏・福家俊彦大僧正の
拝堂式の記念珈琲「ON-JYOJI（園城寺珈琲）」。福家好みを
２つの味（うしろの正面・どこ吹く風）に仕上げた

何事も『日本文化の核心』から

だんだん見えてきた近江の鍵と鍵穴

中山雅文（なかやま・まさふみ）

中山倉庫 取締役社長
1965年滋賀県大津市生まれ。電子機器メーカーを経て95年、家業であるエヌワイ工業（現中山事務所）と中山倉庫を受け継ぐ。グローバル資本主義と日本の関係に疑問を感じ、松岡正剛主宰のハイパーコーポレートユニバーシティ、イシス編集学校に学んだ。

乾坤一擲の人。資金もトラックも走らせる近江ARSの原動力。

新型コロナウィルスの感染拡大が進む2020年6月、百間の和泉佳奈子さんから『日本文化の核心』（松岡正剛著）が手渡された。そこには一人一人に宛てた、松岡さん直筆のメッセージが書かれていた。近江ARSのメンバーは「こんな時だからこそ、新しいものを生みだそう」というメッセージを受け取った。コロナの状況がどうであれ、私たちは、月に一度、みなで顔を合わせ、和泉さんのナビのもとあるプログラムに沿ってこの一冊を読み合った。初回は「イノリとミノリ（第3講）」「漂泊と辺境（第6講）」「まねびとまなび（第9講）」「ナリフリかまう（第13講）」。一人一人の記憶に閉じ込められていたものが、百間サロンの場に持ちだされた。大津を未来に伝えるとしたら何を

『日本文化の核心』は2021年に中国語訳され、
ロシア語訳も出る予定

真似ていくとよいのか。大津様とはいかなるものか。たくさんの問いと引っかかりを得た。

「鮒ずしは湖と里の恵みの結集。近江の「オコナイ」では餅をつく。どちらも神に供える。稲穂の中に何かが稔（みの）るというコメ信仰は今の近江に残っている」（三宅貴江）

「日本人にとっての神様は一神教的な西洋とは違い、土地の神様として住む人々との関係の中にいる。三井寺の別所は、社会の秩序では回収されない人たちの場所でもあった」（福家俊彦）

「近江の祭では、子どもたちは見よう見まねで伝統的な衣装を着て、太鼓を持つ。延暦寺での仏僧修行も「まねび」だ。先達の姿から、作法や所作の奥にある「真なるもの」を捉えようとする」（鷲尾龍華）。

一人が「大津をどう読むか（大津読み）」を口にすると、仲間がそこに新しさを見いだして言葉を重ねる。普段は多くを語らない近江人気質が徐々にほころぶ。大津を見ることも語ることもなく、まして受け継ぐつもりもなかった私だが、互いに近江への気持ちを深めていった。只管（ひたすら）に松岡さんと和泉さんと大津の仲間たちをつなぎ、立ちあがった場を止めないことに徹した。その「創」を分かち合いたかった。

あるとき和泉さんがこう言った。「近江には、まだ見つかってない鍵と鍵穴がたくさんあるようです。しかもその鍵穴は、鍵を持っている人じゃないと開けられない」。まさにその通り。めいめいが鍵を持っているのに、その存在は共有されてこなかった。伏せられてきたからこそ、ここには日本の原型が残っている。

鍵に気がついたのは、ハイパーコーポレートユニバーシティ「AIDA」で松岡さんが「グローバル資本主義に立ち向かうには、日本

花は根に
鳥は古巣に
帰るなり
春のとまりを
知る人ぞなき
崇徳天皇

のなかで長らく変容を遂げてきた仏教を言葉にするしかない」と語った時だ。鎌倉仏教の開祖たちが学んだ延暦寺とその裏の三井寺を抱える滋賀に新たな可能性を感じた。松岡さんからは「滋賀でも何かやらなきゃね」と声をかけていただいた。ただ何から始めたらよいか、わからなかった。その後、松岡さんが校長を務めるイシス編集学校の守・破・離を一気に駆け抜け、「離論」を書いた。近江と仏教で資本主義に立ち向かう覚悟が決まった。それが「近江ARS」への扉となった。

「日本仏教は、漢字の中国仏教に読みくだすという変化を加え、土地の神様や地域の共同体と結びついて広がった。近江の別所に出入りした聖や山伏が、地域の人たちと交わり、祭が生まれた。仏教も文化も地域も、相互作用を起こすことで変化してきた。これこそ日本に通底するものだろう」（福家俊彦）

大津から近江へ、さらに日本仏教、日本文化の奥へと話が広がる。この場は「百間サロン」と呼ばれるようになり、共に新たな見方を育み続けた。

2021年、百間サロンは、「しつらい・ふるまい・もてなし」の実践を振り返り、次の種を生み出す場へと変容した。「還生の会」や「龍門節会」といった場づくりが、近江ARSと周りをつなぐ経糸（たていと）とすると、百間サロンはメンバーを横へ横へとつなげていく緯糸（よこいと）である。実践のたびに、大津読みで語らった言葉の意味が一同の間で深まっていく。当初、名前も道しるべも持たなかった一座が、絶え間ない対話と試行を通じ、いつの間にか「日本」を紡ぎなおそうと新たなスタイルに挑みはじめている。高島、長浜、朽木、彦根と近江各所を巡りながら。

志賀（しが）の浦（うら）や　遠ざかりゆく　浪間（なみま）より
こほりて出（い）づる　有明の月

藤原家隆

(上) 高島市朽木で建築家・三浦史朗の仕事や職人の技を学ぶ
(下) 近江の魅力と出会うための子供向けゲームについて、提案者の竹村光雄を囲んでディスカッション

わたしの湖郷（こきょう）

白洲正子は「奈良や京都に対して、いつも楽屋裏の、
お膳立ての役割をはたしたのが近江の地である」という。
琵琶湖とまわりの野山に連なる情景は
わたしたちの湖郷である。
その秘められた内幕をのぞいてみよう。

暮らす

琵琶湖はいくつもの顔を持っている。生態系を養うグレートマザーであり、水上運航のメッカでもあり、日本海や大陸を結ぶハイウェイでもあった。

川戸良幸（かわと・よしゆき）

公益社団法人びわこビジターズビューロー会長、関蝉丸神社復興支援奉賛会会長
1955年滋賀県生まれ。滋賀県立膳所高校を卒業後、琵琶湖汽船に入社、2014年に代表取締役社長に就任。滋賀・びわ湖の観光情報を伝える「びわこビジターズビューロー」の活動にも尽力し、21年より会長を務める。滋賀経済同友会副代表幹事、文化経済フォーラムしが代表幹事などを歴任。16年、海事関係功労者国土交通大臣表彰を受賞。

私は琵琶湖

400万年の琵琶湖と1200年の関蝉丸神社と共に生きています。

氏は、無い。名を琵琶湖と言う。

私は、およそ400万年前、三重県伊賀市付近に生まれ、大山田湖と呼ばれた。そして私の周りに土砂が徐々に堆積し、地面の隆起・陥没もあり、位置を徐々に北に移していった。付近の地名によ

雲のゆく堅田の奥やしぐるらむやや影しめる海女（あま）の漁火（いさりび）　藤原定家

り、阿山湖と呼ばれ、300万年前ごろに、甲賀湖と呼ばれる湖となった。ところが、約250万年前ごろ、窪みの場所を北へ北へと移動しながら、徐々に土砂に埋められ、私は小さな沼の集まりとなり、蒲生沼沢地群と呼ばれる沼地となった。時代が進むにつれ、河川とその周辺の湿地群となり、ついには、湖と呼ばれなくなった。でも、私は、繋がり繋がれ、ここに暮らす生き物は、生き続けてくれた。そして、100万年前ごろ、現在の位置の南寄りを一部とする、堅田湖と呼ばれる湖として生き継いだ。その後も、陥没と隆起を重ねながら、およそ40万年前に、いまの形に近い湖となった。現在も、私は、北へ北へと移動していると、伝説のように語り継がれている。これは、私が生きているという象徴であり、つねに生き物と関わりつづけながら、人間をも包み込んでいることへの感謝から伝えられているのだろう。

いつしか、私のほとり、河川のほとりに人間が住みはじめた。それは、約2万年も前だが、人間と私の関係は、魚や貝、植物に比べたら、新参者だ。人間は、先輩や祖先を大切にする生物と信じたい。縄文時代から弥生時代となり、狩猟文化から農耕文化に移り、人間の生活は、私の恵みに感謝すること、私の脅威から身を守ることを合わせた暮らしとなった。

いま、人間の暮らしに目を向けると、変化ばかりが目に付き、進化することだけが強く意識に焼き付けられてはいないだろうか。変わることが当たり前の世の中。だが、それでいいのか。育み、助け合い、共に生きる。時には、痛みを感じ合いながら、恵みを分け合いながら、有限を無限にできなくても、少しでも永く自然の恵みで生きていける世の中にしたくないのか。ここ60〜70年の間、私の周辺で起きた環境変化と生活変化は、数百年、数千年という人類の歴史軸のなかで見ても、そして、400万年という古代湖からの自然史との比較においても、驚くべきこととして進行しているように見える。それに恐れを感じるのは、私だけだろうか。過去、現在において、変わらない物事の重みをあらためて見つめ直す時期が来たのではないだろうか。
まだ、遅くはない。物語を語り、それを聞いて、感じて、考えて、アナザー・リアル・スタイルでの自然との関わりを、畏敬でなく、支配でもなく、共存という形で持続していく。そんな文化創造力に期待を込めて、私の物語を終わる。私は、琵琶湖。

琵琶湖と流域の主な川

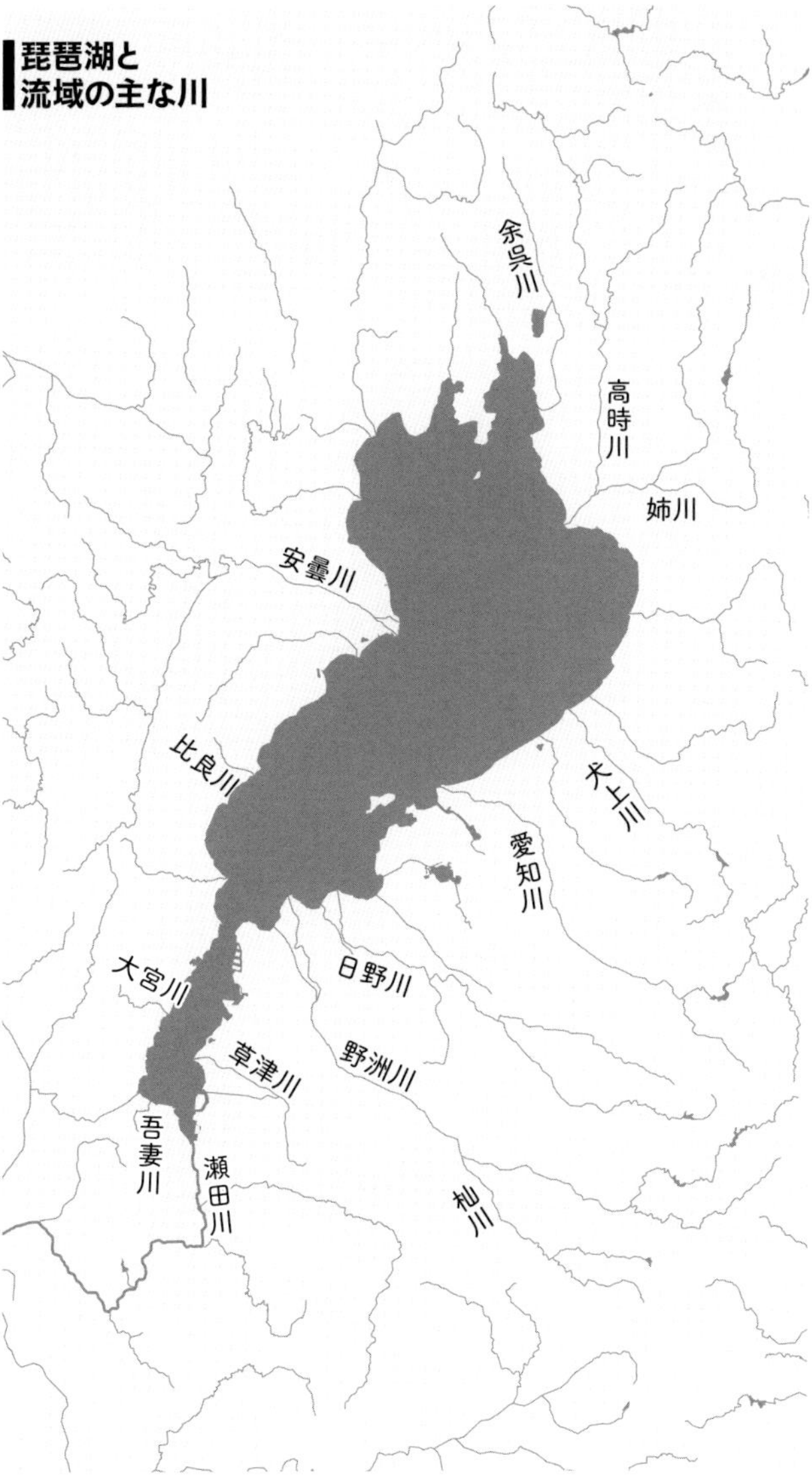

駒並めて打出の浜を見わたせば朝日にさわぐ志賀の浦波　後鳥羽院

柴山直子（しばやま・なおこ）

建築士、柴山建築研究所 代表
1965年大阪府生まれ。大津町家住まい。94年、柴山建築研究所設立。子どもの時から古民家や町並み歩き好き。阪神・淡路大震災を機にまちづくりに触れ、公私にわたり、古民家保全、生活文化の継承、町並み再生に関わる。令和に入り、家業の提灯屋を十代目として継ぐ。

母なる湖と十三の川

江戸時代に賑わった宿場町「大津百町」に住む町家再生のしかけ人。

琵琶湖には周囲から400以上もの河川が流入しているが、琵琶湖から流れ出る川はわずか1本、瀬田川のみである。琵琶湖をめぐる代表的な河川を13本に絞って紹介する。

1 野洲川（やすがわ）

寒い冬に麻布をつき白く晒（さら）す。近江太郎と呼ばれた暴れ川には治水の歴史も詰まっている。「野洲川や　身ハ安からぬ　さらしうす」（芭蕉）。野洲川晒を詠んだこの芭蕉の句碑は、野洲川沿いの百足山十輪院にある。

2 安曇川(あどがわ)

朽木の山から杣人(そまびと)により切り出した材木は筏(いかだ)に組んで流す。流域の人々はシコブチさんを祀って筏流しの守護神とした。「シコブチ」は、思子淵　思子渕　志子淵　志子渕　志古淵　志古渕　志故淵の漢字があてられる。「シコ」は「醜・鬼」という意味がある。

3 高時川(たかときがわ)

琵琶湖は瀬田川から流れて大阪湾の手前で淀川となる。高時川の源流は福井県境を起点とし最北端にあることから淀川の源と言われる。琵琶湖に流れる前に姉川に合流するので、妹川とも呼ばれる。

4 日野川(ひのがわ)

日野川流域は琵琶湖の水を農業用水として取水し、水田から川に流す逆水潅漑(かんがい)事業が最も大規模に行われ、琵琶湖への影響が研究されるようになる。滋賀県すべての小学5年生は学習船「うみのこ」に乗船し、2日間の浮かぶ学校で環境学習を行う。

5 愛知川(えちがわ)

近江商人の古文書に愛知川に流れる水の争いがよく出ている。日照りが続くと水が涸(か)れる。上流の3集落の犠牲のもとにダムが造られ、治水と利水が整う。愛知川中流西側に位置する五個荘エリアの神社の祭礼は田に水を引く前の4月に行われ、愛知川支流ごとの集落で実施される。水争いを避ける智恵とも言える。

6 姉川(あねがわ)

多くの古戦場がある近江。川の名前で戦場を想起させ、近江に縁のある浅井長政と織田信長の戦いとなる姉川合戦は物語性が強い人気のコンテンツ。

さざなみや志賀のみやこはあれにしをむかしながらの山ざくらかな　平忠度

7 犬上川

「いぬかみ」の由来である豪族・犬上氏は日本武尊の子・稲依別王（イナヨリワケノミコ）の後裔とされる。日本書紀の壬申の乱に「犬上川浜に軍す」とある。

8 余呉川

古戦場で有名な賤ヶ岳の北にある余呉湖は、余呉川から導水路で水を分け、放水路から余呉川に入る。滋賀にある6つの治水ダムの中で最も古いダムで自然湖である。

9 杣川

最澄が比叡山に根本中堂の建立にあたり、杣川流域で木材を切り出した時、1本の木から6体の地蔵菩薩を彫り、周辺に祀った。杣の六地蔵として8月23日の地蔵盆の日、初盆を迎える家が巡拝する習わしがある。杣とは樹木を植えつけて材木を取る山のこと。

10 草津川

琵琶湖に流入する117本の一級河川のほとんどは天井川であるが、これは世界的にも著名だそう。JR東海道本線や国道1号線がくぐっていた場所は廃川となり、「新草津川」に付け替えられた。歌川広重画「木曽海道六拾九次之内 草津追分」では江戸時代の草津川の姿を見ることができる。

11 比良川

比良山地から吐き出される大量の砂礫は、河口に広大な扇状地を造り出し、舟が着く。「我が舟は　比良の湊に　漕ぎ泊てむ　沖へな離り　さ夜更けにけり」（高市黒人）

12 大宮川（おおみやがわ）

比叡山横川中堂近くの谷を源に、急な谷を流れ、日吉大社の境内に出て、比叡山を下りた老僧たちの住まいである坂本里坊の水路に分水される。

13 吾妻川（あづまがわ）

音羽山と三井寺のある長等山に挟まれた、意外とたくさんの湧き水が出る谷地に源流を持ち、東海道五十三次の大津宿をくねくねと縦横断していく。吾妻川の清水で染められた生糸から生まれる藤三郎紐や、鉄道開通のために設けられた「ねじりまんぽ」で知られる。

いづくにかしばしすぐさむ高島の勝野にかかる夕立の空　二条為道

歌川広重「木曽海道六拾九次之内 草津追分」。
草津川は川底が民家より高い天井川

内田 孝（うちだ・たかし）

清水寺 学芸員
1963年東京都生まれ。高校時代、雑誌「遊」で編集に覚醒。京都新聞では松岡正剛が1日1冊、京都本を紹介する連載「本の大路小路」を和泉佳奈子と担当。同紙特別編集委員を経て清水寺学芸員。現在、機関誌「清水」を編集。清水寺と同じ西国三十三所の石山寺、三井寺に思いをはせる日々。

近江商人の情報文化圏

元新聞記者のアンテナはすごい。京都から耳より情報を誰よりも早く届けてくれる。

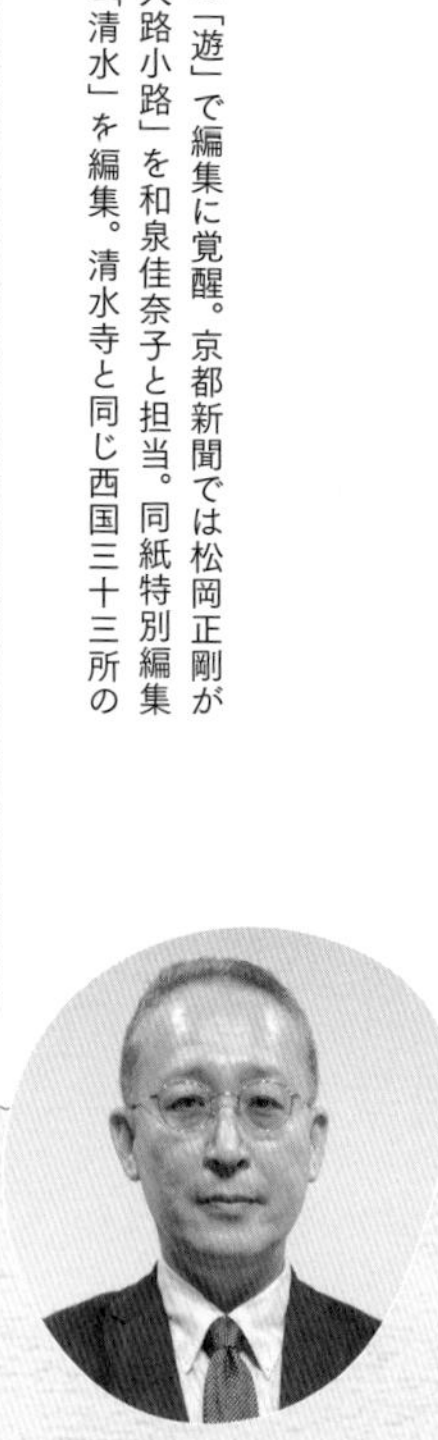

長浜から、峠を越えればわずか30キロほどで日本海。近江商人は江戸時代に、ニシンや昆布、アイヌ・アートの織物を船で上方に運び、商った。敦賀で荷揚げし、琵琶湖北端から大津の航路で京へ。祇園祭の山鉾の懸装品やニシンそばといった京の文化は、アイヌの素材に彩られている。

古今東西さまざまな往来があった。古くは、遣唐使の華やかなりし頃、交易で渤海国（ぼっかい）が栄えた。平安京の洒落者が重ね着した大陸産の獣皮もまた、近江由来であったろうか。新しいところでは、敦賀港は1940年代にユダヤ難民を受け入れたこともあった。

湖南は、テレビドラマ「仮面の忍者赤影」の舞台である。戦国末期に金目教が人心を惑わしていたとの設定だ。ロケ地のひとつは三井寺。湖南の草津から、見事な神像が点在する金勝山をまたげば

琵琶湖の水上運搬の主役を務めた丸子船。昭和30年頃まで活躍していた

信楽。聖武天皇の情念が残る紫香楽宮跡（しがらきのみやあと）から、南都仏教の地でシルクロードの終着点・奈良へとつながっている。

　琵琶湖と日本海、河川。近江では水路が情報と人やモノを高速で動かし、商人や宗教者の動線はユーラシア大陸に達した。善悪、政治、宗教、交易、文化。あらゆるものを飲み込み、時代を変容させてきた琵琶湖。近江ARSを引っ張る中山雅文さんがロジスティックス業を営むことは暗示的であり、今後の方向性を指し示すと言えるだろう。

　2024年のNHK大河ドラマ「光る君へ」。紫式部は、石山寺で千年前からさまざまな分野を触発し続ける物語の着想を練ったという。千年の都・京都の文化には、背骨の部分に、京よりも古い伝統をもつ近江の伝統が濃厚に注ぎ込まれている。近江が差配する動線の細やかさ、太さがなせる業である。

ひさかたの　天つ日吉（ひよし）の　神まつり　月のかつらも　ひかりそへけり　法親王尊円

伝える

比叡山の麓の坂本地区には、たくさんの職人たちが集い、高島には謎の多い継体天皇ゆかりの遺跡が残る。地元のお地蔵さんにお供えをし、子どもが巡る「地蔵盆」が盛んであることも近江らしい特徴だ。一歩踏み込むと、新たな表情が浮かび上がってくる。

坂本の匠

福家俊彦

三井寺はこの職人集団に支えられています。

大津市坂本地区は、比叡山のふもと、天台宗の総本山延暦寺の門前町として長い歴史を刻んできた。いまも比叡山の守護神・山王明神をまつる日吉大社へと向かう参道（日吉馬場）を中心に僧侶たちが住む里坊が五十四も残されている。なによりも坂本ならではの趣を感じさせるのが、総延長2キロにおよぶ穴太衆（あのうしゅう）による石垣のある町並みである。こうした石積みの景観は、織田信長の比叡山焼き討ち後、里坊の復興にしたがって築かれたという。

令和4年11月14日、京阪電鉄石坂線の坂本比叡山口の駅に集まったのは、穴太衆石積みを継承する15代目の粟田純徳（粟田建設）、左官職人の津田弘道（津田左官工業所）、檜皮葺（ひわだぶき）職人の河村雅史（河村社寺工殿社）、堂宮大工の堀田忠則（堀田工務店）の四氏。いずれも文化財修復に欠かせない高い技術をもった匠たちである。やがて松岡正剛さんと隈研吾さんを乗せた電車がホームに到着。二人を出迎えた一行は、さっそく粟田邸を訪れ、質問を交えた会話が一時間余り、その後は、彼らの案内で滋賀院門跡の石垣など坂本の町並み見学となった。

坂本地区には彼らのほかにも建具や鈑金（ばんきん）といった社寺の維持管理にたずさわる多くの職人たちが住んでいる。彼らの存在が、大津市だけでも国宝9棟を含む全国屈指の文化財建造物のある近江の文化財を支えているのである。三井寺でも彼らは御用達会「園友会」のメンバーとして年中行事の手伝いにいたるまで当寺の護持にとって不可欠の存在となっている。

樹皮を重ねた檜皮葺の屋根。檜皮を打ち締める竹釘の生産者は日本で一軒のみという

長年、彼らの仕事を見てきて、感心するのは設計図面を基本的に必要としないことである。ほぼ目分量、経験に裏打ちされた直観で仕事をしている。それで充分なのである。彼らが相手にしているのは、土、石、木といった自然の材料である。どうも彼らにとって肝心なのは、自然の部材と会話できる回路を身につけているかどうかが決定的で、技術は後でついてくるといった体である。その技術も尋常でない。代々受け継がれてきた道具と身体が一体となって仕上げていく。素人には見事としか言いようがない。

したがって、当寺では厳密な見積りを要求しない。およそ概算額が分かれば、よしとしている。とくに古建築の場合、仕事にか

仏は常にいませども　現（うつつ）ならぬぞあはれなる　人の音せぬ暁（あかつき）に　ほのかに夢に見えたまふ　梁塵秘抄

かってからでないと分からない部分が多いからである。だから仕事を進めながら、こうした方がよいと金額そっちのけで提案してくる。この施主との信頼関係を支えているのは、彼らの仕事への姿勢が、物そのものを優先すること、そして後世の人が見ても恥ずかしくない仕事を残したいという強い思いである。かくも社寺と職人たちは共存関係にある。これを現代的な入札方式に変更してしまうと、信仰や文化の歴史を後世に伝える上で、どうしてもマイナスに働くことが多くなるように思われる。

彼らとの別れ際、いみじくも隈研吾さんが言った「これだけ各種の職人が一つの地域に集まっているのは世界的にも稀ですよ」との言葉の含意するものは重たい。

※※※

高島考

海東英和（かいとう・ひでかず）

滋賀県議会議員

１９６０年滋賀県生まれ。「無いものねだりから、あるもの探しで、郷土を錦に織りなそう」と訴えかけ、39歳で新旭町長に当選。２００５年、高島郡5町1村の合併で誕生した高島市の初代市長に。10年より内閣府公益認定等委員会委員を３年間務める。15年より滋賀県議会議員。趣味は居合道、音楽、茶道、狂言、ホツマ研究。

日本の始源と言葉と行政を見つめ直す近江高島の政治家。

この地は、第26代継体天皇の誕生にまつわる史蹟が点在する。三尾里（みおざと）、三重生（みおう）、水尾（みお）という地名や

神社が現存する三尾氏の里で、町内にはヲホド王の胞衣（えな）を埋めた胞衣塚や父の彦主人王（ひこうしおう）の陵墓と母振姫が出産の時に凭（もた）れた「安産もたれ石」が守られている。三重生神社にはウシ祭りとして天狗が鑓（やり）を脇に抱えて、振姫様の帰られた越前の足羽に向かって三三九度飛び上がる作法も残る。

高島では、朝鮮半島との縁をリアルに感じることができる。水尾と三尾里の中間にある鴨稲荷山（かもいなりやま）古墳から発掘された家形石棺から、朝鮮半島の古墳で発掘された金銅製の冠や靴とそっくりの副葬品が確認され、1500年も前に海を渡って交流していた証が残る。

春分の日と、秋分の日に竹生島（ちくぶしま）と伊吹山（いぶきやま）を結ぶラインに日が昇る。その地は日置前（ひおきまえ）と呼ばれている。日本に漢字が入る前から琵琶湖に昇る太陽を拝んでいたはずで、ヒオキの音が先にあったと思われる。虚実は定かではないが、こんな話もある。西の山は、笹ヶ峰（ささがみね）と云われ、麓の井ノ口という集落で、雀が竹の切り株に籾（もみ）を運ぶのを見て、数週間後に、得も言われぬ良い香りがし、サケが誕生したとのことである。ササとかササケと云われ、献上して婚礼などの儀式に用いられるようになったとある。あるいは、北陸から山越えで天孫ニニキネ一行が降りてこられ、桜を愛でられた地が酒波（さなみ）とされており、暴れ川であった百瀬川の足跡を示すように、エドヒガンの巨木が点在する。南に眼を向けると、岳山（だけやま）の麓は、サルタヒコが天孫ニニキネ一行を難所を拓いてお迎えした地と伝えられ、猿田彦は琵琶湖に浮かぶ鳥居で有名な白鬚神社の御祭神で、お妃はニニキネ一行の従者アメノウズメとされているという。

さらにこの地は、「孝」の中江藤樹の郷でもある。「身体髪膚これ父母に受けたり」。50代遡るとご先祖様は1125兆8999億6842万2620人。して、我が父母に勝る父母ありなむや。（どないやねん。そらそうよ。）

高島市にある鴨稲荷山古墳。
継体天皇に縁のある
三尾氏の首長の墓とされる

おしなべて春に逢ふ身の草木までまことに成れる山桜かな　円空

加藤賢治（かとう・けんじ）

成安造形大学芸術学部地域実践領域 教授 副学長／附属近江学研究所 副所長
1967年京都府生まれ。91年、立命館大学産業社会学部を卒業後、佛教大学、滋賀県立大学の大学院で仏教民俗学を学ぶ。著書に『水と祈りの近江を歩く』などがある。

地蔵信仰と「冥」の世界

十界互具と熊野観心十界曼陀羅にみる

文化誌『近江学』で未来の風土を探求しています。愛読書は末木さんの『日本仏教史』。

私は、今から二十数年前、近江をフィールドとして、宗教民俗の研究をはじめた。研究の内容は多岐にわたったが、その傍らで「お地蔵さん」と呼ばれる石仏と、それを丁寧に安置する祠を至るところで見かけ、そこで繰り広げられる近江における「地蔵盆」という行事に興味を持ち続けてきた。「地蔵盆」とは一体何なのか。地蔵信仰隆盛のきっかけは何か。そのようなことを考えながら近江ARSの活動に参加する中で、一つの大切な知見を得た。

近江ARSでは松岡正剛先生と、三井寺の福家俊彦長吏によって「還生の会」という企画が立ち上がり、末木文美士先生の話を聞く機会に恵まれた。そこでは、「顕」と「冥」、すなわちリアルとバーチャル、現世と死後の世界、儒教と仏教などがテーマとなり、私は特に「冥」の世界に魅了された。

そしてその「冥」の世界である十界互具の思想。私は、それを聞いたとき、地蔵信仰の研究の中で出会った「熊野観心十界曼陀羅」を直感した。これは江戸時代に熊野比丘尼(びくに)が絵解きをしながら勧進した十界を描いた絵画である。「心」という文字が中央にあって、そこから十界に綺麗な赤い直線が引かれている。私はそれまでこの意味がわからなかった。これがすなわち十界互具であったのだ。一人ひとりの心の中にも十界が備わり、人は、地獄も、仏の世界も持っているというのである。そして衆生を救う地蔵菩薩が各所に大きく描かれている。これは十界のどの世界にも人の心の中にも地蔵菩薩が現れ、禍いや苦しみから救ってくれることを強く訴えている。

今堅田一丁目の地蔵盆で祀られる地蔵石仏群

また、十界曼陀羅の中央には、賽(さい)の河原(かわら)の地蔵菩薩が描かれている。徳を積んでいない幼子の魂は、地獄に落ちる前提であるが、地蔵菩薩がその子らを救う。幼児の死亡率が高かった当時、母親たちがこの絵を見て、またその光景を歌にした地蔵和讃を感動の心持で聴き、深い悲しみから心が救われた。おそらく、女性の大半が、この悲しみを背負っていたと考えられ、地蔵菩薩の救いは、急速に広がっていったと考えられる。

近江ARSでは、近江に残されてきた大切なものを丁寧に取りあげ、未来社会へのメッセージとして発信してきた。地蔵信仰をもとにする地蔵盆という伝統行事に見える地縁コミュニティは、近江の各所に存在する。地蔵盆の取材では、地蔵菩薩のありがたさや、地蔵菩薩に地域や家族を見守ってもらっているという安心感など、グ

命二ツの中に生(いき)たる桜哉(かな)　芭蕉

ローバルな現代社会にあっても、「冥」の世界に通じる人々が近江にはたくさんいることを実感する。宗教民俗研究者として、地域に潜む小さな伝統行事の変遷を辿り、現代に受け継ぐ人々の声を拾いあげ、消えそうな灯火に気づき、それが消えてしまわぬよう根気よく息を吹きかけること、そして、「冥」の世界を後世につなげることが近江ARSのメンバーとしての私の仕事であると自覚している。

歌う

「近江の海夕波千鳥汝が鳴けば心もしのに古思ほゆ」（柿本人麻呂）をはじめ、琵琶湖を詠んだ歌は枚挙にいとまがない。ここでは、本書のために特別に編まれた歌合や俳句の連作、記憶のなかの声の風景に耳目を傾けたい。

近江追憶歌合

永田和宏（ながた・かずひろ）
河野裕子（かわの・ゆうこ）

歌人、細胞生物学者
１９４７年滋賀県生まれ。在学中に始めた短歌と細胞生物学という異なる二つの分野を歩み続ける。『メビウスの地平』ほか歌集多数。京大名誉教授、ＪＴ生命誌研究館館長。

歌人
１９４６年熊本県生まれ。育ちは滋賀県湖南市。23歳で角川短歌賞を受賞。歌集に『森のやうに獣のやうに』など。夫・永田和宏とともに宮中歌会始の選者も務めた。

永田さんには近江を詠み込んだふたりの歌を特別に選んでもらいました。

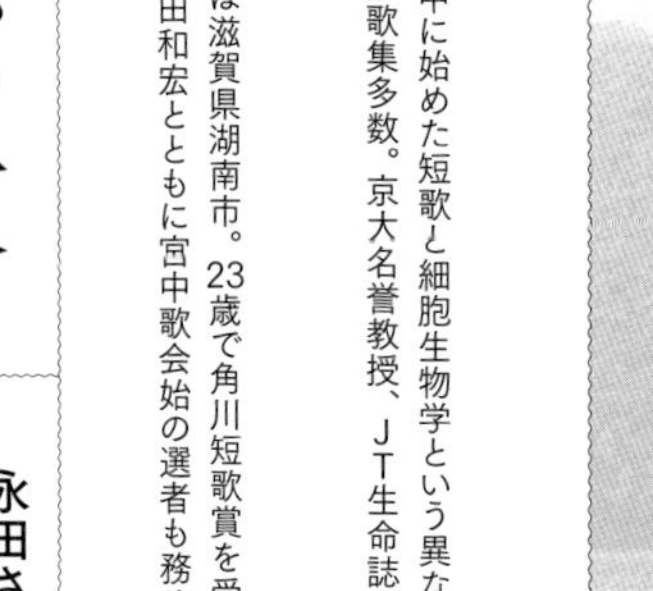

たっぷりと真水を抱きてしづもれる昏き器を近江と言へり　河野裕子『桜森』

母を知らぬわれに母無き五十年湖(うみ)に降る雪降りながら消ゆ　永田和宏『百万遍界隈』

滋賀県高島郡饗庭(あいば)村字(あざ)五十川(いかがわ)にわれは生れて母は死にたり　永田和宏『やぐるま』

単線の江若鉄道いまは無く母無くかの日の父と子もなし　永田和宏『やぐるま』

古代なるほのくらがりの饗庭野(あへばの)へみづうみの左岸北上しゆく　河野裕子『歳月』

そう言えばいつか湖北を歩きたり雪の渡岸寺(どうがんじ)覚えているか　永田和宏『風位』

渡岸寺にゆきしことなきわがために湖北より来る繭いろの雲　河野裕子『歩く』

そのうちに行こうといつも言いながら海津のさくら余呉の雪湖　永田和宏『風位』

くちづけを離せばすなはち聞こえ来ておちあひ川の夜の水音　河野裕子『森のやうに獣のやうに』

雨山(あめやま)に大笠雲をかぶせゐし十月四日五時頃の空　河野裕子『紅』

段戸(だんど)襤褸菊(ぼろぎく)はじめてきみが教えたる雨山に続く坂の中ほど　永田和宏『日和』

「たとへば君ガサッと落葉すくふやうに私をさらつて行つてはくれぬか」と歌人の河野裕子さんが情熱的に詠みかけた相手は、歌人の永田和宏さんだった。二人は結ばれ、2010年に河野さんが乳がんにより死去するまで、あまたの相聞歌が作られた。このたび永田さんに、近江を詠み込んだ二人の歌を選んでもらい、格別な歌合として編んでいただいた。

川幅を黝（くろ）く残して雪原は暮れゆかんとす雪の米原　永田和宏『風位』
薔薇散つて句集ばかりの卓のうへ君は米原を今過ぎゆくと　河野裕子『庭』
夕近きレールのひかりに導かれ冬至まぢかき米原に入る　河野裕子『季の栞』

母郷としての近江

永田和宏

母郷という言葉がある。近江・滋賀は、私にとって、まさに母郷としか表現しようのない地である。かつて、「滋賀県高島郡饗庭村字五十川にわれは生れて母は死にたり」という歌を作ったことがあったが、「饗庭（あえば）」ではなく「饗庭（あいば）」、「五十川（いそがわ）」ではなく「五十川（いかがわ）」が、わが母郷なのであった。

母は、私が3歳の冬に亡くなった。父が私の手を引いて、離れの奥座敷に連れて行く。そこに寝かされているのが母であることはわかっているのだが、父が、顔を覆っている白布をしずかに捲った下にあったはずの母の顔は、ついに思い出すことができない。私には母の顔の記憶がない。

その時、私は何を言ったのだろう。まったく内容は覚えていないが、私の言葉に、後ろに並んでいた親戚の大人たちがいっせいに嗚咽をあげたのを、鮮明に覚えている。「死」というものの意味を知らない幼子の無邪気な言葉が、涙を誘ったのだろうか。私のもっとも古い記憶である。

私にとって母は、死んで私のもとから消え去ったのではなかった。最初から居なかったのである。母を想うとき、謂わば「不在の存在」としてのみ、私には母が実感されていたという思いが強い。そんな母の不在を通して、唯一、母を実感できる場として、近江という地があったように思う。

横谷賢一郎（よこや・けんいちろう）

博物館学芸員、見立数寄者
1968年東京都生まれ。大津市現住。日本近世絵画史が専門。江戸中後期の京都画壇、曾我蕭白や円山四条派が得意だが、大津絵、近江八景や街道の浮世絵、俳画・書跡、陶磁器などを担当。縄文土器の茶会や見立て床飾りのギャラリートークも実施。

近江のハイとローを編集するキュレーター。見立てや設えで古美術も遊ぶ。

芭蕉をみつけた蝶夢（ちょうむ）

江戸の人々から忘れ去られようとしていた芭蕉をあらためて発見し、あらゆる手を尽くして蘇らせたのが、芭蕉の没後に私淑した俳人・蝶夢（1732−96）である。彼が11年の歳月をかけて制作した芭蕉の伝記絵巻「芭蕉翁絵詞伝」は、近江の宝として今なお色褪（いろあ）せることがない。

現代日本人がつい疎遠になりがちな日本の古典文芸だが、まして、海外の授業で取り上げられたり、外国人自身で嗜む日本文芸となるとさらに狭い範囲となる。そのなかで俳句は異例な存在のひとつで、その功績の多くは、松尾芭蕉（1644−94）に起因している。パリでオペラの題材になったり、ウクライナの小5からの外国語教科書にも登場するほどだ。つまり、芭蕉が到達した俳文学の世界には、

湖の水まさりけり五月雨（さつきあめ）　去来

民族言語の壁を超える普遍性が存在すると言えるのだ。

しかし、実は芭蕉の没後半世紀も過ぎた頃、決して俳諧（はいかい）のメインストリームではなかった彼の俳風や俳文学は埋もれつつあった。それに危機感を覚え、自らの人生を芭蕉の真価を伝道することに捧げ、不動のものにした人物が蝶夢である。

ちなみに蝶夢自身は、芭蕉が離れていった都市の住人としてしゃれや滑稽に遊ぶ、貞門（ていもん）や其角（きかく）・嵐雪（らんせつ）系の俳諧にどっぷりとつかり、句会を主宰していた時宗・浄土僧であった。都市の俳諧とは社交の娯楽である。その実態は機智に富んだ言葉の応酬として句がつながり、詠み捨てられてゆく点取りに一喜一憂する遊戯性にあり、現代社会に蔓延している頭の回転の速さを競い、ゆとりのある人々が人生を消費する場であって、自然や人間界の本質に触れる吟詠は二の次であった。つまり芭蕉の作風や世界観、生き様は、同時代の人々においても「二の次」であり、少数派の人々が心酔して弟子になっていたと言える。京の阿弥陀寺帰白院住職という安定した身分の蝶夢も、当初は都市の住人として器用に俳諧を使いこなしていたのであった。

しかし、蝶夢は、自らその世界から足を洗うことになる。芭蕉という孤高の俳諧に出会ったからである（敦賀に残された数々の芭蕉の遺品に触れたことによって）。

芭蕉の俳風、いわゆる蕉風と呼ばれる文芸的な詠みぶりに到達した俳諧に出会ってからの蝶夢の行動は実に素早く、かつ精力的で献身的、かつ超マルチタスクであった。芭蕉に開眼した翌年、住職を譲り、全国の俳人への募金活動（ファンディング）を開始、そして、芭蕉の墓所にして聖地の義仲寺（ぎちゅうじ）（現大津市）芭蕉堂（翁堂）再建をわずか2年間で果たす。間髪入れず、『芭蕉翁発句集』、『芭蕉翁文集』、『芭蕉翁俳諧集』、『類題発句集』、『蕉門俳諧語録』など、画期的な冊子を次々に発刊。これらは、芭蕉の俳風（作風）やボキャブラリーがいかに芭蕉の人生や境遇の移り変わりとともに変化しているのかを編集によって初めて示した画期的な作家研究にして文学史的考察の成果である。そればかりでなく一般の読者層の共感を獲得した編集であった点が稀有なのである。庶民も俳諧に親しめるよう工夫がなされた芭蕉を入口にした携帯版句集や句作便利ツールの類いの書でもあったのである。

「芭蕉翁絵詞伝」（蝶夢詞書、狩野正栄至信画）のうち「堅田浮御堂 十六夜観月句会」の場面

さらに彼は、現代なら国家や公的機関がすべき事業まで手掛けた。芭蕉や弟子たちの短冊や色紙、書状を収集してアーカイブを作成し、芭蕉図書館たる粟津文庫を義仲寺に設置、図録まで刊行しているのである。無論、蝶夢みずからも蕉風の伝道活動にいそしんだ。流派や社中の区別なく「まことの俳諧」に親しむことを説いて全国を行脚したのだから恐れ入りすぎて想像もつかない。どれだけ命を削って時間を捻出したのだろうか。

すなわち、それまで富裕層のものであった俳諧の世界、社交の場のアイテムであった俳諧に対して、蝶夢はそうした俗世で成功した人々の価値観、すなわち名利を捨てて挑んだ。良識ある一般の人々の目線に、本質を訴えて勝負した。その視点と仕事と献身には驚くばかりである。その先に見据えた、芭蕉の「まことの俳諧」が人々に共有されるというゴールのために。

花散て又閑なり園城寺　鬼貫

それは実を結んで、明治時代には相次いで蝶夢の『芭蕉翁絵詞伝』が活字化され、幸田露伴が複数の本に序文を寄せた。そして戦後の教科書の定番として掲載されるに至ったのである。「二の次」の価値観がスタンダードになったのである。

蝶夢が石山寺へ建立寄進した石燈籠（いしどうろう）（1785年）の「奉納願文」に込められた想いは、まさにそれを表したものである。「蛍ほどなる　ともし火の　此ひかりもて　もろもろの　闇をやぶるべく　もろともに　心をはこびし　ひともみな　そなわる功徳　はかりなき云々」。

我々近江ARSが、近江を編集したこの本で、今まで「二の次」とされていた近江の価値を通じて人々に伝えようとしていることは、まさにこのようなことではないか、と思えてならない。

黄泉（よみ）がへる

いっしょに近江を歩いた翌日、中山雅文と和泉佳奈子は樸（あらき）俳句会に入会しました。

恩田侑布子（おんだ・ゆうこ）

俳人、文芸評論家

1956年静岡県生まれ。種村季弘や池内紀らの「酔眼朦朧湯煙句会」、草間時彦捌の連句「木の会」を経て、現在「樸」代表。コレージュ・ド・フランスにて講演を行うなど、垣根を越境して俳句を捉え直している。2013年、評論集『余白の祭』でドゥマゴ文学賞、17年、句集『夢洗ひ』で芸術選奨文部科学大臣賞と現代俳句協会賞を受賞。

料峭（れうせう）のきみも流離か水のくに
あふみのみいろありやなしひなあられ　『振り返る馬』
ひたす手に揺るゝ近江の春夕焼　『夢洗ひ』
たましひのうぶ湯あふみのはるや春
のどけしや三井の霊水黄泉がへり
三井の鐘いにしへの春招ばはんや
伊吹嶺（いぶきね）ゆはばたける風鳥の恋
苔茂る湖ちらちらと穴太積（あなふづみ）
にほのうみ水こそ花と夕焼くる
青蘆（あをあし）やあふみの海へ婆娑羅（ばさら）せら
輪蔵をすこし回しぬ秋の湖
——わが胸につむ「蝉丸」、逆髪
狂ひ笹ふるふ近江の雪ぐもり
あふみのみいざもろともにかすまばや

（「ひなあられ」「春夕焼」以外は新作につき、句集未収録）

髙村 薫

たかむら・かおる

作家

1953年大阪府生まれ。社会派ミステリー作家。90年、『黄金を抱いて翔べ』でデビュー。『マークスの山』で直木賞、『レディ・ジョーカー』で毎日出版文化賞、『土の記』で野間文芸賞・大佛次郎賞・毎日芸術賞を受賞。

朦朧とした風景

髙村薫と松岡正剛。空海を書いたふたりの眼差しは琵琶湖で逢着する。

記憶のなかの亡父は毎冬、休みの日にはひとり湖北に写生に出かけてゆき、白と灰色が滲みあうばかりの雪の琵琶湖と、湖畔の枯れた葦の風景を描いていた。絵画に関心がなかった娘は、そんな朦朧とした風景を好んで描いた父の思いを知ろうとしたこともなかったが、長じてある年の冬、比叡山で天台声明を聴いていたときに忽然と父の絵を想った。数十名の僧侶たちが一斉に発する声は刻々と言葉のかたちを失い、意味を離れてただよい、ただ音の雲となって辺りに満ち満ちてゆく。聴く者の耳や皮膚をおし包む音圧は、そこに何かかたちのないものがあることを伝えて余りあるが、この歳まであえて信心や祈りへの跳躍をしなかった者には、それが何かを言い当てることはできない。その代わりに濛々と渦巻く声の雲を通して湖畔にしんしんと雪が降り積もる風景を幻視し、うつくしいと想ったのである。

ロジャー・パルバース

近江の国から

作家、劇作家、演出家
1944年ニューヨーク生まれ。日本とオーストラリアのメディアや舞台で活躍する。東京工業大学名誉教授。著書に『星砂物語』、訳書に『英語で読む銀河鉄道の夜』（作・宮沢賢治）など。2008年に宮沢賢治賞を受賞。

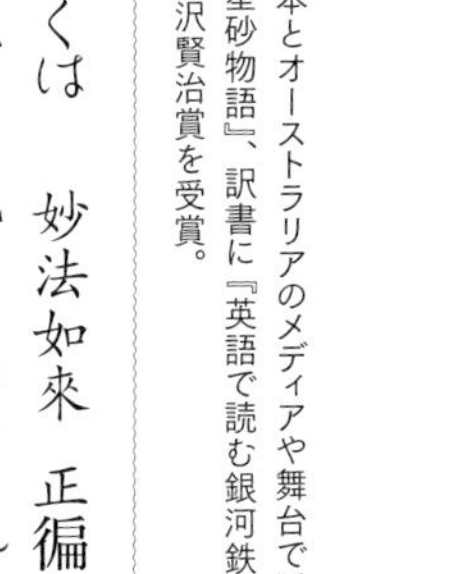

ねがはくは　妙法如来　正偏知
大師のみ旨　成らしめたまへ
宮沢賢治

1971年11月、延暦寺の詩碑「根本中堂」の前で撮られた写真。宮沢賢治がお父さんの政次郎と一緒にここを訪れたのは、1921年4月のこと。賢治とお父さんは、違った宗派の教えを信じていたから、その旅でも相変わらず、相当激しい論争が交わされたはずだ。

この短歌には「正偏知（しょうへんち）」という言葉が現れている。正偏知は、「真理を具える者」を表す仏教用語。賢治は一生、サウイフモノになりたかった。

写真の後ろ左からは、賢治研究家でわたしのメンターでもあった堀尾青史、賢治の弟宮沢清六、延暦寺長臈（ちょうろう）で1957年に詩碑を建立した葉上照澄。前列左に奇妙な座り方をしているのは、かつて「変な外人」と呼ばれた人物だけど、52年の歳月が流れている現在から振り返ってみても、露ほども疑わず、確かに「変な外人」に見えるのだ。

賢治と政次郎が延暦寺へ行った1921年にも、写真が撮られた1971年にも、世界各地で戦争が勃発している2023年現在にも、ぼくらはあの「真理」へと一歩も近づいていないにも関わらず、この祈りはいつまでも残る。

黒みけり沖の時雨（しぐれ）の行（ゆく）ところ　丈草

異界との遭遇

近江へ分け入ってゆくと、
人知れずうずくまっている「異界」と
不意打ちで出会うことがある。
百間の企画した「奥日本旅」で
一足先にそこへ訪れたクリエイターや研究者たちに
その感想を尋ねると、あたかもマレビトのように、
静かだけれども熱を帯びた言葉が返ってきた。

MESS（めす）

映像監督

１９９６年埼玉県生まれ。クリエイター集団 RepYourSelf のメンバー。日本のヒップホップシーンを主軸としてミュージックビデオやジャケットアートワークなどを制作。主な仕事に SEEDA・BES・MONJU・WILYWNKA・LEX・JP THE WAVY・¥ellow Bucks など。星野源や藤井風らヒップホップシーン外のアーティストの作品も手掛ける。

正体の分からないことも行って、触れて、交流する。肌で考える人。

不意打ちで襲ってきた歴史のかけら

自分はそもそも、学校でいう「社会」の授業に含まれるような「歴史」や「地理」というものに対して、探究心や興味があんまりないです。なのでもちろん知識もないのですが、そんな私が「なんか楽しそう！」と勢いに任せて参加させていただいた奥日本旅を経て感じたことをコメントさせていただきます。

近江には無意識のうちに残されている歴史のかけらがたくさんあるように感じました。例えば修学旅行で行くような価値が見出され厳重に保護された歴史ではなく、純粋に、健康的に、自然に、意識せず脈々と受け継がれてきた歴史の片鱗が、近江には散りばめられてるように感じました。厳重に保護された歴史に触れるときは、時代劇を見るような、歴史の教科書で見るような、何層かフィルター

鳥共（とりども）も寝入（ねいつ）てゐるか余吾（よご）の海　　路通

がかかり手の届かない遠さを感じてしまうのですが、近江では無造作に街中に散らかっている歴史のかけらが不意打ちのようにフィルターなしで触れてきて、ふと気付くと時代に思いを馳せていることが多かった気がします。

作家として、自分の立場や実際に感じた刺激を振り返って考えてみると、フィルターを通さずにバイアスのかかっていない生の歴史を裸で体感して、自分の価値観で真っ直ぐ再解釈することが、新しい日本のクリエイションの可能性につながるのではないかと思いました。形骸化した記号で表される日本ではなく、新だけど嘘じゃない「おもしろい日本」を生み出す姿勢は崩したくないと思いました。

濱田祐史（はまだ・ゆうじ）

影の中の光

『山水思想』で負の想像力に目覚め、湖北菅浦に濱谷浩の『裏日本』を去来させる写真家。

写真家
1979年大阪府生まれ。2003年、日本大学芸術学部写真学科卒業。東京を拠点に活動し国内外で作品を発表。主な作品に印刷技術を写真表現のひとつとした写真集『C/M/Y』(Fw:books, 2015)、スイスに滞在して雪山登山の過程を落ちている枝のみを撮影することで記録した『BRANCH』(lemon books, 2015)、『Primal Mountain』(torch press, 2019)がある。

光が物質に反射し僕の眼が
とらえて形を表す。
見えているものと見えないことが
身体中を循環しその空間はできている。
ふと、ここがどこなのか、いつなのか、
がわからなくなる。
奥日本でそんな光を見た。

うづみ火や
壁に翁の
影ぼふし
蝶夢

渡辺 傑（わたなべ・すぐる）

建築家、隈研吾建築都市設計事務所 パートナー
1977年兵庫県生まれ。京都工芸繊維大学大学院建築学専攻修士修了後、2005年より隈研吾建築都市設計事務所。さまざまな建築プロジェクト、家具、グラフィック、映像など領域横断的にデザインに携わる。担当作「知の迷宮」角川武蔵野ミュージアムにより、日本文化を表現する現代デザインの沼にはまる。

画一化する日本への起爆剤

建てることの前に分かちがたい文脈のなかで風土をみつめる人。

琵琶湖と三上山を借景とする風景に魅了され、フェノロサとビゲローが過ごした法明院（ほうみょういん）。彼らが使ったテーブルセットの、雄大な風景とはかけ離れたささやかさが、風光明媚の価値観に揺さぶりを与える。

こぢんまりしたテーブルと色の異なるゴシックリヴァイバル様式のチェア、そこから眺めたであろう、今は少しワイルドな庭。この謙虚ながらも隠れはしない、時代のリアルでささやかな日常と、古より崇められる絶景とのタイムレスなマッチングは大変にミステリアスだ。けれども日差しの強い日となれば、とたんにグッと沁みる風景が完成する。近江の環境・歴史が雄大であるために、入り込んでしまった日常のささやかさは価値観を大いにグラつかせるほど強いものとなって、意外な視界を切

鮒（ふな）ずしや
彦根の城に
雲かかる
蕪村

り開く。
たくさんの人たちとさまざまな現代の日常を持ち込み、未来の見方を変えるささやかさの美意識をこの地に根付かせ、今、画一化する日本の風景への起爆剤としたい。波紋のように、ささやかな根を、近江から日本へ。

❁ ❁ ❁

小堀宗翔

こぼり・そうしょう

茶道家
1989年東京都生まれ。遠州茶道宗家十三世家元次女。元ラクロス日本代表。家元のもとで修業後、自身の経験をいかし、スポーツと文化の融合・発展、アスリートに向けたアスリート茶会など、新たな試みで注目を集めるアスリート茶人。

この人が動けば、茶会がはじまる。アスリート茶会やこども茶会もソーショー好み。

奥日本の「水」と「秘」

奥日本の旅に参加するにあたって「水」と「秘」が主題となり不思議なメンバーが集められました。正確には、「奥日本の旅に来ませんか?」という、和泉さんのたった一言で「はい、いきます」と返

事をした、「不思議な人」たちの集まりであろう……。「水」と「秘」。それを題材に私に何かできることはないかな?と考えましたが、私にはお茶しかない！

奥日本のお水をいただき一服。お茶碗・抹茶・茶筅（ちゃせん）・小さな畳をもっていざ出発。

このたった一碗をもって、日本をあちこち歩く。そこで出会った水で一服。茶碗を通して人と人、モノ（水）とモノ、人とモノをつなぎ、その一服を見つめながら一日の出来事を振り返り、思い出は一碗の宇宙に吸い込まれていく。ふっと自分の天命を感じた奥日本。これからも奥日本で出会った仲間と一碗で宇宙体験を提供したい。

一碗の茶にとけこむや和の世界（先代紅心宗匠読詩）

❁
❁
❁

琵琶湖千年ものがたり

張 大石（チャン・テソク）

東北学と武蔵野学を経由して
朝鮮半島から琵琶湖に辿りついた
フォークロアの旅人。

地域文化遺産学研究者
１９６６年韓国光州生まれ。東北芸術工科大学文化財保存修復研究センター所属を経て、文化遺産学の一環として記憶風景をキーワードに武蔵野をフィールドワークする。アジア文化造形学会理事。共著に『地域を創る文化遺産の可能性』など。

令和4年の初冬。愉快な仲間たちと旅に出て琵琶湖を歩いている時だった。曙の空がマゼンタ色に染まるその下で、かすかな音を立てながら一羽の鳥が水中に消えるのを認めた。とっさにカメラのレンズを覗きこんでシャッターチャンスを狙ったが、数十秒が過ぎても鳥は上がって来なかった。つい、しびれをきらして止めた呼吸を整えながら周りを見渡していると、予想もしない場所から忽然(こつぜん)とその鳥は姿を現した。瞬間、この水鳥こそカイツブリだと確信してシャッターを切りまくった。

カイツブリの息の長い潜水能力がよほど印象的だったのか。万葉の人々は「水に入る鳥」という意味で、カイツブリに「鳰」という国字を当て、広大なる琵琶湖を「鳰(にお)の海」とも呼んでいた。そして、この「鳰の海」の東岸には息長(おきなが)と名乗る古代豪族さえあった。息長という名称をめぐっては、潜水が得意な海人族に由来するとの見方があるが、息の長い鳰に源を発するとみるのがより分かりやすい。カイツブリの浮かぶ琵琶湖の豪族という意味で、彼らは息長を自称していたに違いない。しかしここで重要なのは、古の記憶風景に入る扉として「鳰の海」がある、ということだ。

いくつもの水鳥の中で最も小さな鳰。しかし、人々が琵琶湖の主とまで見立てた背景には、潜水して姿を眩ます鳰に、異界への旅を連想していたことも無縁ではあるまい。古今東西を問わず、鳥は異界への旅を象徴する。空飛ぶ鳥は天地間の霊魂の旅を表し、水鳥は天地に加えて水界を結ぶと考えられていた。

お馴染みの東大寺二月堂における「若狭井(わかさい)」にまつわる伝承は、水鳥を介した異界の旅がモチーフとなっている。「若狭井」は、二羽の鵜(う)が、若狭の小浜――鵜の瀬――から地下水脈をたどって堂

くわんおんの
しろきひたひに
瓔珞(やうらく)の
かげうごかして
かぜわたるみゆ
会津八一

秋の淡海(あふみ)
かすみ誰にも
たよりせず
森澄雄

下に姿を現したことに因むという。この井戸水には生命を岩返らせる力があると信じられ、北の若狭と南の大和を地下水脈で結ぶのは、鳥の表徴性を介したファンタジーに見えなくもない。

さて、鵜が二月堂から姿を現したあと若狭へ帰るとき、琵琶湖の守護神たる竜王——竹生島神社の祭神——の住む竹生島にたち寄った。そこで竜王は鵜の活躍ぶりをねぎらう一方で、今度は鳰に命じて北へ旅立たせた。しかし鳰を向かわせた先は、かねてから多くの人々の請願と絡んでいた敦賀だった。と、さらなるファンタジーに入る奥の扉を用意しておくのはどうか。このときの請願とは、琵琶湖から敦賀を結ぶ運河のことで、平安後期の平重盛、戦国の豊臣秀吉などは本気で取り掛かっていたらしい。だが、天下の秀吉さえも巨大な花崗岩岩盤帯に阻まれて夢は叶わなかった。それでも江戸期から明治、昭和をへて最近まで、運河建設の夢はいまだに消えていないと聞く。

およそ千年もつづく請願としての琵琶湖運河。この千年請願の全貌はこうだ。琵琶湖北端の塩津から北へ18キロメートル——このうち5キロメートルの山間部——を突破して敦賀湾に出る。その一方で、南方の淀川水系を活かして大阪湾まで水運を通す。すると、琵琶湖を南北に貫通する一大水運ができあがる。つまり、琵琶湖を貫通する水運によって、西日本と東日本の沿岸がメビウス状で結ばれるという寸法だ。

まったく新しいメビウス航路の出現は、日本海沿岸と太平洋沿岸地域との還流を促し、日本列島全体を相互活性化モードへと切り替える。

この一連の流れで生じる経済、文化、社会的シナジー効果はどれほどか、想像すらつかない。「千年請願」を起こした先人たちの情熱とたくましい想像力にはただただ脱帽せざるを得ない。

古の時代、大陸との交易や外交現場の多くは日本海が占めていた。

近年、環境問題として扱われている漂着ごみのなか、大陸由来のものは日本海沿岸に集中するという。この漂着ごみの動きから、大陸船が高い確率で日本海沿岸にやってくる様がシミュレーションできる。この際、高い確率を可能にするのは偏西風と青潮（対馬海流）。多くの大陸船を日本海沿岸へ誘っていたのはこの自然の力であった。そして、その最たる接岸地の一つとして若狭があった。接岸を助けるラグーン——緩やかな砂浜を抱える弧状の湾——が多く、都にも近い。故に、若狭は大陸文化の玄関口とされていたのである。

ラグーンの発達する日本海沿岸じたいが大陸文化の受容帯となっていて、日本海を行き交う人々の記憶素の本棚とも言える。この古の記憶素を読み起こしながら、環日本海沿岸全体にかかる文化活性を意識していくとしよう。すると、現在のような対立と葛藤構図の日本海も、いつかは和平の海へと潮目が変わるのではないか。日本海が和平の海へと蘇ってくる暁には、日本列島から朝鮮半島、沿海州、アムール川流域に至る環日本海沿岸地域の文化活性が実り、もう一つの地中海文化圏として世界文明史に刻まれるに違いない。琵琶湖を貫通するメビウス航路に、壮大な夢と「千年請願」の未来像をみる。

最後に、「にほ鳥の息長川は絶えぬとも君に語らむ言尽きめやも」という万葉歌の一首（四四五八）。たとえ鳰の海に注がれる息長川——現在の天野川——が絶えようとも、君に送り届けたい言葉は尽きない。千年の／思ひあつめて／鳰の海……千年の未来を生きる思ひも、尽きやしない。

湖北の地図を見ながら朝鮮半島と日本のつながりをものがたる張大石

黒川隆介（くろかわ・りゅうすけ）

詩人
1988年神奈川県生まれ。文藝春秋への寄稿やマガジンハウス『POPEYE』『POPEYE Web』、タワーレコード『Mikiki』などで連載。浅草フランス座や音楽フェスでの朗読、美術手帖、ANA meets ART "COM"での地方滞在制作と活動は多岐にわたり、Baccarat、DMMなど企業の広告コピーも手がける。ラジオ出演も多数。tvk「イイコト！」レギュラー出演中。

地に足をつけ、和に触れる

日本の津津浦浦で土地の言葉を拾いあつめるストリートの詩人。

田舎から片田舎へと移る道中、ふと『日本文化の核心』を読み返したくなった。小さなショッピングモールを見つけ書店に入るも、そこで見つけることはできず、さらに別の本屋に駆け込むも取り寄せになると帰された。これはまずい。日本にとってまずい。私は20歳の頃合いに松岡さんと出会った、というより松丸本舗で一方的に挨拶をした。ＳＮＳ、ライブ配信が世の中に姿を現しはじめた頃、まだ同い年が垢抜けなさに酔いしれていた頃、私は日本というものについてその遭遇以来、頭を悩まされるようになった。それからしばらく、周囲のラッパーや同世代の作家と売れる売れないの話をする度に、まず自分の地に足をつけ、和に触れる必要があるだろうと議論になった。議論が口論になった夜、デニムのポケットに忍ばせていた『日本文化の核心』を一人に手渡した。知のバトン、かれこれ手から手へと何冊託しただろう。日本文化という言葉さえ死語になりゆく気配がするなかで、誰が日本を日本人としてこれから翻訳していくのか。ＡＲＳ、世代の攪拌（かくはん）のなかに継いでいきたい。

国敗れて
身は若かりき
うつつなく
近江の桜
ちるを見てゐし
岡野弘彦

櫛田理

くしだ・おさむ

編集者・ブックディレクター
1979年東京都生まれ。松岡正剛の編集工学研究所を経て、2014年に独立。EDITHON代表。プライベートギャラリー兼出版レーベルとしてFRAGILE BOOKSを主宰するほか、MUJI BOOKSブックディレクター、BON BOOK出版ディレクターなどを務める。企画編集した書籍は、松岡正剛の『編集手本』、無印良品の文庫「人と物」シリーズ（柳宗悦、白洲正子 ほか）、BONBOOK出版レーベル（高野文子、ワイズベッカー ほか）など多数。

未来からやってくる本

留学時代に千夜千冊に溺れ、松岡正剛からは「本蔵」と名づけられ、いまは、本の裏通りを生きている。

近江には、忘れられた日本がいくつも潜んでいる、という。それが「ぼくのさいごの仕事になるかもしれない」と松岡さんから聞かされたのは、２０２１年の春先のことだった。急いで、三井寺を訪問した。詣でたというより、発掘調査隊のような心地で。到着してそうそう、一六四代目の長吏に就任されたばかりの福家俊彦さんから「ちょっと見せたい本がある」と連れられて、金堂からすこし離れたところにある小さなお堂に通された。

引き戸の先にあったのは、キラキラした絢爛豪華な仏典なんかではなくて、湿気と風雨と紙魚によって幾度も蹂躙され、スローファイヤーで酸性劣化し、何十年も重ねて置かれていたせいで、溶けたメタルのようにくっついてしまった数巻の『仁王経』だった。ボロボロに朽ち果てて、まるで湖北の「いも観音さん」のように傷ついた経典をみながら「これキーファーみたいでしょう？」と言って、福家さんは笑った。こんなお坊さんいるんだと驚いた。それに、なるほど、これが近江的ということなのか、とも思った。キラキラに装飾された豪華本より、もう読めないボロボロの経典をだいじそうにそっと見せてくれる場所。よっぽどそのほうが、いい。福家さんの感性もすごいけれど、ここに日本からはぐれたもうひとつの日本がありそうな感覚に襲われた。

三井寺に残るうつくしく朽ちはてた『仁王経』

　だいたい、かつて本はそこに行かないと読めないものだった。楔形（くさびがた）文字を刻んだ『ギルガメシュ叙事詩』の粘土板やヒエログリフを刻んだロゼッタストーンは、シュメールやエジプトの地で読むための本で、中世まで西洋の写本はたいていレクターン（書見台）やキャレルに鎖でつながれていた。本は、持ち運ぶことなどできないものだった。その土地に固有のアドレスを持ち、そこでページをひらき、そこでとじるものだった。だんだん、三井寺で遭遇したボロボロの経典がこちらの読解を待っているように思えてきた。もうページをひらいて読むことはできないけれど、それならこちらの「読み」を拡張すればいい、ということなのかもしれない。

　仏教の世界では、本を読むために命懸けで海を渡り、山を越えた者たちがいた。玄奘三蔵（げんじょうさんぞう）は天竺（てんじく）をめざして長安からインドまで3万キロの旅に出かけ、最澄、空海、常暁（じょうぎょう）、円行（えんぎょう）、円仁、恵運（えうん）、円珍、

引きしほも満ちしほもなき湖（みづうみ）の朱（あけ）の鳥居の漬かりし部分

神谷佳子

宗叡(しゅうえい)の入唐八家(にっとうはっけ)は、密教の経典を持ち帰るために長安に渡った。幕末の僧侶である河口慧海(えかい)は、サンスクリットの原書を求めてたった一人でヒマラヤを越えて、当時、鎖国状態だったチベットに密入国した。いずれも、そこで待っている本を読むためだけに、無事に帰って来られる保証のない旅に自らの生命を賭けた。

本は待っている。読まれるのを待っている。現在と未来の境目で待っている。玄奘や慧海が命懸けで読みに行った本には、未来を照らしだす本来のことが書かれていた。きっとそのはずだ。本来を見失ったときにこそ、本は未来からやってくる。たとえすぐに読めなくても、きっと方法はある。玄奘も慧海もサンスクリットから母語に翻訳する力をみなぎらせながら、旅に出たのだから。

近江も待っている。伏せられたものが読み解かれるのを待っている。松岡さんと温めている「本の寺」構想も待っている。ここでは詳らかにできないが、三井寺を本の寺にしよう、という前代未聞のブックプロジェクトになる予定だ。そこには、きっとあの朽ち果てたボロボロの経典も登場して、キーファーが本に翼をつけたように、どこか別の世界に連れ去ってくれるにちがいない。

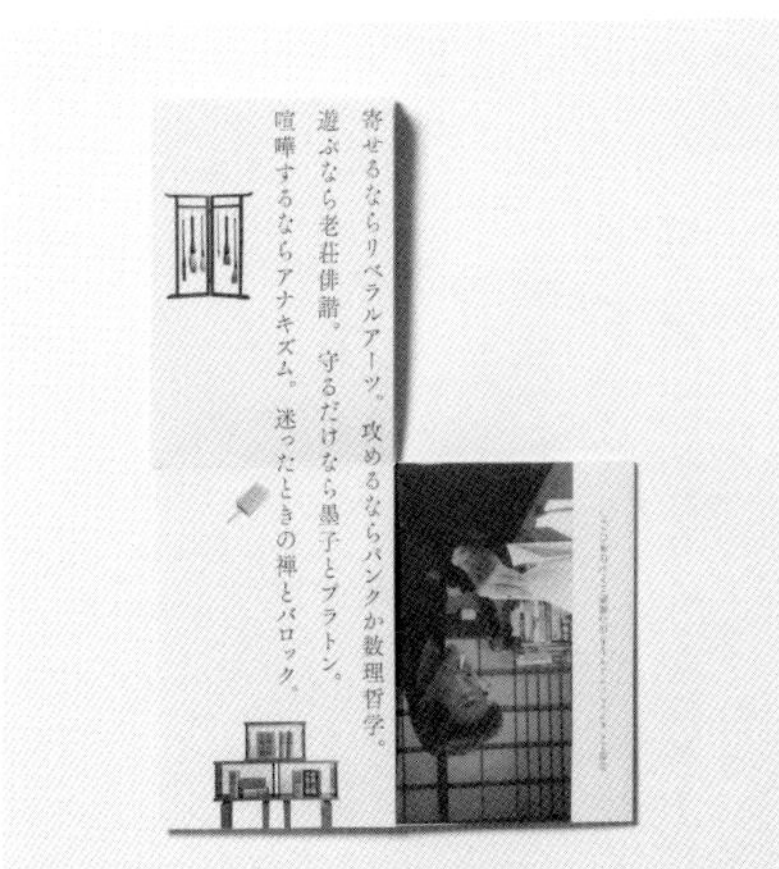

松岡正剛が手書きでこっそり打ち明ける『編集手本』(EDITHON 刊)

松田行正（まつだ・ゆきまさ）

異界回遊記号絵図

グラフィックデザイナー、装丁家
１９４８年静岡県生まれ。自称デザインの歴史探偵。「オブジェとしての本」を掲げる出版社「牛若丸」主宰。デザインワークのかたわら、文字や記号を含めた「もののはじまり」に想を得た執筆活動も行う。著書に『眼の冒険』『デザインってなんだろ？』『にほん的』『線の冒険』など。

松岡さんと出会って50年。近江の意匠化という「お題」に応え帰りの新幹線でラフを描き上げる。

Day 1 ……………………………

●新幹線に順調に乗ったところ静岡あたりで線路に人が立ち入った情報が入り安全確認ということで30分遅れ、そのためすべてのスケジュールが変更を余儀なくされた。これからはじまる聖地巡礼ツアーに暗雲が垂れ込めた。

米原からマイクロバスでまず一カ所目、菅浦に向かう。予定では尾上港から湖上タクシーでショートカットして向かうところ、波が荒いので中止となり、琵琶湖の北端、山を迂回して菅浦に行くことになった。やはり聖地巡礼には、そう簡単たどりつけないことが必須のようだ。

●菅浦に着き、「西の四足門」から入る。まさに異界への入り口といった風情で緊張が走る。

菅浦は、昔ながらの集落が密集している。60世帯らしい。昭和のまま時間が止まってしまったかのようだ。山でシカが獲れたのだろう、シカの頭の骨を魔除けのように飾っていた家もあった。「惣」のロゴが集落全体でよく見かけられる。

「惣」は、「惣村（そうそん）」のことで、中世日本の農村や漁村の地縁的自治組織。連帯の証である。菅浦は、そうした連帯感のイメージが集落のなかに点在している。食器にも「惣」のロゴが記され、共有だったという。

菅浦の最終地点は、山の中腹にある須賀神社。「清潔」

が第一義とされ、本殿前の階段から土足厳禁となる。玉砂利を裸足であるかざるをえず、その痛さに「健康」を意識させられる。「健康」であることは「清潔」につながる、といわれているようだ。

やっともとの西の四足門に戻り、バスに乗る。なんと80％くらいあったスマホのバッテリーが、みるみる減っていき、最終的には1％になってしまい、充電器でチャージせざるをえなくなってしまった。山あいで電波事情が悪かったのかもしれないが、やはり菅浦は異界で、異界には簡単に入れないことの象徴的なできごとだったといえる。

●明楽寺まで行き、書院でランチ。
●「御神酒」ともいえる「七本鎗」で知られる冨田酒造を経由する。
●「いも観音」のある安念寺へ。戦乱を耐え抜いた観音の、ところどころ欠けた様子が、よりいっそう信仰心を募らせている。
●菓子の原料を自社の土地でつくっている「叶 匠壽庵」の「寿長生(すない)の郷(さと)」見学。梅林やヤギの農地を見学。なんと源氏ホタルと平家ホタルが橋をはさんで対峙している場所を通った。人間がつけた名前なのに決して混じらないという。不思議なものだ。やはり松屋銀座にあるような、商売繁盛祈願の梵字が刻まれた塔がある。寿長生の郷から沈む夕日を見て、Day 1は終了、夕食とホテルへ。

Day 2 ……………………………………

●義仲寺。木曽義仲と松尾芭蕉の墓。
●大津市歴史博物館で大津絵鑑賞。粗々しいタッチと庶民的な画題が親近感を抱かせる。もう描ける人が少なく、継承に不安が募る。
●三井寺。百体観音。
●近松寺(ごんしょうじ)と近松寺阿弥陀堂へ。
●逢坂の関。
●蝉丸神社。琵琶。牛塔あり。
●三井寺でランチ。
●光浄院見学。桃山時代の書院造り。勧学院にあった襖絵などの「本物」を鑑賞。
●石山寺。紋章が裏菊。菊の紋章を裏から見たデザイン。茎が形象化されている。京都の北側にあるため、四天王のうち北を守る毘沙門天がほかより大きくつくられている。毘沙門天が登場したインドでは南西東は海なので、攻められるとしたら北。だから毘沙門天は強く大きい。硅灰石(けいかいせき)。石段。

左脇侍、弥勒菩薩坐像の256体の仏で構成された光背。

Day 2終了、帰。

ARS Magical Sanctuary Tour

異界回遊記号絵図

※「巡礼」は右回りで螺旋状に進むのが基本

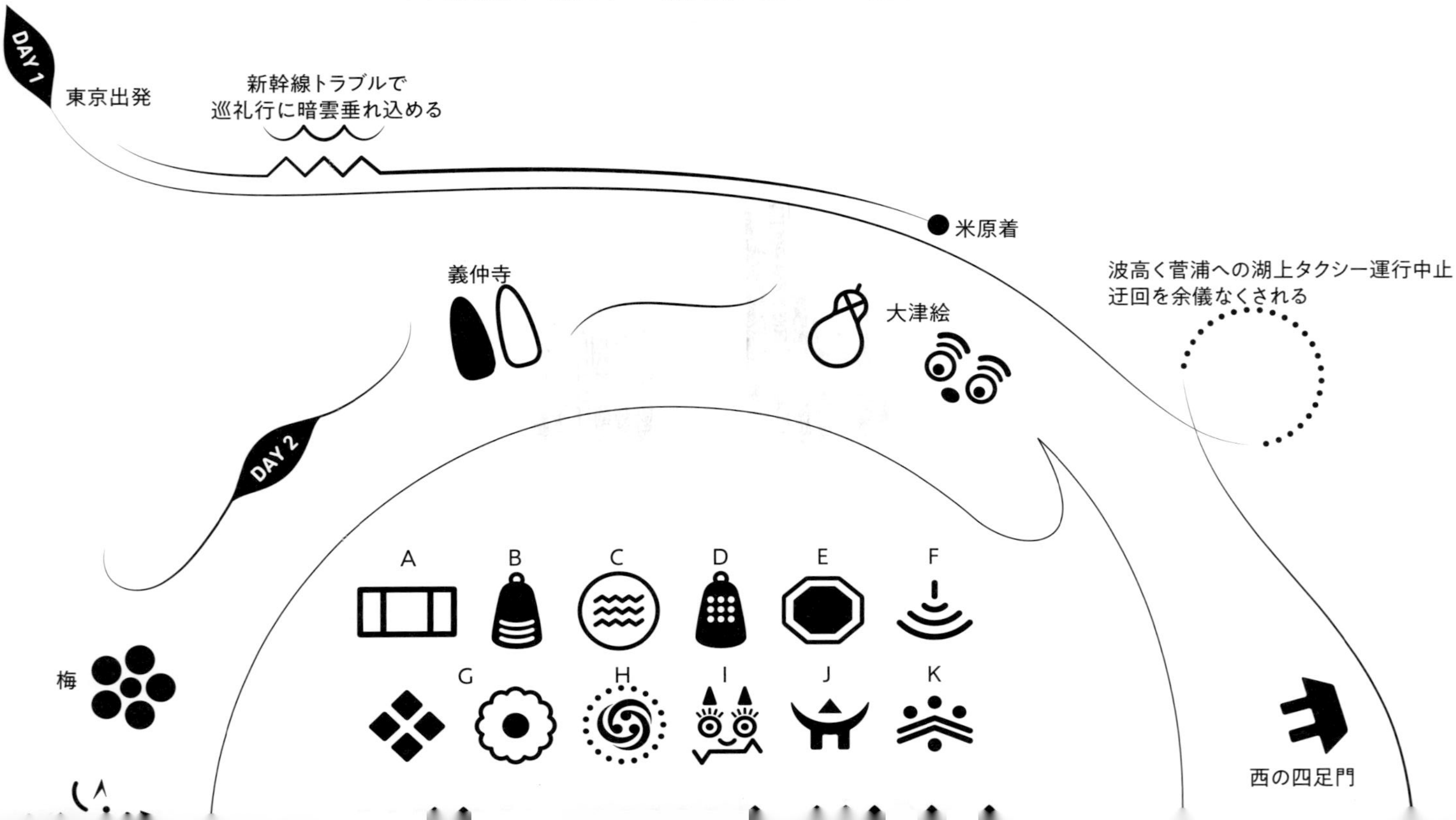

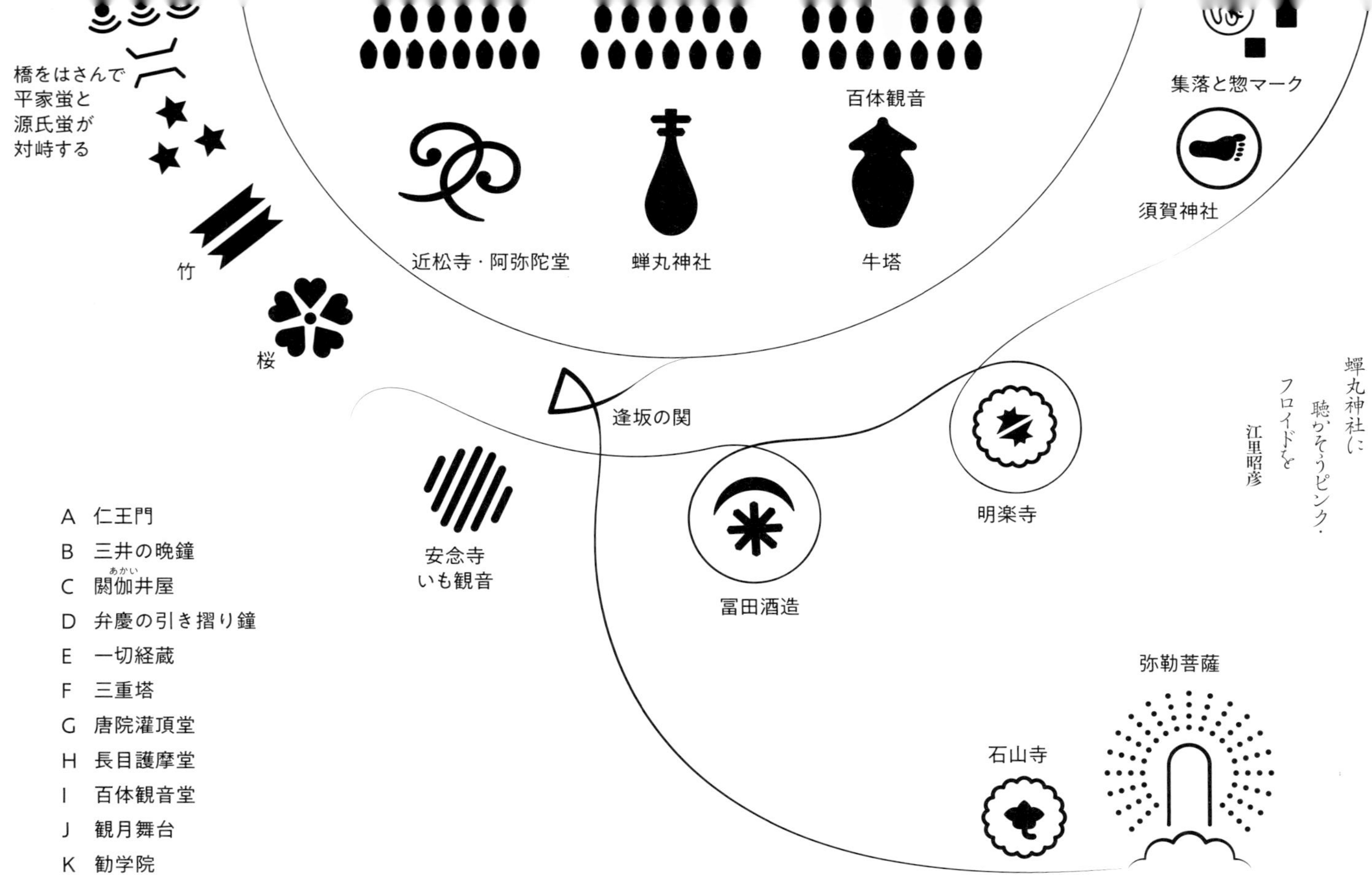

蟬丸神社に
聴かそうピンク・
フロイドを
江里昭彦

湖国顔見世
額田王から白洲正子まで

古来、近江を往来して新しいスタイルを築いた先駆者たちがいた。そんな先達たちに琵琶湖に生息する魚、甲賀忍者、信楽焼のたぬきになってもらい、その横顔をずらりと一望する。

イラストレーション 伊野孝行

東大寺・石山寺を開いた僧

良弁 689−773

東大寺の大仏建立のために黄金を求め、蔵王権現の夢告を受けて祈願すると東北で黄金が発見されたという。祈祷した岩から観音像が離れず、そこに堂宇を建てたのが石山寺のはじまりだと伝わる。

日本の天台宗の開祖

最澄 766／767−822

法華経を深く解釈し、誰もが「仏」を目指せることを説いた。天台僧の養成や大乗戒壇の設立へ向けた改革に身を尽くす。比叡の霊木に薬師如来を彫り、延暦寺を創建した。

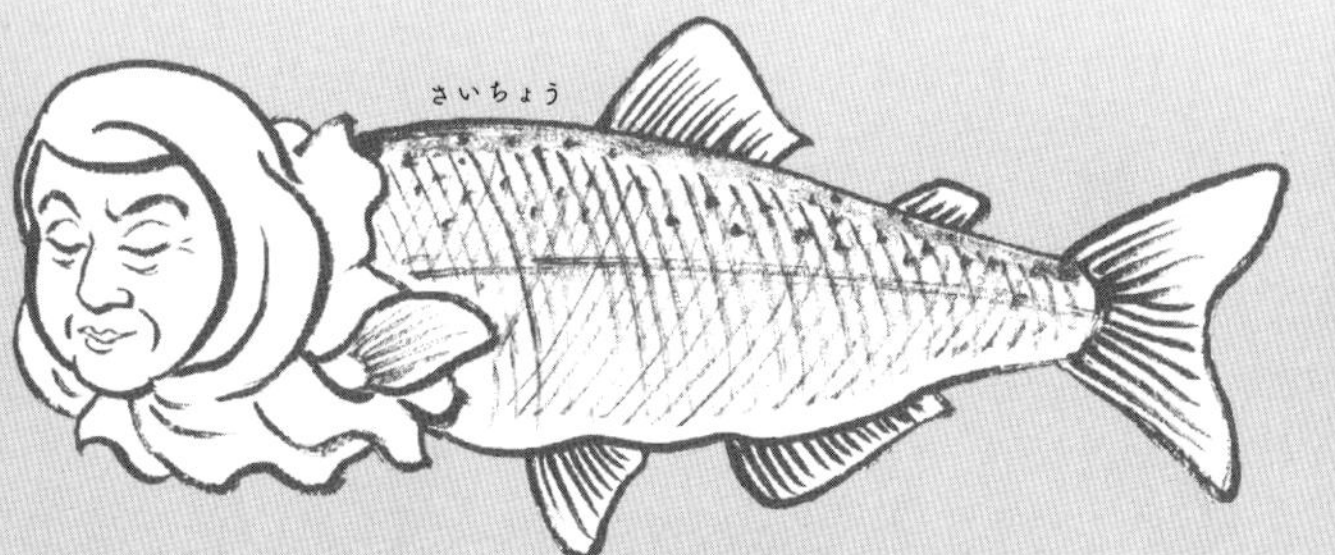

天武朝を継いだゴッドマザー

持統天皇 645−702

天智の娘で天武の妻。「浄御原令」を完成して藤原京を築く。孫の文武に譲位し、初の太上天皇となって後見。柿本人麻呂は持統の世に多くの儀礼歌を詠んだ。

日本の基礎を築いた君主

天武天皇 未詳−686

同母兄・天智の死後、甥の大友皇子の治める大津に攻め込み、壬申の乱を起こす。戦いに勝利して即位し、はじめて「日本」を国号として「天皇」を名乗ったとされる。

初期万葉を代表する歌人

額田王 飛鳥時代

大海人皇子の妃となり、のちに中大兄皇子に愛されたとも伝わる。出軍には大王に代わって戦勝を予祝する歌で、近江遷都には奈良への想いを代弁する歌で人々を鼓舞した。

比叡山の中興の祖

良源 912—985

疫病神を弾き出す鬼のような「角大師」の護符で知られ、「降魔大師」「豆大師」のモデルにも。観音菩薩から授かったとされる偈文百枚はおみくじの原型となった。

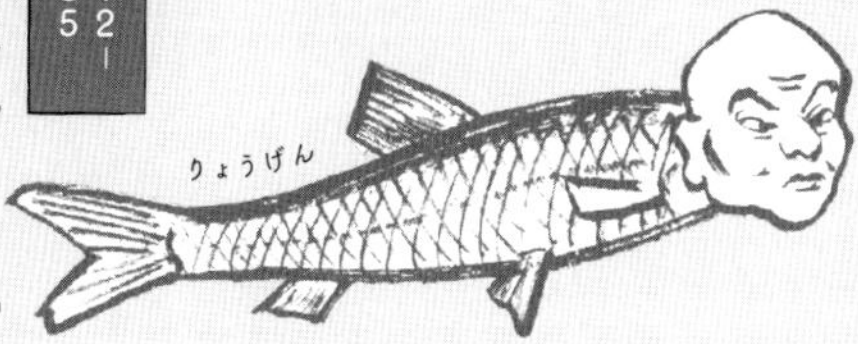

近江朝を開いた改革者

天智天皇 626—672

大化の改新を始めた中大兄皇子は飛鳥から近江に遷都して即位する。渡来人の集まる大津で日本初の法典「近江令」を定め、中臣鎌足に藤原姓を与えた。

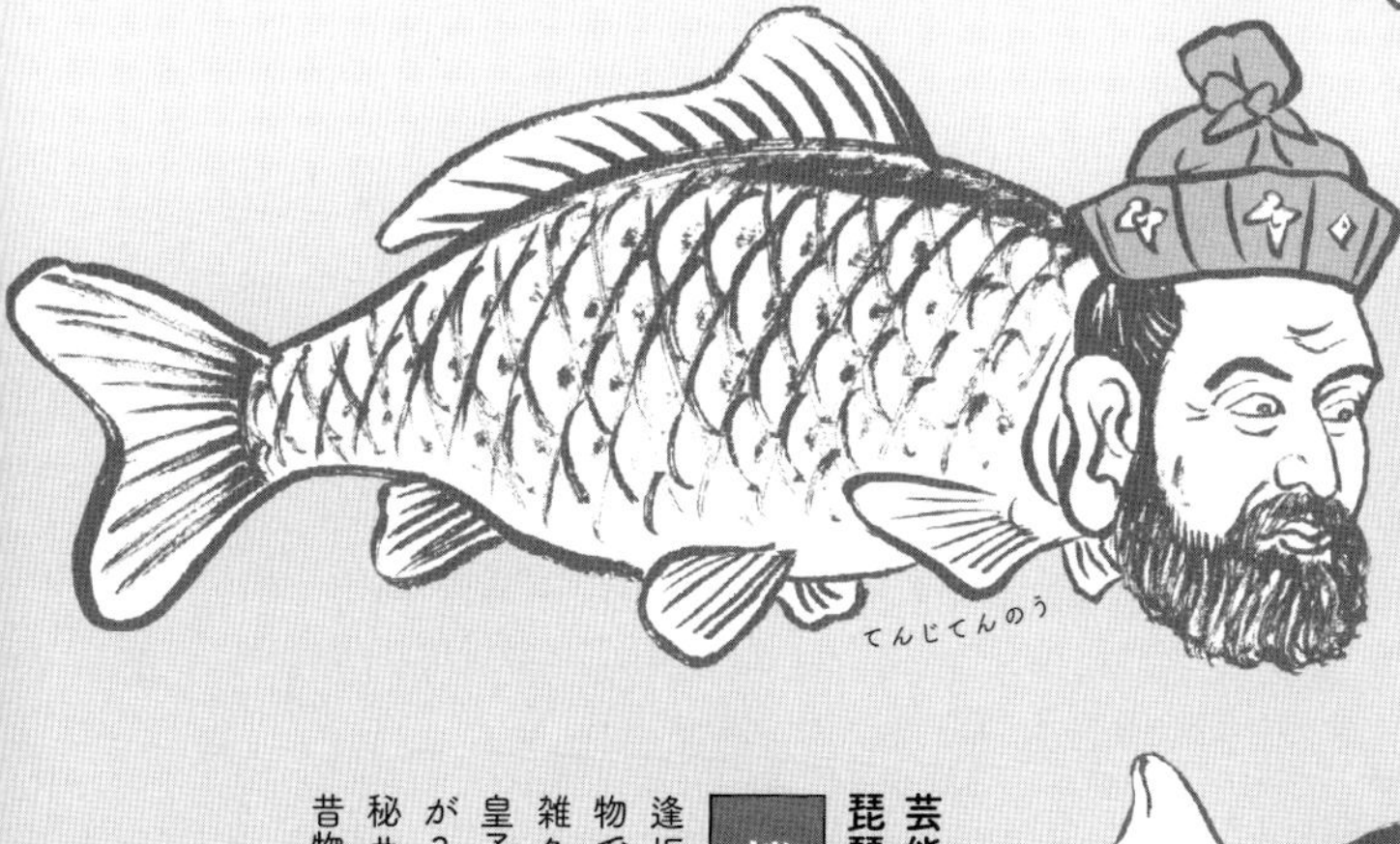

芸能の神と祀られる琵琶法師

蝉丸 平安時代

逢坂の関の伝説的な人物で、敦実親王に仕えた雑色とも、醍醐天皇の皇子ともされる。源雅博が3年通って蝉丸から秘曲を習う逸話が『今昔物語集』に残る。

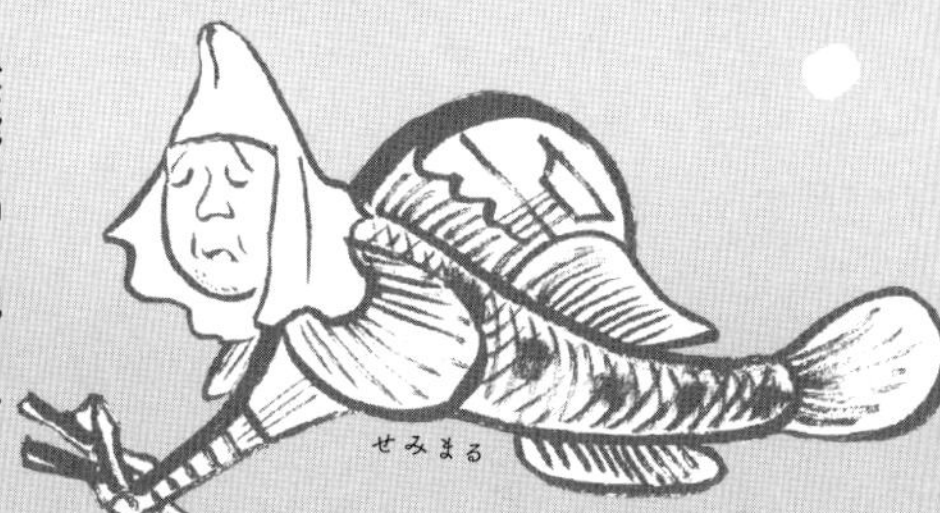

三井寺を再興した寺門派開祖

円珍 814—891

第五世天台座主。入唐し、天台・真言をはじめ倶舎・因明などを学び、多数の経典と密教儀式の規則や図像をもたらす。顕・密・修験の三道鼎立を寺門派の修行とした。

近世を築いた天下人

豊臣秀吉 1537–1598

近江を主戦場とした姉川や賤ヶ岳の戦いを経て、要港・長浜に最初の城と城下町を築く。のちに太閤となり近世封建社会を準備した。長浜曳山祭は秀吉が復興した祭礼が起源とも。

孤高の“いないいないばあ”禅僧

寂室元光 1290–1367

中国・元での参禅から帰国して30年余り、俗世を避けて諸国を行脚。72歳で永源寺を開くと「五山、近江に動く」と言われた。山水と心が融け合った偈頌（漢詩）は傑作。

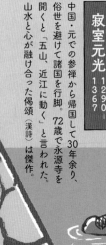

日本陽明学の始祖

中江藤樹 1608–1648

郷里・高島で学問と教育の道を歩み、「近江聖人」と呼ばれる。あまねく「孝」と、すべての人の心に内在する「良知」を、「時と処と位」を考慮して実践することを説いた。

幽玄能のおおもと

犬王 未詳–1413

近江日吉座の役者で足利義満に愛でられた。さらさらと流れるような「かかり」（風情）に優れ、世阿弥の「天女の舞は近江猿楽が本なり」という言葉が残っている。

世界最古の長編小説の作者

紫式部 973頃–未詳

参籠中の石山寺で『源氏物語』の着想を得たと伝わる。光源氏と空蝉がすれ違うシーンは逢坂の関が舞台。うつろいゆくものや世を深く想う「もののあはれ」を綴った。

恋に生きた天才歌人

和泉式部 未詳

親王との恋歌を交えて綴った『和泉式部日記』に、石山寺に籠る女との歌の贈答が描かれる。近江路（あふみぢ）は、式部が詠んだ「あらざらむこの世のほか」に逢ふ道（あふみち）である。

桃山バロックの絵師

海北友松 1533–1615

浅井の重臣の家に生まれた桃山の絵師。狩野派に習い、のちに宋元画を研究した。建仁寺の「雲龍図」に代表される濃密な気に満ちた独自の画風を生み出す。

破壊と創造の戦国覇者

織田信長 1534–1582

比叡山焼討により王権と仏法が並立した旧来のあり方を破壊する。安土に楽市楽座を設けて近江商人の土壌をつくったり、側近に茶人を抱えるなど、ARSのタネを蒔いたりもした。

北近江の悲劇の大名

浅井長政 1545–1573

北国街道沿いの小谷を本拠地とした、浅井家の最後の当主。独立性を失うことを危惧して信長に反旗を翻すも敗れる。三人の娘たちは豊臣や徳川に嫁ぎ、孫やひ孫は将軍や帝となった。

転換期のばさら大名

佐々木道誉 1296–1373

室町幕府の成立に功を立て、甲良を本拠とした。自由狼藉な「婆娑羅（ばさら）」を体現する。『立花口伝大事』に名を残し、『菟玖波集』に力添えし、世阿弥に教え、闘茶に遊んだ。

遠州流茶道の祖

小堀遠州 1579–1647

北近江の小堀村に生まれ、江戸幕府の作事奉行として多くの御所や城、庭園や茶室を手がける。利休の点前にふれ、古田織部に師事し、「綺麗さび」の茶を打ち立てた。

朝鮮外交を支えた儒者

雨森芳州 1668–1755

湖北に生まれ、木下順庵に儒学を学んで対馬藩に仕官、朝鮮方佐役となる。朝鮮通信使の随行役も担当。「誠信」外交を説き、朝鮮語通詞養成所を創設した。

『おくのほそ道』の俳諧師

松尾芭蕉 1644–1694

寂室元光にあこがれ、近江を旧里（ふるさと）と呼び、たっての願いで義仲寺に眠る。言語遊戯だった俳諧を、さび・しおり・ほそみの文芸に高め、「松の事は松に習へ」と教えた。

芭蕉を伝えた時宗の俳人

蝶夢 1732–1796

芭蕉の墓を訪れ、その寂れたさまに涙する。遺品や俳書を集めて「粟津文庫」を創設し、毎年忌日に「時雨会」を開き、作品集をまとめ、『芭蕉翁絵詞伝』に伝記を書いた。

彦根藩主で幕末の大老

井伊直弼 1815–1860

不遇の「部屋住み」時代に禅・茶道・国学などを学ぶ。日米修好通商条約の調印で重責を担うかたわら、著作『茶の湯一会集』で利休を引用して「一期一会」という言葉を広めた。

国粋主義の教育者

杉浦重剛 1855–1924

膳所の藩校で漢籍を修め、イギリスで化学物理を研究したのち、東京英語学校を創立。雑誌「日本人」を創刊して国粋論を唱える。昭和天皇の東宮時代に倫理を進講した。

日本の美を追う随筆家

白洲正子 1910–1998

はじめて能舞台に立った女性で、白洲次郎の妻。自らの眼で見るためにどこまでも飛んで行った〝韋駄天お正〟。かくれ里や信仰の地に立ち、「近江は日本の楽屋裏」と感得した。

中世を読み替えた歴史学者

網野善彦 1928–2004

菅浦や堅田の漁労を研究。朝廷や幕府の支配から外れ、聖と俗のあわいに置かれた無縁所のアジール性や遊民のネットワークの存在を世に問うた。

アメリカの東洋美術研究家

アーネスト・フェノロサ 1853–1908

文明開化や廃仏毀釈の中で日本美術の価値を見出し、岡倉天心とともに東京美術学校を設立。三井寺別所・法明院で受戒し、「琵琶湖の見えるこの地で」と今も近江に眠る。

近代京都画壇の日本画家

山元春挙 1871–1933

円山四条派の伝統を踏まえながら、いち早くカメラを写生に活用。「春挙ブルー」で〝映（ば）える〟日本画を生み出した。琵琶湖の畔に建てた蘆花浅水荘は数寄屋建築の傑作。

建築家であり社会事業家

W・M・ヴォーリズ 1880–1964

伝道師としてアメリカから来日し、数多くの建築物や近江兄弟社を今に残す。日本国籍を取得し、戦後にはマッカーサーと近衛文麿の仲介をした。

第三幕

仏教が見ている

仏教、まるごと齧(かじ)りたい。

仏教は好きですか。仏教を自慢したいと思いますか。
インドの、中国の、アジア各地の、朝鮮の、
日本のそれぞれの仏教のちがいは気になりますか。
では浄土宗と日蓮宗のちがいはどうですか。
お寺はいつ来ても心が落ち着きます。
仏像には手を合わせたくなります。
それなら日本仏教の現状をどう感じていますか。
ぐっときたり、ハッとしたり、愕然(がくぜん)とすることはありますか。
お坊さんのこと、どう見えていますか。
仏教は信仰です。思想です。文化です。生き方のスタイルです。
その根底には「諸行無常・諸法無我」という世界と
私に対する見方が疼(うず)きます。このこと、さまざまな解釈をへて
日本の社会や文化に溶け込み、いつのまにか

いったい何が仏教観だったのか、わからなくなりました。
おそらく、今日の日本仏教は静まりかえっているのです。
神仏習合による影響もゆきわたりすぎました。
明治以降の神仏分離も波及しすぎました。
私たちは、日本仏教の特色を
まるごと学びなおしたいと決断しました。
末木文美士が主要な講師となり、
福家俊彦、松岡正剛が応じます。そのライブ会場では
田中優子と観音ガールと仲間たちが控えます。
ネットで配信することにもしました。
とても静かなのに痛快で、
難しい経典ばかりなのに教えはシンプルそうな、
つまりは古典的なのにかぎりなく前衛的であるような、
そんな仏教を近江の地から、いろいろいじりたいのです。
スティーブ・ジョブズの禅にばかり託してはいられません。

どうする？日本仏教

「還生（げんしょう）の会」の誕生

松岡正剛

1　三井寺で仏教のことを見なおしたい

近江ＡＲＳの輪郭が立ち上がって、何度か福家俊彦さんと仏教をめぐって話しあった。たいてい中山雅文と和泉佳奈子がそばにいた。近江ＡＲＳが近江文化のあれこれにかかわるといっても、そのスタートは三井寺（園城寺）の一角に始まったのである。私が最初にＡＲＳのメンバーに出会ったのは初夏の日差しが眩しい観音堂の前で、そのあとみんなで光浄院に集って、最初のお茶をいただいた。初顔合わせは三井寺だったのだ。

三井寺は天台寺門宗の総本山である。当然ながら多くの仏教潮流が境内の内外の随所に貫かれている。福家さんはそのトップ。長吏（ちょうり）だ。仏教のことも三井寺のことも背負っている。このことを近江ＡＲＳの活動にどう反映していけばいいのか。

このところ日本の仏教はおとなしい。おとなしくたってかまわないが、沈潜しているようだ。オウム真理教事件以来ともいえるが、私はそれ以前からの沈滞を感じている。一方、私は日本の思想文化の将来は仏教でこそ充実するだろうとずっと思ってきた。それがなかなかそうならない。とくに伝統宗派の沈潜が長すぎる。そこへ三井寺と出会った。傍らに石山寺の鷲尾龍華さんがいた。
いまさら私が仏教界に何かをもたらせるわけではないが、近江ARSには新しい兆候を感じられそうだった。しかし、どうすればいいのか。「そのうち染み出してきますわ」と、福家さんは何かを噛みしめるように言った。父君を継ぎ、来し方を眺め、長らく仏門仏事や寺の仕事や信者にかかわって、さまざまな酸いと甘いをくぐってきた含蓄だ。

もちろんそうではあろう。染み出してほしい。しかし心配もある。今日の日本でお寺の何かの集いに参加したからといって、そのあと仏教の飛沫や仏教的な官能が日々の気分や意識に染み出してくるだろうか。これまでもそういう場面をいろいろ見てきたけれど、残念ながらなかなかそうはなってはいなかった。ふりかえって30代、私は松長有慶師（のちの高野山真言宗管長）との縁で高野山にいろいろかかわったけれど、仏教の飛沫や官能を何かに感染させるのがかなり難しいという実感をもった。

それに「仏教一般」が口端にのぼるだけでも困るのだ。日本人は「一般化」は得意だけれど、「主体化」はへたくそだ。「薄い」のが好きで「濃い」のは苦手なのである。とくに信仰や宗教についてはそそくさとする。

たとえば神祇（じんぎ）信仰についても、毎年初詣に行っているからといって、その祭神のことはいっこうに語らないし（語れない）、まして日本神話の話題で家族や友人と盛り上がるわけでもない。それでもなんとなく「日本の神さま」についての漠たる印象は好もしいものになっている。そこはネガティブにはならないのだけれど、でもだいたいはそこどまり。神祇や神道をポジティブに称揚するわけではない。歴史的に痛い記憶があったからだといっても、世界の宗教体験の激震の歴史からすれば（宗教裁判や宗教改革や宗教戦争の歴史）、それほどではないにもかかわらず、だ。

それと同じことで、日本社会は仏教を引き受けたいとはめったに思わない。なんとなく「仏像はありがたい」「お寺に行くと気持ちがいい」までなのだ。家の宗旨が説明できない世

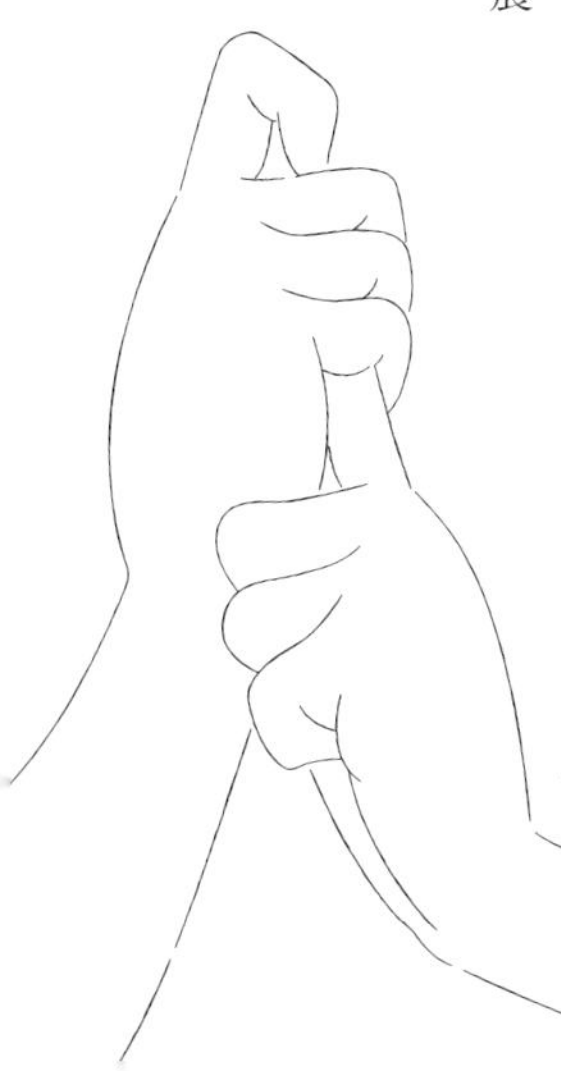

「仏の十号」

如来
応供
正遍知
明行足
善逝
世間解
無上士
調御丈夫
天人師
仏
世尊

代も多い。真宗と真言宗派の区別がつかないし、如来と菩薩の区別も説明できない。それでもお葬式は仏式を選ぶ。「なんとなく仏教」なのだ。

これは私に言わせると、つまり「仏教一般」では困るということだ。一般化してばかりいると、実はほんとうの「仏教らしさ」「仏教っぽさ」が掴めない。イメージはマネージしてみないと掴めない。比較する必要はないけれど、キリスト教やイスラームではこうはならない。

日本人が総じて仏教の歴史や日本仏教に対して淡泊なのは重々承知している。それは日本料理の味付けや日本画の描き方にもあらわれている。けれどもスキヤキもとんこつラーメンも、岡本太郎も草間彌生の濃厚も実はけっこう好きなのである。ただ、そういう好みを「それもニッポンなんだ」とは率先しないようにしてきてしまった。

そんなふうにしているうちに、イエスの生涯についてはなんとなく知ってはいても、ブッダのことはほとんど語れないというふうになった。だから出山釈迦のことも祇園精舎のことも釈迦三尊が並ぶ理由もわからない。どうしてインドに仏教が廃れてしまったのかも気にならない。シルクロードをへた教えが中国化したことは知られているし、中国の仏教が漢訳経典になっていることも、その漢訳にあたって三蔵法師玄奘がはるばるインド（天竺）をめざしたことも知られているけれど、そこに孫悟空たちがお供していた話になったのはどうしてかということは、気にならない。

こういうことからすると、ついつい仏教のことをもっと学校で教えてほしかったと思いたくなるけれど、だからといって、私は「仏教一般」が半ちらけでわかっても仕方がないと思ってきた。むしろ「個別」を学んだほうがいい。スポーツを盛り上げたいのなら「スポーツ一般」や「体育一般」ではなく、トライアスロン、サッカー、相撲、カーリングそれぞれの個別が詳細に向かうべきであるように、仏教もそうなったほうがいい。だから十一面観音に惚れても法華経に詳しくなって

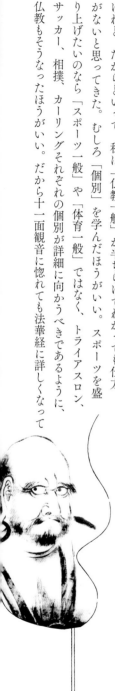

『秘見仏記』いとうせいこう、みうらじゅん著（中央公論新社）

も、お経の声が好きになっても、親鸞を読み耽っても寺の瓦屋根のフェチになってもいい。近江ARSに観音ガール（對馬佳菜子）が加わったけれど、それなのである。彼女は湖北の観音のことなら何でもしたいという女子だ。

スティーブ・ジョブズが禅にぞっこんになっていたのは、ベトナムのティク・ナット・ハンのテキストからだった。それでいい。だからといってみんながハンやジョブズに靡くことはない。私もハンの禅はそこそこ読んできたけれど、応燈関の禅や盤珪禅や山岡鉄舟の考え方より身に染みたとは思わなかった（応燈関は大応・大燈・関山のこと）。

そんなことをあだこうだと換算していくと、近江ARSでは敢然として日本仏教を学びなおす、あるいは惚れなおすのがいいと思われるのである。あとでも説明するが、私はこのこと（仏教に惚れなおすこと）が日本人の「個別力」としていちばん弱くなっているところだと、かねて気になっていたからだ。

というわけで、三井寺の場では日本仏教を学ぶのがいいだろうと申し上げたのだが、さあ、どうすればそんなことができるのか。「どうしますかねえ」「ええ、どうしましょ、ちょっと考えさせてください」。私と福家さんは何度も何度も左見右見した。

突破口は意外なところからやってきた。あるとき福家さんに、「いまいちばん会いたい仏教学者は誰ですか」と尋ねると、「いろいろいやはるけれど」「一人なら?」と重ねると、即座に「それは、末木先生ですわ」と返ってきたのだ。「だってほかには、いやはりませんやろ」。

これでピンときた。さっそく末木文美士さんに電話した。久々だった。「先生、ご無沙汰しています。どうしてもお願いしたいことがあります。三井寺で一、二年、通しで話してください。のちほど相談に上がります」。なぜピンときたのか。末木さんのことを書いておく。

色不異空
空不異色
色即是空
空即是色
受想行識亦復如是

2　末木文美士の登場

末木文美士の『日本仏教史』は大向うを唸らせた。１９９２年の刊行だ。大向うが唸った理由は天台本覚（ほんがく）思想をめぐることなので少し専門的になるが、当時は「天台本覚は仏教じゃない」と言われていた風潮のなか、末木さんが文献検証を含めて初めてその実像をつぶさにあきらかにした。そこに唸ったのである。私も胸がすく思いがした。

なぜ胸がすいたのかというと、天台本覚思想は延暦寺と園城寺に育まれた仏教思想なのだが、その真骨頂について充分に理解されてこなかったのである。難解なところもあって誤解もされてきた。しかしここがわからないと日本仏教はまったくわからない。そこを末木さんが解いたのだった。

本覚とは、この世の現象界をそのまま「悟りの下敷き」として肯定していこうとするときの、その悟りのほうから示した本体のことをいう。悟りが現象界にあるというのは、生きとし生けるものに仏性（ぶっしょう）があるということだから、はなはだ現実肯定的で、楽観的な見方だ。そう、思われがちになる。

仏性というのは「成仏する可能性」のことである。『涅槃経』には「一切衆生悉有仏性（いっさいしゅじょうしつうぶっしょう）」とあって、誰にでも成仏する可能性としての仏性があると述べられている。誰にでも仏性があるのは、どこにでも仏性があるからで、それなら見るもの触れるものに仏性があるということになる。つまり山川草木、みな成仏のきっかけだというふうになる。それが本覚というなら、これはたしかに楽天的な考え方に見える。仏教の悟りってそんなにラクチンだったのと言われそうだ。だが、そうとは言いきれない。少し説明がいる。

「本覚」という用語は『金剛三昧経』や『仁王般若経』に初出している言葉で、その後の『大

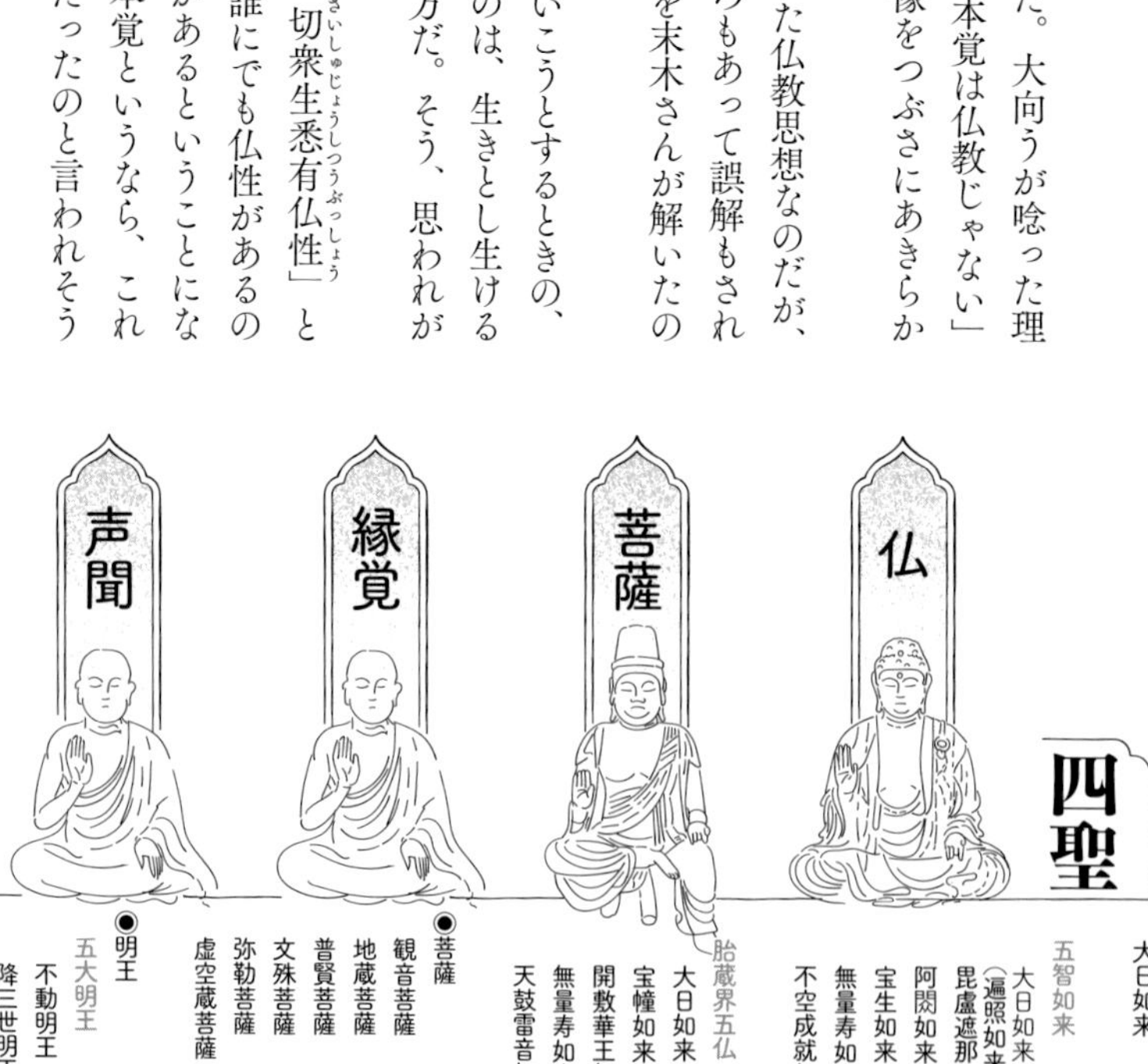

●如来
釈迦如来
毘盧遮那如来
薬師如来
阿弥陀如来
大日如来

五智如来
大日如来（遍照如来、毘盧遮那仏）
阿閦如来
宝生如来
無量寿如来
不空成就如来

胎蔵界五仏
大日如来
宝幢如来
開敷華王如来
無量寿如来
天鼓雷音如来

●菩薩
観音菩薩
地蔵菩薩
普賢菩薩
文殊菩薩
弥勒菩薩
虚空蔵菩薩

●明王
五大明王
不動明王
降三世明王
軍荼利明王
大威徳明王
金剛夜叉明王
孔雀明王

乗起信論』で「始覚」に対比された。初めて悟ることが始覚だ。始覚は忽然と起動したのではない。そこには悟りに成長する蕾や芽のようなものが潜在していたのだろうと想定される。これが本来の覚醒としての本覚で、この蕾や芽がないのが「不覚」になる。

唯識思想が深まってくると、衆生に如来が胎蔵されている（潜在されている）のが本覚というものだろうから、このことを「如来蔵」とも言うようになった。サンスクリット語のタターガタ・ガルバの漢訳だ。タターガタが如来を、ガルバが母胎あるいは母胎の中の胎児を意味した。

仏教の世界観では、衆生は六道をさまよっている。地獄・餓鬼・畜生・修羅・人間・天が六道である。衆生とはわれわれのことで、サットヴァというサンスクリット語を鳩摩羅什がそう訳した。玄奘は「有情」と訳している。「心のはたらき」をもつものが有情で、そうでないものは非情だ。

そうではあるのだが、本覚や如来蔵という視点を導入して眺めると、有情と非情のあいだはつながっていく。衆生に仏性がそなわっていて、生きとし生けるものにも仏性があるとすれば、有情と非情のあいだにも仏性があることになる。こうして、「仏性・本覚・生きとし生けるもの・衆生」がつながってきた。これらは「ありのまま」でつながっている。

こういう考え方は日本人の自然観や人生観に与しやすかったのであろうと思う。すでに「万葉化仏」という見方が浸透しつつあったし、万葉集の歌の詠み方が寄物陳思（物に寄せて思いを陳べる）だった。当時の日本の仏教および万学の最高学府といえる比叡山の延暦寺や園城寺で、この考え方にも本格的にとりくむようになった。それを担ったのが安然だった。『斟定草木成仏私記』などを著して、「草木国土悉皆成仏」というコンセプトを表明するにいたったのである。国土も成仏できることになった。この見方はのちに日本仏教の大きな底辺を構成していった。

安然は第三代天台座主の円仁と山科の元慶寺の遍昭に学んだ学僧だった。その安然を初めて

六道輪廻

『絵本 地獄』
白仁成昭・中村真男 著
宮次男 監修（風濤社）

●天部

十二天
梵天
帝釈天
火天
焔摩天（閻魔）
羅刹天
水天
風天
毘沙門天
伊舎那天
地天
日天
月天

四天王
持国天
増長天
広目天
多聞天

八部衆
天
龍
夜叉
乾闥婆
阿修羅
迦楼羅
緊那羅
摩睺羅伽

研究したのが末木さんで、おかげで多くの仏教者や仏教学徒は天台本覚思想に初めて正面から向きあえることになった。『日本仏教史』は通史だが、これらのこともちゃんと書かれていて、そこに胸がすく思いがしたのだ。安然と「草木国土悉皆成仏」のことは末木さんののちの著書『草木成仏の思想』に詳しい。

少し話がこみいってしまったけれど、こういう思索をわれわれにもたらしてくれたのが末木さんだったのである。

こういう思索というのは、天台や安然に関することだけではない。日本仏教のすべての特色に関する思索のことだ。末木さんには『日本思想史』『仏教―言葉の思想史』などの日本思想をめぐる広い範囲の著作もある。福家長吏のみならず私も、末木さんの話はとことん伺ってみたかった。まして長吏は天台本覚のセンターで今夜も寝起きしておられるわけである。是非にという思いであろう。

少し趣向を念じて「還生の会」と名付けることにした。ゲンショウと読む。あまり使われていない言葉だが、もともとは「あえて迷妄(めいもう)に入って、再び覚悟する」という意味である。そこから、いったん冥界を体験した者がふたたび顕界に赴くことが還生になる。再来、あるいは再生の意味だと思われたい。

近江ARSからすると、京都や日本のことをいったん近江のほうから見なおしていきたいという気持ちをこめたことになる。

末木さんからは、さっそく全8回ぶんの構想が送られてきた。以下のようなものだ。

1：日本仏教の見方―近江からはじまる
2：国家と宗教―最澄の目指したもの
3：草木は成仏するか？―日本仏教の自然観・人間観
4：中世仏教のダイナミズム―鎌倉仏教観の転換

四諦八正道

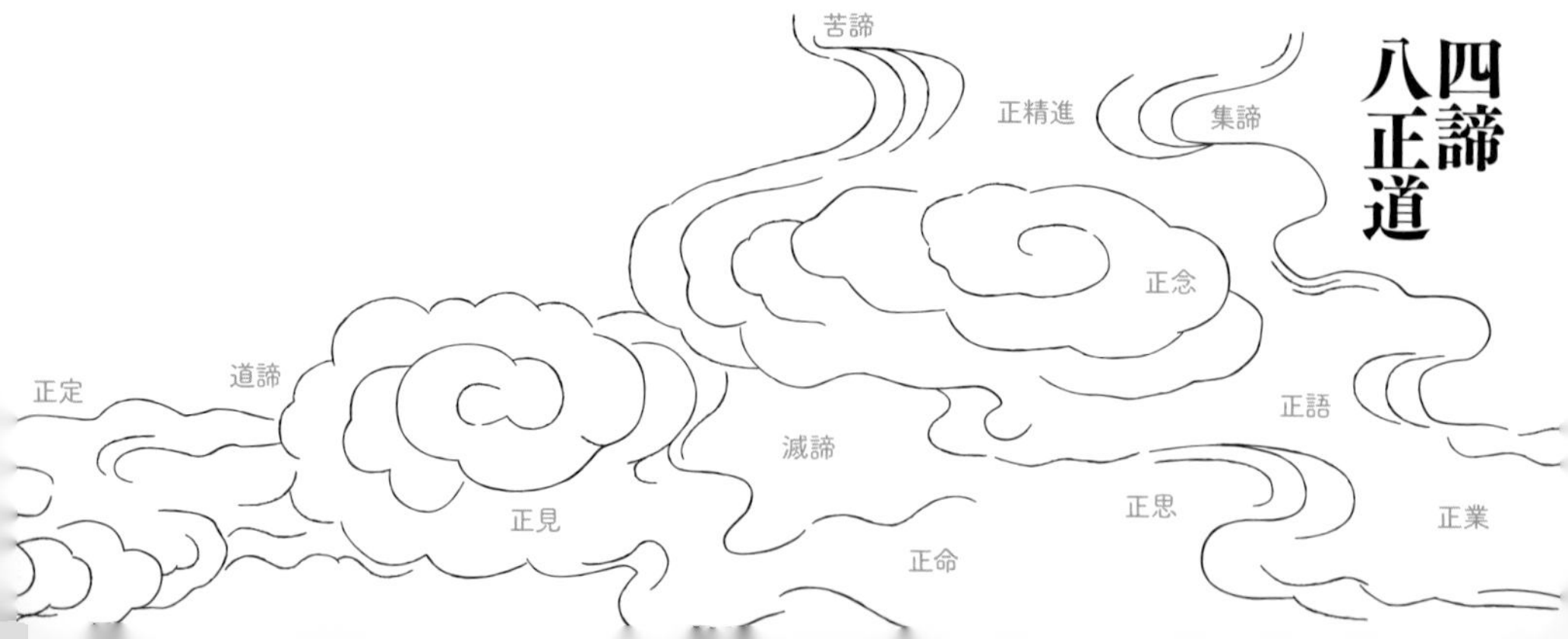

5：土着と論争―近世仏教の魅力
6：近代仏教の苦闘―グローバルか、ナショナルか
7：神と仏の間柄
8：大乗仏教と菩薩の倫理

たいへん壮大だ。講義は春秋社で本にしてもらうことにした。春秋社は末木さんの安然研究、『平安初期仏教思想の研究』の版元で、私に『空海の夢』を書かせたのがその佐藤清靖だ。本書の出版プロデューサーである。

3　日本仏教がわかりにくくなった理由

こうして「還生の会」はスタートを切った。会場は三井寺講堂で設営には福家俊孝、三浦史朗、長浜の竹村光雄が当たり、聴講代表には田中優子に立ってもらった。会場が50名くらいしか入れないので、オンライン配信のサービスもすることにした。進行と管理は百間の和泉が担当した。

末木さんの講義に続いて、福家さんと私が加わって座談をひらき、ときに質疑を含めた。その大要は本書にも収録しておいたのでご覧いただくとして、ここではあらためて日本仏教のことをどう考え、どう扱っていったらいいかという話をしておきたい。末木さんの講義を理解するためのヒントになるかもしれないことを、三つほどあげる。キーワードは「あわせ」「うつろい」「おもかげ」だ。いずれも和語だが、あえてそうした。

その話をする前に、日本仏教の特色がわかりにくくなった理由をごくかんたんに説明しておく。そのほうがいいだろうと思う。

実は日本仏教は長らく三つの選択肢に悩まされてきた。長らくというのは「聖徳太子このかた、近代仏教にいたるまで」ということだ。つまり仏教界がずっと悩んできたことがあったので

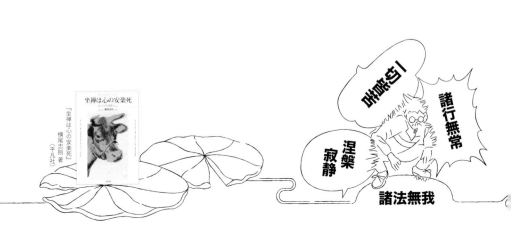

『坐禅は心の安楽死』横尾忠則 著（平凡社）

ある。それはどういうものかというと、(1)ブッダの仏教に戻るべきか、(2)大乗の菩薩道を社会に示すべきか、(3)世界宗教として説明していくべきか、この方針をめぐるものだ。

何を戸惑うのか、(1)(2)(3)とも、いずれも悩むことなく専心すべきじゃないかといえば、まさにそうなのではあるけれど、実際にはかなり迷い、かなり対立し、かなり曖昧なままになった。学問としての仏教学が迷ったのではなく(それもあったけれど)、仏教界はたいてい時代社会に応じた教団になっていて、そこに集う信者と組織がどういう方針のもとに活動していくかということが、難しかった。むろん伝統仏教系の宗派教団と新しい新宗教系の組織では取り組み方は異なるが、おおむねは似た悩みをかかえたはずである。

(1)(2)(3)がそれぞれどんな課題をかかえていたかは省略する。時代や宗派によって変化したし、戦後社会のように政教分離のクサビが打たれて痺れたままになったことも少なくない。仏教以外の宗教や思想との関連も見逃せない。たとえば(1)とニヒリズムや無常観との比較、(2)と他力思想や他者問題との関係、(3)とグローバリズムとの相性などは、日本仏教の蓋をあけるには欠かせない議論になるはずだ。

また、仏教は出家者や在家者の「めざめ」「おこない」「はたらき」を大事にする信仰なのだが、これらが(1)(2)(3)のそれぞれでどうなるべきかも、かなり面倒な課題になった。

ともかくも日本仏教は(1)(2)(3)を突き破れなかったのである。そのことが日本仏教の特色をわかりにくくさせていった原因ではないが、おそらく遠因にはなっていた。

4 「あわせ、うつろい、おもかげ」から仏教を見る

さてでは、こういう日本仏教を見るためのヒントを提供しておきたい。第一には「あわせ」からアプローチするといいのではないかという話だ。

「あわせ」というのは「歌合せ」や「貝合せ」や「絵合せ」のアワセのことで、二つもしくは二つ以上の別々の現象や形象や意匠がしかるべき「場」で合わさることによって新たな様相を呈することをいう。私はかねてから、アワセは、カサネ（重ね・襲ね）、キソイ（競い）、ソロイ（揃い）とともに日本文化の表現の根幹にある重要なジャパン・メソッドだとみなしてきた。そのアワセが日本仏教の特色に与ったのである。

アワセにつかわれるのは寓意である。日本的アレゴリーだ。仏教や仏像が日本に入ってきたとき、欽明朝の人々は初めて出会うイコンの力を蕃神（あだしくにのかみ）と呼び、神呼ばわりをした。開祖にブッダがいるなどとは思わず、霊験あらたかではあろうけれど、遍在する神のひとつだとみなした。このことは仏教が当初から何かとの合わせ鏡のように感じられていた、感じられやすかったということを示唆する。

実際にも、仏教はかなり早期から神前読経や神宮寺のかっこうをとって、神仏習合をおこした。神と仏が合わさったのだ。奈良仏教が確立してからも顕教と密教とが相並ぶと、仏教内部のアワセが進捗して顕密体制ができていったし、中世になって神道が確立してくると、そのプロセスで神道側から仏教イコンを取り合わせるという、いわゆる本地垂迹説が熱くなり、仏は日本の神々の仮の姿であると説かれもした。

日本の社会文化に仏教を合わせていくことは容易だったのである。これは中国では儒教と仏教、道教と仏教がなかなか相容れず、しばしば道先仏後とか仏先儒後とかと言われたのにくらべて、やはり特異なことだったと思われる。けれどもそこにいち早く気づいたのが聖徳太子や蘇我氏や、また道昭や行基や良弁だったのだろうと思う。

第二には、「うつろい」が関与したと見るといいのではないかという話だ。ウツロイは「移ろい」のこと、変化しつづけるものをいう。ウツルが変化をあらわすイメージ語で、漢字をあてた「移る」「映る」「写る」「感染る」は相互に関連しあうウツルであった。

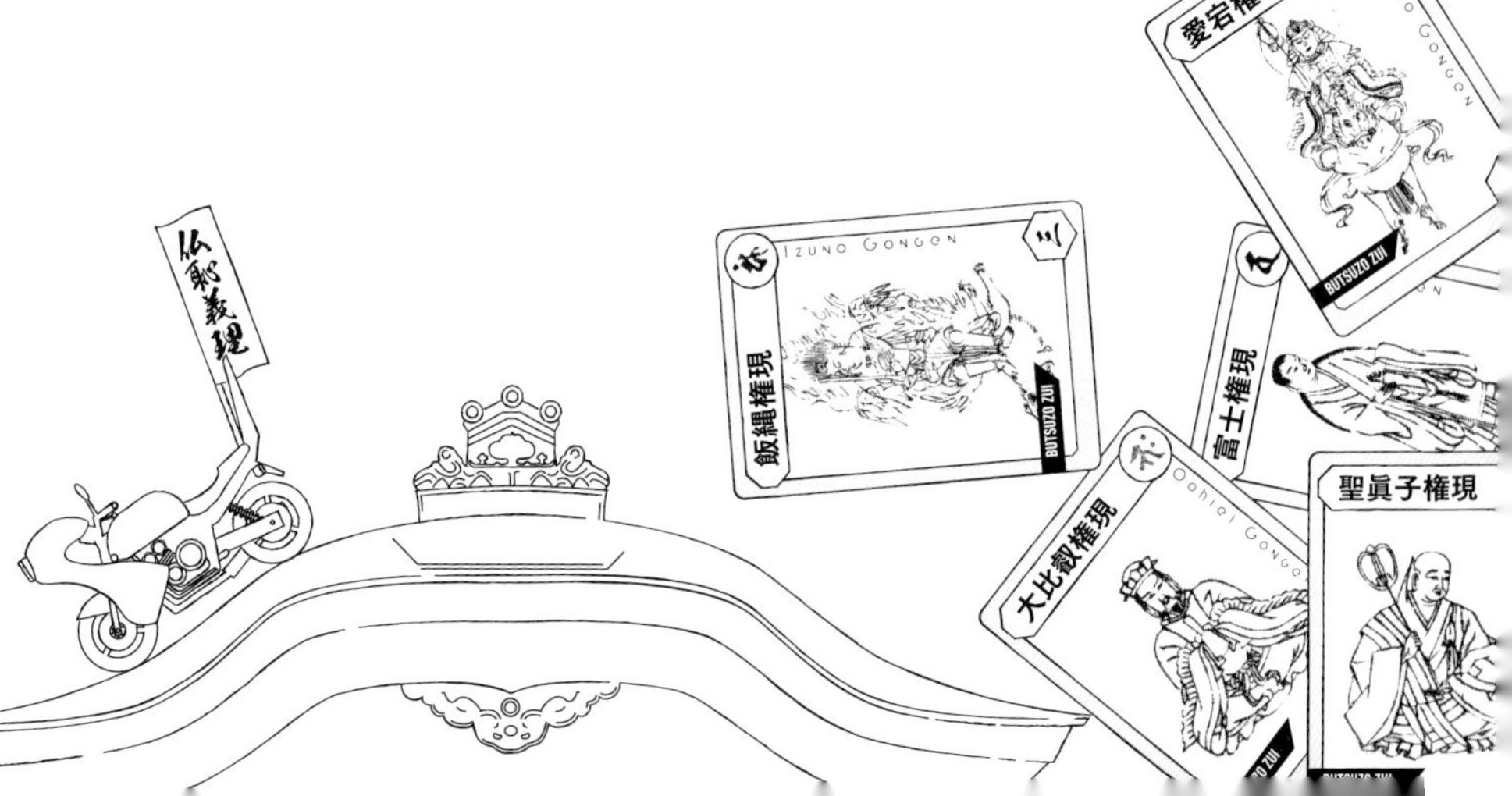

もともとはウツ（空・虚）がカラッポのスタートにあって、そのウツからウツロが、ウツロからウツロイが始まり、そこへ「移る」「映る」「写る」が周囲にたえまなくおこっていったのだろうと思う。

ここで注目するべきは、ウツとウツロからはじまったウツロイがさまざまな変化をくりかえしながらウツツに至ったということである。ウツツは「現」という漢字をあてる。すなわち現実的（リアル）で、アクチュアルなこと、それがウツツだ。これに対してウツ・ウツロはヴァーチャルな端緒だ。なんと日本人が捉えた変化は、ウツ（空・虚）がウツツ（現・全）にいたるものだったのである。ナッシングが変化をおこすうちにエブリシングに及んだということなのである。

このことは、仏教が「空」を重視することによって、かえって森羅万象に仏性を感じるような認識を提供しようとしたことを日本的に理解するのに役立ったにちがいない。

第三には、日本人に「おもかげ」という見方があったことが、日本仏教に独特の特色をもたらしたと考えられるのである。「おもかげ」は面影、俤、於母影などと漢字をあてるが、いま眼前には見えない大切なものをイメージしたときの像のことをいう。『徒然草』には「名を聞くより、やがて面影は推しはからるる心地する」とある。

ここに「それ」がないからといって、「それ」がイメージできないわけではない。われわれは亡き母を思い出せるのだし、学生時代に訪れたパリを思い出せるのだ。「それ」はリコールできるし、リマインドできるものなのだ。そのとき思い浮かんでいるのが面影だ。

藤原定家は「見渡せば花も紅葉もなかりけり浦の苫屋の秋の夕暮」と詠んだ。秋の夕暮の浜辺には何もないけれど、定家は花や紅葉をリマインドしてみせたのである。のちに武野（たけの）紹鴎（じょうおう）や千利休はこの定家の歌に茶の湯の心のすべてがあると言った。茶の湯はわずかな道具や所作によって「それ」をめぐる面影を味わう遊芸となった。

同様のことが、釈尊や浄土や仏性を想うときのジャパン・メソッドとして援用できたのでは

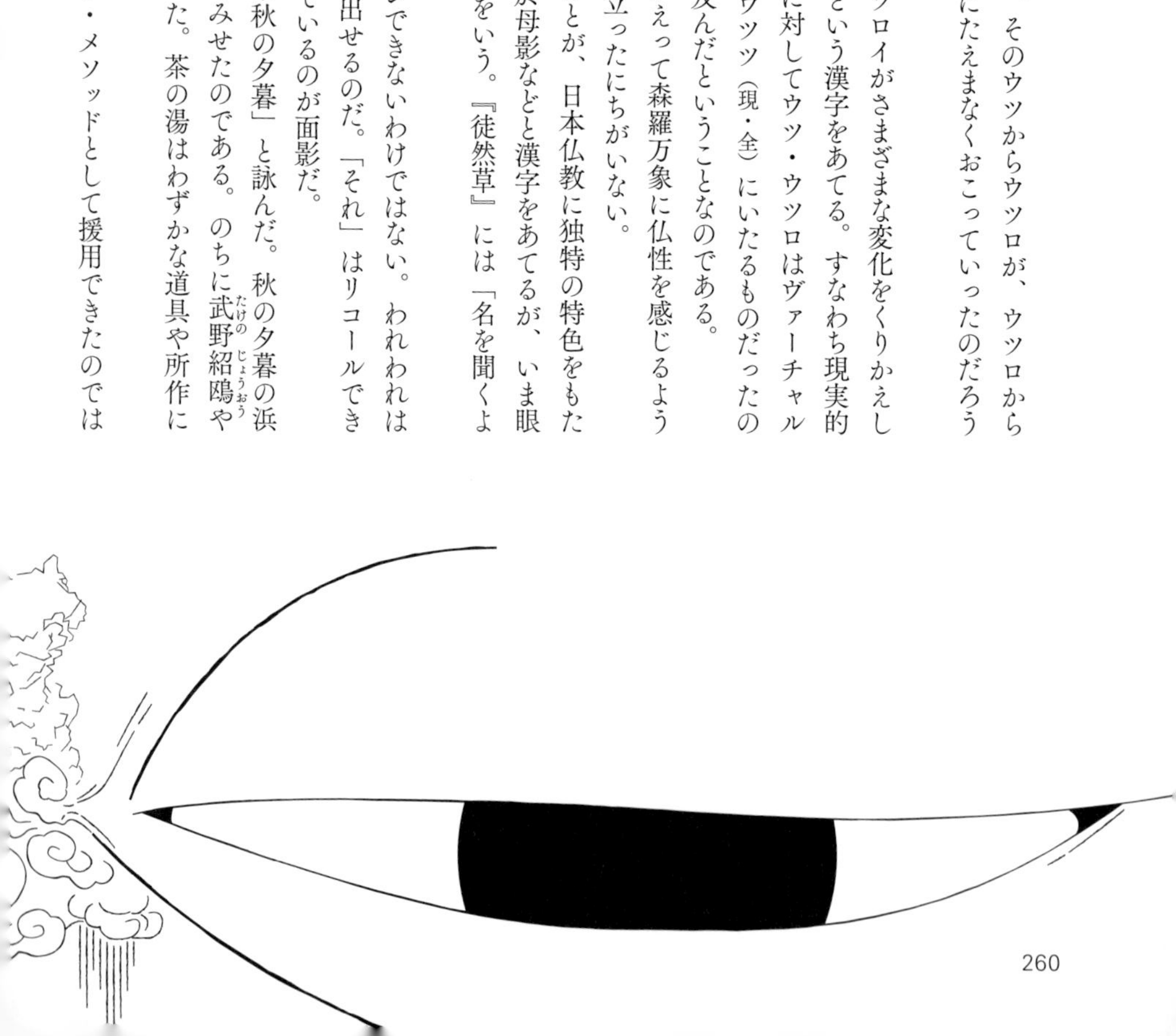

ないかと思われる。私の千夜千冊エディション『面影日本』などを読んでいただきたい。

ごくごく簡潔に三つのヒントをあげたのだけれど、日本仏教をおもしろく語ろうとすると、いろいろの迂回や短絡も必要なんだろうと思う。日本仏教界は杓子定規な教義にとらわれすぎて、こうした暗示的な回路をバカにしすぎてきたのではなかったか。

すでに述べてきたように、われわれには何事も淡泊にしたがるクセがある。このことはおそらく「四季のうつろい」「主語を省きがちな日本語の間接話法」「懐石料理好き」「日本的な音階や調べ」「水墨画やコムデギャルソンやヨウジのモノクローム感覚」「和風の間取り」などと密接な関係があると思われるのだが、とはいえ、とんこつラーメンも岡本太郎も好きなので、このあたりがごっちゃになってきた。あげく、自分たちが暗示的な回路を使っていることを、積極的に評価していないことに追いやられたままになった。

欧米のロジカル・シンキングを後生大事にしすぎたからでもあろう。それに匹敵するアナロジカル・シンキングを本気で持ち出さなかったからでもあろう。そんなことをしているうちに、なかなか自分たちの「方法の魂」を掴みにくいものにしてしまった。そもそも淡泊であろうとする傾向に何があるのかということを、もっと深く認識してもよかったのだ。

われわれが間接的で淡泊であるのは、おそらくソフィスティケーションなのである。このこと、私はスーザン・ソンタグに指摘されてハッとした。ソンタグはインド仏教、中国仏教、東南アジア仏教にくらべて日本仏教が淡泊で、かつ法然や親鸞の称名念仏のようにシンプルになっていったことを、もっと積極的に重視するべきだと言った。ついでに、欧米のロックミュージシャンたちが「みんなベナレスとかに行って仏教を暑苦しくするじゃない、あれは辟易(へきえき)するわね」と付け加えたものだ。

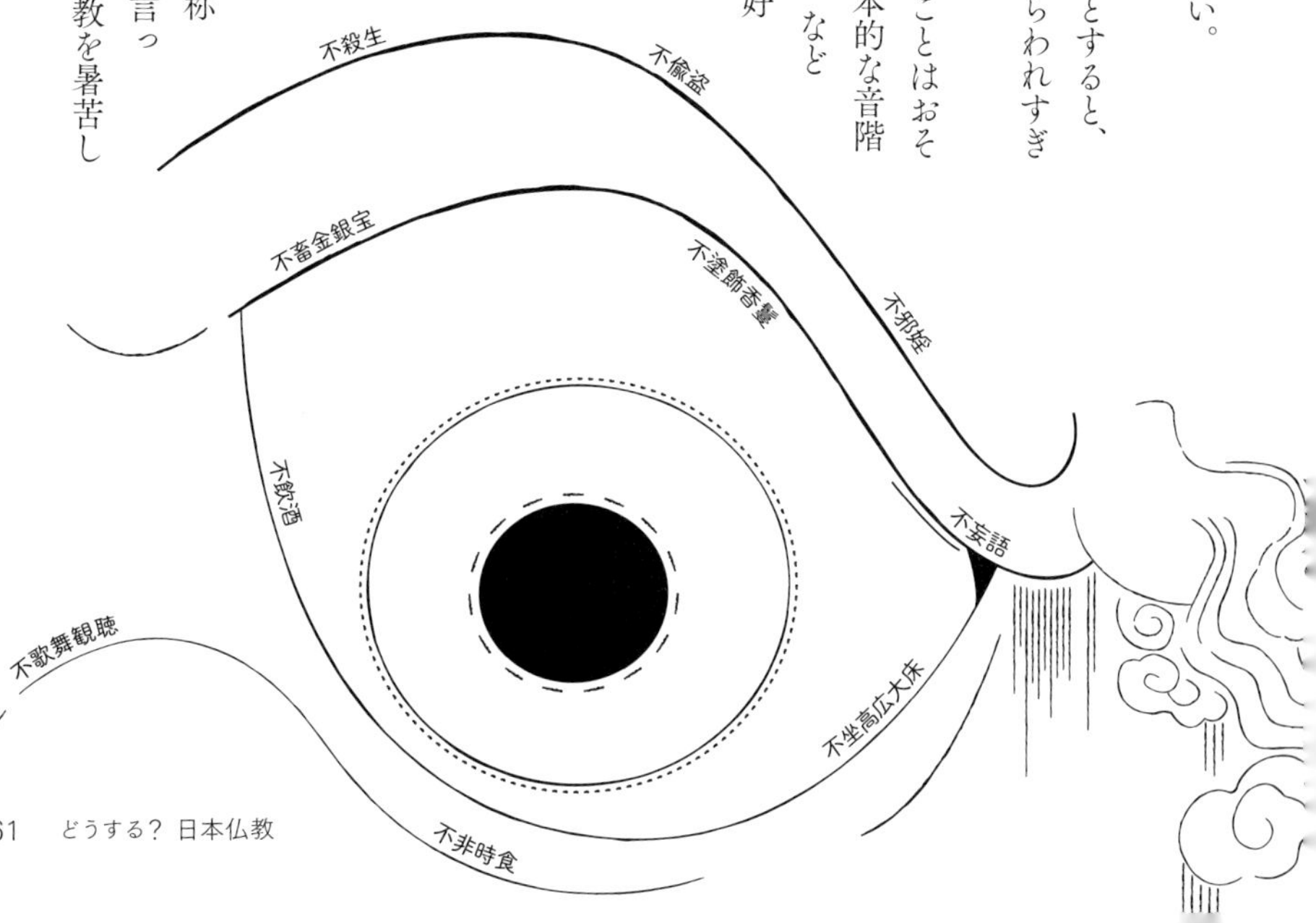

法然や親鸞の浄土教がすこぶる日本仏教的であるのはその通りだが、そこを自覚的なソフィスティケーションとみるかどうか、このへんはわれわれが日本をどう見るかにかかっている。私の見方では、南無阿弥陀仏のような念仏を重視したのは、シンプルでわかりやすい入口を提示したというメリットもあったけれど、「ウツとウツツを去来すること」や「阿弥陀仏という面影に何かを託せること」が、空也・源信から法然・親鸞の時代、より効果的なソフィスティケーションだったからではないかと思う。

近江ARSと日本仏教。ここに何かとても大事なことをアワセたい。2022年12月の第3回「還生の会」で三井寺と石山寺の声明が初めて同時に披露された。少し寒い夜ではあったが、たいへん心に響いた。つい私もボーカリゼーションに加わりたくなった。「あわせ」「うつろい」「おもかげ」はどこからおこっても、どんなふうにおこってもいいはずだ。

十二因縁・十二縁起

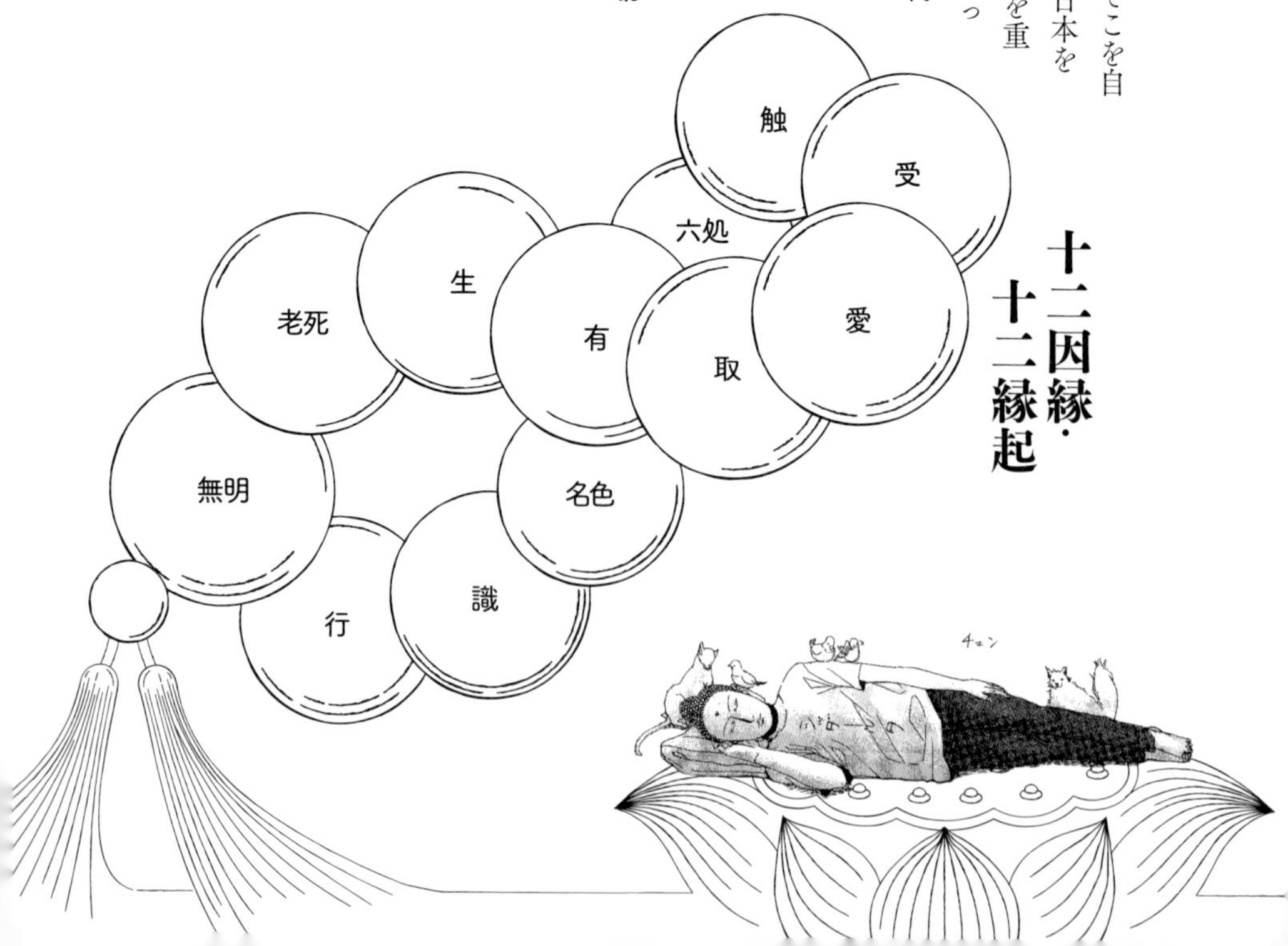

心とはいかなるものを言ふならん

福家俊彦

いまや仏教は、座して衰亡を待つ現状に直面していると言っても過言ではない。一方では、かつて寺院や僧侶が担ってきた地域の人々との宗教的、地縁的関係が急速に希薄化し、他方では、仏教を専門的に扱う学問、学術分野も細分化し、いまや双方の橋渡しをする方途を探るにもデッドエンドに陥っているというのが現状である。とはいえ寺院が潰れ、僧侶が食い詰め、研究者たちが象牙の塔にたて籠もろうとも、それはまた別の問題である。ほんとうに大事なのは、「こころ」と「ものの見方」のフェーズを変えることにある。

私たちの世界には、どうしても言い表せない部分、対象化できない異質なものがある。言葉にできない言語化される以前のもの、認識可能なものとして概念化できないもの、西洋哲学では、それを実体、本質、イデアなどと呼んできた。仏教思想における真如（しんにょ）とか空（くう）、無（む）も同様のものを指していると言ってもよい。

私たちが日常的に接している現実世界は、いくら客観的に認識可能で、堅牢で確実なものに見えようとも、それだけではない。日常生活に安住していれば、それまでであるが、世界には人知をもっては知りえないもの、一般常識が適用できず、したがって社会に回収されていない見知らぬものの領域がある。日常世界を「顕（けん）」とすれば、他方は「密（みつ）」の世界と呼ぶことができる。

しかるに現代社会は、こうした「語りえないもの」や「目に見えないもの」の存在を無視するか、あるいは存在しないものとして社会の制度設計がなされている。人間の理性が及ぶ範囲など限られているにもかかわらず、それだけがすべてで、合理的と考えている。その結果、目指すべき理想とは裏腹に、ただでさえ息苦しい世の中を改善するどころか、逆方向へと加速させている。ことに子供たちの未来を思うとき、とうてい幸せな社会に向かっているとは思われない。いま仏教を学び直す意味は、いつにここにある。

ただ、ここでひとつ問題が生じる。言語によって「語りえないもの」を語るにも言語でしか語りえず、「目に見えないもの」を認識するには、何らかの表現を通してしかできないということである。そこで私たち自身、いったん日常的な認識の枠組から解放されることが求められる。この日常の世界とは異なる、もうひとつの「ものの見方」を会得することに関しては、古代以来、膨大な知的営為が洋の東西を問わず積み重ねられて

きた。仏教にしても日本の思想にしても事情はまったく同じである。

ところが、専門家は別にするとしても、私たちは、あたかも壮大な図書館の書架に収められた数えられないほどの書籍を前に圧倒されるかのように、「語りえないもの」を語り、「ものの見方」を変えるための「こころ」を学ぶ努力を怠ってきたように思われる。問題の核心の手前で立ち止まり、些末な議論に終始するような隔靴掻痒の感がある。いまこそ仏教を背景にもつ日本人が培ってきた日本の思想、日本の言葉で語ることの必要を感じている。これがいま仏教を学び直すもうひとつの意味である。

かつて一休禅師は「心とはいかなるものを言ふならん墨絵に書きし松風の音」と詠み、松尾芭蕉は「松の事は松に習へ、竹の事は竹に習へ」と述べ、本居宣長も「もののあはれ」を知れと言った。いずれも耳目を閉じてこそ見えてくる別次元の眼差しが必要だということである。宗教の核心にある「聖なるもの」という、もうひとつの異質なものの深奥まで踏み込んでいくには、どうしても私たちの「こころ」を変えなければならない。

この「こころ」を研き、目に見えない光景に出会うこと、それが死者や神仏を含めた世界を「顕」と「冥」の基本概念で考察されている仏教学者・末木文美士さんを近江ARS「還生の会」にお招きした所以である。

拡散する仏教

異界としての近江から

末木文美士

思いもかけず近江ARSの渦に巻き込まれ、還生の会で舞台の真ん中に押し上げられて、右往左往している。京都に住んでいた頃、近江という地域がずっと気になりながら、なかなか踏み込めないままに東京に戻ってしまったので、その宿題を果たしている気分だ。

京都に住んでよかったのは、「日本仏教」が抽象的に単一なものとしてあるのではなく、地理的な「場」を持つ多重なものだと知ったことだった。世俗都市として構想された平安京は、その周囲を墓場に囲まれ、そこに寺院が建造され、聖域として整備されていく。とりわけ鴨川を渡った東山一帯がもっとも顕著に発展した。そこでは、鳥辺山（とりべやま）と清水寺を軸として、死者と神仏が一体となった強力なバリアが張られた。白河院政も平家の六波羅（ろくはら）も、そして法然の念仏や栄西（ようさい）の禅も、この周縁の危険地帯に拠点を置いた。秩序の外なるエネルギーこそが最大の武器であった。

六波羅蜜

精進

忍辱

布施

その奥に比叡山が控える。最澄は王権に従属するのではなく、王権と対等であり、それどころか、王権を精神的に導く仏教の理想を高く掲げた。「真俗一貫」というスローガンは、仏法（真）と王権（俗）が同じ菩薩精神をもって手を携えて国を築こうという強い意欲の表明であった。実際、王権と仏法という二つの極の拮抗と協力の中に、その後の日本の歴史は展開する。王城を見下ろす聖なる山は、最澄の揺るぎない精神を象徴する。

平安京は、どんなに周縁に発展しても盆地という地理的範囲を超えることができない。今では京都は疏水によって琵琶湖に結ばれ、連続しているかのようにイメージされるが、もともと近江は他国としての断絶が強かったであろう。平安貴族にとって、石山詣は長谷詣とともに、京都盆地の生活空間を出て、聖なる異世界に入るもっともルーティン化された機会であった。

そして、その異界への境界をなすのが逢坂（おうさか）の関であった。蝉丸（せみまる）伝承は、境界と障害者の結びつきを示す。やや時代が下るが、一遍が関寺（せきでら）で踊念仏の興行を行なったのも、境界が持つ聖性故であった。その境界と関わる園城寺は、延暦寺の秩序をはみ出したところに、アジール的な聖域を形成することになった。

院政期には、それまで南都北嶺の大寺に集約されていた仏教の拠点が他の地域に広がる。伯耆（ほうき）の大山（だいせん）にいた基好（きこう）は、栄西の密教の師として知られるが、慈円（じえん）もまた基好から伝授を受けている。中央の仏教界のトップが遠隔の地に師を求めなければならなかったのである。栄西と激しい論争を交わした尊賀（そんが）は太宰府の原山（はらやま）の僧であり、北九州の教学の水準がそれだけ高かったことを示す。こうして中世仏教は全国規模に拡散し展開することになるのである。

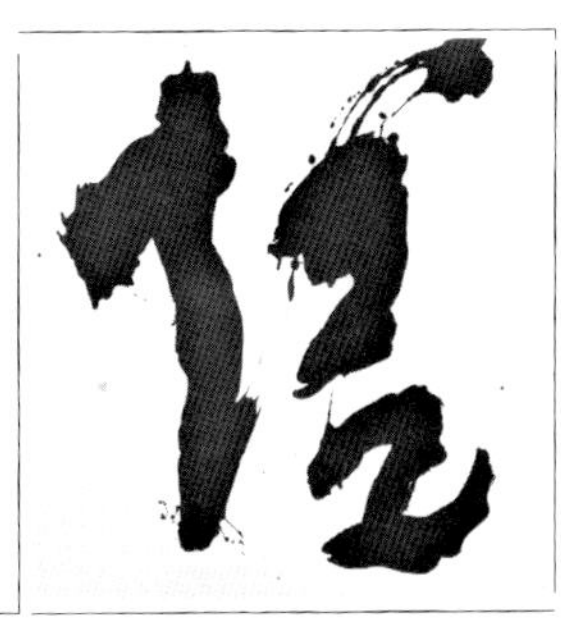

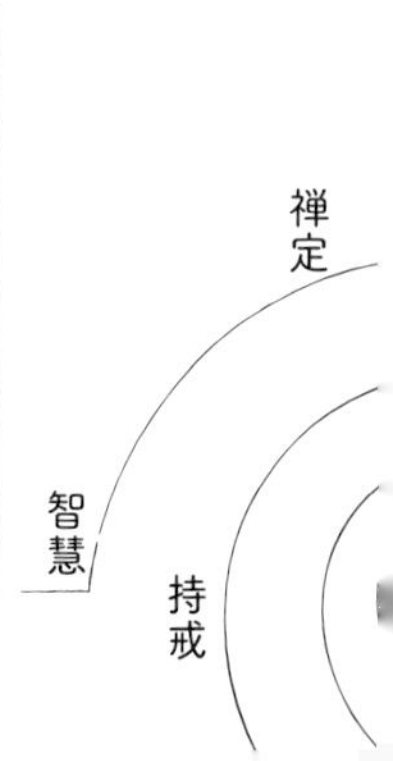

最澄から令和へ

構成・講義：末木文美士

1 日本仏教の見方——近江からはじまる

6世紀ごろに日本に伝わったとされる仏教は、日本人を取り巻くさまざまな要素と混ざり合い、「日本仏教」という独自の思想として形づくられてきた。21世紀の仏教のラディカルな読み解きを通し、その「別様の可能性」を三者三様の視座から掘り下げる。

2 国家と宗教——最澄の目指したもの

最澄は、人は誰でも悟ることができるという一乗主義のもと、法華経を軸とする天台の教えを広め、理想の仏教国家像を追った。「王権」と「仏法」がならびたつ日本の両極構造とは何か。最澄と空海が築いた日本仏教の基底をめぐって、三者の読みが交差する。

3 草木は成仏するか？——日本仏教の自然観・人間観

平安前期の天台僧・安然が日本人の自然観を映した草木成仏論を唱え、あるがままの現象世界そのものを悟りとみなす天台本覚思想の端緒となった。〝別〟な見方をいかに去来させることができるのか。アートやボーカライゼーションの視点からも仏教を語る。

4 中世仏教のダイナミズム——鎌倉仏教観の転換

鎌倉新仏教の出発点には、新旧仏教の対立ではなく、新旧一体の仏教復興運動があった。生死の境をまたぐ中世の戦乱を経て、仏教は国家鎮護から個人の救済へ向かう。「顕と冥」の構図で世界を捉えなおし、現代は後退しつつある「冥」の再考へ誘う。

5 土着と論争——近世仏教の魅力

幕藩体制による制約が強まった近世だが、受難の時代だったわけではない。天海(てんかい)、鳳潭(ほうたん)など新たな仏教改革者が登場し、寺檀(じだん)制度や葬儀を通して庶民と寺院の絆は深まっていく。近世仏教堕落論を乗りこえ、多元的な世界観をもつ江戸期の仏教を語り尽くす。

6 近代仏教の苦闘——グローバルか、ナショナルか

明治以来の近代化の渦中で、神仏分離、廃仏毀釈(はいぶつきしゃく)と仏教弾圧が進む。グローバルな宗教動向を視野に入れ、島地黙雷(しまじもくらい)や清沢満之(きよざわまんし)らの仏教者は、日本仏教の生き残る道を探った。維新期の神仏、国体と仏教、霊性論と仏教を比較しながら、非合理なものへの精神性を問う。

7 神と仏の間柄

神仏習合は、神と仏が無秩序に混ざりあうことのように思われがちだが、それは間違いだ。習合の歴史には、外来の強力な仏教を、日本が主体性を保ちつつ、どう受け入れるかという苦闘の跡が隠されている。そこからやがて神道が自立して独自の思想を形成する。

8 大乗仏教と菩薩の倫理

最澄にはじまる日本仏教の「菩薩の理想」の源流は、初期大乗経典に見出される。とりわけ『法華経』は、一切衆生は菩薩であるという高い理想を掲げた。菩薩は他者との関係の中にある。そこに輪廻を繰り返しながら他者を利するという広大な実践が生まれた。

文・近江ARS

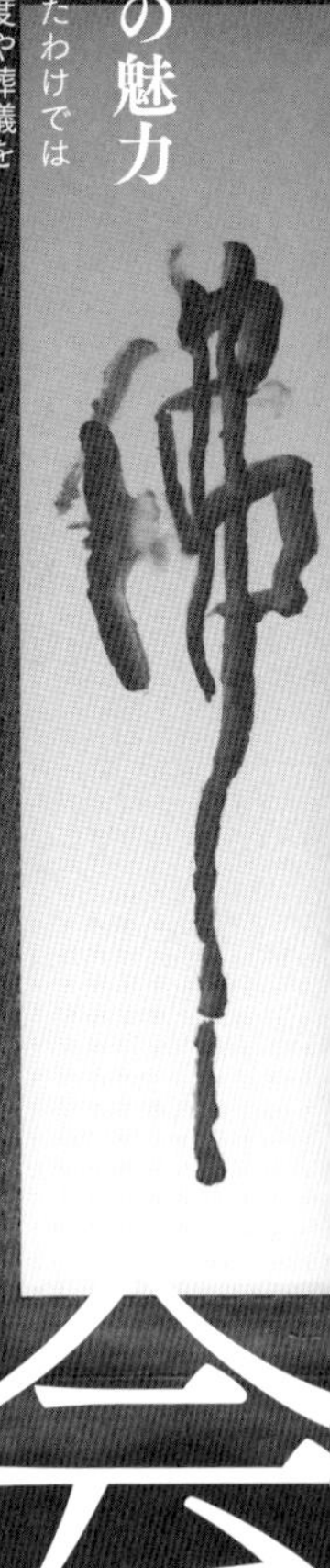

還生(げんしょう)の会

顕と冥をめぐって

鼎談 1

松岡正剛
末木文美士
福家俊彦

2022年5月23日
三井寺講堂
第1回還生の会より

隠るるもの——冥の世界に虚と実を重ねる

松岡◉最近、近江ARSの有志たちが、末木さんの本を共読して、「顕と冥」というものに衝撃を感じているんですね。仏教には「顕れるもの」と「隠れるもの」があって、シークレットドクトリンではないですが、目に見えず隠れているものがあるのだと。天台座主の慈円は、まさに『愚管抄』で、「冥で顕は語れず、まして顕で冥は語れない」と言った。そこに日本仏教を解き明かす一つの入り口があるのではないかと思います。

一方で、日本という方法で、私が一番注目しているのが、「虚と実」です。たとえば、芭蕉は「虚に居て実を行ふべし」。それが俳諧であって本当の侘び寂びだ」と言った。つまり、「空・仮・中」の「仮」から入れと。「仮」は「フェイク」にあたりますが、もっと今風に言うと「バーチャル」。本来のバーチャルというものは隠れているのだから、そこから入ったらいいと説くわけです。

「虚と実」や「顕と冥」という見方は、あるいは悪と正義、

日本という方法で一番注目しているのは「虚と実」です
——松岡正剛

普遍性と特殊性、物語でいえばドストエフスキーとトルストイといった難題を考えるうえでも、日本風にかなり工夫された見方だと思えるのですが、どうでしょうか。

末木●「顕と冥」は、さまざまに応用できる可能性もありますね。もともとは慈円の歴史、思想史的な視座から取り出した概念モデルですが、たとえば密教では「見えないけれども裏にあって人に作用する」という意味で、神仏のようなものに対する使い方もある。ここらへんは、もっと実証的に研究していく必要があります。

松岡●いわゆる冥土の「冥」でもあるわけですね。そもそも「冥」とは何でしょうか。

末木●象徴的なのは死者の存在で、私の研究の場合、ある時期から死者の問題に取り組むようになり、そこから神仏へと至るルートを考えようとしたんですね。死者は見えないけれど、われわれに何らかの形で力を及ぼしてくる存在なのではないかと。すると現象的に目に見えるものだけでは解決しないような問題がでてくるのです。

松岡●いわば生と死のあいだに「冥」があると。

末木●ええ、われわれはふだん公共空間に生き、法律や契約にもとづく約束事がきちんと成り立つ領域にいるわけです。ところが、そうした論理が通用しない領域がある。それが「見えないもの」であり、他者領域です。言語で説明できない最たるものが死者の問題だったわけです。

松岡●そこから神仏へ切り返していったんですね。

末木●たとえば、仏像は目に見えますが、それが

論理が通用しない領域がある。それが「見えないもの」であり、他者領域である

——末木文美士

「冥」を対象化して語れば、もはや「顕」になってしまうのではないか

――福家俊彦

本当の姿かというと、どうやら本当の仏はその奥にあるらしい。密教の儀礼は仏が場に降臨することで成立しますが、その仏は目に見えない。けれども絶対にやって来る。そのことを考えないと宗教の問題はわからない。

宗教に限らず、そもそも人間の生活はそういった「見えないもの」との関わりで成り立っているとも言えます。表面的には言葉で会話しているように見えても、実際は言語化できないところで人間同士は関わっているわけです。

他者領域に注目して歴史を見ていくと、じつは中世の仏教者がすでにこの問題をしっかりと考察していることもわかってきた。そこで自分の仮説が歴史的にも証明できるのではないかと考えているわけです。

聖なる言葉と揺らぐ時間

福家◉「顕と冥」について教えていただきたいのは、一つは語り方の問題です。「冥」を対象化して、固定化して語れば、もはや「顕」になってしまうのではないか。どういう言語化の方法がふさわしいのでしょうか。

末木◉一般的な論理言語では、真偽が確定して推論が成り立ちます。それに対して、ポエムのように真偽では捉えられない詩的言語もある。いったい仏教の経典やキリスト教の聖書

における聖なる言葉とは何なのか。それは人間がつくった言葉ではなく、神や仏から与えられた、われわれが受け取るしかない言葉です。ある意味で真言であり、分析的には解明できない。つまり、宗教は別のレベルの言語から成り立っている。
まずそこから考えなくてはいけません。

福家◉もう一つ聞きたいのは時間の問題です。「冥」は、はたして永続するようなものなのでしょうか。いまこの瞬間に「冥」を感じることができても、時間が持続すれば、「顕」に変わっていくのではないか。どう理解すればいいでしょうか。

末木◉まず、われわれが用いる「時間」概念そのものが、歴史の中で構築されたものだとも言えますね。それこそ宇宙の始まりの「時間以前のもの」をめぐる問題も、かつての物理学では解き明かせないテーマだったものが、今日でははっきりと議論できるようになってきている。歴史的に「時間」概念ができあがってくる過程があって、科学の方が後追いしているところもあるんですね。

だから、じつは「時間」の中で他者的なものがどう関わるかが問題なのではなく、むしろ他者的なるものは、既存の時間そのものを揺るがしていく。それは簡単に「時間以前」とか「瞬間即永

遠」と言えるものでもありません。

その揺らいだ時間の中に死者が現れるということは、過去が現在の中に入り込んでくるということでもあり、時間はかならずしも固定せず、揺らいでいると考えなくてはいけないんですね。

揺らいだ時間の中に死者が現れるということは、過去が現在の中に入り込んでくるということ

——末木文美士

顕と冥の隙間に見る数学的世界像

松岡●今度、私は「数学的世界像」についての本（『初めて語られた科学と生命と言語の秘密』）をカオス研究者の津田一郎さんとつくりますが、そこでは確率的なものがテーマになっているんですね。たとえばシュレーディンガーの猫のように量子レベルまで見ていくと、実際に観測するまでは対象が生きているのか死んでいるのか言明できなくなる。それは生と死という概念が、とうてい量子に及ばないからです。

そこで、物理学者のデヴィッド・ボームは、福家さんや末木さんがおっしゃったような、時間のうつろいをもつ言語、推移のたびに流体性が変わる言語をつくった。ラテン語を解体し、エスペラント語のようなものをつくってみせたわけです。

仏教と量子力学は、そろそろ出会っていい

——松岡正剛

福家◉言語のモードを動的に変化させたのですね。

松岡◉私は、仏教と量子力学のようなものが、そろそろ出会っていいのだと、はっきりと思っています。湯川秀樹さんがそれをずっとおっしゃっていて、「空海と素粒子は一緒に考えなくてはあかんのや。物質の奥には何があると思う。アトムではないで。ハンケチを畳める隙間があるんや」と。ハンケチというのがさすがで、おぼつかないものが根本にあるということですね。それが「顕と冥」の隙間にもあるのではないか。こんな仏教論を「還生の会」ではやっていきたいわけです。

福家◉そのように自由な批判精神で語り合えることが大事で、今の時代だからこそ、仏教も思想として、やれるところまでいったんやったほうがいいですね。

松岡◉まさにそうです。最後に一言。「冥福を祈る」という言葉がありますが、これはすごいとずっと感じてきました。冥なるものの福。親しい方を亡くされた方が大勢いるはずですが、その冥に「冥福」という世界を設定しているというのは、なかなか意味深いことだと思います。

最澄（さいちょう）を逍遥（しょうよう）する

鼎談2 discussion

松岡正剛
末木文美士
福家俊彦

2022年8月21日
三井寺講堂
第2回還生の会より

なぜ空海や最澄は密教にしたのでしょうか

——松岡正剛

平安仏教を読み解くカギは密教

松岡◉第2回のテーマは「国家と宗教」ということで、近江あるいは日本仏教を考えるうえでキーになる最澄と空海の平安仏教、とりわけ、なぜ「密教」かというところから議論に入りたいと思います。南都六宗と言われるものがありながら、なぜ空海や最澄は密教にしたのでしょうか。末木さんに解剖していただきたい。

末木◉最近考えているのは、中国には漢民族と周辺民族がいるということです。これまでは東アジア仏教というと、漢民族からストレートにくるものだけを視野に入れていたと思うのですが、じつはモンゴルの元朝や清朝も異民族支配の時代。彼ら周辺民族はわりと密教を重要視するわけです。とくに清朝は完全にチベット系仏教。周辺民族を含めて考えれば、中国では密教が非常に盛んなのですね。

ところが漢民族は密教嫌い。これは不思議ですね。思うに、漢民族は秩序をつくるのに、儒教の秩序を中心に置くわけです。だから、それと合致しやすい禅のようなものが重視され、密教的な呪術は道教に吸収されていった。

一方、周辺民族では、仏教とりわけ密教的なものが重視された。なぜかというと密教は世界観をもっているからです。じつは、仏教はトータルな世界構造が見えにくいという特徴があります。しかし、密教には明確な世界観があり、いわゆるトップダウン型の支配構造のようなものも読み取ることができる。だから周辺民族に重視されたのではないか。

松岡◉空海は、それまで南都に伝わってきたものとは違った、密教的な最新の知識を得ようとしていますよね。

末木◉最澄とは違って、空海は密教をメインにしていますね。当時はまだ密教の生成期であり、唐という時代は異民族が入り込んでいて、中国の歴史でもかなり異質な構造を持っていた時代です。

松岡◉それ以前は雑密（ぞうみつ）と呼ばれていました。

末木◉そういう中にあって仏教、なかんずく密教が重要視され、それを空海が持ち込んだ。じつは空海の仏教はかなり顕教的な密教なのですが、その体系の中に巧みに諸宗を組み込んでいくわけです。

排除されたものが密教につながっていく

松岡◉なぜ密教か、福家さんはどう思われますか。

紙本著色 伝教大師像

漢民族は密教嫌い。これは不思議ですね

——末木文美士

密教という、国家に収まりきれないものが、仏法の中で仕返しする

——福家俊彦

福家◉一つの仮説を考えています。「国家と宗教」というテーマで言えば、弘法大師の時代、9世紀の前半くらいまでは、国家と宗教の間にはあまり軋轢（あつれき）はなかった。ある意味、蜜月（みつげつ）時代と言ってもいい。

松岡◉そうですね、聖武時代くらいまでは。

福家◉けれども時代が過ぎ、王法と仏法とが分かれてくると、われわれが近江ARSでテーマにしている「別所（べっしょ）」ともつながりますが、排除されるもの、除外されるものが、どうしても出てきますよね。それを国家の中に回収できなくなったのではないか。

では、どこで回収するかというと、仏法の方でなんとか回収するしかない。それが密教であり、別所だったのではないでしょうか。密教は「秘密仏教」とも言いますが、この「秘密」というのは、王法と仏法の蜜月時代には出てこなかった象徴的な言葉であって、否定の論理を含んでいるのだと感じます。

松岡◉国や世間から排除されたものが、密教につながっていくわけですね。

福家◉もとをただせば、日本の場合は、自然、とくに山に対する宗教というものも、どこかで根っこになっているわけです。空海と同じく、最澄も比叡山に入った。そういう根っこの部分があって、密教という、国家に収まりきれないものが、いわば仏法の中で仕返しする。中国で周辺民族のほうが密教に親近感があるというのも、そういうところにつながるのではないかと思うのです。

松岡◉おそらく漢民族の中華思想がセンターを張るのが、周辺民族には気にいらなかった。

福家◉のちに中世になると日本は神仏習合の世界ですから、否定的なものがもっとはっきりと前面に現れ出てきます。だから、なぜ密教を選び取ったかというのは、日本がもっていた仏教以前の山の信仰が根っこにあって、それが密教と結びついたのは間違いないと思います。

その否定性、排除され除外されるものの当体はいったい何なのか。最澄も入唐時には、そ

最澄は一乗でいくと決めていたのか

——松岡正剛

れほど密教に対する理解というのはなかったと思います。たまたま、「こんなんあったわ」という感じでしょう。それが帰ってきて、もちろん空海とのやり取りもありますが、法相宗の徳一と三一権実論争を始めます。そして晩年は、大乗戒にそれこそ命がけで取り組む。そういう流れの中で、おそらく密教の道というものを、最澄は感じとったのではないか。弘法大師がいきなり密教へいくというのは、若い頃からそう思ったというか、直観的なものがあったのかもしれませんが。

松岡◉もしかしたら、国家論が違うかもしれませんね。

福家◉ちょっとそういう感じかもしれない。

最澄と法華経、天台三大部

松岡◉最澄にはのちに顕密体制とよばれるような、顕教と密教の意識はあったのでしょうか。それとも大乗一本というか、一乗でいくと決めていたのでしょうか。

末木◉最澄の体系の中では、密教は大きな位置を占めていません。むしろそれを統合していくのは法華経です。法華経は一乗で、それがすべての仏教を統合していくというのが基本ですね。

松岡◉そこですね。空海は法華経の上に華厳をおいて、おそらく般若三蔵から長安でいろんなことを学んで、華厳から一挙に密教へ行ってしまいますね。でも、最澄は法華経に戻ってくるというか、天台智顗に向き合った。

福家◉最澄の場合は決定的に法華経だと思います。天台三大部を含めて、『摩訶止観』などに

「還生の会」のために
したためた「佛」の書に
落款する松岡正剛

出会ったのが大きかった。一乗にしても大乗戒にしても、三大部も含めて法華経を漢訳だけであそこまで読み込める、核心をつかめるというのは、たぶん最澄の他に誰もいなかったでしょうね。

松岡◉最澄は、天台三大部をすべて持っていたのですか。

福家◉全部手元にあります。だから言ってみれば、最澄というのは、小乗仏教にたいするアンチテーゼとして出てきた大乗仏教運動みたいなものです。「真俗一貫（しんぞくいっかん）」という言葉がありますが、これは出家主義も否定して、在家、さらには男女も含めてしまうというものです。それはある意味、お釈迦さんが目指していた考えでしょう。

そこまで何百年もさかのぼって読み取ったというのは、やはり最澄のすごさということに尽きると思います。それを現実の社会で、なんとか実現したいというのが『山家学生式（さんげがくしょうしき）』。それこそ「国宝」という、人材育成に本当に命がけで取り組んだのですね。そういう意味では、最澄の生涯は必ずしも幸せではなかったかな、という感じはしますが。

天台をめぐる論争

松岡◉50代半ばでこの世をさり、派手でもなかった。ただ、私は本を読むということは、世界を読むということとほぼ同義だとずっと思っているわけです。本の読み方について、私なりの見方をすると、空海は、法蔵（ほうぞう）や澄観（ちょうかん）による華厳解釈の手前にある華厳経そのものに向かったわけ

最澄というのは、小乗仏教にたいするアンチテーゼとして出てきた大乗仏教運動みたいなもの

——福家俊彦

福家俊彦による妙鉢の実演。妙鉢は法要に用いる打楽器で、宗派により叩き方が異なる

で、あれはアナロジーですから読みやすい。漢詩文が読めればけっこう入ってくる。けっして華厳は難しいものではないんです。だけど、天台智顗のものは、本当に読み込まないとわからない。

最澄の読みのほうが、何というか、努力がすごい。懸命ですね。ただし、空海はそれを表現できる。読んでからリプレゼンテーションに切り替えるところが圧倒的にすごい。華厳を何とでも解釈できるという、その才能はあふれるほどです。最澄には、それはない。その代わり、『山家学生式』では、学び、教えることのプロになる、ルール、ロール、ツールに徹する。これにはすごく向いていますね。

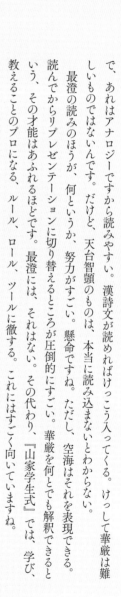

最澄の読みのほうが、努力がすごい。懸命ですね

——松岡正剛

末木◉その時代に最澄がどう天台を読んだか。中国の天台は、最澄より少し前の時代に一度衰退するのですが、六祖の荊渓湛然（けいけいたんねん）によって復活し、その湛然の注で天台のテキストを読むということがずっと行われてきたわけですね。天台智顗の書いたものは非常に茫漠（ぼうばく）としてわかりにくく、湛然が読みやすく整理したテキストを最澄は学ぶわけです。

天台三大部とは、『法華玄義（ほっけげんぎ）』・『法華文句（ほっけもんぐ）』・『摩訶止観（まかしかん）』の三つ。天台ではもともと法華経を重視しますが、傍学がたくさんある中で法華経を中心として三大部を決定したのが湛然でした。

最澄は徳一との論争で、法華経への集中をどんどん強めていきました。最後は『法華秀句』という、法華経がいかにすぐれているかということを書いて終えている。法華経中心論というのは湛然を通しながら、それをさらに最澄が発展させたという理解です。

松岡◉その後、円仁・円珍が出てきたわけですが、最澄、湛然の読みを継承していったとみていいのですか。

末木◉基本的にはそうですね。天台系の密教の大きな課題は、密教を法華経より上に置いていいのかどうかということです。最澄が考えたような法華経こそ最高という方向づけに対して、密教と法華経のどちらが優れているのかという問題が、のちの天台にとって重要になってきます。最終的に安然などは密教優越というふうに言われますが、はたしてそう言い切れるのかどうか。法華経というのはずっと重視されているわけです。

松岡◉明治になってからもずっと法華経ですからね。

末木◉はい。ただ、法華経をそれほど重視するのは、その後の伝統を見ていくと日本だけになっている。中国ではそんなに重視されなくなりますし、朝鮮はほとんど華厳。だからこれは日本独特の特徴になりますね。

松岡◉そのあたりが、日本仏教の謎を解くカギですね。

最澄が命をかけたもの

松岡◉最後に、最澄の人となりをどう思われているか、ということで締めたいと思います。福家さんはいかがですか。

福家◉先ほど申し上げたように、そんなに幸せな生涯ではなかったと私は思っています。とくに桓武帝なきあと、晩年は真意を理解されず、空海にさえ見放されるようなことも起こる。そういう意味では、自分の思いが全然伝わらないという、おそらくそれが亡くなるまで続いたのではないか。現実社会に自分の考えを落とし込むということに対して、空海とは比べ

三井流密教の伝法道場
である唐院潅頂堂と
徳川家康が寄進した三重塔

三井寺金堂で行われた音と光の演出。松岡正剛の声帯の震えを音源化して閼伽井屋の水音と重ねた

ものにならないくらい、誠実に命をかけていたと思うのですね。

松岡◉命をかけて、命を縮めていますよね。

福家◉そう思います。本当に「懸命」という言葉が核心をついている。命を縮めて、命を削って最後までやられた方なので、最澄は、おいそれと批判すべき人ではありませんし、何度も言いますが、三大部、法華経の読みは突出しているのではないでしょうか。

　私はお釈迦さんがおられた時代の仏教というものが、伝教大師には見えていたのではないかと思うのです。だからこそ「国宝」というかたちを考え、そこに日本という国や人々が立ち上がってくることが理想であると、真実にそういう思いを持っていた方ではないかと感じます。

松岡◉最澄が語れる日本が、ちょっとでも到来したらすごいですね。

福家◉そうですね。もう一度、元に戻していくべき時がきているのでしょう。そうでないと、おそらく仏教界だけではなく、どうにもならないのではないかと思います。

　いったい「信」とは何か。今はみんな「妄信（もうしん）」ということに成り下がっているのではないでしょうか。本来の「信じる」とは、天台でいえば「諸法実相（しょほうじっそう）」に通じるような、ありのままを見るということ。いろいろなバイアスや偏見を取り払って、いま目の前にあるものを如実に見ること。すべてはそこから展開していきます。伝教大師はそういうことに命をかけられたのではないかと思います。

なんだか『鬼滅の刃』みたいですね——松岡正剛

本覚と如来蔵・仏性、そして法華経

松岡◉本日は、本覚思想や日本の自然観がテーマです。冒頭で末木さんが日月山水や熊野曼荼羅を紹介されましたが、いったい日本画とか和歌とか能とか連歌、あるいは邦楽から、われわれは何を読み取ることができるのか。一言で邦楽と言ってもたくさんあり、この大津のあたりは、昔から琵琶法師が大勢いて、いまでも蝉丸神社が残っている。その蝉丸という盲目の琵琶法師の迦陵頻伽のような奏で方、語りや声に、みんな参ったといいます。蝉丸のお姉さんは逆髪、つまりドレッドヘアで、髪が逆立っていたという伝説もある。ですから、この近江のあたりは、世界が落ち着いていくことに対して、ある意味では荒ぶっていく場所だろうとずっと思っています。

まず、末木さんにうかがいたいですが、天台宗における「本覚」という言葉は、あるいは真如とか仏性、如来蔵とも言われますね。その対をなす言葉に「始覚」というものがあって、福家さんはこれを認識論や存在論から読み解いておられます。われわれが何か物事を見るときに、子どもがそうであるように、まず最初に知覚がスタートを切り、そこで始覚が生じる。

鬼滅の本覚思想

鼎談3 discussion

松岡正剛
末木文美士
福家俊彦

2022年12月21日
三井寺講堂
第3回還生の会より

それがだんだん進んでいくと、本覚として別のものがやってくる。こうした見方は仏教哲学では根本的なものでしょうか。

末木●如来蔵はインド起源で、元に『如来蔵経』という経典があります。原語は「タターガタ・ガルバ」で「如来の胎児」の意とも言われ、それを衆生が内に蔵しているという。タターガタが「如来」で、ガルバが「蔵」あるいは「胎」、胎児の母胎なのですね。そこには身体的な感覚があって、女性の胎を男性でさえ持っているというような由来があります。

それとほぼ同義で使われるのが「仏性」という言葉。「一切衆生悉有仏性」——一切の衆生はことごとく仏性を有するなどと言われます。仏性というと、抽象的な言葉だと思われますが、原語は「ブッダ・ダートゥ」。「要素」という意味であると同時に「ブッダの遺骨」「舎利（しゃり）」という意味ももつ。考えてみたら変な言葉で、衆生がブッダの遺骨を持っている、ブッダの骨が我々の中に刺さっているようなイメージなのかな、と。

松岡●なんだか『鬼滅の刃』みたいですね。

末木●そうなんですね。仏性や如来蔵という言葉は漢訳で読むと非常に抽象的に捉えられるのですが、もともとは生々しい肉体感覚があるのではないかと私は思っているのです。仏性と如来蔵の起源は別でしょうが、東アジ

衆生がブッダの遺骨を持っている、ブッダの骨が我々の中に刺さっているようなイメージなのかな、と

——末木文美士

三井寺金堂の会場へ向かう道で藁の綱をつかむ

アの仏教では意味的にイコールに近づいてきて、さらには本覚思想とも関係してくる。それが書かれたのが『大乗起信論』という論書ですね。

松岡◉これが曲者ですね。

末木◉おもしろい論書です。この書に本覚や始覚という概念が使われているんですね。この場合の本覚とは、宗教者の目的であると同時に、本来のあるべき状態を意味します。したがって、始原であると同時に、悟りの目的であるという二重性をもつ。

じつは日本の本覚思想は、法華経の解釈とも絡んでいます。法華経は伝統的に前半と後半に二分して解釈され、前半は迹門、後半は本門と呼ばれますが、のちにすべての仏教の教えは本門に帰着するとも考えられるようになります。

そして、その本門に結びつけて本覚が説かれるようになり、法華経解釈と起信論由来の如来蔵などを発展させたものが一つになるわけです。実際に法華経を読めば、本門で本覚を説いているわけではないのですが、それらが結びつくなかで、本門で究極の本覚が説かれているのだという解釈がなされていく。では、それはいったい何なのだ、というのが中世の仏教の難問ですね。

実存主義と初穂の稲魂が伝えるもの

松岡◉福家さんは、サルトルの「実存」や森山大道の写真を引き合いに出して仏教を語っていますね。サルトルの小説では、主人公のアントワーヌ・ロカンタンがマロニエの木の根っこを見て、いったいこれは何だ、と嘔吐する。彼はそこに実存を見た。福家

三井寺に伝わる巻子装の法華三部経十軸

豊穣の祈りを込めた藁の宝船のしつらえ

さんから見ると、仏教の本覚に近いもの、それがヨーロッパにおいては実存と呼ばれたと感じられたのですか。

福家◉ヨーロッパでは歴史的に、理性的な判断や認識を重視しますね。なぜわれわれが言語や道具を持ち、世界を切り分けて構築していったか。人間が人間になるプロセスを理論的に考察していったわけです。最終的にはカントが客観的な理性に人間の条件を求め、科学の正当性を証明するために力を注いでいった。しかし、サルトルの時代になると、それを超えたものに実存を見出すようになります。

松岡◉それが嘔吐の正体だったわけですね。

福家◉一方、物質を超えたものへのまなざしは、東洋にもあるわけです。話は変わりますが、私が兼務しているお寺に太神山(たなかみやま)の不動寺という山岳寺院があって、周辺の里では山の神として祀られています。そこで先月、初穂(はつほ)という、初めてのお米を神仏にお供えする行事があり、私も托鉢(たくはつ)で一軒ずつ歩いてまわりました。初穂は当然、新嘗祭(にいなめさい)と関連が深い。現代では稲をたんなる生産物とみなして収穫し、売買し、世俗化された経済のなかで扱っているわけですが、かつてはそれを稲魂(いなだま)と見ていたわけですね。

本来は霊的な存在であるものを、現代のわれわれは隠して、有用性の基準で世界を見ている。でも、初穂の儀礼のように、それをいっぺん元に戻すという行為が、昔から存在していた。これをどういうかたちでもう一度つ

本来は霊的な存在であるものを、現代のわれわれは隠して、有用性の基準で世界を見てしまっている——福家俊彦

三井寺と石山寺による声明
「四智讃」「散華」の実演

くり直すか。われわれの寺の儀礼などもそうで、近江ARSでも声明をやらせてもらいましたが。

松岡◉声明でジャラジャラジャラジャラと聴こえると、何かがふっと戻ってきますね。

福家◉そのあたりの仕掛けをもう一度考え直し、われわれの手で新たに立ち上げられることがないかと模索しています。

ホトケとトップカルチャー

松岡◉いまの21世紀の日本仏教を考えるには、芭蕉でもいい、西行でもいい、もちろん世阿弥でもかまわない、あるいは玉三郎の「鷺娘」でもいいと私は思っています。福家さんも、「松の事は松に習へ」と、サルトルの話から一挙に芭蕉に飛んでみせる。それがいいところだと思うのです。

一方で、やはり天台本覚とか、法華経の迹門に対する本門とか、そういうものを忘れたくはない。たとえば、ヨーロッパのルネサンスやバロックの絵画、20世紀のフランシス・ベーコンなども、やはりキリスト教をちゃんとやっている。ヨハネをどう描くか、十字架からどう降ろすかということを本当にみんなで議論し、アート・スクールで教わり、デッサンし、トルソーを描いて、しだいにカラヴァッジョのようになっていくわけです。そういうものを見ると、仏教を使ってアートや学習、トップカルチャーまで行ってもいいのではないでしょうか。

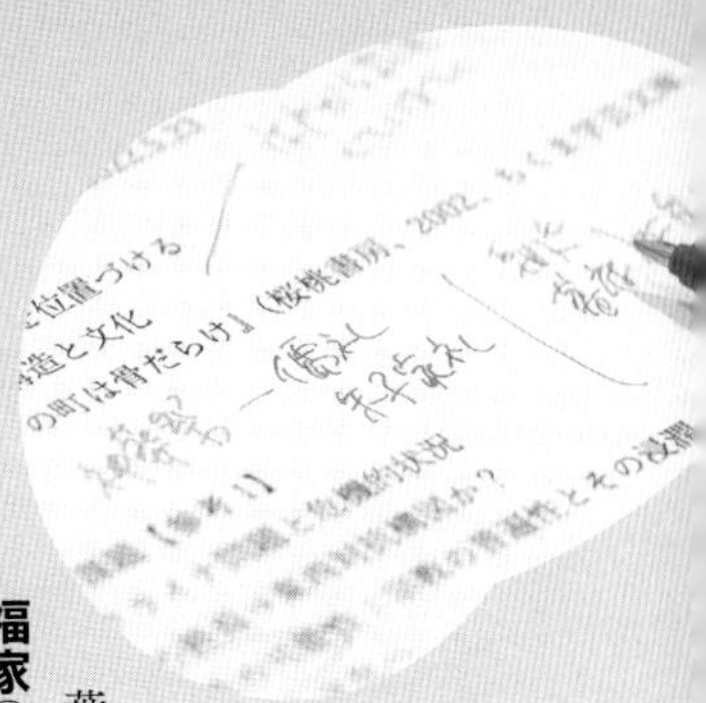

たとえば、最近のファッションでは山本耀司の男物が急激に力を持ちはじめています。その耀司があるときから「言霊がほしい」と言い出した。日本のファッションには、そういうのが足りないと。私たちはアートやファッションだと思うから、言霊どころか言葉なんかクソ喰らえと思っていた。しかし、耀司は言葉を着けたいと言う。それで、よせばいいのに私が綴った「南無阿弥陀仏のコートかな」といった言葉を、服にプリントしはじめたりしているんですね。

福家◉構造的な枠組みというのは、通底する部分があると思うんです。ただそれを仏教用語でやるというのが、なかなか至難なのですね。もちろん仏教の専門用語は、研究者の間では概念がある程度きちっとしているので、楽といえば楽。しかし、それを使っていくと、いっそうわけが分からなくなり、誰も聞いてくれないということになる。

松岡◉そうですね。抹香(まっこう)臭くなるのでしょうか。

福家◉ええ、抹香臭くなると具合が悪いので、できるだけ普通の言葉、普通の日本語でそういったことを語れるといいと思うのですが、それが難しい。けれども、なんとかそれをやりたい、と思っているのです。

三井寺・勧学院客殿一之間襖絵
「四季花卉図」より

女人往生と言えば変成男子も。仏教の持っている多様性は、普通のジェンダー論では説けないのではないか

——松岡正剛

仏教・ジェンダー・セクシュアリティ

福家◉仏教を言語化するうえで難しいのが死の問題と、もう一つ、性の問題があります。いうところのジェンダーやセクシュアリティではなく、本当の性の問題。昔から問われていますが、われわれはもうひとつ言い淀んでいる。女人往生なども、もう少しちゃんと言語化していかないといけない。

松岡◉末木さんが言われた如来蔵も、釈迦の骨ということですから、たんなる骨ではないかもしれません。そういうものを観じるとか、あるいは女人往生といえば変成男子もそうで、仏教のもっている多様性は、普通のジェンダー論では説けない何かがあるのではないでしょうか。

ひょっとしたら白洲正子さんなどは見抜いていたかもしれませんが、観世音菩薩というのは、男か女か分からない。けれども三十三変化するわけで、男でも女でもあると。そうなると、いわゆるジェンダー的な思想やビリー・ミリガン的なキャラクターからでは、あるいは生物学的なものでは、観音というのは語れないと思うのですね。まだ仏教のジェンダー論やセクシュアリティは取り出されていないのかな、という感じがします。

末木◉セクシュアリティの問題ですが、仏典は露骨な表現も多いですね。たとえば律蔵などでは、僧団は男集団ですので、性的な衝動をどう抑えるかという問題がある。はたして阿羅漢という聖者になったら、夢で精を漏らすことがあるのかないのか、というような問題が、あるときには教団分裂の原因にもなってくるのですね。ものすごく現実的な問題として性が論じられるわけです。

また、浄土仏教のもとになる『般舟三昧経（はんじゅざんまいきょう）』というものがあります。これは比叡山で行われる常行三昧（じょうぎょうざんまい）のもとになった経典で、般舟三昧とは、七日七晩ひたすら阿弥陀仏のことを想うと、仏が夢とも現ともなく目の前に現れるという行法です。

その経典の中で、ある者が「そんな遠くにいる仏がどうして目の前にやってくるのか」と問うと、「ある遊女をひたすら思っていると、夢の中に遊女が現れて抱きついてくるじゃないか」と答えている。そういうリアルな比喩として性の話が出てくるのですね。『日本霊異記』にも、仏像に恋をしてしまうというような話があります。

ですから、性の問題は抽象的なものではなくて、生活感のあるリアルな問題だったわけです。中世になれば、それが稚児愛になり、江戸時代には陰間（かげま）、同性愛の文化になって、たいへん重要な問題になっていく。近代になって消されてしまったそういうものを、あらためて見直さなくてはならないだろうと思います。

仏典は露骨な表現も多いですね。律蔵などでは、僧団は男集団ですので、性的な衝動をどう抑えるかという問題がある

——末木文美士

松岡◉仏教は語りにくいです。けれども、ちょっとずつ破っていかないといけない。そこは、これからも一緒に議論しましょう。

1963年に三井寺の一切経蔵から発見された円空仏

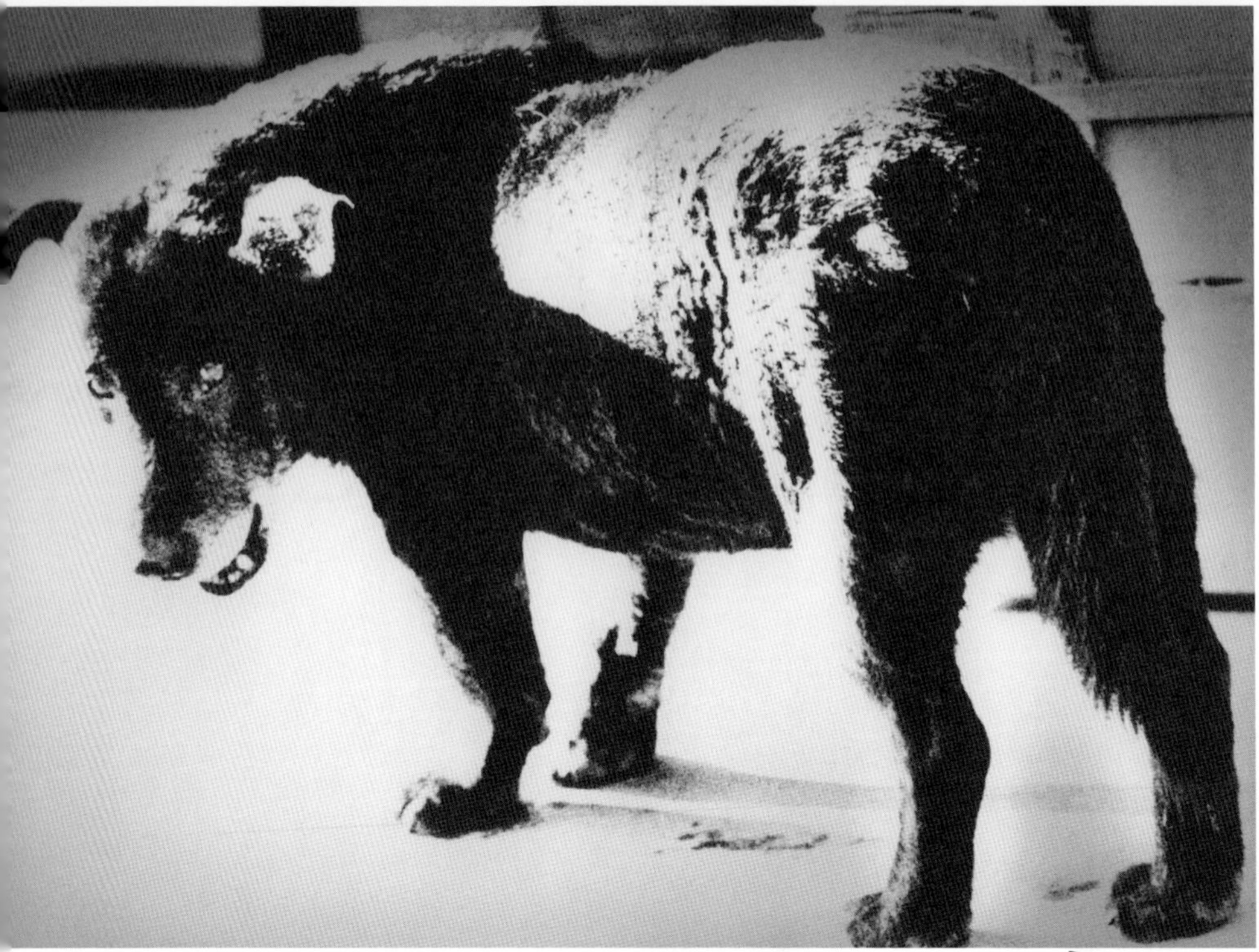

森山大道「Stray Dog」（1971）

自分の外へ

〈聖〉なる世界からの眼差し

福家俊彦

2022年12月21日
三井寺講堂
第3回還生の会より

森山大道の犬――世界とどう向き合うか

最初に写真家・森山大道さんの写真をご覧いただきます。初めて見た時に、非常に衝撃を受けた一枚です。路上の野良犬を撮ったものだと言われていますが、写っているのは普通の犬ではないことが一目瞭然です。まるで犬が犬でなくなる限界のところが写し込まれているように感じます。

われわれはふだん、スマホやデジカメでパシャパシャと撮影し、誰もが簡単に写真を撮れると考えています。けれども、きっと誰にも撮れない写真というものがある。これはそういう作品の一つだと思います。

誰にも撮れないということは、すなわち撮影した人は普通の認識のレベルでは世界を見ていない、別の眼をもって見ているということではないでしょうか――この犬には、われわれはおそらく、一生かけても出会えない。こちら側の眼が変わらないと、世界の見方が変わらないと、この犬には出会えないのだろうと。

今回のテーマは「草木成仏（そうもくじょうぶつ）」ですが、ふだんわれわれはごく日常的な感覚で草木を見ているわけです。草木が心をもっているわけはないし、成仏するわけがないと思っています。しかし、必ずしもそうではないというのが、今日の話です。たんにものを見るというその見方を、まず考えてみる必要がある。その底に何があるのか。

マロニエの根っこが問う「顕」と「冥」

哲学の世界には、認識論と存在論というものがあります。森山大道さんの犬につながるような話が、J・P・サルトルの小説『嘔吐』にも描かれています。有

名なシーンですが、アントワーヌ・ロカンタンという主人公が公園のベンチに座っていると、ふだん何気なく見ているマロニエの木が、いつもとは別の見え方をしてくる。どういう見え方をするかというと、まず言葉が消える。そして意味がなくなる。使用法もなくなり、符号も消える。しだいにマロニエの木は何かわからない塊に見えてしまう。それは恐怖を与えるという。

　われわれは普通、世界という自分の外側の事物を見る時に、理性や意識をもって対象に向かいます。本来ならのっぺらぼうなはずの物質世界を、これが木で川で、と言葉で区別し、社会に役立つかどうかを切り分けていきます。それが経済社会や日常生活の当然のあり方です。

　しかし、本来の世界では、そこに収まりきらず、切り分けても切り分けられないものが、当たり前のようにでてくる。末木文美士さんは「顕と冥」という区分けをされていますが、どうしても切り分けきれないもの、それが冥の世界になっていくわけです。

　そこで、われわれの通常の認識、つまり主体と客体にもとづいた見方を脱していこうというのが、おそらく仏教に限らず東洋的な見方であり、日本人の自然観をつくっていったのだと思います。

初めに見えたものと、後に見えたものとが違う

　では、まさに日常世界の底が抜けるような体験というものをどのように求めていくか。それが宗教における一つの課題でもありました。

　われわれが日常的には感じとることができない、いわば恐怖を与えるもの――おそらくその最たるもの

は「死」です。死にまつわる事象は、人間社会の禁忌となり、タブー視されてきました。しかし、その得体のしれない「死」に向き合うことが、世界の見方を変えていく大きな原動力にもなっていったのだと思います。

ヨーロッパの場合、キリスト教社会では日常の向こう側に神という絶対者がいます。彼らはその絶対性にもとづいて主体と客体を分け、ときにサルトルなどはそこから引き返すようなかたちで、世界がいかに成り立っているかを追究していきました。

ところが、東洋、とくに日本の場合は、まず日常の世界を、主体と客体の世界を消していく。つまり、自分が自分でなくなるということをせよ、と伝える。仏教では、それを「無」や「空（くう）」という言葉で表すわけです。自分と対象の違いが消え去ることで、はじめて世界の本来の姿が分かってくるのだと。

われわれが修験で山歩きをするときも、頭の中だけで考えていてはだめで、身体的な体験を通して、そういう境地に近づこうと努めます。「山は山である」という常識を捨て、自己を消す。すると、いつしか山は山でなくなり、自分は自分でなくなる。

そういうところから、もういっぺんこの世界を見直した時に、じつは「初めの山」と「後ろの山」とでは、同じ見方はされていない。いわば日常的な見え方を否定していくことが出発点になるわけです。

「初めに見えたものと、後に見えたものは違う」、これが今日の話でもっともお伝えしたいことです。

松の事は松に習へ——日常世界をいかに脱出するか

松の事は松に習へ、竹の事は竹に習へ

これは芭蕉の言葉で、いま申し上げたことで言えば、「初めの松」と「後ろの松」は違うのだろう、ということです。初めの松は、われわれが日常的に目にしている松の木ですが、後ろの松では見方が変わり、同じ松ではない。「習へ」とはどういうことかというと、

習へと云は、物に入りて、その微（び）の顕（あらはれ）て、情感（かんず）るや、句となる所也。

おそらく芭蕉にとって「無」や「空」の代わりが、「情」だったのでしょう。松を見ている自分をだんだん消していって、松に入る。松を松でないように見るには、自分を消していかなくてはならない。「情」というものに限りなく接近することによって、それは真如とか仏性と言ってもいいかもしれませんが、はじめて言葉が立ち上がってくる。それが句である、と。それは次にあるように、

　物と我二つになりて、其情、誠にいたらず、私意のなす作意也。

「物と我」というのは客体と主体です。それが二つに分かれたままでは、本体の情が誠にいたらず、真実ではないと述べています。芭蕉の弟子の服部土芳は『三冊子』でこのように書きました。

師の句をあげて、そのより所をいさゝか顕す。
　何の木の　花とはしらず　匂ひかな
此句は本哥也。
西行「何事の
おはしますとは　しらねども
かたじけなさの　涙こぼるゝ」
とあるを、俤にして云出せる句なるべし。

土芳は、師である芭蕉の句に合わせて、西行の歌を引いています。注目したいのは「俤」という言葉で、芭蕉の句は西行の和歌を本歌取りして、「俤にして云出せる句」だと言うのです。

松岡正剛さんはよく「おもかげ」について話されま

ロバート・メイプルソープ「Calla Lily」(1984)

すが、まさにそれで、初めの松と後ろの松は、見え方が違う。そのときの松というのは、俤なのではないか、ということです。

日常的な松ではない、俤としての松――情に限界まで近づくことによって、ポッと出てくる言葉。それが、本物の俳句なのではないでしょうか。

文学なら文学、絵画なら絵画、あの犬を撮った大道さんならば、写真という方法で、まさにそれを表現したのだと思います。そこでは、日常世界をいかに脱出するか、ということが大きなテーマになる。自分の外へ出て、はじめて聖なるものや見えないものが立ち上がってくるわけです。

この世ならざる花を見る――メイプルソープと円空仏

ここでもう一つ、現代の写真を紹介します。ロバート・メイプルソープというアメリカの写真家が撮った花です。これも私の眼には、この世の花ではない、尋常な花ではないように映ります。

メイプルソープは、パンク・ロックの女王と言われたパティ・スミスと一緒に住んでいて、彼女が初めてスタジオ録音した『ホーセス』というアルバムのジャケットにも彼の写真が使われています。

　二人が住んでいたのはマンハッタンにあるチェルシーホテル。詩人アレン・ギンズバーグや作家ウィリアム・バロウズなど、当時の芸術家たちが住んでいた変わったホテルでした。メイプルソープは40代前半で亡くなってしまいますが、パティはまだ生きていますね。メイプルソープのことは批評家のロラン・バルトが高く評価していて、著作『明るい部屋　写真についての覚書』にも取り上げられています。

　合わせてご覧いただきたいのが、日本の円空仏です。円空は晩年に「善女龍王」という名の仏像を彫りました。これは晩年の円空さんに見えていた、本当の仏の姿を彫ったものだと思います。

　ご存知のように、岐阜県には円空仏を持つお寺が多くあります。飛騨の千光寺さんなどが有名ですが、現地のお寺を巡ってみると、似たような円空仏がたくさんある。聞けば、昔は村の人がお寺へ来て、「円空さん、一つ貸して」と持ち帰り、安産祈願や病気平癒のために枕元に置いていたと。「昔はもっとぎょうさんあったけど、そういうことで、いまは減ってしまいました」と話されていました。そのような使われ方をして、彫った当人もきっと本望だったでしょう。円空仏は、いわば「仏でなくなった仏さん」なのだろうと私は思います。

　円空が生涯で彫った数は12万体とも言われます。かりに1日10体彫っても、年間で３６５０体しか彫れない。何十年も毎日そんなペースで彫っていた。これも、何かに近づくために、言い換えれば、「冥」の世界に通じるものを求めて、円空は彫っていたのではないでしょうか。そういうあり方、世界の見方というものは、洋の東西は問わないということを、感じていただければと思います。

朕兆未萌の紅葉

而今の山水は、古仏の道現成なり。

ともに法位に住して、究尽の功徳を成ぜり。

空劫已前の消息なるがゆえに、而今の活計なり。

朕兆未萌の自己なるがゆえに、現成の透脱なり。

これは道元の『正法眼蔵』「山水経」の冒頭の一節です。「而今」は「しきん」とも読み、意味は「いま、ただいま」ということ。道元は、いま目の前にある山や水は、「古仏の道現成なり」と述べています。「道」というのは、「言う、話す」。古仏の喋っている言葉が、いま目の前にある山に現れている、「山が山のままで成仏している」、ということです。

ただ、「山が山のまま成仏している」という言葉を、常識的に理解しようとすると、「このままで仏性なんだから、何もしなくてもいいのだ」という思考にもなりかねません。ですから、それを裏返して、「空劫已前の消息なるがゆえに」と続けるわけです。

「空劫已前」というのは、物が物として立ち現れる前、われわれ人間が認識をはじめる以前の即自的な世界。そこでこそ、「而今の活計なり」、つまり、いまここで計らっていくのだと言い放つ。「朕兆未萌」という未だ兆しのない世界がそのまま立ち現れているからこそ、「現成の透脱なり」、まさしくそれを現前するのだ、と。

その境地を求めるのが、道元の厳しさです。禅問答というのは、理解し難い言葉のオンパレードであり、普通の言語で書かれているわけではありません。ですから、物そのものの世界に対する接し方、処し方というのは、常識世界にどっぷり浸かって考えていたら、二進も三進もいかなくなる。

この道元の言葉を受けて、良寛の句を紹介します。

裏を見せ　表を見せて　散る紅葉

良寛が愛弟子の貞心尼に告げた末期の一句で、まさにこのときの良寛は、「初めと後ろの見方」に到達していたのではないかと思わせます。良寛が息を引き取る前に見た「紅葉が紅葉になる前の紅葉」は、道元に重ねるならば「朕兆未萌の紅葉」とも言えるでしょう。この良寛の最期の境地に、われわれは学ぶべきですし、アプローチしていかなくてはならないのではないでしょうか。

最後に、もう一首、明恵上人の歌です。栂尾の高山寺に住まわれて、清廉潔白で志操堅固な、われわれがおよびもつかないような上人です。

あかあかや　あかあかあかや　あかあかや
あかあかあかや　あかあかや月

一読すると、そんなばかな、というような歌ですが、ここから汲み取るべきものは、非常に大きい。明恵が見ているものも、やはりわれわれとは違う。ときどき子どもがおもしろいことを言うのは、彼らが別の世界を見ているからかもしれませんが、大人になってこのような歌を詠むというのは、よほどとんでもない人だと胸を打たれます。

「草木が成仏する」というのは、このような目線で見たものであるということです。そこに少しでも接する機会があれば、いろいろな芸術——それは洋の東西を問わず、言葉だろうと絵画だろうと、文学だろうと音楽だろうと——各々の世界から見えてくるものがあり、その地点から見たときにはじめて、「草木成仏」ということが言えるのです。

こうした見方をベースに、これから仏教や本覚思想などを見直していけば、現在の世の中に通じるものが掬い出せるのではないかと考えています。

還生の会◉連続レクチャー抄録

末木文美士

日本仏教思想を語る

2022年5月―2023年8月

第1回　日本仏教の見方

第2回　国家と宗教

第3回　草木は成仏するか？

第4回　中世仏教のダイナミズム

第5回　土着と論争

「なぜ仏にも悪があるのか。
地獄の心がわからなければ、
仏は地獄の人が救えない。」

1

末木文美士の日本仏教レクチャー

日本仏教の見方

近江からはじまる

日本仏教の一つの大きな問題は、いったい仏教は、思想としてどれだけ普遍性をもつのかということです。たとえば、「一切衆生（いっさいしゅじょう）　悉有仏性（しつうぶっしょう）」——あらゆる人が仏性をもっている、と言うときに、あらゆる人というのは、いったいどの範囲まで言えるのでしょう。

仏教　言葉の思想史　末木文美士
現代仏教論　末木文美士
日本の思想をよむ　末木文美士
増補　日蓮入門　末木文美士
近世の仏教　末木文美士
他者・死者たちの近代　末木文美士
死者と霊性

[仏ook]

**『日本仏教史
思想史としてのアプローチ』**（新潮文庫）

聖徳太子から日蓮まで、日本仏教を生み出した仏僧たちの歩みを「思想史」の観点からまとめた挑戦作。インドからアジア全域に広まった仏教を俯瞰的に捉え、「日本と仏教の微妙な関係」についても問題提起する。

私自身が日本仏教と言いながら、警戒したいことの一つは、日本仏教というトータルなものはないということです。たしかに奈良時代にはすでに、お坊さんに日本意識があるのは事実ですが、だからといって日本というものを、トータルに完結したものとして見ることには警戒しなくてはいけない。

僕にとって「日本仏教」というのは、「日本」と「仏教」のせめぎあいのようなところがある。

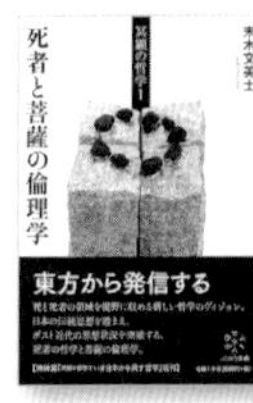

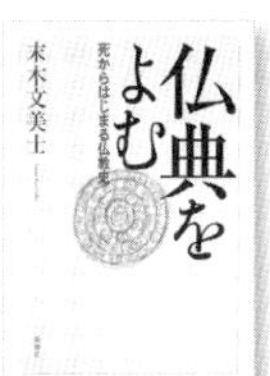

末木文美士の主な著作

右から『死者と霊性』（岩波新書）／『現代仏教論』（新潮新書）／『増補 日蓮入門』（ちくま学芸文庫）／『他者・死者たちの近代』（トランスビュー）／『日本の思想をよむ』（角川ソフィア文庫）／『近世の仏教』（吉川弘文館）／『仏教―言葉の思想史』（岩波書店）／『日本の近代仏教』（講談社学術文庫）／『死者と菩薩の倫理学』（ぷねうま舎）／『近代日本と仏教』（トランスビュー）／『反・仏教学』（ちくま学芸文庫）／『鎌倉仏教形成論』（法蔵館）／『明治思想家論』（トランスビュー）／『親鸞』（ミネルヴァ書房）／『仏典をよむ』（新潮社）

王権と仏法という、中世日本における
両極構造のもとをつくったのが最澄でした。
王権が一方を引っ張り、もう一方を神仏が引く。
その緊張関係の中で、
生活と文化が展開していきます。
政治権力、国家権力と宗教の関係において、
最澄はその理想をつくろうとしました。
ここで築かれた両極構造は、ずっと長く、
19世紀半ばまで制度的につづくのです。

最澄の目指したもの

国家と宗教

「**最澄**が**描**いた**大**きな**理想**を**読**み**解**かないと、
日本の**歴史**の**全体**がわからなくなる。」

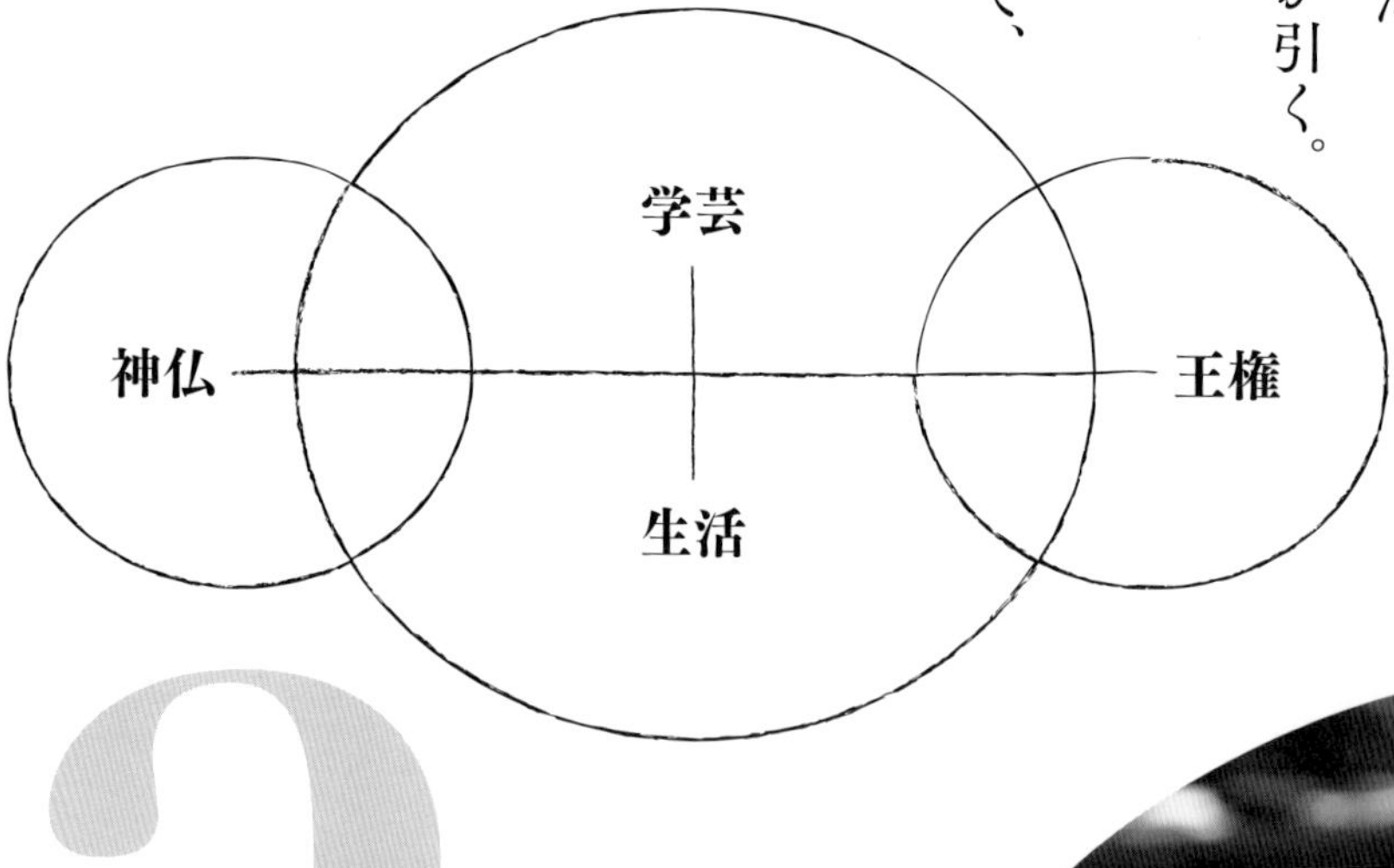

2
末木文美士の
日本仏教レクチャー

「最澄像」。804年、空海とともに遣唐使船で入唐。最新の仏教を日本にもたらし、世俗と仏法の関係構造の基礎を築いた

一つ忘れてはならないのは、
日本仏教の軸として、
最澄が語る「菩薩」というものが、
ずっと生きつづけていくということです。
日本の仏教は社会性を持たないと言われてきましたが、
じつは伝統的に見ると、仏教は非常に
社会性をもっていたことが分かっています。
最澄が目指した仏教は、「真俗一貫」であるという、
社会への菩薩性というものがつねに考えられているわけです。

明治以降は、それまでの両極構造がなくなり、顕の領域の裏側に仏教がくる。

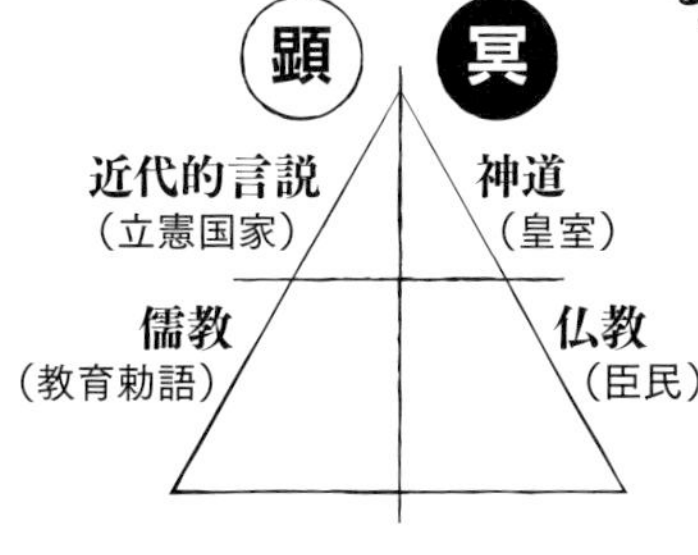

近代国体における「顕」と「冥」の構造を示した図。「顕の領域」は儒教を中心とした立憲国家として形成され、その裏側にある「冥の領域」に神道と仏教が位置づけられる。死者をどう祀るかという問題を引き受けたのが近代仏教であり、そこから葬式仏教が広がっていった

［Book］

『日本思想史』（岩波新書）

古代から現代までの日本思想史を大胆に読み替える画期的な通史。「王権・神仏」による両極構造や「大伝統・中伝統・小伝統」というスキームが解読の軸となる。

「あるがままの**現象世界**を
そのまま**悟り**の**世界**とする**思想**は、
天台本覚(ほんがく)**思想**につながります。」

3

末木文美士の日本仏教レクチャー

草木は成仏するか？

日本仏教の自然観・人間観

日本人の自然観を仏教がどう捉えたか。
これは「草木成仏(そうもくじょうぶつ)」の問題として
考えることができます。
平安期の安然(あんねん)をはじめ、
日本の僧たちが問うたのは、
一草一木の成仏、つまり、
それぞれの木や草も主体に
なり得るのではないかということでした。

草木は草木のままでいい、衆生は衆生のままでいい。
修行して悟りを開いたりする必要はないと
本覚思想は説きました。
ただ修行による悟りが必要ないとなると、
仏教の立場はいったいどうなってしまうのか。
これは大きな問題です。
しかし、そういう考え方があるからこそ、
曼荼羅のように、
この世界そのものが聖なる世界だという
考えが成り立っていくのです。

[Book]

『草木成仏の思想
安然と日本人の自然観』（サンガ文庫）

「草木も成仏する」という草木成仏論はいかにして生まれたのか。平安時代の天台僧・安然の思索を丹念にたどることで、天台本覚思想と「草木国土悉皆成仏」という言葉のルーツを探る。

草木は既に生住異滅（しょうじゅういめつ）の四相（しそう）を具す。
是れ即ち草木発心（そうもくほっしん）・修行・菩提（ぼだい）・涅槃（ねはん）の姿なり

『草木発心修行成仏記』伝良源

「日月四季山水図屏風」は六曲一双で春夏秋冬をあらわし、核として日月が描かれる。
日月とは、いわば顕と冥。つまり表側と裏側の両界を示した、大きな宇宙の情景になっている

中世仏教のダイナミズム

鎌倉仏教観の転換

4

末木文美士の
日本仏教レクチャー

法然や親鸞、道元などの鎌倉期の僧たちの活動は、
これまで近代に引きつけて解釈されてきました。
浄土宗や浄土真宗、曹洞宗などの開祖から
現代までの歴史が一本線でつづいているという
思い込みのようなものがあるからです。
これはよく「鎌倉新仏教中心論」と言われます。
新仏教対旧仏教という二項対立をつくり、
新仏教の方が正しいとする捉え方が、
仏教の中では長い間、常識になってきました。
それをどうひっくり返すか。
一度白紙に戻さなくてはだめだろうと考えています。

「ふたたび**実践性**を**取り戻し**、**本来**に**立ち返**ろうとしたのが
鎌倉期の**新**しい**仏教者**たちの**運動**です。」

源信から覚鑁へ。仏教の中世的な実践のあり方の基礎をつくっていくうえで、この二人の存在も大きい。

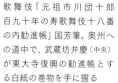

歌舞伎「元祖市川団十郎百九十年の寿歌舞伎十八番の内勧進帳」国芳筆。奥州への道中で、武蔵坊弁慶(中央)が東大寺復興の勧進帳とする白紙の巻物を手に握る

12世紀末に中世仏教が大きく転換していきます。
平家以降の新しい秩序をつくろうという大運動が起こり、
それを仏教界で支えたのが重源でした。
南都復興という、全国、官民を挙げての大事業があった。
そのために、東国の果ての平泉まで
勧進に行ったのが西行なわけですね。
歌舞伎「勧進帳」で、義経一行が行ったのは、
東大寺復興のための勧進です。
まさしく官民あげてのすごい盛り上がり。
それが新しい仏教の出発点ではないか
というのが私の考えです。

[Book]

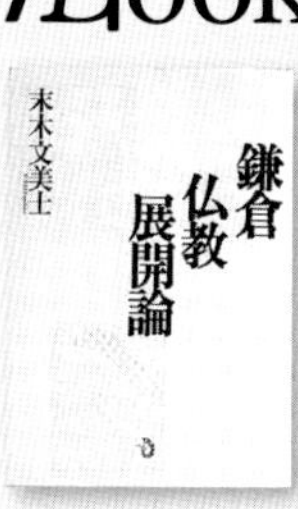

『鎌倉仏教展開論』(トランスビュー)

新たな視点から鎌倉新仏教論を解釈した『鎌倉仏教形成論』の続編。法然、栄西、日蓮、頼瑜、無住、夢窓疎石、慈遍らの思想を通して、顕密体制論を超えた視座を提示する。

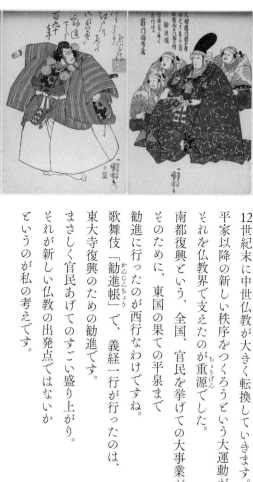

「一遍聖絵」巻第七より、近江を経て京に入った一遍のもとに群がる人々。鎌倉時代、一遍の諸国遊行などによって仏教が民衆に浸透した

「釈迦八相倭文庫 上乃巻」万亭応賀 著・河鍋暁斎 画

近世仏教の魅力

土着と論争

明治維新の前後で、
釈迦の伝記がさかんに出版されます。
この『釈迦八相倭文庫』に描かれた絵は、
いったい何のシーンでしょうか。
真ん中で脇息にもたれてニヤけているのが悉達太子、
つまりお釈迦様。
右が悪役の提婆達多、その横が耶輸陀羅女。
普賢菩薩の化現である象に乗っている遊女が
悉達太子を教え諭す場面です。
お釈迦様がこんな格好をしていて
いいのだろうかと思ってしまいますが、
この頃の日本人にはこれで十分自然だったのです。

近世仏教思想を読みなおすうえで、私が注目しているのが鳳潭（ほうたん）です。18世紀の合理主義的な仏教を代表していく大学者で、荻生徂徠や本居宣長の文献学の元を築きました。でも、その名前はほとんど知られていない。鳳潭は中世仏教の抽象的な理論を批判し、現実的な人間のあり方を見つめ、それを世界観として組み直していった。宗派は華厳宗ですが、さらに言えば天台プラス華厳とも言うべき思想。この思想を突き詰めていけば、近世の仏教の哲学が高度なものをもっていたことがわかるのではないでしょうか。

幕藩体制のもとで**仏教は頭を抑えられていた**という、いわゆる「**近世仏教堕落論**」が**常識化**してますが、**実**はそんなに**単純**ではない。

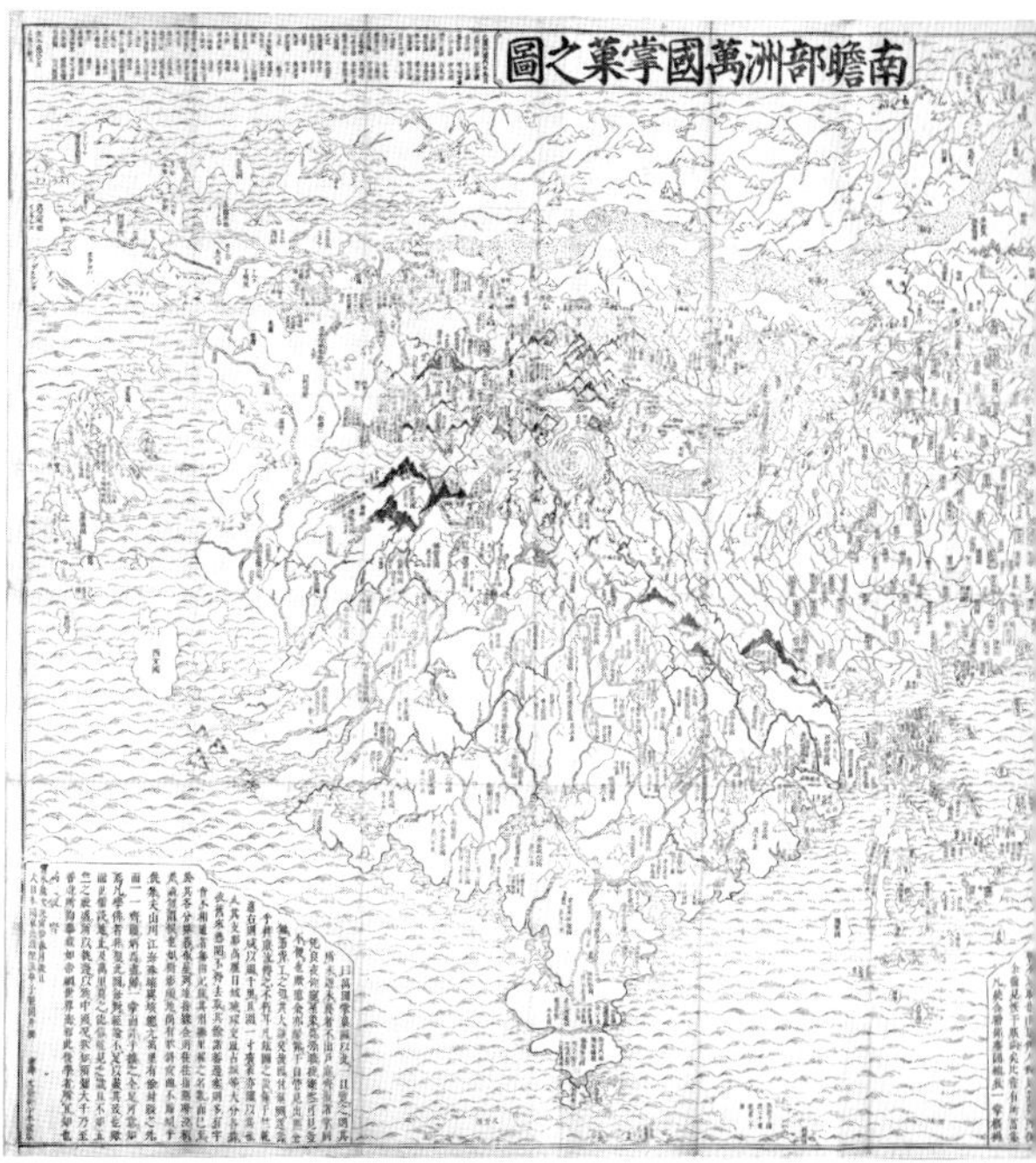

「南瞻部洲萬國掌菓之圖」。1710年に鳳潭が制作したインド発祥の仏教的世界を中心とした世界図。欧米の地理知識を取り入れながら、『倶舎論』が説く須弥山と南瞻部洲の世界構造に従い、天竺（インド）から西にヨーロッパ、アフリカ、東に日本、アメリカまでを描いている

［仏ook］

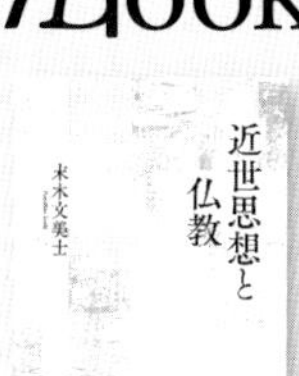

『近世思想と仏教』（法蔵館）

幕藩体制のもとで仏教は形骸化したという「近世仏教堕落論」を乗り超え、多様で複雑な近世仏教思想の本質と魅力を探る。第3章では学僧・鳳潭を中心に近世中期の仏教思想を読み解く。

現代の識者たちは、21世紀の仏教の可能性をどう見据えるのか。「仏教で日本をおもしろくする」をお題に、気鋭の仏教学者や宗教学者、僧侶や宮司が、それぞれの視点で「別様（べつよう）の仏教」を語る。

神仏習合諸宗共働フリーランス神主の
楽しい世直し道

鎌田東二（かまた・とうじ）

哲学者・宗教学者
1951年徳島県生まれ。京都大学名誉教授、天理大学客員教授。宗教・歴史・民俗・心理学など研究は多領域をまたぐ。神道ソングライター。石笛・横笛・法螺貝奏者。『神界のフィールドワーク―霊学と民俗学の生成』『翁童論―子どもと老人の精神誌』など著書多数。

これまで「楽しい世直し」を掲げて活動してきた。モットーは3つある。

第一に、「世直し」などという大上段に振りかざした言葉は使ってはいるが、ユーモアをもって「楽しく面白く」遂行しなければならない。なぜなら、神道の根本精神は、「天晴（あは）れ、あな面白（おもしろ）、あな楽（たの）し、あなさやけ、おけ！」（『古語拾遺』）だから。

第二に、「現代の縁（エン）の行者」として取り組む。周りのさまざまな力を借りる。基本的に、自力ではなく、絶対他力である。そこで、他力本願をどう縁組するか（全部お任せではなく、ちょっと自力かも。しかし、諸縁生成は自力とは言い難い）？　独りでは絶対できないことが3人になるとできることも多い。諸行無常ではあるが、諸縁成就でもある。

第三に、好きなことを中核において、好奇心と想像力を楽しみながら取り組む。いやなことは続かないから。途中で息切れするから。つねに、本心からの発心と発動（発菩提心）がなければならない。神道的に言えば、「むすひ」（『古事記』）のちからに賦活されていなければならない。と同時にそれは、「センス・オブ・ワンダー」の発動でもある。

現在、ステージⅣを宣告されたがん患者ではあるが、その「縁」をうまく活かして、「ガン遊詩人」として活動しはじめた。どんな状態であっても、「むすひ」のちからに生かされつつ「修理固成」（『古事記』）していくこと、それがわが「楽しい世直し道」である。

近江の「オコナイさん」

清水祥彦（しみず・よしひこ）

神田神社 宮司
1960年東京都生まれ。國學院大學文学部卒業後、鎌倉・鶴岡八幡宮に奉職。87年、神田神社（神田明神）に奉職し、2019年より現職。16年、東京都神社庁副庁長、19年、千代田中央文化交流推進機構理事長に就任。神田明神はサブカルチャーとの連携でも話題を呼んでいる。

近江は、山と湖の豊穣な恵みと素朴な人々の心を大切にしてきた。いまでも近江には「オコナイさん」という伝統行事が各地で大切に受け継がれている。

オコナイとは本来仏教における「修行」の意味であり、修正会や修二会という追儺（ついな）と共通の性格をもつ一方、「神事（オコナイ）」とも書き、神社における頭屋や宮座の制度を受け継ぎ、カミやホトケに神饌（しんせん）（餅）を捧げて直会（なおらい）をする伝統行事でもある。オコナイは、仏教伝来以前の日本人の宗教観や信仰を伝えるものと思われる。氏神・祖霊・穀霊や観音・薬師・地蔵・不動・毘沙門・天神・稲荷・八幡など渡来系も含めたさまざまな神仏がその祭祀の対象になっていることからも窺える。その祈りは、折口信夫がマレビトと名付けた来訪神を迎えて、鎮魂と豊穣を求めると共に、冬の籠りを終えて春の到来を予祝する擬死再生の物語でもある。

いまあらためて、150年前に失われた神仏が渾然一体であった豊饒な世界観に立ち返り、すべてを寛容に調和・同和させながら新しい技術や知識を異国の神々と共に受け入れてきた日本人の豊かな精神文化の土壌を、近江の人々の敬虔な深い祈りの伝統に学ぶ必要があるのではないだろうか。

一期一会の生き方

細川晋輔

ほそかわ・しんすけ

臨済宗妙心寺派龍雲寺 住職

1979年東京都生まれ。佛教大学人文学部仏教学科卒業後、京都・臨済宗妙心寺の道場で9年間の禅修行をおくる。2013年より現職。著書に『人生に信念はいらない』『禅の言葉とジブリ』『禅の調べ』などがある。

とても有名な禅語です。「一期」は仏教語で「一生涯」、「一会」は「会合」を意味します。

茶道で大事にされる心得の一つですが、江戸時代の大老・井伊直弼が「一期一会」という言葉を初めて世に出されたことに驚かされます。千年以上も昔の言葉を大切にする禅の世界における、まさに「新語」であったのです。

1860年の3月3日、雪降る江戸城桜田門外で水戸浪士に襲撃を受け46歳の短い生涯を終えた井伊直弼は、名門彦根藩主の井伊家に生まれながら、正室の子ではないことで長い間不遇の時代を過ごします。しかし、その間に茶道に精進されたのです。

たとえ同じ人に幾度会う機会があっても、いま、この時の出会いは帰ってきません。一生涯に、ただ一度限りの出会いであるからこそ、命がけで臨まなければならないという意味です。茶道も、もちろんそう臨まなければなりませんが、私たちの人生もまた然りです。

当たり前のことなど一つもない、目の前の出会いのすべてが「一期一会」であると、心から頷きとることができたなら、私たちの日常はそのまま「おもしろい世界」であるのです。

近代化した日本仏教

大谷栄一

おおたに・えいいち

宗教社会学者

1968年東京都生まれ。佛教大学社会学部教授。専門は宗教社会学、近代仏教研究。近現代日本仏教の社会・政治活動、地域社会と寺院の関係性が研究テーマ。著作『日蓮主義とはなんだったのか』をはじめ、共編著『近代仏教スタディーズ』などがある。

今、仏教はどこにあるのか。それを考えるためには、日本仏教の近代経験を考える必要がある。日本仏教というと、古代の空海や最澄、中世の法然や親鸞、道元、栄西、日蓮等の宗祖の思想や活動が思い浮かぶかもしれない。しかし、現代の日本仏教の原型は近世の本末制度と寺檀制度によって形成され、近代（明治維新～昭和前期あるいは現代）に再編成された「近代仏教」にある。たとえば、真

宗以外の男性僧侶も結婚をするようになるのは、明治5年（1872）に明治政府が公布した肉食妻帯蓄髪勝手令以降のことである。

前近代の伝統的な日本仏教は、近代という新しい世界に直面し、自らアップデートを図った。それを、仏教の近代化と捉えることができよう。仏教の近代化とは、仏教が（日本の）寺院から出ていく過程だと言ってもいい。こう喝破したのは、故・吉永進一である。吉永は、大学制度（帝国大学、宗門系大学）の創設と学術（仏教学のような学問）の発展、仏教新聞・雑誌の刊行、仏教系出版社の発展にみるメディアの活用、世界の仏教徒との交流や、日本の僧侶や教団の海外布教といった国際化の進展を、日本仏教が近代化した指標として提示した。大学やメディアを通じて、近代以降の仏教は寺院の外側で広まったのであり、日本仏教はその歴史上、初めて海外進出を果たしたのである。

近代化による仏教のアップデートは、教団関係者のみならず、一般社会やアジア諸地域にもさまざまな近代経験をもたらした。たとえば、大正時代以降、仏教社会事業（現在の仏教社会福祉事業）が発展したり、昭和初期のラジオ説教が「仏教復興」と呼ばれる熱狂を現出させた。その一方、日本仏教の海外進出は帝国日本の戦争や植民地主義と連動しており、日中戦争以降は戦時教学という戦争肯定の教学も諸宗派で生み出された。仏教の近代経験、ひいては仏教の近代化の功罪を見極めることが重要だ。

日本仏教の近代経験のうち、何を継承すべきなのか。そのことが問われている。

今も仏教は大学や書店、インターネットなど、寺院の外側にある。ただし、近年では寺院の内側から仏教をより積極的に発信しようとする動きも活発化しており、現代の日本仏教は寺院の内側と外側を循環するダイナミズムによって成立している。

グローバル化が一段と進み、後期近代といわれる新たな世界の中、近代化した日本仏教は今後、どのように展開していくのか。そのポテンシャルに期待を寄せたい。

空海をめぐって
―古人の至意を汲む―

竹村牧男
たけむら・まきお
仏教学者
1948年東京都生まれ。東洋大学元学長。同大学名誉教授。専門は仏教思想および宗教哲学。秋月龍珉老師に就いて禅を学んだ。著書に『唯識三性説の研究』『西田幾多郎と鈴木大拙』『新・空海論』など。

空海の書は、日本随一と言われるほど、高く評価されている。書の本場、唐に渡って後、当時の顔真卿らの書を学んで、日本の書道界に新風を吹き込んだとも言われる。しかし空海は王羲之を尊重することはもちろん、より古代の書家、蒼頡や杜度、また張芝（張伯英）の書などをもっぱら重視していた。それは、「古人の至意を検う」ためであった。

一方、空海は仏教思想に関しては、当時最先端の思想を究明しようとして止まなかった。長安ではまず、インド僧・般若三蔵等に師事して梵語や密教経典の基礎を学び、その後、恵果阿闍梨に就いて胎蔵界・金剛界を統合した、画期的な密教を修得し、これを日本に持ち帰ったのであった。そのように、空海の仏教思想は、まさに最新のものであった。

我々もまた、古代の優れた芸術・文化を深く鑑賞し、そこに潜む「古人の至意」を汲んでこそ、自己のいのちの真の豊かさを実現しうるのではないか。と同時に、その背景にある思想の、どこまでも高度に発達した形態を現代的に解読することを通してこそ、地に足のついた確かな未来を地球社会に拓くことができるであろう。その双方があってこそ、日本はおもしろくなるのではなかろうか。

仏教的多自然主義へ

六道輪廻（ろくどうりんね）という仏教的世界観・生命観に基づいて描かれた『餓鬼草紙（がきぞうし）』という絵巻物がある。この作品に描かれているのは、人間の世界と餓鬼の世界が重なり合っている様子である。表現上、人間の世界に餓鬼が紛れ込んでいるような描かれ方をしているが、実際には人間は人間の環境世界のなかで生き、餓鬼は（描かれていない）餓鬼の環境世界に生きている。注意しなければいけないのは、人間が見ている世界が本当の世界で、それを餓鬼がその業ゆえに異なって見てしまっているのではない、ということである。人間の環境世界と餓鬼の環境世界は対等な関係であり、どちらが正しいということはない。私たち人間の世界には、まったく異なる餓鬼の世界が重なっているのである。

仏教の世界観において、このようなことは珍しいことではない。これは、現代を代表する人類学者ヴィヴェイロス・デ・カストロが提唱する多自然主義と通じる世界観であり、また哲学者マルクス・ガブリエルの言う「世界は存在しない」とも通じる。一方、たった一つの自然が存在し、それを人々が多様な見方をしていると考える現代人の常識と鋭く対立する。

このような仏教的な世界観が、科学的世界を含めた諸文化の世界観での対話の前提となることで、現代社会の「おもしろくない」状況を打破できるのではないか。そのような期待を私は持っている。

師 茂樹（もろ・しげき）

仏教学者

1972年大阪府生まれ。花園大学文学部教授。東アジアの唯識思想、仏教論理学（因明）などの仏教学をはじめ、人文情報学を主な研究対象とする。著書に『最澄と徳一 仏教史上最大の対決』『論理と歴史 東アジア仏教論理学の形成と展開』『『大乗五蘊論』を読む』など。

天地自然との感応道交（かんのうどうこう）

藤田一照（ふじた・いっしょう）

曹洞宗 僧侶
1954年愛媛県生まれ。曹洞宗国際センター前所長。坐禅の参究・指導にあたり、Starbucks、Facebook、Salesforceなどアメリカ大手企業でも坐禅を指導。著作『現代坐禅講義』をはじめ、共著に『アップデートする仏教』など、訳書に『禅マインド ビギナーズ・マインド』など。

而今の山水は、古仏の道現成なり。ともに法位に住して、究尽の功徳を成ぜり。
空劫已前の消息なるがゆえに、而今の活計なり。
朕兆未萌の自己なるがゆえに、現成の透脱なり。
山の諸功徳、高広なるをもて、乗雲の道徳、かならず山より通達す。
順風の妙功、さだめて山より透脱するなり。

道元の『正法眼蔵（しょうぼうげんぞう）』「山水経」の冒頭である。私の禅の師匠は19歳の時にこれを読んで「皮肉骨髄を貫き通す衝撃」を受け、そこに書かれていることをわかりたいという一心で禅の道に入った。師は「今まで見たことも読んだこともない硬質な、透き通るような文体に度肝を抜かれた」と語る。この文章からそれほどまでの感動を直に受け取ることができた若き日の師に、私は羨望を禁じ得ない。

死を間近にした釈尊は「アーナンダよ。ヴェーサーリーは楽しい。この世界もまた美しい。人間の生命は甘美なものだ」と言った。彼の末期の眼に映った世界は美しさに溢れていたのだ。その心は中国に伝わり、蘇東坡（そとうば）居士によって「溪声便是広長舌　山色無非清浄身　夜来八万四千偈　他日如何挙似人」と表現された。谷川の響きはブッダの説法であり、山の色は仏の御体そのものなのだ。

この真実が日本人の道元に伝わって「山水経」を書かせ、それが七百年後に私の師の人生を決定づけた。この豊かな山水に恵まれた土地で、原語で「山水経」を読むことができる幸運をわれわれ日本人はもっと喜ばなければならない。天地自然に本来の自己を見る道はすでにわれわれに伝わっている。「山水経」を身読できるようになれば、日本はもっとおもしろくなるに決まっている。

失われた「心」を求めて

浅野孝雄（あさの・たかお）

脳外科医、中村元東方学院講師
1943年北海道生まれ。東大病院脳神経外科入局後、米国コネチカット州ハートフォード病院、スイス・チューリヒ州立病院、東大病院脳神経外科助手などを経て、現在、埼玉医科大学名誉教授、小川赤十字病院名誉院長。著書に『古代インド仏教と現代脳科学における心の発見』、訳書に『ブッダが考えたこと』（R・ゴンブリッチ著）など。

私は脳外科医として臨床と基礎研究に励む傍ら、脳と心の関係について考え続けてきた。関連文献を渉猟しているうちに、米国の脳科学者W・J・フリーマンが提唱した意識理論と、インド学の世界的権威であるR・ゴンブリッチによるブッダの思想についての新たな解釈との間に多くの共通点があることに気づいた。それを出発点として、私は「ブッダが考えたこと」を現代科学の統一的世界観の内に位置づけるという大仕事に取り組むことを人生後半の目標として定めた。過去に出版した数冊の著書は志を同じくする人々の興味を惹いたようであり、二度にわたるNHK「こころの時代」での対談に加えて、日本脳神経外科学会等、多くの学会講演を依頼された。

しかし、それで私のドン・キホーテ的な夢が叶ったわけではない。私の目的は、ブッダが暗喩的に示した三法印・四聖諦・五蘊・十二縁起・八正道などの基本教理を脳のプロセスとして科学的に理解すること、すなわちブッダ没後、諸宗派において付加された実体の存在論的・神話的要素をすべて剥ぎ取って、ブッダが暗喩的表現の内に秘めた意味を、現代（脳）科学に依拠する全く新たな見地から解読することである。それはプロセスの存在論を土台とする現代の「知」の内にブッダの思想を調和的に位置づけること、すなわち「ホモ・デウス」が支配する現代において失われた「人間の心」を、ブッダに導かれながら再発見すると同時に補強しようとする試みである。

「諸行無常」とは、人間存在の「無根拠性」を意味するプロセスの存在論であり、ブッダはその認識を踏まえた上で、人間存在の根拠はその「自由な心」に存すると説いた。その「自由な心」とは、人間が日々生きている間に生じては滅する「想い」であり、哲学的には「現象学的な心」と呼ばれる。ブッダはそれを「苦」と見なし、それを知性によって超克することを「覚り」と呼んだ。このブッダの高度に知性的・哲学的な思想と、感情を核とする「現象学的な心」とは本来、循環的な相互依存関係で結ばれている。

一方、後代の中国においては、あるがままの現象世界をそのまま仏の悟りの世界として見る本覚思想が興起した。それは日本では独自の自然観と融合して豊かな文化を築き、そこにわれわれは日本的なるものを存分に味わうことができる。しかし、その感覚的な喜びに没入するあまりブッダ本来の世界観を忘れてしまうと、それは「諸行無常」という世界観から乖離した自己耽美的な土着文化となってしまう。文化とは元々そういうものであるとしても、「還生」あるいは「山川草木悉有仏性」的な世界観とブッダの理知的世界観との間には強い緊張感が存在すること、敷衍すれば、そこに理性と感情との対立が存在することを、われわれは忘れてはならない。両者の絶妙な均衡を見いだしたのがブッダなのだ。

こういう話を聴きたかった
還生の会に参加して

日本人の心に宿る原景へ

佐伯啓思（さえき けいし）

経済学者、思想家
１９４９年奈良県生まれ。京都大学名誉教授。父は教育学者の佐伯正一。共生文明学、現代文明論、現代社会論、社会思想史が研究テーマ。現代社会を文明論的観点から捉え、政治、経済の分野を中心に広く評論活動を行う。著作に『自由とは何か』『日本という「価値」』『西欧近代を問い直す』など多数。

近江の地には、30代から40代にかけて20年ほど住んでおり、私にとってはことのほか愛着のある土地である。その近江を舞台に「近江から日本がかわる」という志を掲げる近江ARSが「還生の会」なる集いを立ち上げた。山と森と湖に挟まれ、古さと新しさが混在する西近江には、その風土や歴史と切り離せない独特の雰囲気がある。一千百余年の時間を堆積させた園城寺という天台寺院は、この「会」のしつらえにはまたとない場所であった。

しかもテーマが「草木は成仏するか？」。山川草木悉皆成仏という本覚思想は、有情、無情を問わずこの世にあるものすべてが命を持つという、日本人の心に宿る原景というべきものだろう。松岡さんを中心に、末木さん、福家さんの息のあった（時には挑発的な）鼎談、それに続く勧学院での一興。最後に、近江の食材を味わいながらの自由な懇談。なにやら、「往生」する前にまず「還生」し、慈悲心とはいわないが、日ごろの煩悩を忘れ去ったような時間であった。

龍神の環

恩田侑布子（おんだ ゆうこ）

俳人、文芸評論家

1956年静岡県生まれ。種村季弘や池内紀らの「酔眼朦朧湯煙句会」、草間時彦捌の連句「木の会」を経て、現在「樸」代表。コレージュ・ド・フランスにて講演を行うなど、垣根を越境して俳句を捉え直している。2013年、評論集『余白の祭』でドゥマゴ文学賞、17年、句集『夢洗ひ』で芸術選奨文部科学大臣賞と現代俳句協会賞を受賞。

わけもわからず、松岡座長と末木先生からお招きに与った。田中優子さん、安藤礼二さんとも歓談が叶い、福家長吏には二日にわたる歓待に与り、ただただ感謝している。

すべてを見守ってくれていたのは経蔵の天井から発見された円空の善女龍王像（ぜんにょりゅうおう）である。末木先生の中世仏教論は、西行が歌道オタクの隠者ではなく、大峯奥駈道（おおみねおくがけみち）の骨太の修行者であり、平泉までお金を集めに行った実の人でもあったことなど、肉厚な文化論だった。さらに座長や長吏との鼎談は、近江が日本の未来をつなぐ臍（へそ）の緒になることを予感させた。座長はおしまいに棚の円空佛を抱くように促された。長身の松岡正剛菩薩の銀髪は円空の龍王像に瀧のようにかかった。翌日は福家長吏に三井寺境内をご案内いただく。書院造の国宝・光浄院客殿は眼福尽くし。全身が毛穴までひらくように共鳴した。石走る近江は水の国。慈悲と智慧の教えに、湖の底に眠る龍神のけはいがしていた。いまも胸中に三井の霊泉はうたいやまない。

三井寺の一切経蔵内にある回転式の八角輪蔵。
恩田侑布子と安藤礼二は、ここでしばし足をとめた

オルタナティブ仏教

米澤泉（よねざわ いずみ）

女子学研究者
1970年京都府生まれ。甲南女子大学教授。専門はファッション文化論、化粧文化論、雑誌文化論。著書に『コスメの時代』『「女子」の誕生』『おしゃれ嫌い』『筋肉女子』など。日本顔学会理事、乳房科学研究所理事、化粧文化研究者ネットワーク世話人。クール・ジャパン官民有識者会議委員も務めた。

京都に生まれ育ち、仏教系の小学校に通った私にとって、日々の暮らしから死生観に至るまで、仏教がいわばデフォルトであった。クリスマスよりも花祭り、イースターよりも涅槃会（ねはんえ）。「仏の子ども」として、お念珠片手に甘茶を捧げた日々が懐かしく想い出される。

しかし、大人になってからは疎遠になっていた。そんな私をあらためて仏教に開眼させてくれたのが「還生の会」である。しかもこの会はただ仏教の歴史を学ぶだけではない。仏教を根底にさまざまな文化を纏（まと）わせたうえで、今の時代に対峙する。さらに、アナザー・リアル・スタイルを切り開く可能性に満ちた実践である。先日初めて参加した大学生の息子も、こんなに魅力あるイベントは他にない、まさに自分が求めていたものだと言い切った。

Z世代までを惹き付けてやまない「還生の会」の魅力とは何か。一言で言うならば、松岡正剛、末木文美士、福家俊彦という三者三様の叡智が渾然一体となった虚実皮膜の世界観ではないだろうか。それは、新たな仏教のあり方を、すなわちオルタナティブな仏教を指し示すことでもあるだろう。回を重ねるごとに、仏教は異なる姿を参加者たちに見せると同時に、混迷を極める時代の一つの指針となってゆく予感を感じさせる。

閉塞感が漂う世の中で、米津玄師は「どこにも行けない」と嘆き、King Gnuは「他の誰かになんてなれやしないよ」と悲観する。しかし一方で彼らは、「遠くへ行け」「来世に期待」と歌う。諦観の中にも別様の可能性を希求するオルタナティブロックを聴きながら、私は今、近江の地で「還生の会」が創出するオルタナティブ仏教に心を躍らせている。「仏の子ども」ならぬ「仏の女子」を夢見ながら。

日本文化の根底に分け入る

田中貴子（たなか たかこ）

国文学者
1960年京都府生まれ。甲南大学文学部教授。日本中世文学を軸として、絵画、イメージ論、歴史学、民俗学、身体論など、領域を超える研究を続ける。著書に『中世幻妖』『性愛の日本中世』『尼になった女たち』など。猫と暮らす愛猫家。

近江の国は、日本仏教の原郷の一つである。「還生の会」が比叡山の麓に位置する園城寺で行われるのは、その意味で大きな意義があるだろう。近江の深い懐に抱かれながら聴く末木文美士氏の仏教をめぐる連続講義は、参加者だれしもが体験したことのない感慨に満ちたものであった。

私が参加した第3回では、中世文芸にちりばめられた「草木成仏論」をテーマとして、日本仏教における自然と人間をめぐる問題が語られた。末木氏は「草木国土悉皆成仏」というフレーズの典拠を求めて仏典を細やかに渉猟してゆく。続く福家俊彦長吏の親しみやすい講演、松岡正剛氏の果てしもなく広がってゆく語りに、場を同じくする聴衆は知的興奮にからめとられて一体となった。

日本仏教を語ることは、時代を超えて日本文化の根底に分け入っていくことでもある。そこからは、現代人が生きる上での指針が見えてくるはずだ。仏教を新しく捉え直すことこそ、現代の急務であるといえる。

新時代の「仏教評論」が立ち上がる

亀山隆彦（かめやま たかひこ）

仏教研究者、上七軒文庫 代表
1979年奈良県生まれ。専門は日本思想・文化研究、日本仏教学、日本宗教学、密教学。北野・西陣エリアの京町家を拠点とする私塾「上七軒文庫」を主宰する。京都大学人と社会の未来研究院研究員、龍谷大学非常勤講師。共著に『中世禅の知』『日本仏教と論義』など。

還生の会は、新時代を切り開く「仏教評論」の試みと感じている。

日本で育まれたさまざまな表現・文化活動や思想的営為は、時代を超えて仏教から深い影響を被っている。もちろん、コンテンポラリーなものも例外ではない。表層的に「仏教的」でなくとも、理念の面で仏教教義・実践からインスピレーションを受けているものは多い。

ただし、その意義を正当に評価する、すなわち、実際に仏教の視点に立って評論する試みは、ほぼなされていない。おそらくその影響だろう、日本の評論文化自体に大きな空洞ができつつある。

還生の会は、そのような文化的危機に敢然と立ち向かう試みだと考えている。すなわち、日本を代表する仏教学者である末木文美士氏と、各方面の文化活動に深い知識を持つ松岡正剛氏、そして、二人を取り持つ福家俊彦氏が一体となり、新時代の日本文化に必要な「仏教評論」を立ち上げようとしている。そのような観点から、還生の会を楽しんでいる。

近江のトポスから問い直す

安藤礼二（あんどう れいじ）

文芸評論家
1967年東京都生まれ。多摩美術大学図書館情報センター長。専門は日本近代思想史、民俗学など。早稲田大学卒業後、出版社の編集者を経て、2002年、『神々の闘争　折口信夫論』で群像新人文学賞評論部門優秀作を受賞し、文芸評論家として活動を始める。『光の曼陀羅　日本文学論』『列島祝祭論』『大拙』など著書多数。

近江は、極東の列島である「日本」の文化と歴史を考える際に、最も重要な場（トポス）ではないかとつねづね考えていました。大化の改新を成し遂げた天智天皇が新たな都を築いたのも近江大津京です。近江は、琵琶湖を介して日本海に通じ、さらには朝鮮半島、中国大陸にダイレクトに通じていく交通の要所です。

天智天皇の血を引く桓武天皇が京都に都を定めたのも、近江のごく近くに位置していたからだと思われます。以降千年以上にわたって「日本」の中心を京都が占めていくその起源にあたる時代、桓武天皇の命によって、対立を繰り返していた仏教界に統一をもたらしてくれるような新たな仏教、総合的な仏教が求められました。日本列島、朝鮮半島、中国大陸、インド亜大陸に通底する教えです。

桓武の期待に見事に応えたのが、やはり近江出身の最澄でした。最澄が比叡山を本拠地として展開していった天台宗は、衆生のすべて、あるいは森羅万象あらゆるものが仏に成ることができると説いた『法華経』の読解をもとに、そこに禅と浄土と密教の教えを統合しようとしたものでした。鎌倉新仏教を担った祖師たちは、ほぼその全員が比叡山に学んでいます。

いま、あらためて世界が一つになりつつあるこの時代、情報だけでなく厄災もまたそのネットワークによってたちまち世界のすべてに行き渡ってしまうこの時代、アジアだけではなく、世界のすべてに通じるような宗教的、哲学的、芸術的な指針が切実に求められています。そんなとき、日本列島に生まれたこの私たちにとっては、近江に育まれた歴史と文化を問い直すことは必須でしょう。

最澄の教えを伝え、さらにそれを大きく拡大した円珍がひらいた三井寺を拠点として、末木文美士と松岡正剛という仏教思想に造詣が深い現代の賢者たちの間で繰り広げられたスリリングな議論に参加できたとき、私はまさにここから新たな時代の学と表現がはじまっていくことを深く実感しました。

百人一首の坊主めぐりから日本仏教を垣間見た

青野恵子（あおの けいこ）

一穂堂オーナー
1949年大阪府生まれ。美しい日本の文化を後世に伝える「一穂堂」ギャラリーを主宰。1996年、新高輪にギャラリーをオープン以来、御殿山、銀座、ニューヨークに店舗を広げる。日本人アーティストによる陶磁器、絵画、彫刻、木竹工、漆、染織、金属、人形など、人々の心を鷲づかみにするような作品を探して展示している。

松岡さんの「どうする? 日本仏教」の質問には難しくて答えられそうもない。そもそも日本人にとっての宗教観は、イスラム教やキリスト教のように互いを敵視するのではなく、もっと緩やかに捉え

られている。

　現に初詣は神社で、葬儀は寺で、名建築の寺社を訪ねては、神仏に手を合わせる。多くの人は家の宗派を知らない。

　私は美術工芸ギャラリーを経営しており、職業柄モノを凝視し、美しいモノに惹かれてきた。子供の頃、百人一首カルタの坊主めくりでよく遊んだ。坊主が出てくると絵札をはき出し、殿はそのまま、姫は溜まった絵札をもらえる。簡単な遊びであるが、私は姫の十二単衣より12人の僧侶たちの装束が気になっていた。色とりどりの法衣に肩からの袈裟も不思議なスタイルだった。僧侶の法衣は位階により緋色、紫、緑、水色、茶色、黒などと色分けされ、儀式によってもさまざまに変える。

　私の実家は古い家でご先祖の命日が多く、檀家回りの僧侶が三日にあげずお参りに来た。仏壇の前での僧侶の読経も蝋燭（ろうそく）や線香の香りも幼い頃から見慣れ、聞き慣れていた。そのせいで、きっと坊主めくりの坊主が気になったのだろう。

　西本願寺派御連枝（ごれんし）顕証寺の檀家総代をしていた父の仏縁で、親鸞聖人７５０年大遠忌法要（だいおんきほうよう）に招かれた時の事、仏教美術で埋まる伽藍での法要儀礼は荘厳で、大勢の僧侶の声明は有難く響き渡っていた。中でもこの寺の御前の勤行と袈裟の壮麗さに目も心も奪われた。美しい！　本当に美しい！

　日本仏教の装束は、職人が美と手わざを極めた美術工芸品である。金糸銀糸に極彩色の綴織の七条（しちじょう）袈裟（けさ）は英国王のローブに負けない豪華なものであった。

「どうする？日本仏教」

　難しい事は宗教学者に任せるとして、浄土に導いてくださる僧侶の法衣や袈裟を、そして所作を見てほしい。日本らしい型や決まり事の中、僧侶の修行も声明も美を極めている。百人一首の坊主めくりから日本仏教を垣間見た。仏教の周りは美しい。

還生の会
Gensho ARS

茶人・堀口一子が仕込んだ三井寺茶

クズを蓮の蕾に見立てた菓子「露の宿り」

五輪を模した５色の飴

叶衆の威勢の良い掛け声で餅をつく

涼を味わう紫蘇を効かせた葛水羊羹

稲穂の設えで振舞われた冨田酒造の甘酒

氷出しする三井寺茶。じっくり甘味を抽出

最澄の「久隔帖（きゅうかくじょう）」

福家俊彦

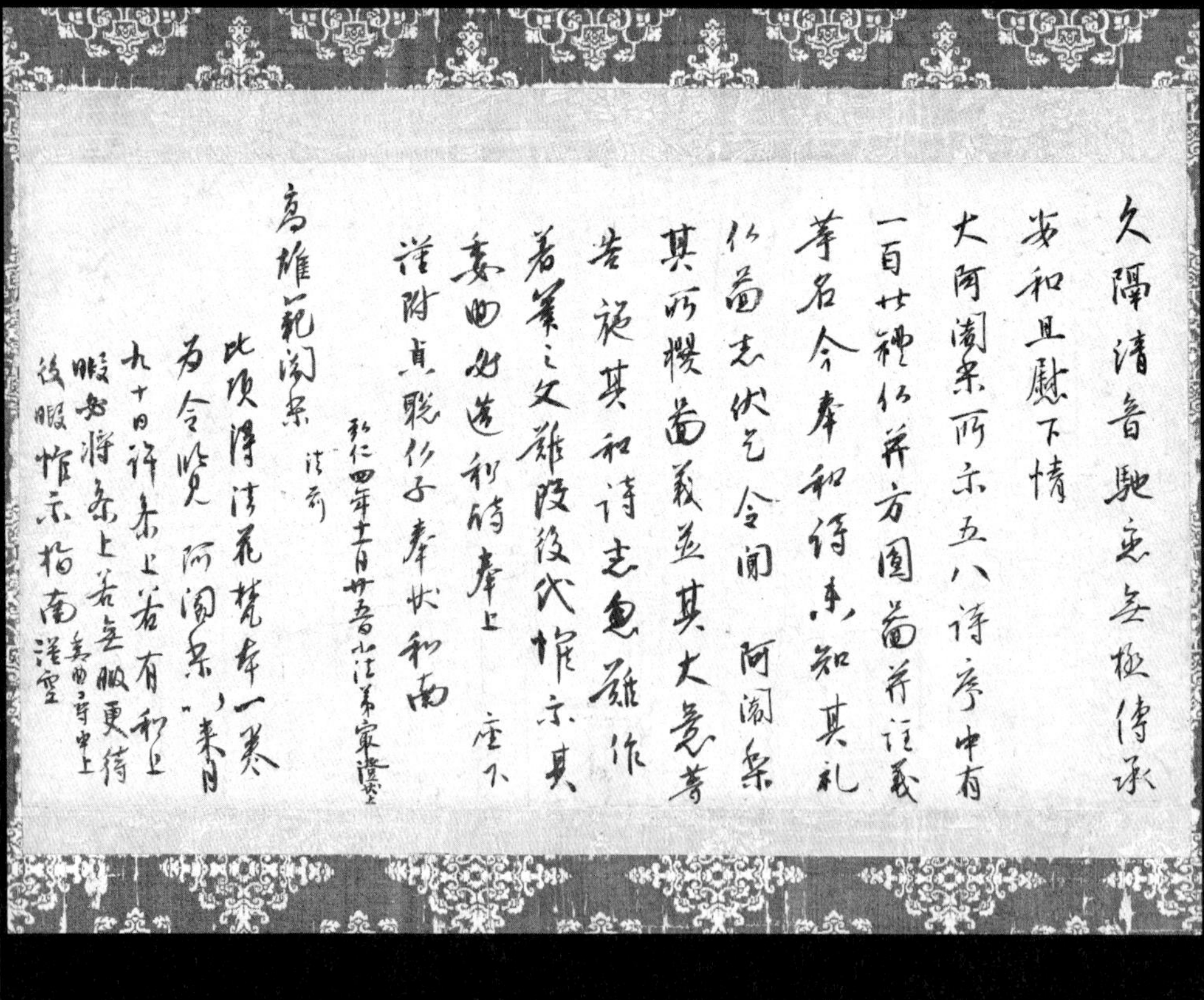
久隔清音馳恋無極伏承
安和且慰下情
大阿闍梨所示五八詩序中有
一百廿礼仏并方円図并注義
等名今奉和詩未知其礼
仏図義伏乞令聞　阿闍梨
其所撰図義并其大意等
告施其和詩忽難作
著筆之文難改後代惟示其
委曲必造和詩奉上　座下
謹附貞聡仏子奉状和南
弘仁四年十一月廿五日小法弟最澄状上
高雄範闍梨　法前
比願得法花梵本一巻
為令覧　阿闍梨　来月
九十日許東上若有和上
暇者将参上若無暇更待
後暇惟示指南謹空　委曲寺中上

近江ARSの第3回「還生の会」でのこと。伝教大師最澄の「久隔帖」について「懸命の書ですよ」と末木文美士さんは評した。「久隔帖」については、これまでも多くの専門家から奈良朝以来の王羲之の伝統を踏まえた書風ながら書の技巧を超越した気韻の高さ、静かで清純な書境を表し、書道史上に光り輝く存在として評価されてきた。もとより異論はないが、末木さんから初めて聞いた「懸命」という言葉に目を開かれた。弘仁4年（813）11月25日、47歳の最澄は、高雄山寺（神護寺）の空海のもとで修行している弟子の泰範に宛て書信を送った。「久隔帖」と呼ばれる由縁は、冒頭の「久しく清音を隔て」で始まることによる。空海から贈られた詩について分からない箇所があるので質問を伝えてほしいとの内容である。最澄は前年、神護寺において空海から金剛界と胎蔵界の両部の灌頂を伝法されており、文中で空海を指す「大阿闍梨」が文頭になるよう改行し、「阿闍梨」と「座下」の前一字を闕字にするなど鄭重な書礼を用い、空海に対して真摯に向きあう朴訥なまでの最澄の姿が読みとれる。

当時、最澄の胸中を去来していたのは、天台教学と真言密教との教義上の問題に加え、自分の後を託そうと見込んでいた弟子の泰範が、比叡山を下り、空海のもとに走ったことへの忸怩たる思いであった。なによりも最澄が確信していた真なる仏法は、誰もが仏となることができる一乗主義、そして「真俗一貫」する大乗戒をもって有為な人材を育成することであった。しかし、この最澄の命を懸けた信念を理解する人は少なく、あまたの障害に阻まれることになる。それでも最澄は、弘仁13年（822）6月4日に遷化するまで求道者としての道を一途に歩み続けた。まさに「久隔帖」は、琵琶湖を吹き渡る風のように最澄の「懸命」で飾らない魂の息吹を伝えている。

仏へのまなざし

鷲尾龍華
わしお・りゅうげ

私はただ一人の人間でしかない。たとえ一山の座主になろうとも。ふつうの女性であり、まだ若輩で人生のなんたるかもわかっていない。ただ私は仏の道がなんであるかを求めてきたし、それが何であるかを知っているつもりである。それを人に伝え、もう生きられないと思っている人に、まだ生きる事ができると伝えること。それは私が人生をかけてしていかなければならないことだと思っている。

草木には仏性がある。天台教学ではそのように言うが、一方東密では、すべてが大日如来の顕れであると言う。これは両者の視点の違いを思わせる。天台では草木を見てこちら側が何かに気がつくのに対し、東密では草木のほうから語りかけてくる、そしてそれをわれわれ人間がキャッチするという双方向の矢印が現れる。これを相互供養といい、だからこそ世界そのものが曼荼羅であるといえるのである。

草木や自然だけではない。仏の姿というのはひとつの象徴である。真理の象徴であり、われわれを救うはたらきの象徴である。われわれが仏を拝することで、またそのはたらきがわれわれの中に既に存在しているということを見いだす。真理というものは形がないが、形ある仏の像の姿を見てわれわれは真理の一端を観ずることができる。

人が仏を見るとき、仏もまた人と目を見ている。本来の仏像というものはそのまなざしを実感するためにあるのだと考えている。

そして草木や仏の姿をみることで、自分はひとりではないのだと感じ、自らも世界のはたらきの一部であることを見いだす。

喩えるならば、自らの心に、海が広がっていると観じてみる。その海は仄暗く、全体を見渡すこともできない。仏の姿を拝したとき、そこに、一筋の光が差し込む。そこだけにあたたかさを感じる。それは仏の光である。慈悲の光である。大いなる日の、影をつくることがない日の光である。その光が海に広がっていく。海全体にその光が行き渡り、空を見ると大いなる日が昇っている。

それが仏との対話であると思う。そこにはまなざしが必要であり、感受性が必要である。

現代の人は宗教に対して短絡的であるように感じる。知識をつけて理解したと思い、実際に踏み込むことをしていないように思う。理屈をこね回していても、結局最後は「信」になるのではないか。

知識から一歩踏み込んで、仏教を「拝する」行いを心に置くこと。それを思い起こさせることができたら、私の人生は成功であると思っている。

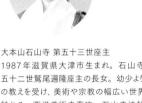

大本山石山寺 第五十三世座主
1987年滋賀県大津市生まれ。石山寺第五十二世鷲尾遍隆座主の長女。幼少より父の教えを受け、美術や宗教の幅広い世界に触れる。西洋美術史専攻。石山寺法輪院にて加行、東寺にて伝法灌頂入壇。2021年12月、石山寺初の女性座主に就任。著書に『ほとけの誓い、おもき石山』。

不死鳥の舞いたつ霊域
三井寺

広大な寺地内には国宝も多く、建造物だけで４件を数え、ほかに絵画・彫刻・工芸など多岐にわたる

焼討や闕所を乗り越えて今も響く鎮魂の晩鐘

琵琶湖を一望する長等山に広がる三井寺（園城寺）は、7世紀後半、大友皇子の子、大友与多王が父の弔いのために建立したとされる。霊泉「御井」の水が、天智・天武・持統天皇の産湯、智証大師円珍の厳義・三部灌頂の法儀に用いられ、「三井寺」と呼ばれてきた。

第五代天台座主の円珍は、天台密教を確立し、延暦寺別院として三井寺を中興した。円珍没後、円珍門流と円仁門流が対立し、天台宗は延暦寺山門派と三井寺寺門派に二分される。以降、延暦寺との戦い、豊臣秀吉の闕所（財産没収）など苦難のたび、不死鳥のごとく復興してきた。威風堂々の金堂、洗練された書院造の光浄院・勧学院、近江八景の一つ「三井の晩鐘」の梵鐘を吊る鐘楼、寺地に配された伽藍は再建されたものばかりだ。琵琶湖面をわたる鐘と湧き続ける泉の音は、今も鎮魂と再生を祈る人々を呼びよせる。

創建：**7世紀後半**
山号：**長等山**
宗派・寺格：**天台寺門宗総本山**
創建者：**大友与多王**
中興者：**智証大師円珍**
西国三十三所：**第十四番札所**

龍が護る筆と花の聖地

石山寺

大日如来の化身である金龍龍王が、石山寺の守護神として
除災招福をつかさどってきたと言い伝わる

紫式部や和泉式部の創作を喚起した奇景

瀬田川のほとりの伽藍山に立つ石山寺では、水音が絶えない境内に硅灰石の岩塊が露出する。文字通り、石の山の上の寺だ。梅、桜、霧島躑躅、藤、牡丹と折々の花が咲き、秋には日本最古の多宝塔が錦繍をまとう。

天平19（747）年、聖武天皇から大仏造営用の黄金の勅願を受けた良弁が、石山の巨岩に天皇の念持仏、如意輪観音像を置いて祈願した。まもなく黄金が発掘されたものの、観音像が微動だにせず、堂宇を建立したのが始まりという。

平安時代、三代目座主の菅原道真の孫・淳祐が中興し、真言密教の道場となった。以来、膨大な経典が守り伝わる。皇族・貴族の「石山詣」も盛んとなり、紫式部は湖上の月景色に『源氏物語』を着想したと言われる。自然と建築が織りなす景色は「石山の名月」と近江八景に数えられる。新たな幕開けを願う令和の石山詣が続く。

創建：**747年**
山号：**石光山**
宗派・寺格：**東寺真言宗大本山**
創建者：**良弁**
中興者：**淳祐**
西国三十三所：**第十三番札所**

in ARS

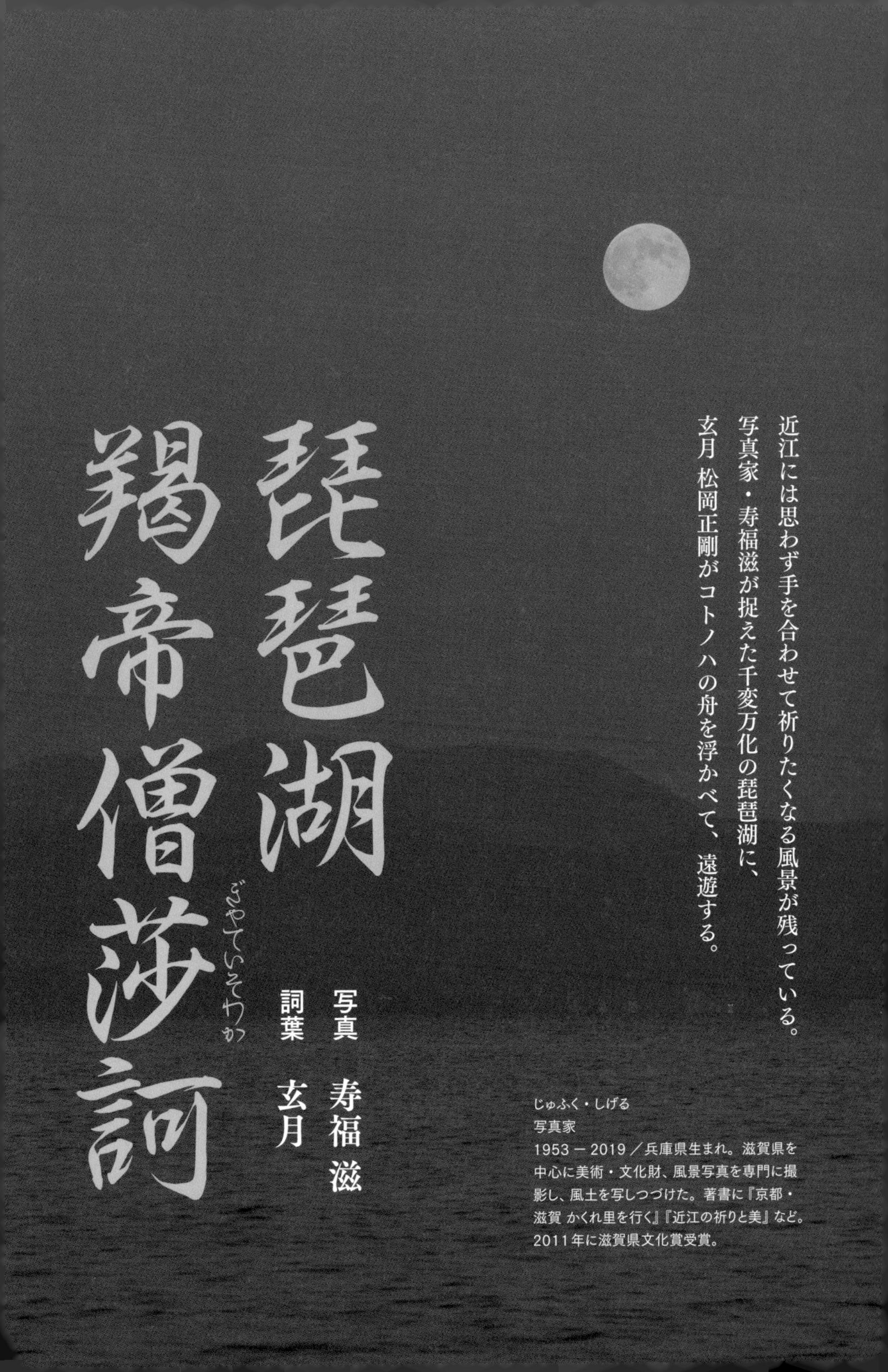

近江には思わず手を合わせて祈りたくなる風景が残っている。
写真家・寿福滋が捉えた千変万化の琵琶湖に、
玄月 松岡正剛がコトノハの舟を浮かべて、遠遊する。

琵琶湖羯帝僧莎訶（ぎゃていそわか）

写真 寿福滋
詞葉 玄月

じゅふく・しげる
写真家
1953－2019／兵庫県生まれ。滋賀県を中心に美術・文化財、風景写真を専門に撮影し、風土を写しつづけた。著書に『京都・滋賀 かくれ里を行く』『近江の祈りと美』など。2011年に滋賀県文化賞受賞。

湖は
天涯
最深部：103.58m

風をいたみ………
誕生：約 440 万年前

故林は懐い
平均の深さ：41.20m

樹枝は
いずくに依らん
周囲の距離：235.20km

雲状は衣
貯水量：275 億 t

しばらく眺めます
総面積：670.25k㎡

頓に
島弧は
別れを惜しむ
横幅の最大距離：22.8km

湖は
忽々
南北の距離：63.49km

風韻
いま素影を
起こせば
横幅の最小距離：1.35km

東を
仰いで
くつくつと
南湖の面積：52.5 k㎡

水稲は
光に連なり
琵琶湖大橋の全長：1.35km

辺土に
還って
かきくけこ
水温：最高約 32℃、最低約 4℃

湖人
坐ろに
住まう
湖面の標高：85.614m

残存の雪木
なにぬねの
集水域の面積：3174k㎡

北天を
望んで
くきくきと
北湖の面積：617.75 k㎡

希くば
人生代々
江月年々なり
河川から流入する年間水量：39.3 億 t

弁天
ぶんじゃか
瀬田川から流出する年間水量：48.4 億 t

山河　千里の国
湖に直接降水する年間水量：12.2 億 t

毘沙門　ずんどこ
疏水から京都市に流出する年間水量：4.9 億 t

碧水に佇（たたず）んで
湖水が全て入れ替わるのに要する時間：約 19 年

湖国は十七景
湖面での一年間の蒸発量：4 億 t

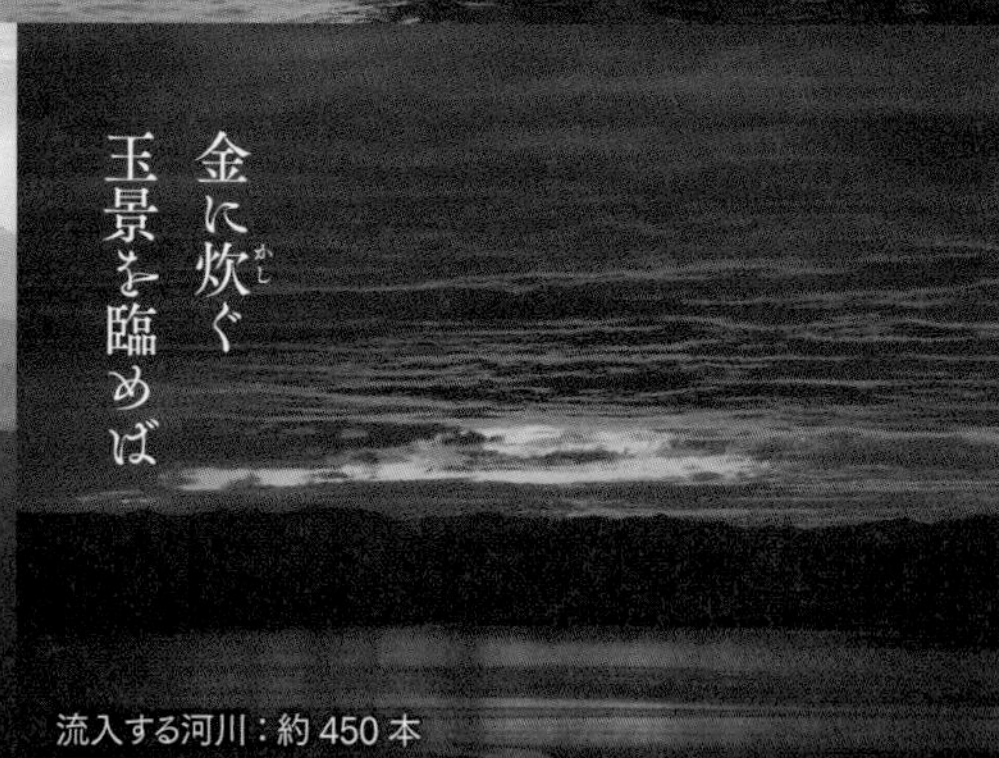
金に炊（かし）ぐ
玉景を臨めば
流入する河川：約 450 本

浄土まさしくLGBTQ
琵琶湖の環流：流速約10cm/s

近江
足下に蹲（うずくま）る
流出する河川：瀬田川の 1 本のみ

北湖の透明度：4～6m、南湖の透明度：2m

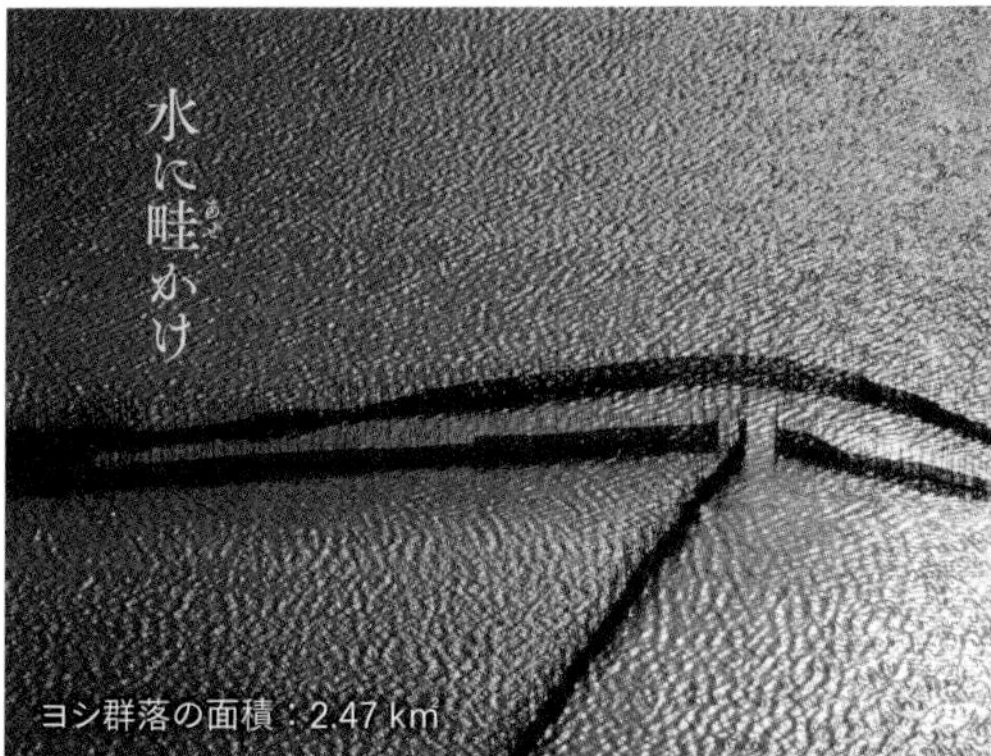

ヨシ群落の面積：2.47 km

内湖の数：23ヶ所

上位蜃気楼の見える回数：年平均 10 数回前後

琵琶湖にある島：3 島

動物：約 600 種

琵琶湖の水道水の利用人口：約 1450 万人

野鳥：約 340 種

さても
琵琶湖は
光年を閲し
越冬する水鳥：約 10 万羽以上

あえて一夕は
一人の朋を選び
トンボ：約 100 種

年々歳々
帰鴻を
度らせ
在来魚：約 45 種

時に水禽を遊ぶは
植物：約 500 種

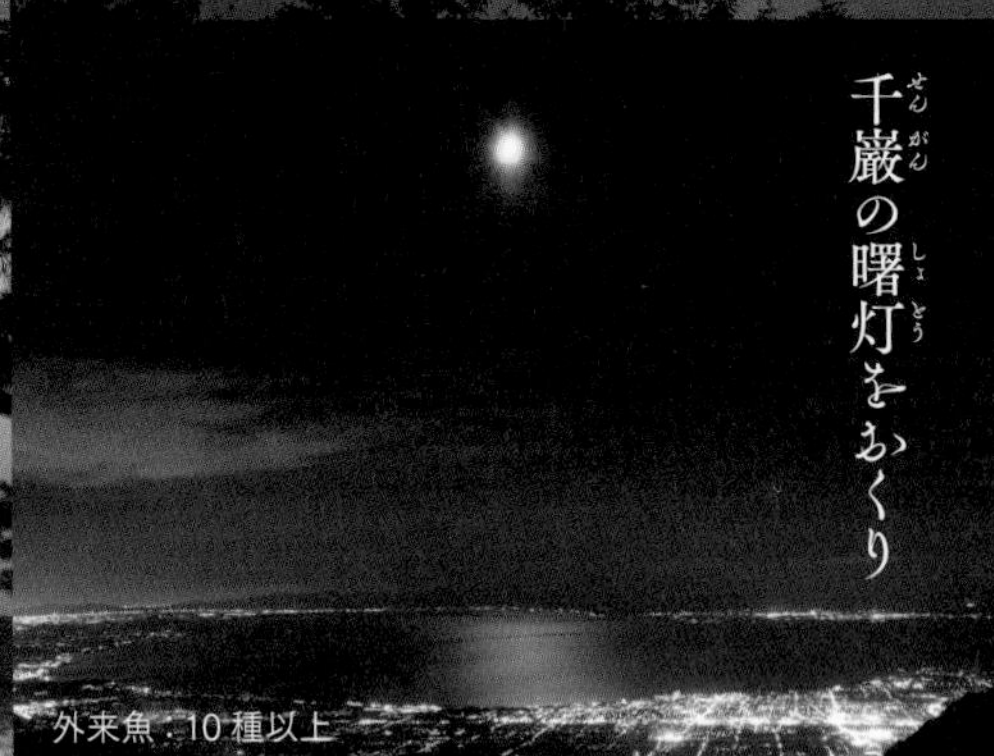
千巌の曙灯をおくり
外来魚：10 種以上

これARS四天王
植物プランクトン：約 200 種

万山の櫻花を
唄わせながら
主な漁法：魞（えり）、梁（やな）、沖びき網、えびたつべ等

聖俗を愉しんで
且く杯を銜む
動物プランクトン：約 120 種

寄するものたち
すべからく
騒がせ
最大の水害は琵琶湖大水害（1896年9月）

さてさて
寿福の写像
発見されているゾウ類の化石はナウマンゾウなど5種類

彼岸を
想うものたちを
偲ばせて
比良おろしの推定最大瞬間風速57m/s以上

如何にして
湖(うみ)に駐(とど)まるか
水辺や湖底にある遺跡は約70件

羯帝羯帝
波羅羯帝
約2万6千年前にヒトが琵琶湖のほとりに住み着いた

晩景を茜(あかね)に染めて
流域の最古の自然災害の記録は『続日本紀』に記された701年

波羅僧羯帝
菩提僧莎訶
地殻変動により琵琶湖は今も1年に1㎜ずつ沈んでいるという

遠近(をちこち)の間(はざま)に
湖水を湛(たた)え
周辺に約1300ヶ所の城があった

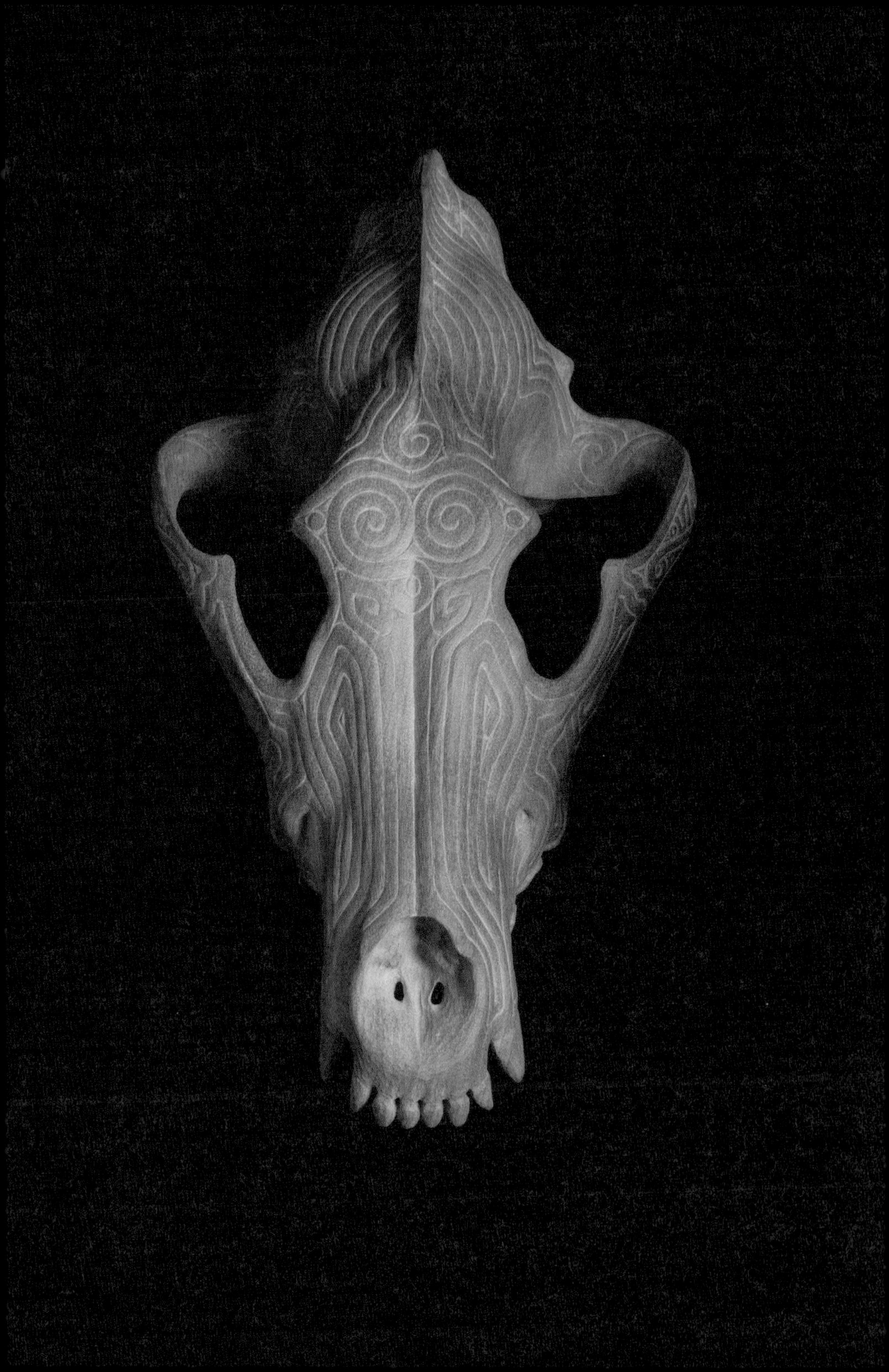

歓迎光臨、我がヴンダーカンマーに。21世紀のアリアドネの糸となれ！

――鈴木郷史（ポーラ・オルビスHD会長）

私たちはイコンとともにある。
神仏とともにあり、
デーモンやゴーストやモンスターとともにある。
仏師加藤巍山は、心底、このことを彫り上げていく。
鈴木郷史はこの作品に手を合わせる。
21世紀の仏像が息づいている。

――松岡正剛

かとう・ぎざん　仏師、彫刻家
1968年、東京・本所両国に生まれる。武蔵國住。高村光雲より五代。儀軌に準拠した仏像を制作する一方、日本の古典や歴史、仏教や神話を題材とした作品を制作。歴史や伝統、文化、民族に根差した「日本の美意識」と「仏師」であることに立脚しながら祈りの根源を探求し、普遍的な美を求む。

加藤巍山作
「道標」

うつわ

森山未來（もりやま・みらい）

俳優、ダンサー
1984年兵庫県生まれ。「関係値から立ち上がる身体的表現」を求めて、領域横断的に国内外で活動を展開。俳優として日本の映画賞を多数受賞し、ダンサー、映画監督としても活躍。東京2020オリンピック開会式では鎮魂の舞を踊った。2022年より神戸市にArtist in Residence KOBE（AiRK）を設立し運営に携わる。ポスト舞踏派。

２０２３年７月のバルセロナ。気温は日本より２、３度低いぐらいだが、海が近いとはいえ湿度をほとんど感じず、乾燥しているので快適だ。

この度、「近江ＡＲＳ本」への寄稿を依頼いただき、松岡正剛氏によって書かれたいくつもの著書から影響を受けている僕としては、せっかくのお誘いなのでぜひ何か書いてみたいと快諾したものの、実際自分は近江とも縁がなければ、仏教に関して造詣が深いわけでもない。

なので、近年僕が行ってきたパフォーマンスを振り返りながら、自身のアーティストステートメントとして掲げている「関係値から立ち上がる身体表現」を考察することで、日本で生まれ育った日本文化の一端を担うものとして、この本に寄り添える文章となればと思う。僕も「日本をおもしろくしたい」、そして「日本はおもしろい」と思っている一人なのであるからこそ。

「うつわ」というものに対する再認識

２０１６年に京都のロームシアターで初演を迎えたベルギーのコレオグラファー、ダミアン・ジャレ氏と現代美術家・名和晃平氏とのコラボレーションによって生まれた、「身体と彫刻の横断」をコンセプトに掲げたパフォーマンス作品『VESSEL』。

クリエーションから関わっているオリジナルメンバーであり、ツアーが続いている現在もパフォーマーとして、ここバルセロナまで遠征しているというわけだ。

"vessel"は日本語に訳すと「うつわ」。以前から日本文化に興味を抱いていたダミアンは幾度となく来日し、縄文文化、土偶、山岳信仰などプリミティブな日本にアプローチするリサーチを重ねた。

１時間ほどのパフォーマンスで、すべて

のダンサーはアンダーウェアのみを身につけ、首から上はいっさい見せない（ひとりだけ最後に一瞬見せるが）。首から下の身体だけを晒すことは個人を失い匿名となり、時に人間の身体であるという意味性をも奪う。その空虚な肉塊は、鳥、昆虫、植物など、有機的な生物が蠢（うごめ）く姿にも変容していく。

13年から14年のシーズンに文化庁文化交流使としてイスラエルに滞在していた僕は、日本で生まれ育ったアーティストとして日本文化というものをどのように捉えるべきかを模索していた。

そこで出会ったダミアン・ジャレ氏の日本の根本に触れるような鋭い視点と、素材に一貫してフォーカスし、そこに生命性や社会性を見出す名和晃平氏の透徹したセノグラフィーによって日本の「うつわ」性をあらためて強く体感できたことは、その後、自分のアーティストとしての指針をひとつ明確にすることになったと今でも思っている。

暗黒舞踏の定義

そんな『VESSEL』のツアー先であるバルセロナで、友人であるイスラエル人のダンサーに久しぶりに再会した。彼も日本文化に興味があり、僕がダンサーとして参加する舞踏家・笠井叡氏のポスト舞踏プロジェクトを知って、山間部につくられたスタジオに入り、舞踏についての考察をはじめていた。

舞踏のことを意識したのは、イスラエルに滞在していた時だ。中東に位置しているとはいえ、西洋文化の影響が強く、現在も紛争が絶えないイスラエル。現地では実存主義的な考え方やそれに即したパフォーマンスが印象的な中、ダンサーとして活動していた僕はアジア、あるいは日本の表現の根幹となるものはなんなのだろうかと考えていた。

そんな時、イスラエルのダンスフェスティバルが定期的に舞踏家を日本から呼び、ワークショップをしていると聞き、さらに欧米では「BUTOH」が明確な日本のダンススタイルとして定着していることを初めて知ったのだ。

そもそも舞踏とは一体なんだろう。

1950年代に土方巽や大野一雄らが立ち上げたとされる暗黒舞踏。名付け親は笠井叡とされる。だがその実態について、国外では比較的論考が進んでいるものの、肝心の日本においては明確な定義付けがされることのないまま現在に至っている。

舞踏を形作るものとして、僕が最も重要だと考えているもののひとつは、土方巽が口伝で弟子たちに伝え、それらを書き記した「舞踏譜」だ。

西洋でもとくにバレエの世界において「舞踊譜」なるものは今も存在する。楽曲の五線譜上にそれぞれの動きを表す記号的な図を記して振付を保存するというものだ。日本にも雅楽や能楽において記号や文章で保存しているものがあると聞く。

ただ、土方巽が展開した舞踏譜は、絵画や写真が含まれることもあるが、大半は言葉や文章に拠るところが大きい。しかも詩的で抽象的な言葉を使う。腕を右から左にといった説明などなく、言葉を身体に叩き込む。頭の中で想像することで、身体は硬直し、のちに次第に歪み、漏れ出していく。

それは素人のダンサーたちにどう振り付けるかと考えた末の発想だったと聞く。コントロール下に置かれた作為的な技術や方法だけではなく、いかに偶然性をも含めた無作為を表現に織り交ぜていくか。身体にまとわりつく意識を言葉を用いて相殺し、そこから身体を立ち上げていく。このような人間の想像力を利用した作舞方法としての舞踏を、これからもリサーチしていきたいと思っている。以下、土方巽が残した言葉を引用する。

「舞踏する器は、舞踏を招き入れる器でもある。どちらにせよ、その器はたえず空っぽの状態を保持していなければならない……舞踏は空っぽの絶えざる入れ替えである」土方巽

世界最古のミュージカルと物語のレイヤー

そもそも僕が考える舞踏のメソッドというものはかくも演劇的だ。脚本という、言葉によって構築された虚構の設定の中でキャラクターや身体、背景をも立ち上げていく。

時に映画などを見ていると、シンプルに役者の身体表現に釘付けになる瞬間がある。その役者がもつポテンシャルもあるのだろうが、そこには身体が言葉や想像力で満たされた先に滲み出る表現があり、さらにそれは脚本の物語、セリフやト書きをもとに映画に携わるすべての部署の人たちが作り上げる共同幻想世界の強度から生み出されるものでもあるだろう。

2021年6月、東京オリンピック2020が開幕する直前、神奈川芸術劇場でとある演劇の舞台に立っていた。チェルフィッチュという演劇ユニットを主宰する岡田利規氏が作・演出を手がけた『未練の幽霊と怪物』である。

この舞台は能楽の舞台構造や複式夢幻能という構成を用いて、現代劇として上演されたものだ。複式夢幻能の構成とは大抵がこういったものだ。旅人（ワキ）がとある場所に訪れ、そこで偶然出会った土地の人（前シテ）からその場の歴史や起こったことなどを聞く。すると不意にその人がいなくなり、その場に想いを残して亡くなった霊的な存在（後シテ）が顕現し、それを旅人は目撃する。

この構成を用いて岡田氏は二つの戯曲を創作した。「挫波（ザハ）」と「敦賀（つるが）」である。

「挫波」で顕現させる魂は、東京オリンピック招致のために新国立競技場の設計者としてコンペに選ばれるも、国から白紙撤回され、その後に亡くなることになったイラクの建築家ザハ・ハディド。「敦賀」ではエネルギー計画のために多額の資金を投入されて建設されたが、廃炉に追い込まれることになった高速増殖炉もんじゅの設立に関わった人たちの想いが顕現する。

役者の身体を用いて霊的存在を顕現させる。これは現代の演劇にしても、別人の役を全く関係のない人間がそれらしく演ずるという意味では同じになるが、そもそも能楽というのはそのパフォーマンスを観客に向けて行っていたのではなく、祭礼の時にその土地、あるいは神と崇められる存在などに対して奉納する舞として踊られていたのだから、対象が違う。

世界最古のミュージカルとも言われる能楽が存在する日本において、別の存在を身体に降ろして表現するという、現代の芝居や踊りの表現にも通じる身体の空虚性へのまなざしは、他国の文化とは一線を画す要因になるのではないだろうか。

『未練の幽霊と怪物』で僕は「挫波」の前シテ、後シテを担当した。後シテとされるザハ・ハディドの魂が顕現する舞の場面では、能楽でいうところの「囃子方（はやしかた）」である音楽家（内橋和久氏）による演奏が流れ、

「謡（うたい）」と呼ばれる人（七尾旅人氏）が岡田氏の言葉を歌にする。

だが、この言葉に合わせた動きを踊ってしまうと、ただのあて振りになり説明的な表現になってしまいかねない。なので動きを作るために、「挫波」の物語や後シテ内の歌詞に隣接するまた別の物語や文章を探して、そこから振付を構築していった。そして、それらの身体と歌詞とを照らし合わせながら、複合的なイメージを観ている人に定着させられるかどうかを探っていった。

演劇の世界では「チェルフィッチュ以前／以降」という言葉があるほど。長年言葉と身体の関係性を探究し続けている岡田氏の真骨頂に触れる想いだった。ここにおいても言葉が生み出す身体表現というものを考察することになった。

空虚の顕在化

その直後に参加することになった東京オリンピック2020の開会式。総合演出の小林賢太郎氏と総合振付の平原慎太郎氏からお誘いを受け、かなり悩んだが引き受けることにした。

開会式の流れの中で、木遣（きやり）の祭りに見立てたパフォーマンスがあった。木遣とは建物を建造するために切り出した木材などを運ぶ際に生まれた労働歌で、今でも日本各地の祭りで歌われる。この木遣の祭りの前に行われる神事のような儀式を想定した一幕として、パフォーマンスをさせていただくことになった。

コロナ禍の真っ只中だったこともあり、あらゆる想いが渦巻いていたことは事実。「復興五輪」を掲げており、東日本大震災に関係する方々の想いもあっただろう。さらには1972年に開催されたミュンヘンオリンピックでパレスチナ武装組織によって殺害されたイスラエルの11人のアスリートたちへ向けた追悼の儀の直前のパフォーマンスでもあった。自身が阪神・淡路大震災の被災者であり、イスラエルへ1年間派遣されていたということも文脈としては繋がってくるだろう。

極力パフォーマティブなものにせず、これまでオリンピックに関わってきたすべての人たち、オリンピックに対してさまざまな感情を抱く人々の思いを静かに身体で引き受ける。すべての感情が身体を通り抜けていくようなイメージで振付を構築していった。

結果、無観客で開催されたオリンピック開会式の生放送でのテレビ視聴率は50パーセントを超えた。7000万人以上の人が観たという統計になっているらしい。多様なメディアが乱立する現代で、この数字は異様だとも言える。今までに、一度にこれほどまでの人数に対してパフォーマンスを行った経験はもちろん僕にはない。

そこで何が起こったかというと、簡単にいうと自分の存在が弾け飛んでしまったような感覚に陥ってしまった。

芸能の世界で生きてきて、テレビや映画などの映像作品にも数多く出演させていただき、それぞれ違うキャラクターを短期間ながらに生きてきた。陽気だったり、陰気だったり、破滅的だったり、軽薄だったり。舞台では、虫、猫、ロボットなど人間以外のキャラクターを担うことも多かった。

僕がいわゆるダンスを踊る人であることを知っているか否かもこのパフォーマンスをどう見るかに影響したかもしれない。東日本大震災から10年を迎えた2021年3月11日に京都・清水寺で奉納の舞を踊ったことを知っているか否か、笠井叡氏のポスト舞踏プロジェクトに参加していることを知っているか否か、直前にザハ・ハディドの霊的存在を踊り、ここ、新国立競技場のど真ん中でパフォーマンスしていることを知っているか否か。

つまり、「森山未來」という存在を知っているほぼすべての人が、僕という存在にそれぞれに違うキャラクターを投影し、全くばらばらな文脈の中でパフォーマンスを見ているということだ。

別に役者やダンサーでなくたって、人ひとりに対して皆が違う印象を持つということ自体は至極当たり前のことではあるのだが、この規模でここまで多様なリアクションに出会ったことで、莫大な当たり前のことが一挙に身体を貫いたのだ。

苦しいわけでも辛いわけでもなく、「森山未來」を生成するありとあらゆる虚像が皮膚の表面に張り付き、それらすべてが誰かにとっての「森山未來」であり、その中に存在する空虚の輪郭がくっきりと現れ、それを圧倒的な強さで自覚することになったのだと思う。

関係値から立ち上がる身体表現、その存在、あるいは媒介者

同時にこうも思った。役者やダンサーとしてだけではなく、生活においても、例えば家族という人間関係の中においても、僕は今まで何かしらを介するようにして生きてきたのではないかと。もしくは人間との関わり合いだけでなくそこにある物や事柄、場所などによってあくまで〝動かされ〟てきたのではないか。

もちろん、こう動きたいという主体的な決定があるようには思えるが、それがどこから何の影響を受けてその決定に至ったのかと考えると、自分の主体性のようなものも疑わしくなってくる。だが、そうやって動かされたり、止められたりするという行為そのものが、いわゆる「踊る」ということにとどまらず、そのまま身体が表現していることだとも考えられるのではないか。誰か、何かの媒介者として、自分の中に満たされた空虚が自分を突き動かし、それは〝踊り〟であると同時に〝踊らされ〟でもあるというような。

あのオリンピックでの発見のようなものが、２０２２年秋に東京芸術劇場を皮切りに全国ツアーを敢行したパフォーマンス「FORMULA」の制作にも繋がったのかもしれない。他者と生きること、あるいは集団で生きることでしか人間は人間たり得ないという人類の宿命をコンセプトに、イスラエルの振付家エラ・ホチルド氏と認知科学者・中野信子氏との三者でのコラボレーションによって生まれた作品だ。

あるいは金沢21世紀美術館で開催されたフランスのアーティスト、イヴ・クラインの個展「時を超えるイヴ・クラインの想像力—不確かさと非物質的なるもの」の展示空間内で23年2月に行ったソロパフォーマンス「osmosis（浸透）」にも繋がるだろう。

「非物質的絵画的感性領域の譲渡」や「Leap into the Void」（空虚への跳躍）などのコンセプチュアルな作品で、クラインは一貫して非物質的なものに価値を見出そうとした。それにインスパイアを受け、パフォーマンス冒頭で僕の唾液から作った口噛み酒を観客に振る舞い、金沢出身の哲学者・鈴木大拙の著書『無心ということ』から抜粋したテキストと身体表現を音響効果や映像表現なども用いて織り混ぜ、最後に

は観客ひとりひとりの鑑賞体験をNFT化し販売してもらうという実験的な試みとなった。

風の街、神戸

２０２１年秋ごろから23年夏の現在に至るまで、僕の地元でもある神戸市でも活動を展開している。

もちろん馴染みがある場所ではあるが、地元だからという理由のみで活動しているわけではない。神戸の地理的環境から生まれる風土や文化にあらためてポテンシャルを感じ、なおかつ自分と相性がいい場所だと感じたからだ。京都や東京、大阪の街がどことなく円の形状になっているのと比べて、六甲山と播磨灘や大阪湾に挟まれ、東西に伸びている神戸は、何かが定着しづらい街なのではないかと感じる。僕はそんな神戸を「風の街」だと考えている。

現に六甲おろしと呼ばれるような海陸風や東西に吹く風がつねに流れている（ように感じる）し、神戸の港からは、9世紀には遣唐使として最澄や空海が出航し、平安時代末期には平清盛が日宋貿易のために大改築し、明治以降の神戸港は重要な国際貿易の拠点として開いていく。人やもの、それに付随した文化が神戸を拠点に流入しつづけてきたのだ。つねに動きつづけながらも、そこに停滞せず軽やかに流れていく環境が自分の性には合う。

神戸での活動は、22年4月にオープンした、アーティストがリサーチや制作のために滞在できる施設「Artist in Residence KOBE」の運営に携わったり、神戸市経済観光局が主催するアートイベント「KOBE Re:Public Art Project」でキュレーターも務めさせていただいたりと、いわゆる踊ったり、芝居をしたりという内容ではない。

神戸という街に流れ込んでくるヒト・モノ・コトに巻かれて自分が何かしらの形で動かされ、それによって街が動き、そこから生まれた場に立ち、踊り演ずる。そんなインタラクティブな状況を僕にとっての表現であると捉え、風を受けて場が動き、場に動かされる現状を、今は楽しんでいる。

媒介者となり、そこにある環境や人との出会いによって動かされ、それが表現になり得るということ。この考え方は、日本に生まれ育った人には当然のことのように感じられるかもしれない。しかしもう少し俯瞰的に眺めてみると、東洋的、あるいは日本にある「うつわ」という意識的、あるいは無意識的概念と深く繋がっていくのではないだろうか。

――縄文土器や土偶に見られるアニミズムや自然崇拝の観念。土方巽が残した「必死に突っ立った死体」という言葉。複式夢幻能という構造が示す物理的な形のない霊的存在への視座。神仏習合や神仏分離に見る日本の緩やかに通貫された宗教観。「忖度」や「同調圧力」といった現代の流れに乗る言葉からも表象される、どこまでも集団主義の中で生きる日本社会のあり様。金沢に出自をもつ西田幾多郎の「純粋経験」や鈴木大拙の「即非の理論」の思想。このあたりの論考と編集は、いつかぜひ正剛氏にお任せしてみたい。

いずれも、身体をメディウムとし、日本で生まれ育ったアーティストだからこそ打ち出せるステートメントの根幹になり得ると感じているし、僕にとっては、これまでやこれからも引き起こされていくであろうヒト・モノ・コト・バとの出会いを有機的に繋いでいく、あるいは緩やかに包括していくための指針になってほしいと望んでもいる。

孤独の舞

Kodoku no Mai

踊り　森山未來

写真　濱田祐史

森山未來という驚身

松岡正剛

一目で痺れるカラダというものがある。街で見かけることもあれば、映像の中でギョッとすることもある。舞台ではヨネヤマ・ママコ、観世寿夫、土方巽、ジョルジュ・ドン、武原はん、田中泯、勅使川原三郎、シルヴィ・ギエムに攫われた。最近では森山未來だ。ダンサーでもあるが、役者としても痺れさせる。

過日、無理を言って琵琶湖のマレビトになってもらった。一本の棒を託しただけで、あとは湖の中での本人の独舞に任せた。写真家がそれをどう撮るか。その一端をここに収録したが、いつか動画もお見せしたいと思っている。

そのうえで、また無理を言ってみたい。東京オリンピックの劈頭の数分間のダンスが忘れられないものだったので、今度は仏像と競身してもらおうかな。

熊倉功夫
Kumakura Isao

森村泰昌
Morimura Yasumasa

田中泯
Tanaka Min

ヤマザキマリ
Yamazaki Mari

第四幕

山本耀司
Yamamoto Yohji

今福龍太
Imafuku Ryuta

川瀬敏郎
Kawase Toshiro

樂直入
Raku Jikinyu

エバレット・ブラウン
Everett Kennedy Brown

平出隆
Hiraide Takashi

別日本を臨む

べつにほん　のぞ

中田英寿
Nakata Hidetoshi

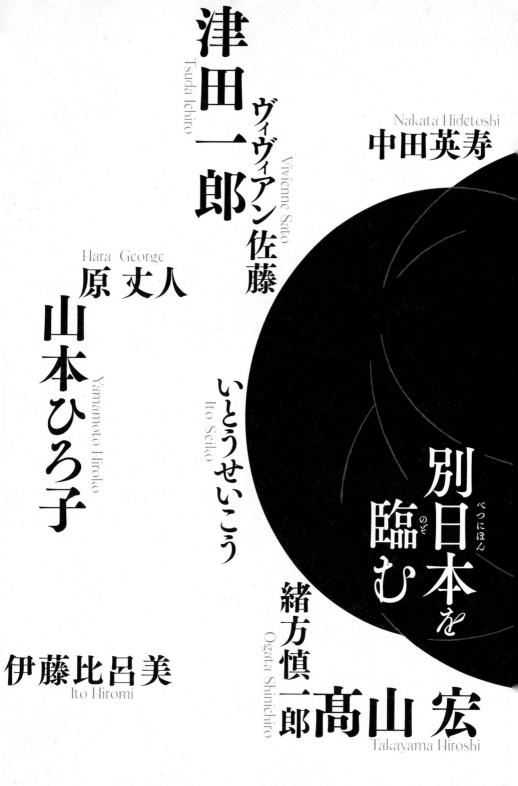

津田一郎
Tsuda Ichiro

ヴィヴィアン佐藤
Vivienne Sato

原 丈人
Hara George

山本ひろ子
Yamamoto Hiroko

いとうせいこう
Ito Seiko

緒方慎一郎
Ogata Shinichiro

髙山 宏
Takayama Hiroshi

伊藤比呂美
Ito Hiromi

解き放たれた個的な精神が、傾(かぶ)き、歪(ゆが)み、武張(ぶば)り、奇抜に、逸脱する

樂(らく)直入(じきにゅう)

陶芸家、樂家十五代当主
1949年京都府生まれ。樂美術館理事長・館長。イタリア留学を経て、81年十五代樂吉左衛門を襲名。「焼貫」の技法と大胆な箆削りで、樂茶碗の世界観を現代に再生するための挑戦を続ける。2019年に代を長男に譲り、直入と改名。著作に『光悦考』『ちゃわんや』『茶室をつくった。』ほか。

桃山バロック その放埒(ほうらつ)な精神

なぜ、これほどまでに放埒に、
なぜ、これほどまでにアナーキーに、
なぜ、これほどまでに個的に、
なぜ、これほどまでに逸脱し、
なぜ、これほどまでに揺動するのか。

崩壊から構築へ、中世という古い権威・権力統治の崩壊から、近世という集権支配体制の樹立までわずか40年ばかりの一束の時代、それは狭間に架かる橋上の劇場空間であった。

中央権力の生き残りをかけた死闘の闇を通り抜け、流された血の傷みの中から、人々は誇らかに己を語るすべを身につけた。すべては解き放たれた個の精神、己の夢を掘り起こし、己を演じ、闘争し、己を実現する。農民から天下人を夢見た男、自由交易の海の向こうに世界の広がりを見た男、茶の湯という芸能に命をかけた男、河原で興じた歌舞伎踊りの忘我の縁に呆けた女と群衆。

四条五条の橋の上　老若男女貴賤都鄙(きせんとひ)　色めく花衣　袖を連ねて行く末の

色とりどりの彩が犇(ひし)めき、擦れ合い、種々雑多。制度から、その因習から解き放たれた個的な精神

Whiterock 曉 Image Malevich

が、傾き、歪み、武張り、奇抜に、逸脱する。一切の権威の文脈から、制度の枷から、個の精神がはみ出し、世に対峙する。自由、自己実現、自己主張、誰もが個性を謳歌するに憚らぬ。これ程までに世の表舞台に個の精神が躍動した時代が在るだろうか。

世を揺さぶり、全ては激しく動じている。息を潜め忍び逼塞する必要は無い。静から動へ、己の裁量一つをもて人々は動き出す。桃山はまさに動的時代、バロックなのである。バロックとは個的な精神の彷徨、逸脱であり反抗であり、それらが一体となって自己実現に向かって嵐の如く動じている。

人の生き様も、制度も、アートも、芸能も、全て規範から抜け出し動じている。黄金、楽市楽座、自由交易、南蛮、キリシタン、種々雑多、新たな制度が胎動する。永徳の唐獅子がのそりと画面の枠組を越えて此方へと歩み来る。長次郎の二彩獅子が身を捩らせ雄叫びを上げる。等伯の松林が風に揺れてざわめいている。利休の茶・長次郎の樂茶碗もまた然り、その空なる静黙に破格の動を宿し、織部茶碗はまさに激しく己を誇張し、伊賀焼は歪みひび割れ、巌の如く荒々しい動的世界を表す。まるで同時多発の反乱のようにアナーキーな個の精神が世に挑む。全ては動じて住する所を知らず、全ては未完、収束を拒否し、完結を求めず、現成にこそ委ねるべき我が生が在ると。動は生命の朕兆なりと。

されど束の間、やがて劇場の幕は下ろされねばならない。

制度化された価値と権威から解き放たれ、思い思いの己を演じた狭間に架かる劇場空間、しかしその対岸には近世江戸幕藩体制という巨大な管理社会が人々を繋ぎ止めるべく迫っている。配分と管理、まさに分相応也と、権力は人々を振り分け、制度を固定する。動から再び静へ、こうして徳川３００年のＰａｘが繋ぎ止められる。

２０２３年６月15日　久多叢芒

桃山のヴィジュアル革命

熊倉功夫

さて、あなたは髭をはやすのかはやさないのか

日本の歴史をふりかえると、ここ千年の間にも三つの大変革期がある。南北朝の内乱期、桃山の戦国期、維新文明開化期である。社会全体が地殻変動を起こし、新しいパラダイムが発生した。谷川徹三流にいえば、弥生的なるものが沈んで縄文的なるものがあらわれ、岡本太郎的にいえば文化が爆発した時代である。

桃山時代は、なかでも視覚的な世界で大革命がおこった。今まで見たことのないような巨大な城郭が誕生したことがその一つである。

織田信長の安土城の実体はまだわかっていないが、当時の記録をみると破天荒な構造と豪華さを誇っていた。こうした大建築にふさわ

朱漆塗燻韋威縫延腰取二枚胴具足

しい大画面の障屏画が描かれる。紺碧濃彩の強烈な画風はそれまでの日本の絵画にはない。染織に目を移せば、辻ヶ花をはじめ縫箔の華やかな衣裳に魅了される。まさに視る文化の時代である。

人物もそれに合わせて見せることにこだわった。集団の中に身を潜めるのではなく、どこまでも己を主張して目立とうとした。茶の湯の上田流の祖、大名の上田宗箇は、敵城を攻める中、一番先に一人、敵の城内に入るや、内側から門を閉じて友軍を締めだし敵将の首をとったという。一番ということに命をかけ、そのためには軍令違犯など気にかけぬ、という生き方をした。自己主張の延長が髭である。戦国武将の多くは髭をたくわえた。

江戸時代の武士で髭をはやした例は稀である。つまり社会が安定すると**髭をはやすことは社会集団からの逸脱**を示すことになるので、隠居とか奴とか牢人のような埒外の人間だけが髭をはやした。逆にいうと、先の**三大変革期の男たちは皆、髭をはやしている。**

茶の湯の世界でも、桃山時代は目立つことが手柄であった。『山上宗二記』には茶人のタイプとして数寄者、茶湯者、侘び数寄をあげているが、その中の侘び数寄は貧乏人だから良い道具は持たないかわりに、胸の覚悟、作分、手柄のあるものとしている。徒手空拳で天下取りを目指す戦国武将と同じではないか。豊臣秀吉が政治的一大イベントとして計画した北野大茶湯で秀吉から褒美をもらった二人の侘び茶人がいた。一化とノ貫である。ノ貫は直径2・7メートルもある朱傘を立て、それが太陽光線に輝いてさすがの秀吉も驚いたという。これが桃山であった。江戸時代になるとこうした意表をつく傾向は「ノ貫にする」と言って排除されている。

さて、あなたは髭をはやすのかはやさないか。

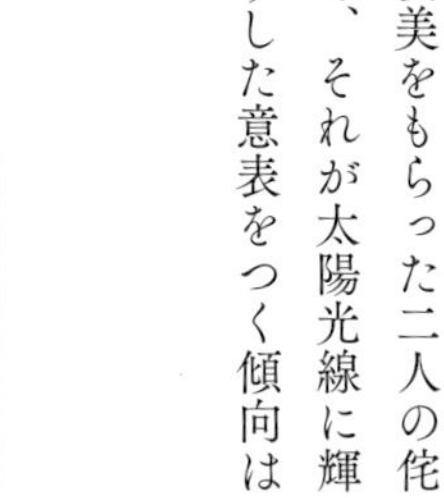

歴史学者、国立民族学博物館名誉教授
1943年東京都生まれ。茶道史、日本の料理文化史、柳宗悦の民芸運動などを研究。遊芸、数寄の切り口で、縦横無尽に日本文化を洞察する。MIHO MUSEUM館長、ふじのくに茶の都ミュージアム館長。『寛永文化の研究』『近代数寄者の茶の湯』『文化としてのマナー』ほか著書多数。

川瀬(かわせ)敏郎(としろう)

桃山の華

安土桃山時代は中世から近世への転換期にあたり、花は中世の宗教の呪縛から解放され、独創的で、雄大、絢爛(けんらん)たる「華」を開花させた。室町の古淡の「花」から「華」へ。それは「神仏の花」から「人間の華」へ、ということでもある。

三井寺勧学院に奉った桃山の「華」

花人
1948年京都府生まれ。幼少より池坊の花道を学ぶ。パリ大学へ留学。帰国後は流派に属さず、「たてはな」と「なげいれ」を探究。花で日本の面影をうつす創作活動を続ける。著作に『今様花伝書』『一日一花』『四時之花 なげいれ稽古録』ほか。

いっそ中心が いっぱいあったって いいじゃないか

森村泰昌（もりむら やすまさ）

森村泰昌・桐竹勘十郎創作公演
人間浄瑠璃「新・鏡影綺譚」より
浄瑠璃人形に扮する森村

アンドロイドにもタマシイは宿るらしい

中心がひとつだけというのは、あまりにもつまらなすぎる。トップダウンな感じで流れが単純すぎるからである。

中心がふたつだと、ライバルな関係があって少しマシな気がする。昼と夜、生と死、男と女。だけどそれならいっそ中心がいっぱいあったっていいじゃないか。いや中心はあちこちにたくさんばらまかれているほうが、きっと世の中おもしろくなるはずだ。やおよろずの面々がいたるところでそれぞれの物語を展開するのは、なかなかの見物だろう。その自由闊達な収拾のつかなさを、是とするか非とするかによって、来るべき世界のビジョンもおのずと変わる。

アニメの流行が日本を救うなどと浅薄に発言するばかりではあまりにも恥ずかしい。アニメの根本は今さら言うまでもないことだがアニミズムである。すべてのものに命は宿るという、かつての日本ではあたりまえだった認識の作法である。文楽人形にも、紙に描かれた線画にも活き活きとした息吹をもたらす術である。アニミズムの本義を自覚することなしにアニメの魅力は到底語れないし、アンドロイドも人工知能も明晰には把握できそうにない。

それにしても、芸術と科学と宗教の関係はいったいどうなっているんだろうか。思うに芸術とは、予知能力のことである。そして科学とは、芸術が予知した一見バカげているとさえ感じられる妄想にまともに向きあうことである。

そして最後に宗教が来なければならない。

じつは、**芸術は暴走であり、科学は底知れぬ悪魔である**とも言える。この二つはその表向きの顔つきとは似ても似つかぬ災厄の元凶なのである。政治も経済もみんな科学のしもべのようなものではないか。だからあとはもう宗教に委ねるより他はないのだと思う。

映画「ブレードランナー」の原作、フィリップ・K・ディックのSF小説『アンドロイドは電気羊の夢を見るか?』によれば、どうもアンドロイドにもタマシイは宿るらしい。であればなおさら宗教には期待がかかる。タマシイはあまねく悲鳴をあげている。芸術が予見し、科学がまのあたりにした、この森羅万象のタマシイの叫びを救済するために、やっと宗教がその本領を発揮するときではないだろうか。それが果たされなければ人類は滅亡する。

などと、芸術家の私は予見したくなってくるのだが、しかしこんなあらぬ盲信に取り憑かれていては、私自身のタマシイの救済など、いつまでたってもおぼつかない。

ああ、ちょっと焦ってきた。

「ワタシの迷宮劇場 M002」

現代美術家
1951年大阪府生まれ。85年、ゴッホの自画像に扮した写真を発表以降、名画の人物や映画女優、歴史的人物などの写真・映像作品を制作。2022年、人間浄瑠璃『新・鏡影綺譚』を公演。人間存在への探究を続ける。モリムラ@ミュージアムディレクター。新著に『生き延びるために芸術は必要か』がある。

苔(こけ)になり、
木になり、
太陽や空気になり、
自然としての
人間を味わう

エバレット・ブラウン

Everett Kennedy Brown

身体感覚を開くために

今晩、富士山の樹海から戻りました。竜宮洞穴のあたりで、朝からゆっくり過ごしました。ドイツ人のヘンドリック・ウェーバー氏と一緒に裸足で森を歩いたり、滝行したり、そして野点(のだて)のあと、彼が得意な舞踏に夢中になりました。久しぶりに苔になり、木になり、太陽や空気になり、自然としての人間をたっぷり味わえました。

このような遊び方は平安時代の文人たちをも納得させるものだと思います。日本のお花、お香、お茶などの文化は本来、この「自然と遊ぶ」に通じるでしょう。「今、生きている」という感覚が、私の中にいまなお残っています。

ヘンドリック氏には別な顔があります。ヨーロッパの音楽シーンで活動するPantha du Princeという現代アーティストです。彼は最近、身体感覚を探求しています。今回の旅は、日本からインスピレーションを受け、新しい音楽を作曲するためのものでした。

なぜか、現代人は身体感覚が閉じられています。残念ながら、ヘンドリック氏が苔になる姿を「変」だと思う人も少なくないでしょう。というか、「危ない」と思う人すらいます。なのに、ヘンドリック氏のような感受性のある人が日本の豊かな繊細文化を求めています。何かが変でしょう。

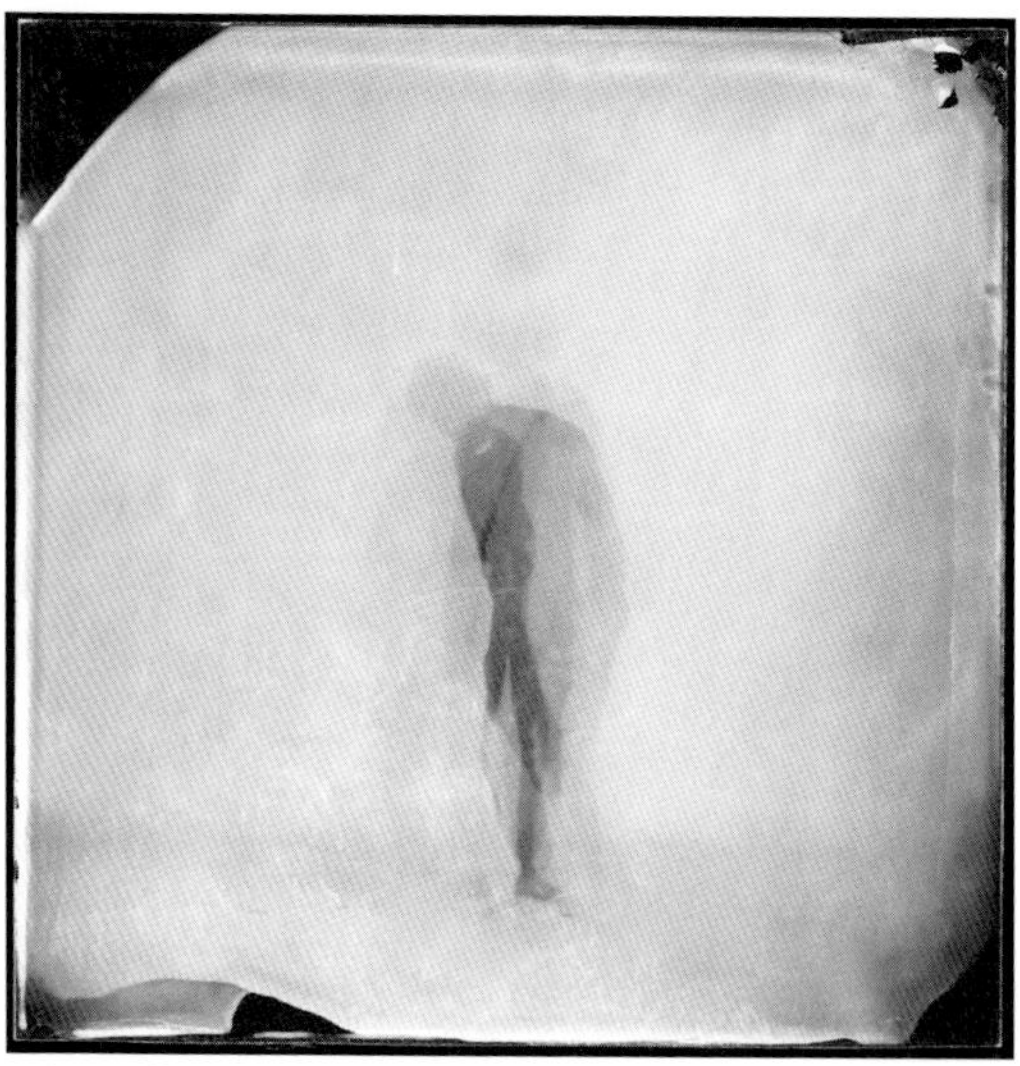

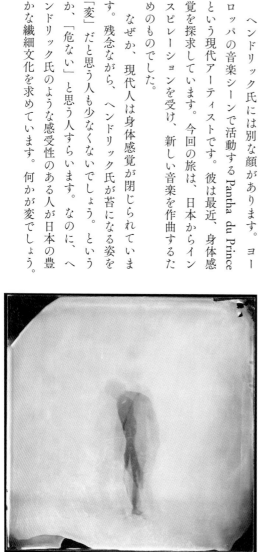

湿板光画「田中泯肖像」
著者撮影

Cultural Explorer、京都会所代表
1959年アメリカ生まれ。50ヶ国以上を旅し、88年から日本に定住。写真、執筆、講演を通して、失われつつある日本の文化を伝える。『日本力』（松岡正剛との共著）、『UMUI』、『先祖返りの国へ 日本の身体―文化を読み解く』、『京都派の遺伝子』などの著書がある。文化庁長官表彰（文化発信部門）受彰。

迎え撃つ細胞の感覚を持った、無名の少数の群れがどこまでも林立する

世界を作るのは「少数」の人たち

芸劇 dance 踊り部 田中泯
「外は、良寛。」より

田中泯（たなか みん）

外からきたものを迎え撃つ

松岡さんと出会った20代の頃に「自分って皮膚で区切られていることになっているけれど、実はそこで終わっていませんよね」という話をしました。まわりをとりまく気配のようなものもあるし、実際に僕たちの身体にはさまざまな

ものが出入りしているんですね。この身体に入ってきたものを「迎え撃つもの」がいて、それが外へ出ていくことを僕は「踊り」と呼んでいます。

　松岡さんも、頭の中の書庫みたいなところに記憶があって「そこの何ページ」というふうに取り出しているわけではないと思います。指先までも含めた身体中に書庫があるんです。そして書庫にある本の方が動き出してくれている。僕の場合は、そこで「踊り」が動いてくれているんです。


　僕たちが記憶しているものごとを引き出していったら、とんでもない量になりますよね。それが脳の器官にくっついているだけとは思いたくもありません。ひとつひとつの細胞のもっている記憶が外から入ってきたものを迎え撃つからこそ、結果として「命」という行為になるのでしょう。

　命という細胞の総体に対して、近江ARSのコンセプトである「別」なる存在を考えるとすれば、「**触媒**（しょくばい）」でしょうね。**風**のように、何かを投げ込むことによって動きが続いていく。

　フラジリティとはまさにそういうもので、それが次から次へと記憶を再生させていく力の源になる。止まっているように見えても細胞たちはずっと動いています。だから脱皮していけるんです。「命」と呼んでいるものはもともとひとつ。踊りによって脱皮を繰り返し、命そのものになりたいとおもうことこそ本能じゃないでしょうか。

身体は踊っている

「踊り」のおおもとは人間の感情をより深めていくものでした。人間の感情のベースは「踊り」を生みだす身体にあったのだと思います。根源的に、細胞の総体である身体は踊っているんです。だから、言葉よりも先に「踊り」があったんですね。「踊り」を見ている人も、頭の中で「これはどうだろう」「ああだろう」と言葉で理解しようとしていたら、おそらく「踊り」の傍にいることにはならないでしょう。「踊り」とともにあるということは、動き続けているものと向き合っているということ、お互いがそれを感じていて、見ている人の身体も拡張して踊り手のところまで来ているということです。「見る・見られる」という関係で最初から与える側と受けとめる側に分かれてしまっているから、つまらなくなっちゃうんですよ。

そんな「見る・見られる」の境界をとっぱらいたくて、アーティストの自主管理による共同スペースとして1982年からやっている「plan-B」を今、「どこでもない、地球上のある一か所の、ただ地下です」と謳えるように改装しています。根っこが見えるようにしたいし、そこでタネになりたいとも感じています。

感覚が生き返る

身体を前に向けたままずっと後退していくと、とくに自然の中では、風景がものすごく新鮮に感じられます。風景が後ろから来て、前の方で閉じていくわけですよね。ふだん見えるものは、いつも前から後ろに下がって消えていく。それがいったん後退することで、見えてなかったものが突然見えてきて、ずーっと遠ざかっていく姿が追えるんです。だから感覚が生き返る。

そもそも人間が二本足で立つようになった時、一生懸命に前進だけしたと思いますか。絶対にそれはないでしょう。前進ばかりしていたら危険です。おそらく人間の先祖たちは、立ったまま首を後ろに向けられたはずだと思います。それを何万年という時間をかけて、動けなくしてしまった。社会という前面性が、背中を動かなくしちゃったんですね。

人間は「前」という優位性をつくったから「背後」の話をします。裏社会とか裏道とか、裏側にあるものを悪の巣窟のように呼び、それが苦手になっていきました。本当は後戻りしてしっかり確認しなければいけないのに、「裏」という概念を作って、感覚的に怖かったり不安だったりするのを、リーダーたちは利用して支配してきたんです。

林立する少数の群れ

今のこの社会は、生き物として与えられた知性や知恵を使い切れていません。「有名になりたい」「お金持ちになりたい」――このふたつの欲望で世界中が動いていますよね。その先に何があるかといえば、何もない。こんな絶望的なことはないでしょう。ただ個体の欲望を増長させて、利用され続ける方へ向かっています。

人間が言葉をもたなかった時代は、まだ一つの群れの人数が少なくて、言葉がなくても踊りや音と一緒に生きることができたと思います。誰かがリードしたくなった時に、人が同じように理解できる言葉が必要になり、そこから社会が生まれていったのでしょう。言葉はおそらく力のために生まれたのではないかと僕は思っています。

人間は群れの限界を知らないから、より強大な権力を行使するために戦争をします。しかし、そこには限界があるのだから、「少数」になることが必要なんです。多数が勝つことが常識となっているけれど、それを「別」というコンセプトで、「少数の方が勝ちです」とする考え方もあるんじゃないでしょうか。「目的は有名性にも金銭にもない。少数であることが価値だ」と言ってもいいと思います。世界を作っているのは「少数」の人たちなのですから。少数の人が電気を考え、少数の人が引力を発見し、人間は発展してきたんです。

少数の群れが無数に、この地球上に人間としての社会を作ればいい。それが共同体の原則だと僕は思います。ただ、国家が厳然としてあったら共同体は生まれません。権力者たちという「少数」が制御しやすいかたちになってしまいます。そうじゃなくて、迎え撃つ細胞の感覚を持った、無名の少数の群れがどこまでも林立するんです。僕が生きているうちにはそんなことは起こらないかもしれないけれど、生き残る方法はそれしかないと思います。

近江ARSの話を聞いていると、発掘でもあるし、タネのように自分もその土地に埋もれて別のものになっていくということでもありますね。日本中で時の政府が土壌整備といいながら、昔の人が手仕事できれいに作った田んぼの段々を一直線にしていきました。政府から見たら負の風景なんですよね。けれど、昔の人はそれを見て情を動かしました。それが「風情」ですよね。近江はそんな、手つかずでいじくられていないという感じがすごくしました。

インタビュー：近江ARS

ダンサー
1945年東京都生まれ。66年より独自の舞踊スタイルを展開しはじめ、既成概念にあてはまらないダンスを継続。78年のパリデビュー以来、世界的なダンサーとして活躍する。踊りの起源探究と「場踊り」を実践。著書に『僕はずっと裸だった』『意身伝心』（松岡正剛と共著）。

舞台「phrasey dance 影向 yowgow」より
山本耀司の衣裳を纏い、
松岡正剛の言葉を舞う

ARS 別派 beppa

山本耀司（やまもと ようじ）

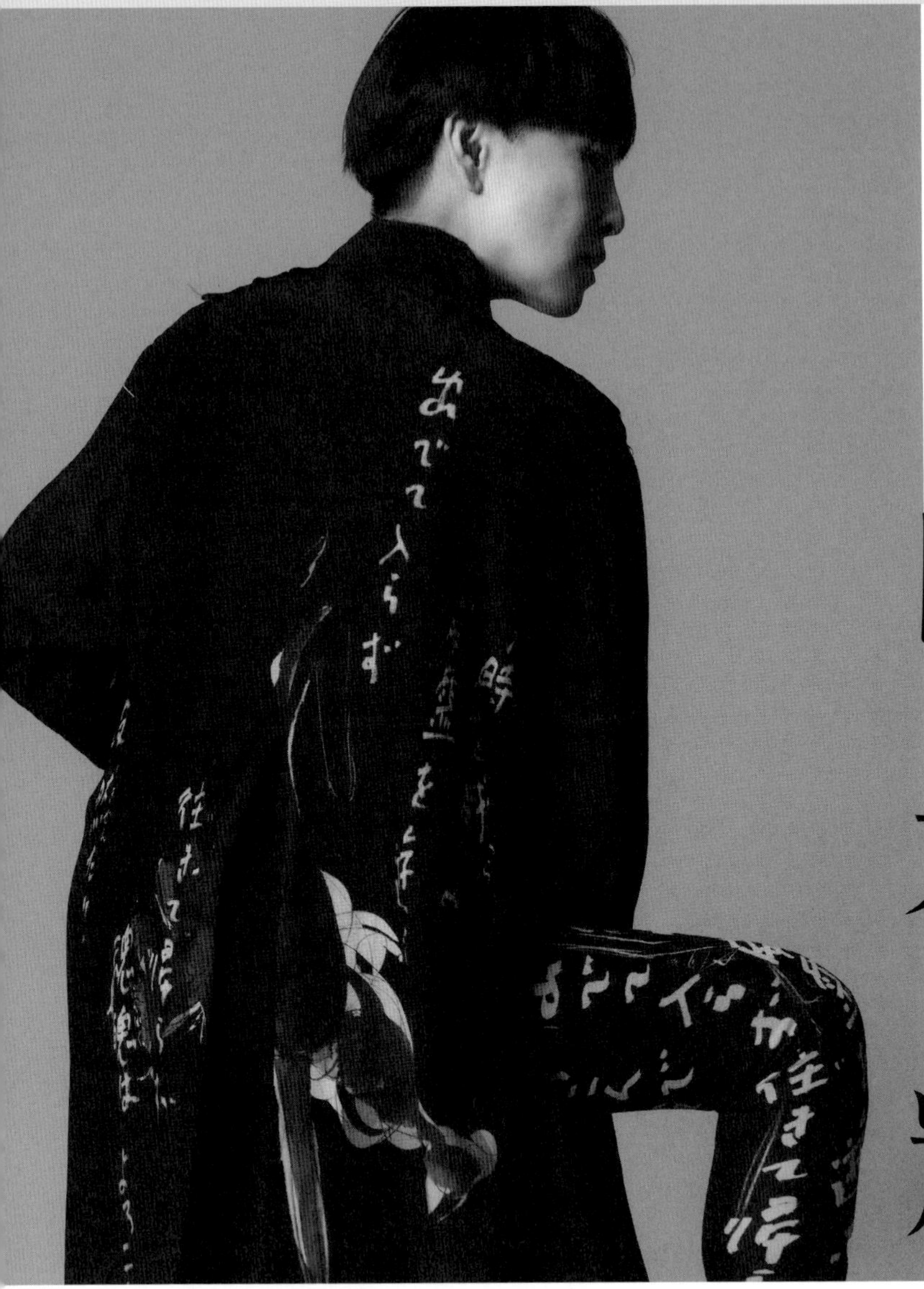

Yohji Yamamoto S/S 2023 COLLECTION
衣装：山本耀司　言葉：松岡正剛　モデル：石原淋　撮影：TABLE ENSEMBLE

ファッションデザイナー
1943年東京都生まれ。検察官を目指して慶應義塾大学法学部を卒業するも、服飾の道を選び文化服装学院で学び直すという異色の経歴を持つ。ワイズを立ち上げ、黒を基調とした独特のデザインの服は世界のファッション界に衝撃を与えた。著書に『MY DEAR BOMB』『服を作る―モードを超えて』など。

南無阿弥陀仏のコートかな

折り重なる布地が作り出す大胆な造形のテーラードジャケットは、
松岡正剛が編んだ「あやの詞」がプリントされたコラボレーション仕様。

今福龍太（いまふく りゅうた）

聖なる糸が
ピンと張られた
列島の弓に
幻視の矢をつがう

二重露光写真「西古見―VITAL」

弧状列島に張られた糸の韻（ひびき）

この弓なりの列島には、見えざる糸が張られている――。そんな幻想をふと抱いたのは、湖北木之本で訪れた工場でつくられる繊細な和楽器弦に遭遇したからだった。沖永良部島の師から贈られたわが奄美三線に張られた男―中―女の三本の弦。それもまたこの工場で一本一本丹念に作られた呼吸する生命体だと知ったときの不思議な心のざわめき。琵琶湖をわたる淡海（アハウミ）の甘い風が、わが三線の弦とそれを括るカナクリ（糸巻き）の狭間で、海見（アマミ）の潮香る南風（ハイ）と出遇ったのだ。

この時空を超える力を持った聖なる糸がピンと張られた列島の弓に幻視の矢をつがう。そのときの震える手元はちょうど琵琶湖から若狭あたりの妖しい窪みだ。直線ではなく徘徊を身上とする矢が即興とともに飛んでゆく先。たとえば津軽の古き港「十三」。四国「土佐」と響きあうこの名は、日本海を海路として人とモノが行き来した中世から近世の海のパサージュの繋がりを音によって暗示する。京のキリシタン追放により十三の港に辿り着いた「鬼（キ）」たちの流浪の知られざる顛末。十三の近くの鬱蒼（うっそう）たる森にある山王坊日吉神社の聖域は、最澄が延暦寺をひらく際に結界を定め、その地主神を山王として祀ったことにはじまる山王信仰を、大津から津軽へと勧請してつくられた。それを主導した東北安東氏の水軍は、

文化人類学者、批評家
1955年東京都生まれ、湖南育ち。80年代初頭からラテンアメリカ各地でフィールドワークを行う。クレオール文化研究の第一人者。2002年「奄美自由大学」を創設し、身をもって学ぶことを実践する遊動的な学舎を主宰。主な著作に『クレオール主義』『群島―世界論』『ハーフ・ブリード』ほか。

日本海から蝦夷地、北陸、九州、朝鮮までを縦横に行き来し、さまざまなものを運んだ。山王権現だけでなく津軽三味線も、遊女や瞽女（ごぜ）の門づけ唄も。

この列島の弓は未知の楽器のように風にビンビンと鳴り響く。鹿という矢をつがえば、志賀島と春日神社と鹿島神宮と男鹿半島を同時に射当てる。出雲と安曇と渥美と伊豆を繋ぐワタツミの道。三陸宮古と琉球宮古、紀州古座と沖縄コザのありえない脚韻。こうして、弓なりの列島に張られた糸は、土地土地の音を魔術のように連鎖させる。

あまたの産土（うぶすな）に眠るスピリットの名を呼応させ、唸りのように響き渡らせる。

和弦の糸はりが生む多重の線＝綾。
湖北木之本の工房・丸三ハシモトで。
著者撮影

via wwalnuts 叢書「www-box-JL」

実と虚の系を綯(な)い合せる。本は「空中の本へ」というテーマに入った

平出(ひらいで) 隆(たかし)

Air Language program 事件

詩はこういうものだと、できるかぎり極(き)めつけないで進むとどうなるかと、1980年代初めから、詩らしさの零度をめざし、散文の野のほうへ踏み込んできた。やがて、いくつかの試みが、系列を成しはじめた。たとえば、過去の幾人かの詩的精神が歩いた地勢を

辿り歩き、詩跡（歌枕）という概念を崩すようにして、具体的な小屋や家を見出し、そこに籠るようにして「世界が見える視座」を確かめ、さらにそれら複数の地点相互の連携を構想する。

たとえば、装本や流通などはもちろんのこと、版やページという概念までも疑い、それを追いつめるようにして「本」を拵（こしら）えると、それは、初源の交感を思わせる書簡や葉書の形態に還元されてゆくことに気づいた。

これら実と虚の系を綯（な）い合せると、概念としての版やページは数学的な「面」の問題になり、本は「空中の本へ」というテーマに入った。

「空中の本へ」の訳語として最初に掴んだAir Languageのイメージは、広大な「谿（たに）」の地形のように広がり、その空中を飛ぶ単語が、炎のようにも見えてきた。双方の系から追究を進めると、詩と数学の接続という、少年時に直観的に持たされていた問題に立ち戻ったことに気づいた。

２０２０年、もう一度それを展覧会形式にして名づけようとしたとき、学生時代に鮮やかに遭遇した木本久夫という人の「エルランゲン・プログラム事件」の一語を思い出した。私はAir Language program事件を、極めつけからひたすら逃してきた「詩」として、つまり、なにものかによってすでに変換された系のさらなる変換として、これから手許で起したいと願うようになった。

フェリックス・クラインの「変換」についての思考は、詩をめぐる永い迷走を整理してくれた。

詩人、散文家、装幀家
1950年福岡県生まれ。詩書、詩誌を多数刊行。詩と散文が混淆する作品制作を続ける。自らデザイン・写真・印刷を手がける版元を構え、『via wwalnuts叢書』を展開。『猫の客』『葉書でドナルド・エヴァンズに』『鳥を探しに』ほか著書多数。

ヴィヴィアン佐藤（さとう）

近江商人、移動する精神

日本的『闇の奥』を体現していくような試みに見えた

近江商人が今の日本の経済や流通に与えた影響は大きい。私は2014年より青森南部地方の町おこし事業に関わっている。主に八戸（はちのへ）と七戸（しちのへ）。とくに七戸町は小さな内陸の町で、その歴史や骨格が見えやすい。

ドラァグクイーン、美術家
1945年宮城県生まれ。建築家・磯崎新のアトリエを経て、アーティスト活動を開始。個展、店舗ディスプレイ、内装、舞台美術、書籍イラスト、新聞・雑誌への執筆などジャンルを横断して活躍する。日本各地でヘッドドレスのワークショップを展開している。

2010年12月に新幹線の駅・七戸十和田（しちのへとわだ）駅が開業した。東日本大震災の3ヶ月前。紀行随筆家として有名な大町桂月（おおまちけいげつ）が晩年を過ごした蔦（つた）温泉や奥入瀬（おいらせ）、八甲田（はっこうだ）の入り口の町でもある。

馬産地でもあった南部地方一帯、甲斐（かい）の巨摩（こま）郡南部郷から南部光行（なんぶみつゆき）の子孫たちがこの地を治め、八戸根城（ねじょう）の支城として子の朝清（ともきよ）が七戸の祖となり七戸城が造られ、城下町が形成された。城下町は活気にあふれ、琵琶湖東岸の近江商人が北前船や東廻り航路によって移り住み、酒造業や呉服屋、小間物屋が建ち並んだという。この辺りの南部杜氏（とうじ）の酒造技術は近江商人によってもたらされた。

日本全国に経済のみならずさまざまな文化をも流通させた近江商人。ふたたびこの場所から、もしくは遡行（そこう）することでこの土地の潜在能力を確かめていきたい。

そして、近江ARSとは何か――かつての日本では、遊行や漂泊、遍路、山伏などの移動する呪術的精神性が、遊郭や芝居小屋といった全国の悪場所に継承されていった。その経路を源流まで遡行していき、別様の可能性を探求する。近江ARSは、日本的『闇の奥』を体現していくような試みに見えた。

『idea of stain』

ヤマザキマリ

調和でつながる日本と古代地中海

日本という国は特異だ。たとえば第一次世界大戦とスペイン風邪のダブルパンチに敗戦国としての多額の賠償金を支払わされ、困窮のどん底に陥ったドイツが求めたのは、自分たちを率いてくれる救世主的存在だった。かたや第二次世界大戦の終戦直後、GHQの最高権力者であるマッカーサーが現れるまでの15日間、日本では焼け野原の中においても暴動を起こすでもなく飄々（ひょうひょう）と社会調和を保ち、アメリカ

古代地中海世界の哲学は、
日本という国でこそ、
継承され続けていくのではないか。

「メナンドロス王」
『オリンピア・キュクロス』より

の占領下に置かれるのならあれば便利だという発想で作られた簡易英会話帳が何百万部も売れ、観光立国として立ち上がらせようと想起して事業を始める人物も現れた。日本が西洋のように唯一無二のメシア的統治者を必要とせず、社会は世間体という統括力によって稼働しつづけるということが、よくわかる事例だったのではないかと思う。かつてイエズス会が日本での宣教に失敗した理由はいろいろあるが、当時の日本においてもすでに調和が社会では優勢であり、巧みな言論力やリーダーシップを翳しつつ、自己犠牲を払いながら正義を掲げて民衆を救うという偶像は浸透しにくかったのだろう。

日本は世界でも屈指の自然災害大国だが、どんな大地震や大津波が発生しようと、大きな悲しみと困難を抱えつつも淡々と国を元通りに修復していくその様子を、世界はつねに驚きに満ちた眼差しで注視してきた。こうした条件のある環境に生まれてきたからこそ、日本人は自分たちが生き延びるために必要なのは、個性の競合による上昇志向ではなく、集団としての力を乱さない調和であるという自覚を固めていったのではないだろうか。

神道における八百万の神も、水木しげるの作品に描かれてきたような民間信仰も、そして仏教も、特定のリーダーを求めることなく、人間至上主義に陥らない土壌によってこそ、築かれていくものだと思う。**私は自分の作品**でたびたびこうした**日本**の**性質**と**古代ギリシャ・ローマ世界**をシンクロさせているが、**紀元前2世紀**のインド・グリーク**朝**のメナンドロス**王**は**実際仏教**に**改宗**したとされているし、その**後**ギリシャ**思想**と**仏教**の**融合**はヘレニズム**文化**として**日本**の**仏閣**に**置かれている仏像**に**大**きな**影響**を**及**ぼしている。欧州のメディアから、日本でなぜ古代ローマやギリシャをテーマにした作品が評価されるのかという質問を受けたことがあるが、特化した何某かの偶像や思念に縋ることで解決を求めるのではなく、社会の素性と向き合いつつ、個々の思想心情の熟成による調和こそ、良き人生を築きあげるための必須のコンテンツと捉える古代地中海世界の哲学は、多神教と仏教を受け入れてきた日本という国でこそ、これからも継承され続けていくのではないかと思うのである。

漫画家、文筆家、画家
1967年東京都生まれ。東京造形大学客員教授。イタリアの国立フィレンツェ・アカデミア美術学院で油絵と美術史を専攻。古代ローマと現代日本を大胆につないだ異色の『テルマエ・ロマエ』『プリニウス』などの漫画作品、『国境のない生き方』『ヴィオラ母さん』などのエッセイがある。

表と思っていたら裏だった。「空」と思ってたら実は「色」？

雑密（ぞうみつ）のルイス・キャロル

髙山（たかやま）宏（ひろし）

チャールズ・ラトウィッジ・ドジソン（1832－98）というひょっとして仏教者だった（かもしれない）英国人牧師のことを書く。いわずと知れた『不思議の国のアリス』（1865）の作者ルイス・キャロルの本名である。本職はオックスフォード大学の数学教授、論理学も教えた。同時に英国国教会の聖職者という所がポイン

『Sylvie and Bruno Concluded』挿絵

ト。独身者というか妻帯者でない人間のみ大学構内に居所を構えることができるというので、この人間嫌い紳士は「生涯の牢獄」とかぼやきながらも結局この安楽な生活様式を選んだ。主にユークリッド幾何学を教授していたが、やる気ない授業が学生には不人気で、しょっちゅう先生を変えてくれという陳情が出ている。大学教区の聖職者ということで日曜には学生相手の御法話をせねばならないが吃音があったため、そちらも巧くいかない。上司が学部長特権でその家族は奥方も娘も男一色の有名大学構内に暮していた。その娘の一人が「アリス」のモデルになった美少女アリス・リドゥル。キャロルが娘に近付きたがっていると思い込んだリドゥル夫人との不仲で、折角仲良しだったこの美少女との縁も疎遠になった。その寂しい状況の中で児童文学史の革命とされる名作が生まれた。

さて問題はドジソン青年がオックスフォード大学に職を得る1850年代に集中して生じる。彼が生れた頃火がついていたオックスフォード運動が頂点に達し、関係者処分に到った。ジョン・H・ニューマンの名で知られるこの運動はアングロカソ

『A Möbius Strip』Francis Schiller(Univ of California Pr)

う読み方があり、キャロルはドジソンとしてはそちらの学内事情批判のパンフレット類に結構な傑作が多い。党派心強い世間人！

1850~60年代には『資本論』の他、『種の起源』も出て（1859）、厄介な「現代思想」の大渦巻が始まる。生活は安泰だが、論理好きで頭の切れまくる人物の心中のざわつきは避けられない。ウソでも公的な聖職者がヒトはサルの縁者、なんて広言できるだろうか。現代日本人など逆にヒトはサルの進化形でないと思っている者のいよう筈がない。聖書行文を字義通り解するファンダメンタリスムが強いアメリカなど、今でも初中等教育の現場で進化論を教えると罰せられる州が少なくない！

数学の方で言えばリーマン幾何学が1854年に出る。非ユークリッド幾何学ブームがキャロルの耳にも届く。幾何ひとつとっても定量幾何は時代遅れ、これからは定性幾何というタイミングに遭遇する。

アウグストゥス・メービウスが
誰をも驚倒させる「メービウスの輪」を公表するのが1865年。
キャロル最後の文学作品『シルヴィとブルーノ』（1889、1893）には
ハンカチを使ってメービウスの輪を作って、いくら金を入れても
外に出てしまう財布という細工をするドイツ人教授が登場する。

180度ひねられた一本の紙の帯の上で表と裏という疑いようのない二項対立的空間感覚があっさりと消滅する。この奇跡的な紙わざは現にパーラーゲームの域を越え1880年代にはマジシャンたち一番人気の演目になっていた。それに便乗した自身マジシャン（魔術哲学者／奇術師）たりしドジソン／キャロルの傑作『シルヴィとブルーノ』は、発明意欲一杯の「アリス」物語時代のキャロルからの後退、ないし堕落と言う評価が多いが、時代の末世の様相、故の新時代への展望を考えると随分目の利かぬ愚かな文学観だ。

表と思っていたら裏だった、そもそも表って何、で裏とは何？

「空」と思ってたら実は「色」という問いかけの入り口に

晩年のキャロルは立っていた可能性が高い。

残念、彼ではないけれど精神医学者パウル・メービウスがパラノイアに陥ったプロテスタンティズム・ピュリタニズムの二元論的硬直を近代の文化病理と診て「治療」するのに即動員してみせたのが祖父の発見したメービウスの輪であったことは是非にも覚えておくこと。世紀末と言えばこの世紀末と言われるほどの19世紀末の、まだまだ知られてない「アグノスティック」な側面がいくらでも、驚きとともに剥き出しだ。肉体と精神という表と裏の、こういう観念的解消は哲学史では二元の一致ということでモニズムと称す。この相反物の一致哲学を表現する藝術思想を今で

英米文学者

1947年岩手県生まれ。元大妻女子大学副学長。欧米文化史を巨視的に捉える百学連環の視点に立ち、アナロジカルな修辞を駆使した著述で「学魔」と称される。著作『アリス狩り』シリーズ、『近代文化史入門』『風神の袋』『綺想の饗宴』をはじめ、バーバラ・スタフォードなどの訳書多数。百冊が目標。

はマニエリスムと言い、その方法が結合術（アルス・コンビナトリア）。キャロルがマニエリストだったこととその最後に読んでいた本が『エソテリック・ブッディズム』という真言密教の指南書であったこととの重大極まる関係をちゃんと議論した者はまだいない。マギア、マジア、マジックの驚異的脱領域的アプローチが必要な相手は空海、玄奘に限った話ではない。ルイス・キャロルをいきなり『神学大全』に系譜させて日本ばかりか世界中のノンセンス文学ファンを茫然たらしめた『ノンセンスの領域』（1952）のポリマス、エリザベス・シューエルの炯眼に改めてふるえる。ジョージ・スタイナーが褒める究極の炯眼。

『シルヴィとブルーノ』は人間界と妖精界の時空がごたまぜだし、最終章（意味深くも「東へ」と章名に謳う）のセンチメンタリズムが鼻についてかなわんとして評価が低いのだが、何故両界ごたまぜかはごたまぜの方法論を予め序にきちんと説明できている上に、

ごたまぜ文学（litterature わざとtが2つ）たるしかないのは

この大作が「エソテリック・ブッディズム」でいう雑密の

文学化だからだと言いたげで見事だ

（litter 寄せ集め、ゴミ！）

伊藤比呂美

仏典は、みな語り文芸だったのだ

門口に立つ説経の徒（江戸時代元禄期）

詩人、小説家
1955年東京生まれ。80年代の女性詩ブームをリードし、『良いおっぱい悪いおっぱい』など育児エッセイ分野も開拓した。主な作品に『ラニーニャ』『河原荒草』『とげ抜き 新巣鴨地蔵縁起』『道行きや』などがある。スウェーデンのチカダ賞など受賞多数。

仏教と私

日本霊異記を読み始めたのが、前世紀の終わり。そこに出てくるシンプルで一途な信仰に惹かれた。このジャンルがどうして仏教説話と呼ばれているのかやっとわかった。

あまりにおもしろかったからもっとないかと探して、今昔や宇治拾遺はもちろん法華験記や発心集など、つるつると読んでいった。仏典も読み始めたが、読んでも読んでも読み切れない量があった。

説経節にはそのだいぶ前から惹かれていた。歌と語りと、人の生きる死ぬる。その奥の方に信仰と祈りが透けて見えた。能も文楽もそうだ。曽我物語や平家物語もそうだ。つまり語りというのがそうなんだ、と。

仏典では鳩摩羅什に出会った。鳩摩羅什の訳したものをひとつまたひとつと読んでみた。翻訳という生きざまの根本に触れたのだが、これはまた別の話。梁塵秘抄は「あそびをせんとや」や「舞へ舞へかたつむり」という、生活っぽいのばかりおもしろがっていた。

今は仏教テーマの歌からこそ、その頃の人々の心が読み取れる。そしたら語りの文芸も、生活の話に信仰がくっついたんじゃなくて、信仰が基本にあったのだ。そしたら仏典は、みな語り文芸だったのだ。いろんな仏典を読んだら、引用元がすぐに思い当たるようになった。そしたら源氏物語も能も、俳句にも落語にも、人々の信仰が見えてきた。日本の文芸というのは、どれもどれも、仏教が底にあるものだったのだと思い知った。

「水底」に蒼穹（そうきゅう）の霊異・神秘が反照する

山本（やまもと）ひろ子

星と祭
井上靖
朝日新聞社
星と祭 井上靖

『星と祭』井上靖（朝日新聞社）

再臨！『星と祭』

主人公架山の17歳の娘と青年が、琵琶湖にボートを出し、竹生島（ちくぶしま）付近で遭難した。死体は上がらなかった……。昔、『星と祭』の初版（1972）を入手したのは、タイトルに惹かれたから。なぜ「星と祭」なのかは最終章で描かれる。

もうひとつ私がそそられたのは、舞台の琵琶湖である。湖北・湖西・湖東……。私はかつて湖西の叡山や比良、日吉社一帯をよく逍遥（しょうよう）した。「湖西」を起点に、琵琶湖、近江の信仰圏を眺望していたのだ。

そして湖底に沈んだまま……という小説の主題・プロットから、私が想起したのは、伊勢外宮・度会氏の始祖伝承だった。

昔、御贄（おんべ）川で度会二門の童女が溺死した。亡骸はいくら探しても見つからなかったが、妙見（みょうけん）の星童像を得たので、妙見堂を建立して祀った。それ以来、双子が次々と生まれ、一族は繁栄した……。この像は、ことに一族の女性たちの崇敬を集めてゆく。

だがやがて堂は廃れ、星童菩薩像も行方不明に――像はどこへ行ったのか？

あるとき、私はその星童像と奇しくも、東京で対面を果たした。尼を中心とした講が、お守りしているのにおどろく。

さてその像は……。近江の十一面観音の「遊び足」に惹かれたのは白洲正子だが、この星童菩薩も片足を半歩踏み出した、いわば「遊び足」のスタイルだ。溺死した童女の身代り性の星童菩薩は、い

宗教思想史家
1946年市川市生まれ。和光大学名誉教授。私塾「成城寺小屋講座」主宰。主な著書に『中世神話』『大荒神頌』『変成譜―中世神仏習合の世界』『異神―中世日本の秘教的世界』『摩多羅神―我らいかなる縁ありて』、編著に『諏訪学』ほか。

まにも動き出しそうなたたずまいとりりしさで蠱惑的である。

＊

ヒマラヤ観月旅行で、主人公たちはエベレストの麓の僧院から満月を仰ぐ。「永劫」という思いが、主人公を襲うが、星は、月のように孤高ではない、星座というつらなりである。

天空の星ぼしのすがたを、どのように地上に映現させるのか。たとえば北斗七星のかたちに踏む反閇がある。あるいは中世の古い祭文には、「南斗・北斗……二十八宿」などの詞句が踊る。道教の星座群のエナジーを感受するために。

また宝志和尚という伝説の僧は、神々の星曼荼羅を自らの衣に映しとったという奇瑞譚をもつ。天界と水界。何万何億光年の遠さを瞬時に超えて、水鏡＝「水底」に蒼穹の霊異・神秘が反照する。十一面観音についてはここで書くまでもあるまい。

＊

「井上文学の魅力は湿度の低さ。低血圧の文体」とは河盛好蔵の言葉だ。この小説でも、「信仰」や「救済」といった言葉は使われていない。

3・11の大津波に飲み込まれた人々の中には、依然として多くの〝行方不明者〟がいる。人類は、永い、明けることのない殯の期間に入ったというべきなのか。

『星と祭』、いや畢竟「**ものがたり**」とは、「**もがり**」の営みなのだと思った。

ARS Bettenchi

別天地

今ほど地域性がおもしろい時代はない

地域から生まれるモノづくり

2006年にサッカーを辞めた後、3年ほど世界中を回りました。その間、さまざまな場所で日本について訊かれることが多々あり、多くのことを「知らないな」と思うことがありました。それまでは世界を知ろうと旅をしていたのですが、日本人でありながら日本の文化を知らないということは、自分の

日本酒をめぐる旅で
酒米の稲を刈る

中田英寿（なかた ひでとし）

JAPAN CRAFT SAKE COMPANY代表、TAKE ACTION FOUNDATION代表理事
1977年山梨県生まれ。元プロサッカー選手。引退後は、日本文化を知るために、2009年より全国47都道府県をめぐる旅を続けている。この旅をきっかけに伝統文化の魅力に触れ、15年、「JAPAN CRAFT SAKE COMPANY」を設立。日本酒や日本茶、伝統工芸など日本文化に関する事業を展開。

中にそもそも世界と日本を比べる基盤となるものがないということでもあり、海外の文化を見ても理解はしていないのではないかと感じたのです。

そうして2009年以降、沖縄から北海道まで日本全国を巡り、各地の工芸家や農家、またお寺や神社など、その地域に長らく根付く文化を勉強し続けています。なぜなら、文化というものは毎日の生活の中から生み出されるものだと思うからです。1日や2日だと生活ですが、それが何十年も続き、その地域に住む人々の中で説明が不要になったとき「文化」になるのだと思います。生活や文化は、その地域の自然環境に大きく左右されます。海、川、山、暑い地域、寒い地域、環境によって自然から取れるものが違うし、生活の仕方も大きく変わってきます。それらが時をへて文化となるので、文化とは自然環境が生み出すといっても過言ではないと思います。

近江も琵琶湖の豊富な水があって、さらには日本海と長らく都であった京都の中間地点として、人やモノが移動し、大阪湾までは水運があり、その地の利や自然環境があることで文化が創られてきたのだと思います。近江の素晴らしさは豊富な自然に尽きるのではないか。人間が生きていくうえで必要なものが揃っているんじゃないかと感じます。

文化というものが、その技術や味わい自体だと捉えられることが現代では多いですが、本来は違うと思います。なぜこれが「文化」になったのか。そこには、当時の生活の背景があります。保存するためだったり、そこにある素材でどうにかしようとした結果生まれた技術だったり、その自然の中で出来ることを長年にわたって最大化した結果が、現代においても素晴らしいと思われる技術になり、味わいになっているのだと思います。そこを考えずに、一部分だけを抜き出して、技術だけを見せたり、味だけを再現したりしても本質的には意味がない。文化が続くためには、今の生活に落とし込まなければなりません。

もちろん「文化」と呼ばれるからといって、残さなければいけないということもありません。生活が変化するのですから、文化も変化し続けるものだと考えています。文化には、その地域特有の独自のスタイルがあり、それがユニークさと多様性を生み出すのだと思います。日本文化のユニークさは、島国であったため、また鎖国をしていたためなど、さまざまな理由があると思いますが、他国と競争するモノづくりではなく、あるいは製品化のみを目指すのではなく、とにかくより良いものを作り続けるという、その精神にあるでしょう。

一方、現代の生活はオンラインで世界中が繋がっていて、情報やモノがすぐに世界中を駆け巡ります。それだけに、どの生活圏を目指してモノづくりをするのかということが非常に重要になっています。長い歴史を持つ伝統産業の生産者ほど、オンライン化の波に乗れず苦労しています。しかし、文化が生活から生み出されてきたのであれば、現代の生活に根付いたモノづくりをしていく必要があると思います。そこで大事なのが、地域性や独自性。自分たちの地域だからこそ生まれてきた文化が違いを生みます。マーケットは世界中に広がっていますが、今ほど地域性がおもしろい時代はありません。それが違いを生み、そこにしかないモノづくりになります。

今も毎月のように地方を旅しています。そこでの発見は、世界100カ国以上に行った僕にも非常に新鮮で、何よりも毎日の生活をより豊かにしてくれます。世界でも類を見ないくらい長く続く日本の伝統産業は、日本の豊かな自然環境により生まれ、育まれてきました。世界がグローバル化してきた今だからこそ、オンライン化され難い、その地域だけの文化・情報がさらにおもしろく、価値を持つのだと思います。「いま、日本はおもしろい」と心の底から思います。

インタビュー：近江ARS

いとうせいこう

新しき村のような土地。ネットでも繋がってあちこちで理想郷を目指す

作家・クリエイター
1961年東京都生まれ。書籍・映像・舞台・音楽・ラジオ・ウェブなど幅広く活動。みうらじゅんと仏像を訪ね歩く『見仏記』シリーズは仏像ブームのきっかけとなった。自ら太陽光発電を立ち上げる「いとうせいこう発電所」にて「アーティスト電力」プロジェクトが始動。

鏡の外に実験的な空間を

日本文化は鏡のように働く特性があり、それが外来の文物を独自の次元に変容させてきた。

けれどもそこにビッグデータが出現した。こうなると外側から刺激が入ることもなく、瞬間鏡像にあらわれたものがひたすら内へ内へと反復する。そこから生まれるものはつまらないどころか、品位の判定も必要としない。真面目さにも非真面目さにも欠ける。

しかしだからといって世から離れて方丈に暮らすだけでは力が弱い。それもまた「内へ内へと反復する」運動でつまらない。とすると小さいけれど一定の面積をもった場所で鏡の外に実験的な空間を作るべきかと思う。

武者小路実篤の新しき村のような土地がそれこそ「新しく」生活と美を追求し、それがネットでも繋がってあちこちで理想郷を目指すべきではないか。福島二本松に作った太陽光を基盤とする「いとうせいこう発電所」はその一歩で、周囲に早く文化（農業、最先端技術を含む）がネットワークされてほしい。

いとうせいこう発電所
「電力シェアランド」構想図

「OGATA Paris」

世界のものになって はじめて、日本を残せる

SIMPLICITY代表、デザイナー
長崎県生まれ。「現代における日本の文化創造」を核に、和食料理店「八雲茶寮」、日本茶事業「茶方薈（さぼえ）」、和菓子店「HIGASHIYA」、フランスに「OGATA Paris」などを展開。紙の器「WASARA」、東京大学総合研究博物館「インターメディアテク」も手がける。

緒方慎一郎（おがた しんいちろう）

A way of being
——世界で刷新される日本のスタイル

「店をつくることで日本を表現できる」——私が店をつくるのは、それが日本という文化の一番の表現になると考えたからです。レストランには料理のクリエイションはもちろん、器もグラフィックも建築も、日本のすべての工芸が関わってきます。そして、そこへ人が集まり、一期一会がつづき、コミュニティが生まれ、文化が育まれていきます。1998年に日本食ダイニング「HIGASHI-YAMA Tokyo」をつくり、それから和菓子と茶の「HIGASHIYA」、「八雲茶寮」、そして2020年、十数年の構想を経て、集大成としてフランスに「OGATA Paris」をオープンしました。やりたかったことは明確で、日本を残し、守ること。自然への畏敬の念をもって、そこに美を見出し、慎ましく生きてきた「日本という方法」は、これから求められる生き方のひとつの解になり得るのではないか。日本の伝統から生まれた日々の暮らしの様式を再解釈することで、未来の世代へと日本を残していけるのではないかと直感したのです。実現するためには日々の暮らしのあらゆる側面を網羅する必要があり、デザインを通じて食、菓子、茶、工芸などさまざまな分野を次々と探求していきました。その手法は、日本を発掘して、一度壊したうえで再定義し、要るものと要らないものを洗い直して形にするというものです。

20年ほど日本で培ってきたものをパリで展開するにあたって、これは人間の生き方の作法、**“a way of being”**である、とあらためて考えるようになりました。伝統的な作法を現代の習慣に取り入れて刷新することで、世界中で応用できる調和のとれた暮らしの様式を新たに生みだすことができるかもしれない。**作法を浸透させる**には、まずはもの、習慣、風習をつくりだし、適切に利用される必要があります。世界のものになってはじめて、日本を残せると思うのです。

例えばフランスだったらフランス人が、自分の生活に取り入れて「これはこれからの生きる方法だ」と思われたら成功、「日本の文化が体験できるのよね」と受け取られたら失敗だと思っています。だから、「OGATA Paris」はパリのものにならなければなりません。この方法は、完成しながら変異していくべきものです。

ルールをガチガチにつくったものを押しつけるのではなく、自動的に変異していって、フランスとの化学反応が起きるのが自然な流れです。もし違う国で「OGATA」を展開する時は、現地の習慣に影響を受けながら、そこの文化との化学反応が起こるでしょう。私の仕事は、生きている間に完成するものではありません。日本という方法を遠い国の見知らぬ誰かが変異させて世界各地へと広がっていくことが、日本やオリジナルを守ることになると考えています。「不易流行（ふえきりゅうこう）」と芭蕉が言ったように、日本という方法は、絶対に変わらないものと、時代に合わせてどんどん変えていく精神、両方を併せもつことができる方法なのだと思います。今の時代においてこそ、自然とともに生きてきた日本という方法が求められているのではないでしょうか。

ARS 別解 bekkai

原丈人（はら じょうじ）

『新しい資本主義』（PHP新書）
『21世紀の国富論』（平凡社）
『「公益」資本主義』（文春新書）

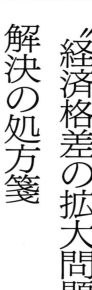

公益資本主義理念は〝経済格差の拡大問題〟解決の処方箋

人を気にせず、天を気にする

私は、「寿命を全うする直前まで、人生の途中で癌になっても快復し、失明しても再び光を取り戻せ、車椅子生活となっても立って歩くことができる世界最初の独立国家をつくる」と2013年に安倍総理に告げてから、今も実現に向けて歩んでいます。

その一環として、先端医学を研究し、実現に向けた技術に資金を投下して事業を経営し、さらに、日本国民がこの成果をいち早く享受できるように、薬事関連法案の改正や整備に向けて歩んできました。ちょうど10年が経ちましたが、技術のイノベーションと制度のイノベーションを次々と起こすことで、米欧日にて、実現のために必要な事業を次々と生み出すことができました。一方、香港中文大学医学部栄誉教授や大阪大学医学部大学院招聘教授や米国ソーク研究所のボードとして未知の医学領域に挑戦し、不可能なことを可能にする研究や事業に挑戦します。２０５０年までには、やり遂げたいものです。

これら事業は、2000年位から考え始めた公益資本主義理念を現実世界に応用することで実現できます。さらに、公益資本主義理念を経済財政金融政策に応用すると、世界ではびこる〝経済格差の拡大問題〟解決の処方箋ともなります。

ですので、最終的には、「健康で教育を受けた豊かでゆとりある中間層で溢れる国」に日本を持っていきたいのです。その結果、世界の国々から「日本のようになりたい」と憧れの的となるでしょう。この段階で、日本人一人ひとりが誇りを持てるようになると、日本はおもしろい国になります。これこそが、日本を〝おもしろくする〟ための私の考えです。

こんな大それたことができるのかと思う人もおられると思いますが、どんなことでも人はできます。

でも、生涯かけてやりたいことには、大義がいります。そして、大義を実現するためには理論と経験が必要です。さらには、一生かけて情熱がつづくか心に問わねばなりません。継続は力なり、魂は生きつづけやがて、事業は成就されます。人を気にせず、天を気にして生きていけばよいのです。軸から外れずに毎日を送ることができれば、毎日が楽しくゆとりを感ずるようになるでしょう。ゆとりこそが無限の力となります。

デフタ パートナーズ グループ代表、アライアンス・フォーラム財団会長
中米考古学研究の後、米スタンフォード大で起業、「世界中に健康で教育を受けた豊かな中間層を創る」ために次々と創業し、全米第2位のベンチャーキャピタルを経営。公益資本主義が理念を実現する手段故に、内閣府参与、財務省参与、国連政府間機関特命全権大使など日米欧中アフリカで公職に就き、制度改革に励む。原鉄道模型博物館を父のために創設。

津田一郎（つだ いちろう）

複雑系研究にノーベル賞が与えられたことの意味を理解した人がどれほどいたか？

個が輝くために

世界に通用する凄い才能たち

いろんなところで日本の低迷が言われている。国民総生産の低調、企業の内部留保、賃金の停滞、国の借金の増加、金利の

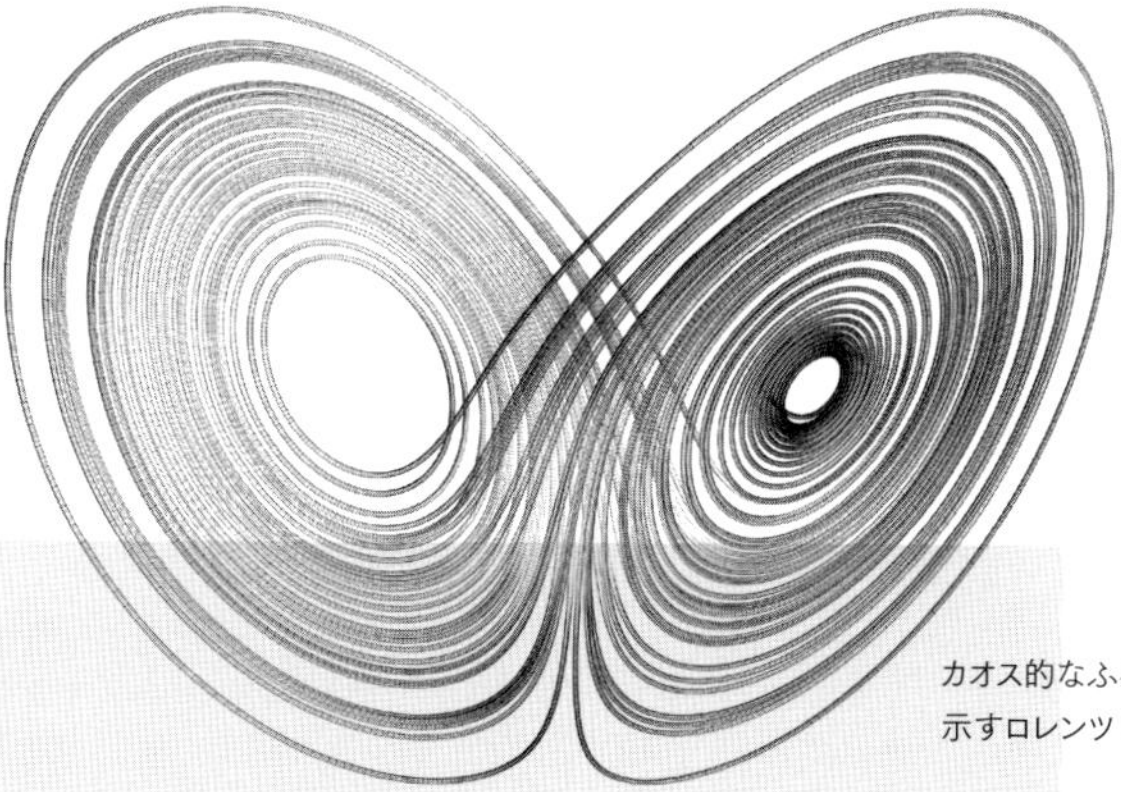

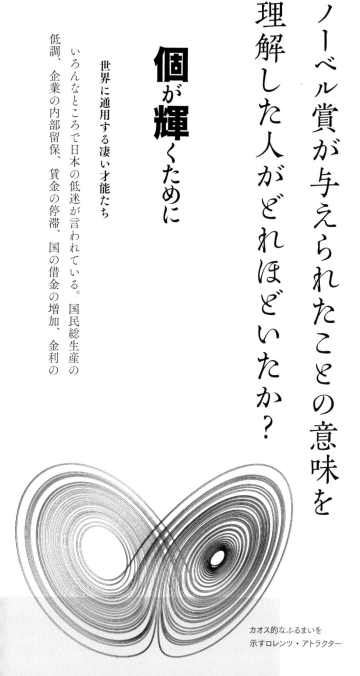

カオス的なふるまいを
示すロレンツ・アトラクター

停滞、景気回復の見通しのなさ、将来不安、また大学における研究力の低下、などなど、聞くといやになるばかりでそれがまた人々の心理に作用し、気分を落ち込ませる。確かに、いわゆる既存の指標を基にした平均的な活動度は低下しているのだろう。それは、出生率が低下し、若者人口が減少し、老人人口が増えているのだから当たり前のことなのだが、なぜことさらそんな当たり前のことを騒ぐのか？　そもそも、標準化された指標が低くなっているのは今言ったように当然のことなのだが、見方を変えれば国という単位でしかもこれまでと同じ基準で、日本人の活動度を測っていることに問題があるように思われる。そこでこれら標準とは違う観点で日本を見てみよう。

個人という単位で見ればどうか。大谷翔平選手のようなベースボールの本家本元でも現れなかったスーパースターが日本から、いや岩手から生まれているではないか。彼に限らず、最近の若い日本人アスリートの中には過去のどの時代と比べても世界に通用する凄い人材が多数いるではないか。大谷選手のような異次元の心理的刺激、経済効果を上げる選手の才能を開花させ育成を成し遂げた花巻東高校の佐々木洋監督、日ハムの栗山英樹監督、それをバックアップしてきた日ハム経営陣の賢さはかつての日本野球界では考えられなかった。それだけではなく、おそらく大リーグでも実現できていなかったスーパースター育成の方法論を彼らは確立したのだ。栗山監督はまた2023年3月のWBCにおいて監督として傑出した才能を発揮し、日本のスポーツ界に革新的な指導方法の成功モデルを与えた。そこには「互いにリスペクトする監督と選手の一対一のフラットな関係の集合としてのチーム」という今までにない構造が垣間見える。全体への拘束条件はただ一つ、「チームが世界一になること」だ。この成功によって、日本スポーツ界がスポコンと上下関係から別れを告げられるならば、日本のスポーツ界の将来は明るいだろう。

将棋の世界では、AIをも凌ぐ藤井聡太棋士のような才能は過去にいなかったが、彼はこの日本国低迷期になって現れた。映画にしても音楽にしても、その他の芸術分野においても若手の才能は世界的なものである。これは戦後からバブル絶頂期までと比較しても、近年の方が才能豊かな人材にあふれているように見える。他にもいろんな分野で世界的な人材が輩出されている。しかし、これらの人材はいわゆる通常の学校教育における評価が及ばないところで輩出されているように見えるのだがどうだろうか。

複雑系研究がなぜノーベル賞に選ばれたか

スポーツは一人のスーパースターが出れば活気が出る。景気が良くなる。しかし、研究分野はそうはいかない。仮に何人かがノーベル賞をとっても、大学の研究の質は改善しない。ノーベル賞とまではいかなくとも、高い見識と高貴な徳を備えた多くの教授陣がいてはじめて若い人の質は上がっていくのだ。現に、21世紀になって日本が国として低迷しているこの時期に、過去よりも多くのノーベル賞受賞者が出ているではないか。それで、大学の研究力は向上しただろうか？　低下していると言われつづけているのだ。ノーベル賞の研究は受賞の30年くらい前の業績だから、今後はノーベル賞が日本からは出なくなるとよく言われる。本当だろうか？　私は今後もノーベル賞受賞者は出つづけると思う。それは日本人の業績を海外に積極的に知らしめるという広報の問題でもあり、そこは近年日本が力を入れてきたところだし、ノーベル賞級の研究成果を出す人材は存在しつづけているのだから。

さらに言えば、受賞者たちが業績を上げた当時の日本の大学はどうだったか。劣悪な研究設備のもと狭隘なスペースで研究をしていたのである。安定的な、しかし低額の運営費交付金があり、科研費も大型のものはごく少数、ある一分野全体をカバーする重点と呼ばれるものくらいだった。むしろ科研費以外の研究予算が新設された時代でもあった。それで、世界に冠たる業績を上げた人たちはいたのだ。いわゆる大型の国家プロジェクト以外の成果は研究資金の多少の問題ではない。問題は研究資金の配分をすべて大型プロジェクト化してきたことにある。

複雑系は何もなしえなかったなどと、１９８０年代～90年代にかけての世界的ブームに目がくらんで表層をなぞるだけで、否定的な態度をとってきた人たちが大勢いる。特に日本の学会ではその傾向が強かったように見える。海外では複雑系を冠した研究所がたくさんできたが、日本には一つもできなかった。ブームに乗って複雑系を標榜する学科や専攻はたくさんできた。しかし、そこには複雑系を真剣に研究してきた若手は一人も呼ばれなかった。そして、ブームが去るとそういう大学の学科名などは別の名前に付け替えられ、誰も複雑系なんかやってませんとしらっとした顔をしている。こういうことだから日本はダメなんだと思う。海外ではいまも複雑系を標榜して地道に研究をつづけているところが多数ある。この考え方の差を埋めなければ日本の未来はない。

カオス研究や複雑系研究を鼻で笑っていた人たちは、２０２１年度のノーベル物理学賞が「複雑物理系」（「複雑系物理学」といってもよいだろう）に与えられ、その基盤を作ったとしてエドワード・ロレンツ（Edward N. Lorenz）のカオス研究が大きく取り上げられたことを知っているだろうか。日本では、この年の受賞者に日本人が含まれていたことで「日本人がノーベル賞をとった」と、そちらの方にばかり注目が集まったが、この年の受賞の意味を理解した人がどれほどいたか？　ロレンツカオスは1週間の気象予報の本質的難しさを表しているが、それを粗視化した数十年単位の気候変動の予測理論が大気中のCO_2濃度と温度変化の関係に関する数理モデルの基盤を作った。さらには、ミクロレベルでのフラストレートしたスピン系が示すマクロ物性に関する理論はスピングラスの解明にとどまらず、脳神経系での記憶の在り方やタンパク質のホールディングの研究、さらにはＡＩ研究にまで影響を与え、まさに複雑物理系の典型例と捉えられたのである。

個が力を発揮できるシステム

日本は昔から「個が弱い」と言われてきた。しかし、最近はどうだろう。むしろ優れた「個」が世界と勝負している。いや、別に勝負する必要などないのだが、「強い個性を持った個人」がたくさん出てきている。この個の質をさらに高めるには、逆説的だが「個をなくす」ことが必要だ。発達する脳という観点から見れば、脳は元来他者の心によって発達を促される。つまり、「自己」は「他者」である。「他者が埋め込まれた自己」によって成長した自己が、また他者の中に埋め込まれるというダイナミクスを維持できるならば、日本人の強みを生かすことができるだろう。これは自己と他者の相互埋め込み定理と呼ぶにふさわしいものであり、決して自己の全体への埋没でもなければ、全体のために個を犠牲にすることでもない。全体を機能させるために個が最大限の能力を発揮する変分的な仕組みなのだ。

しかしながら、私見では少なくとも先進国の中では日本ほど機能的なシステムを作ることが苦手な国もないように思われる。米国はこの機能的な全体システムを作るのが実にうまい。個が力を発揮できるシステム作りがうまいのだ。しかし、米国においては過度な競争を強いられる。これは多くの日本人には向いていない。だからと言って、せっかくの運動会で紅組、白組の勝負にしてしまうのはもってのほかだ。能力に明白な差が出るのが運動だ。勝った個人を称賛し、敬意を払うことが教育現場でいかに重要か、それが若者の才能を開花させる主要因であることを、学校はもっと真剣に考えるべきだ。

個々人に競争を意識させないで、実質的には競争しているような〝いい加減な〟競争状態を作り出し、個の能力を最大限に発揮できるようなシステム作りが急務なのだ。このことを実現する具体的なシステムが学校教育や市民クラブレベル、さらにはさまざまな民間レベルで確立されていけば、日本の未来は希望に満ちていると言えるのではないだろうか。

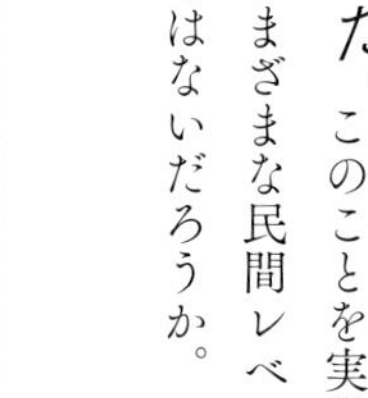

数理科学者
1953年岡山県生まれ。中部大学創発学術院院長・教授。生命的に変動するカオス的力学系、脳の数理モデルを研究する数理科学者。主な著書に『心はすべて数学である』、『脳のなかに数学を見る』、『初めて語られた科学と生命と言語の秘密』（松岡正剛との共著）がある。

近江から日本をおもしろくしたい

三日月大造（みかづき・たいぞう）

先日、近江ＡＲＳの中心人物でもある三井寺福家俊彦長吏の訪問を受けました。２０２３年５月24日に三井寺の国宝智証大師関係文書典籍がユネスコ「世界の記憶」に登録された報告であり、佐藤健司大津市長とともに喜びを分かち合いました。本県関係のユネスコ「世界の記憶」としては、平成29年登録の「朝鮮通信使に関する記録」に次いで２件目です。どちらも国際交流の歴史を明かす貴重な資料であり、世界とつながる近江文化の特徴、滋賀らしさを象徴しています。古墳文化、渡来人、大津宮、天台仏教、信長とキリスト教、朝鮮通信使、ヴォーリズ。つねに海外との交流の中から、私たちの文化が育まれてきました。

それと同時に、近江人の中には深く流れる郷土愛、先人への尊敬の念があります。県立美術館で「小倉遊亀（おぐらゆき）と日本美術院の画家たち展」を鑑賞した際、遊亀さんと石坐（いわい）神社の御神像にまつわるエピソードを知りました。遊亀さんは奈良の薬師寺から天武天皇の姿を描くことを依頼されたとき、その前に御自身の故郷である大津ゆかりの天智天皇・大友皇子（弘文天皇）・伊賀采女宅子娘（いがのうねめのやかこのいらつめ）（大友皇子の母）を描きたいとお考えになったそうです。３人の肖像彫刻（神像）は大津市石坐神社の御祭神として社殿に鎮座して非公開でしたが、天智天皇像のみ特別に拝観が叶い、その経験をふまえて描かれたのが「或る御神像」（１９７８年）という作品です。

私にも、遊亀さんのお気持ちがよく理解できます。滋賀に縁のある者の多くには、奥深く、したたかな先人への敬慕があります。そして、近江の歴史は必ずしも栄光の部分だけではなく影も深い。大津宮は滅びましたし、数多くの戦乱で敗者となった武将や、無残に巻き込まれた民衆の姿も忘れてはなりません。歴史の光と影を包み込み、ゆったりと壮大に過ぎゆく時の流れが、私たち「近江の遺伝子」に刻まれています。

私は今、そうした「近江の遺伝子」を受け継ぎたい。日本一の長寿県となりつつある滋賀県政を預かる者として、目指すべき福祉や文化の向上が決して表面的なものであってはならないと思います。近江からはじまる日本の「もうひとつのスタイル」を追求するという近江ARSの活動に賛同するとともに、私自身、近江から日本をおもしろくしたいと考えています。

書「恕」(相手を思いやる、許す)

滋賀県知事
1971年滋賀県生まれ。一橋大学経済学部卒業後、西日本旅客鉄道株式会社入社。松下政経塾出身。2003年より衆議院議員(4期)。10年、国土交通副大臣。14年より滋賀県知事(3期目)。22年より関西広域連合長。座右の銘は「一期一会」「着眼大局着手小局」。

見えないものを魅せるまち大津

佐藤健司（さとう・けんじ）

オーストリアという国と琵琶湖の形が似ているらしい。以前、琵琶湖の名が楽器の琵琶に由来していると聞き、比叡山をはじめさまざまな場所を回ってみた。当然と言えば当然だが、琵琶湖を一望できる場所は見つからなかった。

私たちの大津は、悠久の歴史が織りなすまちでありながら一見するとそのことに気づかない。もちろん延暦寺や三井寺、石山寺などは世界に誇る歴史文化遺産であるが、天智天皇の近江大津宮や壬申の乱、逢坂の関、木曽義仲が散った粟津合戦、明智光秀の坂本城、ニコライが襲われた大津事件など多くは、今はその時代の息吹を感じさせてはくれない。

AR（拡張現実）もある。しかし、土地の記憶を呼び覚まし、現代を生きる私たちが想像の羽を広げるためには「見える」だけでなく「魅せる」物語を紡いでいくことが大切だと思う。

大津の風土を経糸（たていと）に近江ARSのまなざしから生まれる思いを緯糸（よこいと）にして、幾重にも重なる大津の歴史を紐解き、多くの人に魅せてくれることを大いに期待しつつ、皆さんとともにおもしろきまちを作っていきたい。

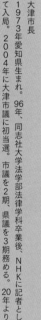

大津市長
1973年愛知県生まれ。96年、同志社大学法学部法律学科卒業後、NHKに記者として入局。2004年に大津市議に初当選。市議を2期、県議を3期務める。20年より大津市長（2期目）。「夢があふれるまち大津」を掲げ、市民が主役の大津市政を目指す。

琵琶湖トリビア

◉誕生：約440万年前（世界有数の古代湖は地殻変動で地面が陥没して生まれた）

◉周囲の距離：235.20km（東京駅〜長野県松本駅間に相当）

◉総面積：670.25k㎡（滋賀県の約1/6）

◉南北の距離：63.49km（大津市玉野浦〜長浜市西浅井町塩津まで／徒歩で約13時間）

◉最深部：103.58m（通天閣の高さとほぼ同じ）

◉平均の深さ：41.20m（ウルトラマンの身長とほぼ同じ）

◉貯水量：275億t（黒部ダムの貯水量2億tの137倍。東京ドーム2万2057杯分）

◉横幅の最大距離：22.8km（長浜市下阪浜町〜高島市新旭町饗庭まで／徒歩で約5時間）

◉横幅の最小距離：1.35km（大津市今堅田〜守山市水保町まで／徒歩で約18分）

◉琵琶湖大橋の全長：1.35km（大津市と守山市を結ぶ。自転車や徒歩で通行することも可能）

◉湖面の標高［大阪湾の干潮位を基準として］：85.614m（大阪城の天守閣の高さとほぼ同じ）

◉琵琶湖大橋以北の「北湖」の面積：617.75 k㎡（琵琶湖全体の約92%）

◉琵琶湖大橋以南の「南湖」の面積：52.5 k㎡（琵琶湖全体の約8%）

◉水温：最高約32℃、最低約4℃（水温差が小さくなる真冬に年に一度の「琵琶湖の深呼吸」と呼ばれる全層循環が起こる）

◉集水域［雨や雪が琵琶湖に流れ込む範囲］の面積：3174k㎡（滋賀県の面積4017 k㎡のうち3/4に相当）

◉河川から流入する年間水量：39.3億t

◉湖に直接降水する年間水量：12.2億t

◉湖水が全て入れ替わるのに要する時間：約19年

◉流入する河川：約450本（滋賀県にある一級河川の数は509本）

◉流出する河川：瀬田川の1本のみ（瀬田川は京都府宇治市で宇治川、京都府大山崎町で淀川と呼ばれ大阪湾に至る）

◉瀬田川から流出する年間水量：48.4億t

◉琵琶湖疏水から京都市に流出する年間水量：4.9億t

◉湖面での一年間の蒸発量：4億t

◉琵琶湖の環流［目に見えない沖合の渦］：流速約10cm/s（時速換算約36km/h）

◉北湖の透明度：4〜6m、南湖の透明度：2m

◉内湖［琵琶湖の一部が土砂の堆積等で切り離された湖沼］の数：23内湖（最大は近江八幡市の西の湖）

◉琵琶湖にある島：3島（沖島、竹生島、多景島。沖島のみ有人島で約240人が暮らす）

◉琵琶湖の水道水の利用人口：約1450万人（東京都の人口とほぼ同じ）

◉ヨシ群落の面積：2.47 k㎡（1948年の5.14 k㎡から2000年に半減。ヨシの別名はアシ・葦）

◉上位蜃気楼の見える回数：年平均10数回前後（名所は大津港、湖北町、琵琶湖大橋、近江白浜など）

◉動物：約600種（1993年にラムサール条約湿地に登録）

◉野鳥：約340種（ガンカモ類の重要な越冬地）

◉越冬する水鳥：約10万羽以上（主にオオバン、キンクロハジロ、ヒドリガモなど）

◉在来魚：約45種（固有種はニゴロブナ、ホンモロコ、ビワコオオナマズ、ビワマスなど16種）

◉外来魚：10種以上（オオクチバス、コクチバス、ブルーギル、チャネルキャットフィッシュなど）

◉主な漁法：魞（えり）、梁（やな）、沖びき網、えびたつべ、アユ沖すくい網、刺網、追さで網

◉トンボ：約100種（種数は日本の中でトップクラス）

◉植物：約500種（植物も外来種問題に悩まされている）

◉植物プランクトン：約200種（琵琶湖の食物連鎖を支える）

◉動物プランクトン：約120種（季節により出現する種は変化）

◉約250万年前にはワニが生息していた。発見されているゾウ類の化石はナウマンゾウ、トウヨウゾウなど5種類

◉水辺や湖底にある遺跡は約70件、出土した縄文時代の丸木舟は約30隻

◉流域の最古の自然災害の記録は『続日本紀』に記された701（大宝元）年

◉周辺に約1300ヶ所の城があった（安土城、彦根城、佐和山城、長浜城、小谷城、坂本城など）

◉最大の水害は琵琶湖大水害（1896年9月）。豪雨で水位が3.76m上昇、死者29人、行方不明5人

◉比良おろしの推定最大瞬間風速57m/s以上（1997年6月29日）

◉約2万6千年前にヒトが琵琶湖のほとりに住み着いた

◉地殻変動により琵琶湖は今も1年に1㎜ずつ沈んでいるという（1万年で約10m）

om Tendai and
Otsu, near Lake
organization

バックステージ

松岡正剛の編集力

本歌取り・やつし・多義性

福家俊彦

松岡正剛さんの俳号は「玄月」。命名の事情については、松岡さん自身が、渋谷のブロックハウスのころ、「ジャパン・ルナソサエティ」の「ある例会の夜に残念ながら小雨が降ったので、それならと、その見えない月に因んで玄月とつけた。玄とは黒よりも濃いという意味である」（千夜千冊517夜）と紹介されている。

もともと「玄」という文字は、まず天のことを指し、そこから遠、深、隠、寂、静に通じる。したがって「玄月」といえば、仏教では秘旨なる真理、玄義を意味するが、色でいうと奥深い、さながら楽焼の黒のイメージかもしれない。また、見えない月であれば、かつて吉田兼好が「花は盛りに、月はくまなきをのみ、見るものかは」（『徒然草』137段）といった月であり、雲間の月、有明の月のことでもある。そして、この見えない月は「雨にむかひて月を恋ひ、垂れこめて春の行方知らぬも、なほあはれに情深し」といった日本の中世が発見した「侘び」、「寂び」の美意識のシンボルとなっている。

そこで思い出すのが、日夏耿之介（ひなつこうのすけ）の『風雪の中の対話』に収められた「さびの行方」である。他の著述とは趣を異にし、架空の対話という形をとって世相への鬱憤（うっぷん）を遺憾なく吐き出した痛快な書である。そこで話柄は、新古今の美の理念となり、藤原良経の「人すまぬ不破の関屋の板びさしあれにしあとはただ秋の風」を「生の銹色（さびいろ）」をもった代表歌として取り上げている。次第に郷里の甲州飯田の花火、「その中に銹引（さびびき）という渋い渋い花火があってね。……ほとんど遠方からは見ゆるか見えぬ程度の色合に、寂然として銹びれば銹びる程その花火の技術が巧いという花火」の思い出を挟んで、西洋の美学思想だけでは十分に語り尽くせない人の生き方を左右する美の理念について「色そのものを思い切って喪失した、もしくは脱落し去った如くに銹びに銹び果てたる存在。水墨の文人画の墨色のように、絶対色彩を否定し去って、而も色相内包を保ちつつ、生の内省心状にしんからカラび切ったる心状」となる。こんな話を聞いていると「玄月」の空に打ち上がる銹引なる花火を見てみたいと思った。

　さて、新古今といえば藤原定家、ことに本歌取りの思想である。幸い松岡さんが「颯爽（さっそう）たる一冊だった」ではじまる解説を書いておられる尼ヶ﨑彬さんの『花鳥の使　歌の道の詩学』を手引きとしたい。本書は「世界を生む言葉」として藤原俊成と定家を論じている。人間の世界はもとより言語で成り立っている。和歌も言葉で表現するわけであるが、それは現実の日常生活で用いられる言語ではなく、詩的言語である。詩的に世界を見るとは、世界の現象をいったん「空（くう）」や「仮（け）」とみなすことであり、詩的言語は通常の認識の枠組みから解放されたところで獲得される。したがって、「美しい花」など客観的には存在しないのだから和歌は「美しい花」を記述するものではなく、「ある花の色香（価値体験の型）を創出するとは、〈美しい花〉について詠むことではなく、ある花について〈美しい歌〉を詠むことなのである」。歌人が花を詠んではじめて「美しい花」が立ち上がるのであり、そのとき人は「美しい花」を見るという見方をはじめて知ることになる。しかも、その美しさは、対象としての花を受け身で感じるのではなく、能動的に「こころ」が創造するものである。まさに「世界を生む言葉」、語りえぬものを語り伝える言葉であった。

そして、定家の本歌取りの骨法とは、単なる技法ではなく、本歌の「こころ」を重ね合わせ、より奥深い新しい〈価値体験の型〉を創造することで、和歌を詠むことの意味そのものであった。その一例として、「さむしろや待つ夜の秋の風ふけて月をかたしく宇治の橋姫」(新古今420)を挙げている。この本歌は「さむしろに衣かたしき今宵もや我をまつらん宇治の橋姫」(古今689)であるが、定家では「風ふけて」「月をかたしく」など通常の統辞関係が解体され、この「言葉の約束事を破壊したような定家の歌に、本歌以上の精密なイメージが宿されているのを見る」ことになる。客観的なものと見なしている現実を「仮」なるものとして、世界に多義性を呼び込むことによって、言語が表現しうる以上の美を喚起しているのである。

そして、定家の本歌取りによる新しい〈価値体験の型〉をその都度、詩的言語を操る人から人へとつなげていくことが「歌の道」ということになる。「定家にとって詩的世界は、この生活世界の外に立つ一つのコスモスであったが、それは風景のように固定した姿で対峙するものではなかった。それは、各時代の詩人に詩的主観の何たるかを教えつつ、同時に彼の詩的主観がつくりだした言葉と意味とによって再規定されてゆくような、ある動的な言語宇宙だった。「歌の道」と継ぐとは、そのような詩的言語と詩的主観の相互作用を引き受け、詩的世界の不断の生成に参与することであった」。しかし、それは困難な道行きである。この〈価値体験の型〉

が型として固定されてしまったら、それはもう月並みになってしまう。本歌取りの核心的意義とは、「言語宇宙」の「不断の生成」に他ならず、それは知識として学ぶわけにはいかない「こころ」を引き継いでいくことである。

もとより和歌そのものは、言語で表現されたものとして、詠まれ、享受されることで歌となる。そもそも言葉にされない歌は、言語化以前の何ものかでしかない。しかも、この言語化以前の何ものか、いわば世界の隠された秘密を言語として表現することは、本来的に不可能である。言語化した時点で秘密は秘密でなくなってしまうから。「美しい花」も死んでしまう。世界が世界であることの根本には、「差異」という多義性があると喝破した脱構築の思想家デリダにならって言えば、この世界の差異を名付けること、あるいは和歌として言語化しようとする試みは、必然的に挫折（ざせつ）を余儀なくされることになる。ただ、大事なのは挫折することでなく、挫折する限界まで接近すること、そして挫折の必然性にもかかわらず継続していくこと。それが創造と継承の重要性、定家の確信していた「歌の道」であった。

ここでふたたび日夏耿之介に戻ると、同書の「明治の春」には次のような文章がある。「日本人は美の体験は高次なものを昔から持つが、美学エスセチックスはない。芸術の学のフラグメントはあるがシステムはない。但だそのフラグメントには、若干これは又太（はなは）だ貴重すべき心情体験があった。王朝末期にあり、足利にあり、江戸にあった。新古今にあり、能にあり、俳諧にあった。これが日本人の精妙微妙が特色だね。西洋の思想の流れを論理的に辿って来ただけの兀鷹の目で、この祖国を顧みてもよくは飲込めないのに無理はない。同情する」。人はよく原因と結果を取り違えると言うが、この卓見の論の立て方を反転、転倒させ、すくっと立て直す「編集」を遂行したのが、松岡さんの画期的な『日本という方法』であったと思われる。

ここで、「日本という方法」のひとつ「やつし」を採り上げておきたい。ふつう「やつし」といえば、世を忍ぶ姿、実は水戸黄門といった体のものだが、松岡さんの場合は、定家でも長明や芭蕉でもない、誰それと特定ができない「やつし」であると思うからである。

これまた尼ヶ崎さんの『いきと風流』から遠回りすると、「やつしという操作を、文学上なんと呼ぶべきか。これを俳諧化と呼ぶことの不当ならざるべきことを思う。一般に、江戸の市井に継起した文学の方法をつらぬいているものはこの俳諧化という操作である」と石川淳の「江戸人の発想法について」を引用された上で、松尾芭蕉の「鶯や餅に糞する縁の先」に着目されている。いわく「芭蕉は見馴れた世俗の日常を、新しい目で見直すことを試みた」のであって、伝統的な雅であった鶯を、誰も言葉にしたことのない鶯の姿として表現し、「誰も捉えたことのない日常の中の一瞬を切り取ろうとした。そのスナップ写真は、同時代の誰もが「あるある」と納得できるイメージでなければならない」と書いている。このスナップ写真こそ、ブレッソンの「決定的瞬間」であり、ロラン・バルトが『明るい部屋』で主張した社会のコードを攪乱する陥没点としての「プンクトゥム」へと連想は広がっていく。

さらに敷衍すれば、かつて鴨長明は『無名抄』の「近代の歌体」で定家の「見渡せば花も紅葉もなかりけり浦の苫屋の秋の夕暮れ」（新古今363）を念頭に「ただ言葉に現れぬ余情、姿に見えぬ景気なるべし」と評し、「秋の夕暮れの空の気色は、色もなく、声もなし。いづくにいかなるゆゑあるべしとも覚えねど、すずろに涙こぼるるがごとし」と「涙こぼるる」消息を伝えている。見えているのに見えないもの、当たり前すぎて見落としているものを見え

るようにすること、日常の世界をただ受容するのではなく、その自明性に問いかける姿勢のあり方を追求することである。

ここに世界の面影を描く松岡正剛さんの仕事が垣間見えてくる。とはいえ、松岡さんご自身は、ミシェル・フーコーのごとく自分自身が何者なのかを決定されることへの拒絶があるように見受けられる。大いなる好奇心をもって、自分自身であり続けないよう努力され、別のやり方で思考し、別のことを行い、どのような方法で、どこまでできるかを限界まで追い求めることの繰り返し。世間の当たり前を徹底的に疑い、自己を縛り付けようとする言説に抵抗、危険を冒してでも常に変化すること、自分からの離脱を図るための思考と批判作業を積み重ねてこられた。

かくして終わりなき任務に邁進する松岡さんに接することのできる近江ＡＲＳの活動には、誠にのっぴきならないものがある。過去も現在も、そしてこれからも決して立ち止まらない、唯一無二の編集工学者・松岡正剛さんは、終始一貫、正体不明である。

21世紀三井寺の長吏

福家俊彦の不思議

松岡正剛

長らく自分の「あてど」を探していた。そこに能舞台のようでアートギャラリーのような、クラブハウスのようで寺社のような、図書館のようで複合茶室のような、制作ハイであって住み込みローでもあるような、そんな名状しがたい「屋形（やかた）」を構えて仕事をしてみたいと思ってきたのだ。最初にそう思ったのは「遊」の後期編集をしているころで、仮に松本や小田原や津和野などを候補にしていたのだが、残念ながら「あてど」とはならなかった。「あて」（当・宛・充）も「ど」（土・度・途）も、条件を満たすのはけっこう難しい。だからこの計画はほぼあきらめていたのだが、75歳を過ぎてから、そうか、近江こそが「あてど」だったと気がついた。

私を近江に走らせたのは福家さんである。福家さんが誘ったのではなく、福家さんを感じて、私が勝手に三井寺をとりまく近江を「あてど」にしようと決めた。福家さんに会って15分ほどしてからの決断だった。

話は少し前後するが、この2年ほど前に実は編集工学研究所の安藤昭子がすでに福家さんに出会っていた。三井寺の新たな宿泊施設に関するプロジェクトに参画したときのことで、その推移は私も報告を受けていたのだが、なぜか出会うことがなかった。一方、それからまもなくしてその話とはべつに、中山雅文君が私を近江の何らかの仕事にかかわらせたくてあれこれ思案していたという経緯があった。中山君は私が塾長をしていた「ＡＩＤＡ」をテーマにしたビジネスマン向けの研修会（ＨＣＵ）や一般向けのイシス編集学校の「守・破・離」の３つのコースウェアを自主的に受講していて、それらを受けながら「松岡正剛を滋賀文化の活性化にかかわらせたい」と決意したようなのだが、そのために中山君が申し出てきた幾つかの案に私がのらないままだったところ、ある日、「松岡さん、福家さんに会ってください」と言い出したのである。

　しばらくして仕事場の近くの梅ヶ丘の和風中華屋で、福家さんと会った。私の新規の仕事関係の大半を担ってくれている和泉佳奈子も同席した。このとき、福家さんは当たり前のように三井寺別所（べっしょ）の話をした。別所の話のあいまに、ロラン・バルト、網野善彦やアジール論のこと、天台密教と山王日吉の話、森山大道やダイアン・アーバスの写真をめぐる片言隻句（へんげんせっく）などがちらちら出入りした。

　これでピンときたのである。この人と近江をまっとうしたい、この男と日本仏教を悩みたい、そう直感した。

　こんな仕事をしているわりに、私は若い時期から仏教関係者にはけっこう会っている。仏教学者、坊さん、新宗教の教祖や幹部、仏教シンパサイザー、仏画師、仏教ジャーナリスト、いろいろだ。

　禅の大森曹玄が最初で、そのあとつづけて高野山の松長有慶、毎日新聞の佐藤健、印哲の松山俊太郎、仏教学の中村元、師家の秋月龍珉、チベット帰りの中沢新一、マンダラの前田常作、中外日報の記者たち、中国仏教史の鎌田茂雄とは、とくに親しくなった。「遊」というクロスカルチュラルな雑誌を編集していたので、各地の仏教催事、噂の僧侶、千日回峰の達成者なども取材した。

しかしながら、これという仏教者、とりわけ坊さんとは巡り会えないままだったのである。それが福家さんにはピンときた。なぜそうなったのか、出会ったときの「勘」としか言いようがないのだが、何かが截然と、かつ説明しがたい含蓄をもって屹立していると感じたのだ。少しその理由を推測してみる。

延暦寺のトップは座主という。園城寺（三井寺）のトップは長吏である。二つの寺は兄弟のようなものだけれど、トップの呼び名がちがう。山門が座主で、寺門が長吏。名前がちがうぶん、その文化も中身もちがっていった。

比叡の京都側と大津側に二つの門流が分かれた理由は歴史的にそうとう複雑で、さまざまな葛藤が沸騰していた。大津出身の伝教大師最澄が予想もしなかった苛烈な展開になったのだ。苛烈な展開は比叡山の歴史文化を京都側と近江側に分けた。比叡おろしと比良八荒に分けた。

歴史とはそういうものである。だからいまはそのことを棚上げにしたまま話をすすめるが、私は園城寺のトップを長吏と名付けたことに少なからぬ関心をもってきた。智証大師円珍が最初の長吏に任ぜられている。園城寺の歴史とともに長吏はスタートしていた。いったい、これは何を暗示しているのか。

もともと長吏は中国古来の官職名で、長官を意味した。県吏・村町吏の長官である。『平家物語』にも「京師ノ長吏」という言い方が出てくる。これを日本の宗教的な寺社が踏襲したのだが、すでに座主や貫主や長者といった名称をもった長官職が先行しているところとは区別してあてがわれたふしがある。だから園城寺以外には、神仏習合期の祇園社（祇園感神院）、白山神社（白山寺）、勧修寺などにしか適用されなかった。

他方、長吏はまた、中世に非人や賤民を統括する役柄に付せられた特別な名称でもあった。こちらは各地の非人集団のリーダーもしくは管轄者のための称号で、どんな経緯でそうなったのか、喜田貞吉に「長吏名称考」という論文があるけれど、その詳細はわかっていない。私は『フラジャイル』（ちくま学芸文庫）で、鎌倉権五郎につながる長吏のことをやや詳しめに書き、非人を統率した浅草弾左衛門が代々担った役割との関連にもふれたけれど、そのときは円珍以来の宗派的な長吏の由来にはまったく言及できなかった。

つまり長吏は謎なのである。どこが謎なのかという追及を肯んじない謎そのものなのだ。そう見立てたほうがいいように思う。ただし「追及を肯んじない謎」は園城寺のみにかかわることではない。日本の社会文化や宗教文化の本質にかかわる。園城寺の近辺あるいは近江京以来の大津近辺にはその歴史が集中してきたように思うけれど、そしてそれが別所を懐に抱くことになったのだけれど、実は日本史上のさまざまなトポスや事例にも、大小を問わずその「追及を肯んじない謎」の気味がかぶさってきた。

ここではその歴史の懐にひそむ謎をもちださないことにするが、そしてそのうえで言いたい

のだが、福家長吏は父上からこの呼称を譲られたとき、以上の謎のいっさいにかかわることになったのであり、そのことを含めて、私は福家さんに賭けたくなったのである。

昭和34年（1959）、仏門の長吏の家に生まれ、トルストイの『戦争と平和』やサルトルの文学理論や倉多江美のマンガに夢中になりながら寺の修行をした福家さんは、青春期を弘前大学で過ごし、立命館大学院では西洋哲学や文学やアートに親しんだ。

どんなふうに親しんだのか、その顚末（てんまつ）は知らないが、折々に綴（つづ）られた文章やふだんの会話から察するに、かなりぶっとんでいたようだ。当時は欧米日のゲンダイ思想がポストモダンを模索して、デリダのデコンストラクション（脱構築）の旋風の中に舞々していたはずで、あの世代ならハヤリの思想に流されてもよさそうなのに、そうはならなかったのだ。ヴァルター・ベンヤミンとロラン・バルトとスーザン・ソンタグを見据え、村上龍や平野啓一郎や赤坂真理を読み砕き、めぼしい写真と斬新なファッションとラディカル・フェミニズムに注目するほうを選んだ。

その様子の一部は、「三井寺」という定期刊行の広報小冊子に1998年から7年ほど連載されたブックウェア・エッセイ（のちに『本の暇つぶし』に収録）からも窺える。福家さんはその連載エッセイのなかで、本格と破格の両方（たとえばシェイクスピアと田口ランディ）を、「遠のくもの」と「呼びさまされるもの」の両方（たとえばプルーストと川久保玲）を、伝統と前衛の両方（たとえば河竹默阿弥とベケット）を、「はちきれるもの」と「沈みこむもの」の両方（たとえばロバート・パーカーと石原吉郎）を、みごとに選び切っていた。福家さん、やるなあである。

こんな坊さんがいただろうか。いや、きっと各地にいろいろいらっしゃるのだろうけれど、それが三井寺の長吏であることが、私を近江ARSの起動に走らせたのだ。

近江ARSのARSには、アートという意味とAnother Real Styleの略称であることが滲(にじ)んでいる。近江の風土と歴史と文化そのものをアートとして捉え、そこに来たるべき別様(べつよう)の可能性を滲ませたい。これがアナザーリアルなスタイルの表明ということだ。このことを近江ARSと名付けたのだ。

そう名付けたのは、ふりかえれば私が少年期から近江の「をちこち」に感じていたことや白洲正子さんによる近江の歴史文化にラディカル・ファンタジーを読みとる手際に刺激されたことなどがはたらいていたのだろうが、より直截(ちょくせつ)には、福家さんに出会って私の年来の「あてど」や「屋形」を感じたことが大きかったのである。

それは福家俊彦が「不思議」を抱えた長吏であることにシンボライズされている。仏教においては不思議は「不可思議」といって、古来「如来に四不可思議の事あり」と説いてきた。世不可思議、衆生不可思議、龍不可思議、仏土境界不可思議だ。世界は不思議、みんなも不思議、天候もままならない、どこからどこまでが仏教なのかも不思議そのものだという意味である。

近江ARSはこの不可思議を抱えもつ。それには、福家長吏が欠かせない。近江を「別日本(べつにほん)」っぽくするには、三井寺が欠かせなかったのである。

松岡正剛、近江に向き合う

田中優子

別様の可能性——。これこそ、松岡正剛が拓こうとしてきた世界である。「何」と別なのか？　いま私たちが「当然」と思って依拠している、あらゆる仕組みである。「美」という言葉によってまつり上げられてきた権威や、歴史的事実のように語られてきた「日本」である。その岩盤は容易には壊れないが、別の「世界たち」をつくることはできる、と松岡正剛は言う。

そのことと父上が長浜に生まれ育ったことや、最初に登った山が伊吹山であったことや、家族で〝海水浴〟に行ったのが近江舞子だったことなどは、関係がないように見える。しかし、それこそが松岡の思考の源泉であった。幼い頃の体験が日本の戦後社会では、往々にして埋もれてしまう。けれども、社会の価値観から一見、切り離され見えなくなってしまった（隠されてしまった）場所と体験は、何かを契機に個々の心の奥から起き上がり、なんとか形になろうとするものなのだ。

それは今の世の「生産性」とかいうカネに直結する欲望とはあまりに遠いので、何をしよ

うとしているのか、すぐには周囲にはわからないかもしれない。しかし、個々人がそれぞれの内奥を隠すことから顕わすことに転じたとき、何が起こるか？ 日本の文化と宗教それぞれの隠された内奥がもう一度見えたとき、それは何をもたらすか？ 松岡正剛は近江でそれを問うているのだ。なぜならそこにこそ、「別様の可能性」が立ち上がるからである。それは人間の中にある。人の住む社会とは「与えられたもの」であって、それとは別のものが、人の内側に多様な記憶として潜んでいる。

松岡正剛は「答」を与えるわけではない。答など、予言と同じくつまらない。なぜなら、答は目の前にいる人たちをたぶらかすことはできても、考えさせることはできないからだ。創造に向かうときめきを沸き起こすこともないからだ。だから答の代わりに「場」を提起した。近江という場である。それが松岡の言う「いない、いない、ばあ」だ。

なぜ近江なのか。松岡正剛にとっての最初の山と最初の海がある場所。それが第一に、内奥の動機として大事なのだろう。しかしそれだけではない。「逢坂山の手前の琵琶湖のくびれ」「まん中に巨大な湖水が穿たれている」と松岡が表現するように、歴史上の近江の位置も確かに特有だ。巨大な湖があったことで、近江はかつて、あらゆる人とものと信仰が交差する場所だった。定住する「此岸の時空」と、遊行する「異質な時空」の交差が見える場所となっていた。

例えば三井寺には、三井寺派説経節が生まれ、それを語り歩いた芸能民がいた。庚申信仰を流布した修験者たちも通り、時宗の僧たちも集った。それら遊行僧、歩き巫女、山伏、勧進坊主、遍路、謡、鉢叩き、歌念仏、歌比丘尼、猿回し、祭文等々、遊行芸能民は遊行宗教民でもあった。遊行者は日本国中あらゆるところにいたはずだが、京都中心の「日本文化」からも、江戸中心の

「治められた日本」からも見えない「別日本」だった。仏教を学んでも、遊行はほとんど語られない。能『三井寺』では、一人の物狂いの母が子供を探しに駿河の清見が関からやってくる。これも、能に携わる芸能民が伝えてきたものだろう。人が集まる。だからさまざまなところから人を探しに来る。

　松尾芭蕉も遊行の途中で幻住庵に暮らした。「草庵にしばらく居ては打ちやぶり」。これは幻住庵の後、落柿舎で巻いた連句「夏の月の巻」の一句である。旅をすみかとする芭蕉は、居座る、ということがない。しかし立ち上がり出発するためには、場所への断念と思い切りが必要で、それが「打ちやぶり」という勢いに現れた。その芭蕉が俳諧には三つの品があると言ったと、各務支考が書いている。「寂寞」と「風流」と「風狂」だ。寂寞は情の品、風流は姿の品、風狂は言語の品である。その言語について、「虚に居て実をおこなふべし。実に居て虚にあそぶ事はかたし」と言い切った。

　松岡正剛はこの言葉に注目している。まずは虚が必要なのだ。それは「場」であってもよい。ある秋の日、大津にある叶 匠壽庵の寿長生の郷で近江ARS主催の「龍門節会」が開催された。この場を松岡正剛は「をちこち（遠近）」「虚実」と表現した。遠州茶道宗家の小堀宗実お家元が茶席の床の間に花入れをしつらえ、山で採取して生けながら、その過程を言葉で表現してくださった。枯れた紫陽花、数種の野草、そして最後に枯れススキ。死に向かって枯れ行く草花に、晩秋の野が映った。いにしえ（遠）の節会のありようが今日（近）の空間に現われまじり、その「虚」の中に生命ある「実」の草木が生けられていくのである。そこに「寂寞」が生まれた。

　この催し物のもう一つの記憶は、1660年創業の辻倉の和傘である。「傘」とはかつて、その下が別世だった。その和傘の表に参加者がそれぞれ、自分にとっての一冊の本を示し、書名を松岡が次々と筆で書き入れる。書物で埋め尽くされた傘は、一揆のからかさ連判状のように、「この世」に向けて輝いた。

このとき一冊を選ばねばならない私は迷った。そして気づいた。読んできた本は、自分のもう一つの歴史なのだ、と。私の歴史は「経歴」や「履歴」などではなく、自らの中の想像力と創造力の中に展開している言葉世界の歴史である。だとすると、人は自らの中に「虚」の場をすでに持っている。それを実に転換する必要はない。自らの中の虚に居続けつつ、この世を生きていくことこそ必要なのだ。ちなみに、書物や書画を自らの世界として持ち続ける人々のことを、江戸時代では「文人」と呼んだ。文人・松岡正剛の用意した近江ARSは、次の文人を生み出しつつある。

遊行が定住の中に吸収されていく江戸時代になると、近江は「観音の道」となった。そして今、松岡正剛は近江で、仏への道を開きつつある。

私が松岡正剛に出会ったのは30代半ばのことだった。会った瞬間に閃光が走った。以来、何度も仕事を共にし、会話を交わしてきたが、そこにはつねに予想を超える出来事が創発し、斬新なのにとても懐かしいような「未知の記憶」が立ち上がっていくのに驚かされてきた。なによりも世界と日本をつなぐ大胆な思索が提示されることに、心を奪われた。

そういう松岡正剛が75歳を過ぎて、近江に動いた。その決断の真意は、まだ誰にも読み取れまいが、私にはそこには「仏の道」があるのだろうと確信できる。できるかぎり、その方途とともにありたい。

ふかく、おもしろく、へんな日本を仕立てる

和泉佳奈子
いずみ・かなこ

百間代表・近江ARSプロデューサー
1977年宮城県仙台市生まれ。日本の祭りとニホンザルの研究を経て、2002年松岡正剛事務所入社。織部賞、連塾、松丸本舗、三昧三昧、角川武蔵野ミュージアム他、編集工学による新たな価値表現に従事。2020年に独立し、百間を設立。EDIT TOWN、百間HMHM、考路、近江ARSなど、さまざまな方法で「日本」をプロデュースしている。現在、近江を舞台にローカルとアートをつなぐ新しいスタイルを編集中。

点と点を結ぶだけでは足りない

「近江のことを語れない。困っている」――。2017年秋、ふだんは滋賀県の大津で倉庫業を営んでいる中山雅文さんから呼び出されて、真剣な相談を受けた。地元の魅力を「語る言葉」や「語り方」が分からないのだという。ゆるキャラやハコモノではなく「言葉」によってローカルを再発見したいという中山さんからの相談事は、ちょうど編集力をローカルに注ぎたいと思っていた当時のわたしにとって、千載一遇の出来事となった。

　近江の歴史をざっとかいつまむだけでも、いろいろある。中大兄皇子（なかのおおえのおうじ）が大津に遷都した7世紀頃には、およそ5年5ヶ月のあいだ、近江に日本の中心があった。古くから交通の要衝としても栄え、畿内から全国に走る7本の幹線道路のうち東海道・東山道・北陸道はいずれも近江が玄関口だ。信長も秀吉も家康も近江で築城している。琵琶湖の周辺には約1300カ所もの城があったのだという。そして、日本仏教の鍵をにぎるのが延暦寺と三井寺だ。

　この土地に魅了されたのは、武家や公家や寺社ばかりではない。白洲正子は湖北にひっそりと佇むかくれ里に夢中になり『近江山河抄』や『十一面観音巡礼』を書き

残し、芭蕉やフェノロサは大津の地で眠っている。湖北には菅浦(すがうら)がある。そこは国立民族学博物館の初代館長をつとめた梅棹忠夫のルーツであり、独力で日本史を読み直した網野善彦が徹底研究した「菅浦文書」には中世の謎がほとばしっていた。

なんだ、語るべき材料はうんとあるではないか。ここには、すでにたくさんの日本が隠れているように思えた。とはいえその頃は、ここまで大がかりなプロジェクトになるとは、思っていなかった。こうしてまだ名もなき「近江ＡＲＳ」がはじまり、はじまってみたら、わたしは観音ガールや長浜のディレクターを介して頻繁に東京と近江を往復することになるのだった。

語る力を失った日本

現地に通うようになって、地元の人たちに聞くと「ここには琵琶湖以外は何もない」と言う声もあった。およそ４００万年のときを刻んでいる古代湖を前にして、「そりゃあ琵琶湖に比べたら他には何もないですよ」と言っているのではない。近隣の京都や大阪に大手を振って、自信をもって指し示せるものがないのだという。しかし問題はもっと根深い。もしかしたら、そう打ち明ける人たちのほとんどは、「形のないもの」を語れなくなっているのではないか。このような状況は、琵琶湖を有する近江では余計に際立っているが、じつは日本各地に蔓延している危機的な問題だろうと思う。いつからか、日本人は日本を語れなくなってしまった。

多様で豊穣な日本は「地域」にこそ残されている。そのはずだと思っていた。ところが地域の文化は、その土地の人たちにも見えなくなりはじめているのだ。観光資源や地域経済のリソースの不足を補うために、各地で芸術祭や音楽やグルメのフェスが賑わいをみせているが、もはやこのような方途でしか地域を再生できなくなってきているとも言える。おそらく、中山さんが一人で背負った問題は、このあたりから出立しているのだろう。

ローカルとニッポンの「あいだ」にある深い溝。近江ＡＲＳによってこの「あいだ」を結びなおすこと。それがわたしと百間が立ち向かうミッションになった。

「見えないもの」に向かう

それからというもの、有志メンバーといっしょに「隠れている日本っぽいもの」を探しはじめた。芸能の神様が祀られている関蝉丸神社は、荒廃してブルーシートで覆われていた。逢坂の関はあまりの交通量の多さに歌枕としての面影はなく、近松門左衛門が訪れたと伝わる近松寺から望む琵琶湖は高層マンションのせいで一部しか見えない。こんな残念は歩けばいくらでも出てくる。それでも、見つけるまでは終わらない「かくれんぼ」の鬼にでもなったみたいに、こっちもだんだん熱を帯びてきた。

具体的に検討するにあたって、ともに記憶の中の近江を情報化することに着手した。おぼろげな印象として浮かぶ風景、風習、思い出などをキックするトリガーとして、松岡正剛著『日本文化の核心』など何冊かのキーブックを投入した。本の内容をざっと要約編集したテキストに触れることでも、いろいろな触発が起こるように仕立てた。数ヶ月をかけてメンバーも徐々に増やしながら、忘れられた近江を繰り返しトレースした。ときには松岡さんと近江ARSのメンバーを交えて濃密な打ち合わせをかさねた。2時間の予定が、終わってみたら8時間以上が経っていたことも少なくない。ある日のノートには、松岡さんとのこんなやりとりがメモされている。

はじめに、小さなチームをつくる

趣味や遊びに根ざした市井の自由なネットワークを芽吹かせたい。内田魯庵はその象徴的存在だった。学校のようなタテ型ヒエラルキーではなくて、ヨコの水平的なつながりが大事。それには頼母子講やバウチャー制度など、講の復活を考えるといい。

サブからニュースタイルを

日本のおもしろさはオフセンターにある。近江の不思議はメインではなくサブがすごいところ。本質的なサブカルチャーがある。サブカルをしっかり掴めばメインになる。一極集中せずにそれぞれが独自に発展を遂げるという意味で、日本のモデルとしての可能性を秘めている。

臭いものこそ蓋をあけよ

臭いものを隠すのはどうしてか。きれいなものだけが刷り込まれている。分からないことは格好よく、あぶないものは秘めた強さの方へ。逸れることによるエロス、セクシーがあってもいい。差し掛かると、いつも新しく見えるように。

ちぐはぐ、あべこべ万歳

チグとハグをつくるべきだ。あべこべで遊ぶべきだ。そこを思い切って褒めちぎりたい。不揃いや違和感から引っかかりが生まれる。何より変化や変動に過敏であることが重要。近江は、全部足してもダメ。むしろ超部分のARSを見つけたい。

「もとのもと」から発見する

近江そのものが日本の歴史・文化・芸能・産業のポート（港）を担ってきた。関渡津泊という視点から全体をとらえ直してみよう。近江には「日本のもと」ではなくて、日本のもとの前の「日本のもとのもと」が潜んでいる。

祝祭的な場づくり

私は大学院時代に日本の祭を研究していた。能登の村祭り、仙台の七夕、徳島の阿波踊り、そして全国に広がっていったYOSAKOIソーラン祭りを取材してまわった。日本人が祭りという仕組みのなかで、収穫の祈りや感謝の気持ちという「見えないもの」を共有する力を育んできたことに強い関心を持ってきた。近江ARSが仕掛けている「還生の会」や「龍門節会」や「近江大事」などのプログラムも、祝祭的な場づくりといえる。ふだんは別々に扱われる可能性を重ねることで、ズレや隙間が生じる。「事のあいだ」が遊びとなって、これまでになかった別様の「近江」が生まれ出てきている。

近江ARSは、お国自慢を目指すのではない。近江の奥にある「見えない日本」を取り出すために、造り酒屋や吟遊詩人や瓦職人、農家や漁師や県知事、そして幼稚園の先生から僧侶やラッパーまで、多彩な人たちが結集しはじめていくのである。一人ひとりが心の裡に秘めた日本を持ち出しながら、ふかくて、おもしろくて、へんな「別日本」に向かって、何か大事なことが少しずつ動きはじめている。

近江ARSクロニクル

※敬称略

２０１７年

10月〜◆滋賀県在住の中山雅文（中山倉庫）が「松岡さんに滋賀に関わってもらいたい」という思いを募らせる。松岡が、中山に和泉佳奈子を紹介する。松岡監修プロジェクトの数々を統括してきた和泉と中山の試行錯誤が始まる。

２０１８年

7月〜◆和泉と中山で「滋賀のエディトリアルシート」を作成する。シートをもとに意見交換を繰り返し、与件の整理と目的の拡張に相当な時間をかける。

２０１９年

1月〜◆「仮・松岡正剛滋賀プロジェクト」という名称を使い始める。滋賀の祭り、芸術、文化、歴史、自然、才能、教育、表現など、近江再編集という方向性を広げられるだけ広げる。和泉と中山の目線がようやく合う。

6月17日◆コンセプト設計、プログラム編集、そしてコスト計算を先にするのではなく、松岡滋賀プロジェクトは新しいやり方をとった。「松岡が近江でやりたいと思ったことから始めてはどうか」と。中山は、その場で即諾。中山は、近江の「たにまち」になる覚悟をする。中山は、福家俊彦（三井寺長吏）に相談し、近江側で松岡の思いをうける同志を探し始める。

10月9日◆福家がブックサロン「本楼」（編集工学研究所／松岡正剛事務所）で松岡と初めて出会う。中山・和泉が同席。福家は、開口一番で三井寺「別所」の話を始めた。予定の時間を遥かにこえて8時間ほど交わす。解散後、松岡は和泉に「福家さんが話したことは日本の秘密。本になってないよ」と言った。

12月27日◆プロジェクトの立ち上げに関わる近江チームが三井寺で初顔合わせ。福家、中山、芝田冬樹（叶匠壽庵）、金子博美（琵琶湖グランドホテル）、村木康弘（不動産鑑定士）、加藤賢治（成安造形大学）、三宅貴江（雑誌「湖国と文化」）、横谷賢一郎（博物館学芸員）、福家俊孝（三井寺）、中村裕一郎（中山倉庫）が集う。中山がプロジェクト発足の経緯を、福家が三井寺「別所」の解説を行う。いつまでに何をするかを決めないプロジェクトに、松岡を知る者は心を躍らせるも、知らない多数派は戸惑うのみ。

２０２０年

2月7日◆和泉とチームを組む中村碧が三井寺を初訪問。80枚のパワポにまとめた「松岡正剛の仕事と方法」を90分で語った。松岡正剛ってどんな人?と思っていたメンバーの心がジワッと動きだす。

3月17日◆松岡・和泉・中村（碧）のために「大津視察二泊三日」の準備をしていたところ、前日に「松岡が発熱した」との一報が入る。松岡は「和泉と中村（碧）に託すので、視察は決行してほしい」と言った。メンバーは心尽くしのもてなしで応じる。

4月◆視察後、本プロジェクトの可能性を網羅し、松岡と和泉と中村（碧）で連日連夜話し込み、プロジェクトマップをつくる。

5月◆ようやく動き始めたプロジェクトに新型コロナウィルスの影響が立ちはだかる。

5月23日◆3月の視察で対面が叶わなかった近江チームと松岡がオンラインで初顔合わせ。音声を三井寺の音響システムにうまく繋げず、とても小さい音量に耳をそばだてて聞いた。

6月24日◆ミニサロン1@三井寺。コロナ禍でもチーム作りならできる。ガラガラの新幹線で毎月、和泉が大津に通い、ミニサロンを開催する。内容は松岡正剛著『日本文化の核心』のジャパンフィルターを使った大津読み。その都度、中村（碧）は大津用に再編集したテキストを準備した。のちに百間サロンと改称。

7月2日◆金子の案内で水尾寂芳延暦寺執行を訪問。福家・和泉が近江ARSを説明。午後は、ミニサロン2@琵琶湖グランドホテル。『日本文化の核心』の「イノリとミノリ」「漂泊と辺境」「まねび／まなび」をめぐる各グループの話が止まらない。

8月◆松岡が頻繁に和泉と会議を重ねる。内容はプロジェクト名ほか多岐にわたる。三井寺を「本の寺」にしたいと語る松岡。

8月28日◆オンラインイベント・松岡正剛の「千夜千冊の秘密」（丸善創業１５０周年記念講演）で、編集工学が大事にするキーワード「アルス・コンビナトリア」を、松岡が強調して語った。

9月8〜9日◆琵琶湖を見渡せる三井寺観音堂で松岡と近江チームの初顔合わせ。「初めてな気がしないね」と言う松岡。一泊二日で三井寺・別所・石山寺を訪ねる。初日の夜、料亭「豆信」の床の間で、横谷は矢筈を振り回しながら、松岡に見せたい掛け軸を次々と披露。富岡鉄斎が描いた大津絵ほか。カメラマンは、黒川隆介、今氏源太、兒玉真太郎。

10月19日◆福家、第百六十四代三井寺長吏に就任。近江ARSの活動が京都新聞で紹介される。

10月21日◆近江チームが「本楼」を訪問し、松岡・和泉らと座談会を行う。一同、天井まで届く書棚に目を奪われた。縄文から近代まで、詩歌から宗教まで。

11月25日◆近江チームがふたたび「本楼」を訪問。松岡からプロジェクト名が明かされた。「近江ARS（アルス）― OMI Another

Real Style」。

12月7日◆近江と東京の距離感をいかに大胆に編集するか。中山は和泉から「不在の在」という話を聞く。誰であれその場に不在だったとしても、存在している以上の存在感を演出する方法。もともとは、松岡が絶大な信頼を寄せる照明家・演出家の藤本晴美が和泉に伝えた言葉だった。年末、近江チームと、このことで意見を交わす。

2021年

1月9日◆湖北を視察し、對馬佳菜子と和泉が面談。竹生島・宝厳寺への船が強風で運休となり、次回を期す。

2月10日◆福家の長吏就任のお祝いと、近江ARSをお披露目する「キックオフ@近江」をしようと松岡が発案。会場探しが始まる。

3月◆翌月の「数寄語り」にむけてフィックス松本唯史とドローン撮影の打合せを実施。

3月12～13日◆近江ARSメンバーとポマト宮本らが2日間の湖北めぐり。三宅がいきいきと活動する湖北の仲間を紹介。冨田酒造の冨田泰伸、丸三ハシモトの橋本英宗、長浜まちづくりの竹村光雄。そこに對馬を加えた長浜組は、いま近江ARSの中心で活動するメンバーである。

3月24日◆毎月開催するミニサロンに松岡がオンライン参加。三井寺を中心とする経済文化圏について交わし合う。

4月7日◆三井寺の国宝・光浄院客殿に歴史学者・熊倉功夫、陶芸家・樂直入を迎え、松岡を亭主に「数寄語り」を開く。横谷が室礼、芝田がお菓子、福家俊孝が三井寺茶でもてなす。映像はフィックスが担当。

4月21日◆ミニサロンの名を改め「百間サロン」とする。どんなテーマでも、たくさんの「間（あいだ）」を見つけて対話を重ね、組み合わせ、新しい見方へ。そんな超雑談で近江一帯の関係線づくりを目指す。

4月28日◆松岡、2度目の肺がん手術を乗り切る。8月に開催する三味線奏者・本條秀太郎の会の準備が加速する。

5月20日◆「本楼」で建築家・隈研吾と初めての打ち合わせ。村木より「近江は日本のハラ」と題したプレゼンが行われる。

6月1日◆松岡が9月6日開催予定のキックオフタイトルをつくる。「夕波千鳥汝が鳴けば～近江から日本から変わる」。松岡と福家と中山が挨拶文を書く。

6月10日◆本條秀太郎・本條秀慈郎との近江めぐり。チャーター船で近江八景を琵琶湖から眺め、仰木では納豆餅を堪能。

6月14日◆隈研吾との近江めぐり。ビルの最上階から大津市内を眺める。「こんなにハイ&ローのカルチャーが混ざっているところをほかに知らない」と唸る。

6月16日◆石山寺・光堂で百間サロンを開催。阿弥陀如来・大日如来・如意輪観音3軀の仏さまに見守られ、『日本数寄』Ⅱ章「神仏のいる場所」の共読会。

6月17日◆「びわ湖ホール」のロケハン。和泉が率いる企画・制作・照明チーム15名が東京から参戦し、近江チームと合流。

7月6日◆三井寺コーヒーをつくるため、百間の富田拓朗が都内で試飲会を開催。福家好みの2種の味が決まった。しばらくのちに松岡命名「ON-JYOJI COFFEE」誕生。

7月9日◆百間の案内で、今栄美智子、天野マイコ、奥山奈央子、櫛田理、伊賀倉健二、佐伯亮介ら、都内で活躍するプロデューサー、ディレクター、エディター、カメラマンらが大津に集う。

8月1日◆本條秀太郎・本條秀慈郎、チェリストの森田啓介を招き、三井寺・光浄院で「近江三味線語り」を開催。大津絵師・髙橋松山が「鬼の寒念仏」を即興で描く。叶匠壽庵が漆椀の「かき氷」でもてなす。

8月10日◆松岡が近江ARSの立ち上げにあたり、中山にチェアマンという役割を託す。

8月18日◆滋賀県でまん延防止等重点措置の延長が決まり、キックオフの延期を余儀なくされる。この延期が無駄にならないようにと一同に緊張が走る。

9月16日◆キックオフ延期により緊張の糸が途切れないように「近江ARSの超動のための十数ヶ条の問」が松岡からメンバーに投じられる。今まで立ち止まって考えたことのないような問いだった。

10月25日◆江戸文化研究の田中優子を迎え、各地をご案内。紫式部が『源氏物語』を書き始めたと伝わる石山寺で鷲尾龍華（石山寺座主）と話し込む。

11月5～7日◆松岡が近江へ。二泊三日で近江滞在。日本画家・山元春挙の別荘だった蘆花浅水荘、横谷秘宝館、関蝉丸神社芸能祭など。三井寺では芸術家・森村泰昌を迎えて画期的な「人間浄瑠璃」の試みをめぐるトークを開催。

11月11日◆遠州茶道宗家十三世家元の小堀宗実・貴美子・宗翔らを迎え、各地をご案内。千利休作と伝わる花入銘「園城寺」の話を聞く。

11月27日◆キックオフ直前、メールとLINEの嵐にチームは全員が目を白黒させるも、次第に一座としてのまとまりがでてくる。

12月3日◆「浜は打出の浜」と『枕草子』に記された場所に立つ「びわ湖ホール」でキックオフ「染め替えて近江大事」をついに開催。全国各地から来られたお客様で大ホールの席がいっぱいになった。

12月21日◆鷲尾龍華、石山寺第五十三世座主に就任。

2022年

1月14日◆近江ARS・長浜組を中心として春に実施予定の「旅考長濱」のプランニン

グを開始。和泉から「松岡が大谷吉継に興味をもっている」という話を聞く。

3月3日◆松岡が仏教学の第一人者・末木文美士に電話をし、「日本仏教の話を近江で語っていただけないだろうか」と持ちかけ、快諾を得る。松岡も福家も末木の著書は全て読んでいた。「還生の会」が立ち上がる。

3月4日◆隈研吾の事務所に松岡、和泉、中村(碧)と近江ARSの中山、柴山直子(大津町家研究家)が出向く。松岡は「建築をつくらずに、近江から日本をあらわしてみたい」と依頼する。「クマスク」構想が動き出す。

4月14～16日◆3日間にわたり松岡が湖北をめぐる「旅考長濱」。松岡家の墓参りから始まり、湖北メンバーが渾身のもてなし。近江ARSの公式サイトに渡辺文子のレポート掲載。

5月23日◆第1回「還生の会」を三井寺で開催。末木を迎え、日本仏教の見方を披露。全8回シリーズがスタート。表方を川戸良幸(びわこビジターズビューロー)、裏方を中山、振舞を芝田、室礼を三浦史朗(六角屋)と福家俊孝が統括し、企画は和泉を中心に全員で取り組む。

7月7日◆松岡の千夜千冊1802夜『日本仏教入門』から10夜連続で仏教の本が取り上げられる。1803夜では「旅考長濱」での松岡家の墓参りの映像も掲載。

7月27日◆叶 匠壽庵の芝田が率いるプロジェクトを構想。松岡、芝田、池田典子、和泉で対話を重ね、「節会」という言葉で方向性が一致する。

8月4日◆山出保・元金沢市長と近江ARSメンバーが面談。竹村は「山出氏は、自国を愛する藩主のよう。商業至上主義の限界とまちづくりについてテーマを授かった」と語る。

8月21日◆第2回「還生の会」開催。最澄の「懸命」があったからこそ、千年続いた王権と仏法の関係ができあがったと末木が語る。灌頂の場である三井寺・唐院に最澄と円珍の絵が掛けられ、最澄の「懸命」を体感。

8月22日◆松岡、和泉で叶 匠壽庵 寿長生の郷を訪問。息があがる松岡を気遣い、トラクターを改造した「専用車」を準備。

9月20日◆松岡が芝田と叶衆に「龍門節会」というメモと書「をちこち」を送る。塩崎浩司をはじめ叶衆が沸き立つ。

10月27日◆寿長生の郷で「龍門節会」開催。小堀宗実が花を生け、芝田が見立てをきかせた和菓子をつくり、横谷が掛け軸を吹き寄せ、福家が本を連ねた。

11月7日◆第百六十四代三井寺長吏・福家俊彦大僧正の拝堂式が営まれる。500人近い来場者の前で近江ARS一同が祝いの言葉を述べる。福家は「仏教を変えていきたい。そのためにみなさんと近江ARSでご一緒したい」と語る。

11月14日◆隈研吾と松岡が「クマスク」構想を練るため、2日間かけて大津界隈を逍遥。京阪電車で石山寺から坂本まで乗車し、坂本で穴太衆、屋根職人たちと対話。翌日は琵琶湖汽船「megumi」を貸し切り、湖上から近江を見渡す。琵琶湖汽船を長年率いてきた川戸が特別な琵琶湖ガイドを行う。

12月14～15日◆湖北組の力を借りて和泉が「奥日本の旅」を企画。小堀宗翔、MESS、濱田祐史、張大石、櫛田理らが東京からやってくる。

12月19日◆隈研吾の仕事を取材している英国BBCが近江ARSに興味を持っているようだと、隈と別件で出会った和泉が聞く。

12月21日◆第3回「還生の会」を三井寺で開催。末木は「草木は成仏するか」という日本仏教の一大テーマを語った。三浦と福家俊孝は、植物染めにより日本の色を追求する染織家・吉岡更紗の染布と、山から切り出した枝を室礼に用いた。長浜組は長浜の食材を盛り付けた特製神輿を運び込み、懇親の場を盛り上げた。

2023年

2月19日◆第4回「還生の会」開催。前半は、能楽師・河村晴久が大津市伝統芸能会館の能舞台で「屋島」と「隅田川」の仕舞を特別仕立てで披露。末木は天台本覚が根底にあるという鎌倉仏教の大胆な見方を提示。もてなしは「あんこもち」と「きなこもち」。みなで餅をついた。

3月8日◆佐藤清靖(さふじ総合出版研究所)に近江ARSの書籍化に関する具体的な相談を始める。タイトル案は「仏教が見ている」。近江ARSは各自執筆スタート。実働部隊となる編集デザインチームの体制を組む。

4月22～23日◆近江のアイコンづくりをするグラフィックデザイナー松田行正と、隈研吾の「クマスク」を担当する隈研吾都市設計事務所・渡辺傑らが長浜と大津を旅する。

5月◆「旅考長濱」の映像をYouTubeにアップ。近江で最後の荷をとく決意を語る松岡。

6月1日◆海東英和(議員)の高島市内スペシャルツアーを実施。

7月19日◆100頁想定の本のコンテンツが大幅増。編集工学研究所で研鑽を積んだ櫛田理(EDITHON)、佐伯亮介(デザイナー)、広本旅人(編集者)、イシス編集学校の師範・師範代の米山拓矢、阿曽祐子、林愛、和泉・中山で長時間MTGを重ね、松岡のダメ出し覚悟の編集三昧の日々を送る。

8月27日◆長浜で百間サロンを開催。BIWAKO PICNIC BASEで竹村と對馬が90分話し尽くす。近江ARSが何たるかではなく、自分次第で近江ARSが変容することの面白さを会場に伝えた。彦根の百間サロン開催を見据えて志賀谷光弘も参加。

8月21日◆隈研吾とBBC取材チームが近江ARSの取材で三井寺へ。福家と中山が対応。松岡への取材は「本楼」で実施。

8月26日◆第5回「還生の会」を三井寺で開催。末木は近世には想像以上に民衆に仏教が浸透していたと語る。室礼では近世に再建された檜皮葺の三井寺金堂をモチーフに檜皮葺師・河村直良の技を披露。エンディングはMGSがライトアップする妖艶な金堂と佐久間海土の音楽で演出。龍門節会の動画編集に続き、企画協力に奥山奈央子(ディレクター)が加わる。

8月30日◆ダンサー森山未來が琵琶湖の一角で踊る。昔の琵琶湖景色が残る場所。竹村、中山、和泉が現地でアシスト。写真撮影は濱田祐史、動画収録はMESS。

10月9日◆百間サロン30回記念。中山が滋賀県立美術館ディレクター保坂健二朗と相談し、毎月の百間サロンを一般公開イベントに仕立てる。「美の世界と信仰の出会い—仏像からアール・ブリュットまで」をテーマに福家と保坂が登壇。

11月9日◆三浦史朗(六角屋)のコーディネートで百間サロンを開催。日本を代表する数寄屋大工集団「三角屋」の仕事場を見学。朽木小屋で「本の屋台」の話を聞く。

12月2日◆第6回「還生の会」を長浜・大通寺で開催。竹村の仕切りで湖北組を中心に近江ARSが一丸となる。曳山まつり子ども歌舞伎の披露や、和楽器の糸で仕立てた「琴屏風」、特別公開の「身代わり観音」など湖北らしさを伝えた上で、近代の日本仏教の生き残りをかけた変遷を辿る末木ソロトーク、そして末木、松岡、福家の恒例の仏教談義。

2024年

1月20日◆近江ARS書籍作業の大詰め。百間で顔を突き合わせ全ページを見直す。8時間たち、最後に残された話題は本のタイトル。「近江ARSいないいないばあBOOK 別日本で、いい。」と決まる。

2月12日◆松岡を囲んで「近江ARS TOKYO」のキックオフを実施。松岡・和泉から出てきた仮のプログラムは12フェーズにおよぶ。近江ARSメンバー全員と8時間のミーティングをする。

2月15日◆近江ARSの書籍刊行と「近江ARS TOKYO」を経て第二幕に向かうため、近江ARSの「代(だい)」を担う三人の代表が決まる。川戸、芝田、そして中山。

2月23日◆彦根で百間サロンを開催。彦根在住の山田和昭(近江鉄道)が選んだテーマは「井伊直弼の生き様」。サンライズ出版の岩根順子の紹介で『井伊家』の著者・野田浩子とのセッションを実現。井伊直弼を歴史的現在によみがえらせるために各領域から活発に意見を交わす。村瀬行寛住職の協力で、直弼が長年禅の修行をした清涼寺が会場となった。

撮影ノ記

田村泰雅(写真家)

近江ARSに携わる中で、私は近江の音に出合った。光浄院を包み込む蝉の音。きんと冷えたかき氷が溶ける音。線香花火の火花が散る音。湖が呼吸する音。真言宗と天台宗の声明が同調して響く音。大方の現場では、視覚が先行して音が届くことが多い。しかし、近江では、音が視覚を先行して写真を撮っているような感覚を覚えた。あの日、二つの声明に呼応するように、松岡さんが口元で何かを唱えていた。脱力感と重厚感が交錯するそのお経を想像しつつ、私はシャッターを切った。

亀村佳宏(シネマトグラファー)

はっきりとした形では捉えきれないものと向き合っている。撮影が近づくと、ああでもないこうでもないとNHKドキュメンタリープロデューサーの伊賀倉さんと議論を重ねながら、映像で切り取っていくなかで朧げに形が見えはじめる。松岡さんを撮影して今年で4年目。その映像データは200時間を優に超える。その賜物だろう。当初、明確にはイメージできなかったものは、レンズを通してだけ形が見えるとわかったのだ。

二幕「湖国顔見世」を執筆した林愛（右）と
近江取材に東奔西走した阿曽祐子（左）

二幕脚注の短歌選びと四幕「琵琶湖トリビア」をじわじわ編集する米山拓矢

近江 ARS の映像班。伊賀倉健二と亀村佳
宏は松岡の映画を撮ろうとしている

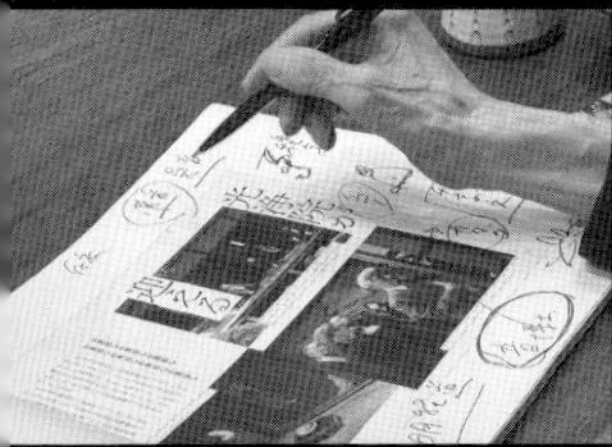
釈迦誕生から仏教伝来までの千年間を濃
縮編集したゲラにさらに赤字を入れる

森山未來の撮影で琵琶湖に入る濱田祐史とその様子を水中から収録する MESS

中盤の編集会議。ギリギリまで変更と調
整をくりかえす、大番頭・和泉佳奈子

近江・仏教・別日本という、前代未聞の三
位一体をデザインする佐伯亮介

肌で感じるために編集部も近江視察。福家さんの案内で三井寺ミステリーツアー

全体構成から写真セレクトや見出しまで
部分と全体を大胆に編集する櫛田理

中村碧が松岡正剛の膨大な写真アーカイ
ブから「近江 ARS 十七景」を構成中

表紙カバーのドラフト。いつものように松岡の手書きスケッチからはじまる

大詰め、最終編集会議で。出版統括の佐
藤清靖と、春秋社の柳澤友里亜

本書に登場する 415 点の図版。指差しで
確認しながらイメージをマネージ

50 稿でも終わらない。職人のような広本旅人が、赤ペンの細先で辣腕をふるう

年明けの編集会議。「いないいないばあ」
でいくと決めた。深夜0時の百間

私がプロデュースしたい日本がここにある。和風でも懐古でもなく、本来であって将来であるような日本。そのためには、「別」というもう一つの編集装置が必要だった。松岡さんと私の日本への眼差しは、近江ARSとともに試走と邁進を繰り返す。

producer **和泉佳奈子**（百間 代表）

松岡正剛は魔神である。共働するのは、縦軸に三井寺の福家俊彦と仏教学の末木文美士、横軸に近江 ARS のメンバーと多彩な執筆者。ARS とはアナザー・リアル・スタイル。「別様の日本と世界」を〈近江〉から発信、実装を試みる刮目の書。ご高覧あれ。

publishing producer **佐藤清靖**（さふじ総合出版研究所 代表）

3 万枚に及ぶ膨大な近江 ARS の図版が千本ノックを繰り返し、原稿と図版が絡み合うような約 300 枚に凝縮された。松岡さんの 80 年にわたる数多の作品群から徐々に近江の地へと向かい、日本仏教を越えて、複層的な“別日本”が重なりあう一本の映画のような仕立てである。

node editor **中村 碧**（百間ディレクター）

シャープペンシルの芯先のような、フラジャイルな一撃になるはずだったが、いつの間にか450 頁を超える情報空母になっていた。かくして、淡海に沈殿しているかくれた日本探しがここからはじまる。出帆前夜。

mode editor **櫛田 理**（EDITHON 代表）

数学は虚数を孕むことで進化した。仏教は世界を「虚」と空じることであらゆる思想を呑み込んだ。きっと虚はアブダクションを起動させる鍵穴なのだ。本書の二幕では本文の脇に近江と仏教にゆかりのある歌を添えて、虚実バロック風味を試みた。編集三昧の日々に感謝。

code editor **米山拓矢**

松岡さんと編集する本はただゴトではなくなる。当初 100 頁ほどの台割は 4 倍以上に膨れ上がった。各界のみなさまからの寄稿にアートや念仏や舞踏がぐいぐいと絡みあう。本を起点にニューバロックを志向する挑戦的な一冊が完成した。

chief editor **広本旅人**

いないいない
inai inai
BAR
since 2024

多様で多層。身近なのに抹香臭い。そんな仏教に臨むことから始まった本づくり。「シンプルデザイン」などと半端なデザイン術は通用しない。松岡さんの言葉を切り口に別様を探るための試作を繰り返し（ラフは 50 回以上）、漸くたどり着いた一冊。

art director/designer **佐伯亮介**

305 最澄像｜所蔵：一乗寺、提供：奈良国立博物館
306 日月四季山水図屏風 ｜ 所蔵：天野山金剛寺
309 国芳 筆「元祖市川団十郎百九十年の寿歌舞伎十八番の内勧進帳」｜ 所蔵：国立音楽大学附属図書館 竹内道敬文庫
310 河鍋暁斎 画「釈迦八相倭文庫 上乃巻」｜ 万亭応賀 著・猩々暁斎 画（金松堂）／国立国会図書館デジタルコレクション
311 南瞻部洲万国掌菓之図 ｜ 所蔵：京都大学附属図書館
328 安藤礼二 ポートレート ｜ 撮影：小林りり子
332 最澄筆「尺牘（久隔帖）」｜ 所蔵：奈良国立博物館
335 石山寺 中秋名月「月見亭」｜ 提供：石山寺
336 三井寺 金堂 ｜ 提供：三井寺
337 石山寺 硅灰石と多宝塔 ｜ 提供：石山寺
339-345 寿福滋撮影「琵琶湖」｜ 提供：多賀町立文化センター
346 加藤巍山「道標」｜ Photo by Idea Works. P
348 森山未來 ポートレート ｜ MMphoto @ Takeshi Miyamoto

▼第４幕「別日本を臨む」
364 樂直入 ポートレート ｜ 撮影：田口葉子
365 樂直入「Whiterock 暁 Image Malevich」（2022）｜撮影：畠山崇
367 朱漆塗燻韋威縫延腰取二枚胴具足 ｜ 所蔵：彦根城博物館、提供：彦根城博物館 / DNPartcom
369 川瀬敏郎「桃山の華」｜ 撮影：野中昭夫／「工芸青花」（新潮社）
370 森村泰昌・桐竹勘十郎創作公演　人間浄瑠璃「新・鏡影綺譚」｜ 撮影：福永一夫、提供：森村桐竹人間浄瑠璃プロジェクト実行委員会
382 西古見—VITAL ｜ 撮影：濱田康作
386 平出隆 ポートレート ｜ 撮影：takaramahaya
389 ヤマザキマリ「メナンドロス王」｜『オリンピア・キュクロス』第６巻（集英社）
390 ヤマザキマリ ポートレート ｜ 撮影：ノザワヒロミチ
396 門説経 ｜『人倫訓蒙図彙 7』（平楽寺）／国立国会図書館デジタルコレクション
伊藤比呂美 ポートレート ｜ 撮影：吉原洋一
405 いとうせいこう発電所「電力シェアランド」構想図 ｜ 出典：株式会社 UPDATER「電力シェアランド」
411 ローレンツ・アトラクター ｜ iStock.com/enot-poloskun

420 長浜曳山祭「子ども歌舞伎」｜提供：長浜ローカルフォト
ロボットの手｜ iStock.com/ koya79
421 東海道名所図会之内 大津絵の店｜所蔵：大津市歴史博物館

▼松岡正剛の自著／共著／編集・監修「近江 ARS 十七景」所収
「the high school life」（東京出版販売、1967 ～ 70）
『アート・ジャパネスク』全 18 巻（講談社、1980 ～ 83）
「遊 創刊号」（工作舎、1971）
「遊 1006 観音力＋少年」（工作舎、1979）
「遊 1030 仏教する」（工作舎、1982）
マルチアーカイブビデオ「蘇える空海」上巻・下巻（密教 21 フォーラム、2004）
『空海の夢』（春秋社、1984）
『全宇宙誌』（工作舎、1979）
『情報の歴史』（NTT 出版、1990）
『日本という方法』（NHK 出版、2006）
『日本流』（朝日新聞出版、2000）
『花鳥風月の科学』（淡交社、1994）
『日本数寄』（春秋社、2000）
『MA Espace-Temps du Japon』「間」展カタログ（Musée des Arts Décoratifs Festival d'Automne à Paris、1978）
『平安建都 1200 年記念—伝統と創生フォーラム集成』（淡交社、1995）
『平城遷都 1300 年記念出版 NARASIA 日本と東アジアの潮流 これナラ本』（奈良県・丸善出版、2009）
『平城遷都 1300 年記念出版 NARASIA 東アジア共同体？ いまナラ本』（奈良県・丸善出版、2010）
「遊 1011 方程式・国家論」（工作舎、1980）
『日本の組織』全 16 巻（第一法規、1986 ～ 89）
『クラブとサロン』小林章夫ほか（NTT 出版、1991）
「ORIBESQUE」パンフレット（The ORIBE Project、岐阜県、1994）
『千夜千冊エディション』（角川ソフィア文庫、2018 ～）
Web サイト「千夜千冊」（松岡正剛事務所・編集工学研究所、2000 ～）
『松岡正剛千夜千冊』全 7 巻＋特別巻（求龍堂、2006）

Credit

005 植物染作品 ｜ 染司よしおか六代目当主 吉岡更紗
013 身代わり観音 ｜ 所蔵：赤後寺
016 十一面観音立像 ｜ 所蔵：石道寺
032 山口小夜子 織部賞の会場 ｜ 協力：株式会社 オフィスマイティー

▼第1幕「伏せて、あける」

042 黄道十二宮のホロスコープ ｜『キルヒャーの世界図鑑』ジョスリン・ゴドウィンほか 著、川島昭夫 訳（工作舎、1986）
044 豊原国周 作「暫」｜ 所蔵：刀剣ワールド財団（東建コーポレーション株式会社）
思考戦車タチコマ ｜ © 士郎正宗・Production I. G／講談社・攻殻機動隊 2045 製作委員会、提供：WAVE CORPORATION
杉浦康平「二即一即多即一」｜『本が湧きだす』杉浦康平（工作舎、2022）
047 南方マンダラ ｜ 所蔵：南方熊楠顕彰館（田辺市）
049 横尾忠則「エクトプラズム（カラヴァッジオに捧ぐ）」（1986）｜ 提供：株式会社ヨコオズ・サーカス
053 黒織部六波文茶碗 ｜ 所蔵：古田織部美術館
058 歪んだ真珠 ｜ iStock.com/ARTKucherenko
カバラのセフィロト ｜『錬金術とカバラ』ゲルショム・ショーレム 著、徳永恂ほか 訳（作品社、2001）
063 タイガーアゲハチョウ ｜ iStock.com/Liliboas
ライプニッツ「結合法論」扉絵 ｜『ライプニッツ著作集 1 論理学』下村寅太郎ほか 監修（工作舎、1988）
「遊 1001 相似律」表紙（工作舎、1978）
068 三浦梅園「玄語図」｜『三浦梅園自然哲学論集』尾形純男・島田虔次 編注訳（岩波文庫、1998）
片山東籬 筆「三浦梅園肖像」（部分）｜ 提供：国東市三浦梅園資料館
071 能「白鬚」｜ 提供：矢来能楽堂、撮影：駒井壮介
077 ヤマトタケル ｜『日本武尊：家庭歴史文庫』／国立国会図書館デジタルコレクション
歌川芳艶 筆「大江山酒呑退治」｜ 所蔵：国際日本文化研究センター
本居宣長六十一歳自画自賛像 ｜ 所蔵：本居宣長記念館
光琳かるた「天智天皇」｜ 提供：大石天狗堂
新潮社コレクション 白洲正子（1973）｜ © 新潮社／毎日フォトバンク
顔を隠す子ども ｜ iStock.com/Sasiistock
090 智証大師坐像（中尊大師）｜ 所蔵：三井寺
石山寺縁起絵巻 巻第一 ｜ 所蔵：石山寺
新羅明神像 ｜ 所蔵：三井寺
100 ニクラス・ルーマン 肖像（1988）｜ 提供：朝日新聞社
石黒浩とジェミノイド HI-5 ｜ 提供：日本文教出版
ダイアン・アーバス「一卵性双生児、ローゼル、ニュージャージー州、1966」｜ © The Estate of Diane Arbus
104 森川許六 筆「奥の細道行脚之図」｜ 所蔵：天理大学付属天理図書館
107 如意輪観音坐像 ｜ 所蔵：三井寺
長谷川等伯 筆「松林図屏風」｜ 所蔵：東京国立博物館、出典：ColBase

▼第2幕「近江 ARS の帳が上がる」

136 菩薩形立像（いも観音）｜ 所蔵：黒田安念寺
148「園城寺境内古図」五幅の内「三別所」幅 ｜ 所蔵：三井寺
150 大津絵「青面金剛」｜ 個人蔵
152 狩野晴川・狩野勝川 模「職人尽歌合（七十一番職人歌合）（模本）」｜ 所蔵：東京国立博物館、Image: TNM Image Archives
157 十一面観音立像 ｜ 所蔵：三井寺
161 竹一重切花入 銘 園城寺 ｜ 所蔵：東京国立博物館、出典：ColBase
169 三浦史朗 ポートレート ｜ 撮影：十文字美信
180 十一面観音立像 ｜ 所蔵：石道寺
203 歌川広重 画「木曽海道六拾九次之内 草津追分」｜ 提供：草津市立草津宿街道交流館
205「西浅井水運まつり」の丸子船 ｜ 提供：北淡海・丸子船の館／西浅井総合サービス
209 鴨稲荷山古墳 ｜ 提供：（公社）びわ湖高島観光協会
217 蝶夢 詞書・狩野正栄至信 画「芭蕉翁絵詞伝」下巻「堅田浮御堂 十六夜観月句会」｜ 所蔵：義仲寺
218 恩田侑布子 ポートレート ｜ 撮影：石塚定人
220 髙村薫 ポートレート ｜ © 新潮社

▼第3幕「仏教が見ている」

250 千手千足観音立像 ｜ 所蔵：正妙寺
251 河井寛次郎「木彫像」（1954）｜ 所蔵：河井寛次郎記念館、提供：デジスタイル京都
252 祥啓 筆「達磨像」｜ 所蔵：南禅寺、出典：『名画精鑒』尚美会 編／国立国会図書館デジタルコレクション
253 鈴木大拙 書「△□不異○（色不異空）」｜ 提供：鈴木大拙館
258 土佐秀信 画「仏像図彙」｜『仏像図彙 三』武田伝右衛門／国立国会図書館デジタルコレクション
262 中村光「ブッダの休日」より ｜ 出典：『聖☆おにいさん』第 1 巻 © 中村光／講談社
264 杉浦康平デザイン「遊 1002 呼吸」表紙より（工作舎、1978）
267 稲田宗哉 書「境」｜ 作家提供
277 伝教大師像 ｜ 所蔵：三井寺
292 森山大道「Stray Dog」（1971）｜ © 森山大道写真財団
297 ロバート・メイプルソープ「Calla Lily, 1984」｜ © Robert Mapplethorpe / Art + Commerce

近江といこい50冊

ブックセレクト

福家俊彦、横谷賢一郎、川戸良幸、藤野徹雄、阿曽祐子、橋本英宗、中山雅文、竹村光雄、加藤賢治、三宅貴江、冨田泰伸、柴山直子、鷲尾龍華

◉白洲正子の足跡

『かくれ里』白洲正子（講談社文芸文庫）

『近江山河抄』白洲正子（講談社文芸文庫）

『近江―木と石と水の国―』牧直視 写真、白洲正子 文（駸々堂出版）

『白洲正子と歩く琵琶湖』〈江南編〉〈江北編〉大沼芳幸（海青社）

◉旅は道連れ

『カラー近江路の魅力』〈乾〉〈坤〉中村直勝 文、山本建三 写真（淡交社）

『湖北の光』寿岳章子 著、沢田重隆 絵（草思社）

『みずうみ紀行』渡辺淳一（光文社文庫）

『近江路をめぐる石の旅』長朔男（サンライズ出版）

『近江の宿場町』八杉淳（サンライズ出版）

『びわ湖一周 滋賀じてんしゃ旅』輪の国びわ湖推進協議会（八重洲出版）

◉琵琶湖は生きている

『空景の琵琶湖』蓮川博凡 文、中島省三 写真（文化評論社）

『琵琶湖ハンドブック 三訂版』内藤正明 監修（滋賀県）

『琵琶湖―その呼称の由来―』木村至宏（サンライズ出版）

『琵琶湖は呼吸する』熊谷道夫・浜端悦治・奥田昇（海鳴社）

『内湖からのメッセージ―琵琶湖周辺の湿地再生と生物多様性保全―』西野麻知子・浜端悦治 編（サンライズ出版）

◉近江史を読む

『近江から日本史を読み直す』今谷明（講談社現代新書）

『街道をゆく1―湖西のみち、甲州街道、長州路ほか―』司馬遼太郎（朝日文庫）

『湖国小宇宙―日本は滋賀から始まった―』高谷好一（サンライズ出版）

『近江古代史への招待』松浦俊和（京都新聞出版センター）

◉仏の里・神の座（くら）

『古寺巡礼 近江 1〜8』井上靖、瀬戸内寂聴ほか（淡交社）

『近江路の彫像―宗教彫刻の展開―』宇野茂樹（雄山閣）

『観音ガールと巡る 近江の十一面観音』對馬佳菜子（能美舎）

『近江に於ける宮座の研究』肥後和男（臨川書店）

◉美と祈り

『近江の祈りと美』寿福滋 写真、高梨純次 文（サンライズ出版）
『近江の障壁画』石丸正運・磯博 文、徳田光圓 写真（京都書院）
『近江の美術と民俗』宇野茂樹 編（思文閣）
『近江 石の文化財』瀬川欣一（サンライズ出版）

◉集落の語り部たち

『北近江 農の歳時記』国友伊知郎（サンライズ出版）
『聞き書 滋賀の食事』橋本鉄男ほか編（農山漁村文化協会）
『古民家は語る―受け継がれてきた暮らし―』吉見静子（新評論）
『近江 山の文化史―文化と信仰の伝播をたずねて―』木村至宏（サンライズ出版）
『地図から消えた村―琵琶湖源流七集落の記憶と記録―』吉田一郎（サンライズ出版）

◉近江学に潜る

「湖国と文化」（びわ湖芸術文化財団）
「近江学」（成安造形大学附属近江学研究所）
『京を支配する山法師たち―中世延暦寺の富と力―』下坂守（吉川弘文館）
『比叡山寺―その構成と諸問題―』景山春樹（同朋舎）

『城と湖と近江』「琵琶湖がつくる近江の歴史」研究会 編（サンライズ出版）
『近世琵琶湖水運の研究』杉江進（思文閣）
『滋賀県植物誌』北村四郎（保育社）
『江北図書館―120年続くちいさなふるい私設図書館―』岩根卓弘 編（能美舎）

◉湖国の文学

『復刻版 星と祭』井上靖（能美舎）
『湖の風回廊―近江の文学風景―』西本梛枝（東方出版）
『絹と明察』三島由紀夫（新潮文庫）
『湖の琴』水上勉（講談社文庫）
『湖北の女』水上勉（集英社文庫）
『惜春』花村萬月（講談社文庫）
『故郷の廃家』饗庭孝男（新潮社）
『近江八景の幻影』M・ダウテンダイ 著、河瀬文太郎・髙橋勉 共訳（文化書院）
『滋賀近代文学事典』日本近代文学会関西支部滋賀近代文学事典編集委員会 編（和泉書院）
『滋賀の文学地図』朝日新聞大津支局 編（サンブライト出版）

日本しるしる6冊

末木文美士　選

川端康成『美しい日本の私』 角川文庫

川端には高級な通俗性とも言うべきものがあるが、その審美眼はさすが。ところが、後半になると「末期の目」や「魔界」が出てきて、俄然怪しくなる。日本を語ることは、「魔界」に足を踏み入れることだ。

本居宣長『紫文要領』 岩波文庫

日本が誇ることのできる最大の文学は『源氏物語』。その入門書はたくさんあるが、本居宣長の「もののあはれ」論は、一度は通過しなければならない関門だ。女子供のセンスこそ日本文化の真髄だと言われて納得。

凝然『八宗綱要』 講談社学術文庫

1268年、凝然28歳の出世作だが、今日に至るまで最良の仏教入門書。そのままではさっぱり分からないので、文庫の鎌田茂雄氏の注釈が有難い。本書を通過してはじめて、仏教の広大な世界が開かれてくる。

松岡正剛　選

慈円『愚管抄』 岩波文庫

日本を「いないいない・ばあ」であらわした天台座主の名著。「顕」に立つか「冥」を覗くか、この「いない」と「ばあ」を二つながら懐中に収める方法はここに出所した。

網野善彦『日本の歴史をよみなおす』 ちくま学芸文庫

日本歴史には数々のone-anotherが出入りする。そのことを一挙に理解するのは容易ではない。観望台が必要だ。いったん網野史観をモデルにしてみるのが有効になるのではないかと思う。

末木文美士『日本仏教史』 新潮文庫

鮮烈だった。天台本覚を正面で捉えたところが出色だが、通史としての目配りも周到で、その後の末木さんの数々の著作の稠密かつ斬新な説得力を予想させるものでもあった。

執筆者一覧

松岡正剛
編集工学研究所 所長、
角川武蔵野ミュージアム館長

福家俊彦
天台寺門宗総本山三井寺（園城寺）
長吏

末木文美士
仏教学者

田中優子
江戸文化研究者

隈研吾
建築家、
隈研吾建築都市設計事務所 主宰

本條秀太郎
三味線演奏家、作曲家

小堀宗実
遠州茶道宗家十三世家元

河村晴久
能楽師（観世流シテ方）

村木康弘
不動産鑑定士

阿曽祐子
電子部品メーカー
人事総務マネージャー

福家俊孝
総本山三井寺（園城寺）執事

三浦史朗
建築家、六角屋代表

芝田冬樹
叶 匠壽庵 代表取締役社長

池田典子
叶 匠壽庵 総務部部長、
広報誌「烏梅」編集長

竹村光雄
都市計画家、
長浜まちづくり常務取締役

對馬佳菜子
観音ガール

橋本英宗
丸三ハシモト代表取締役

冨田泰伸
冨田酒造十五代蔵元

富田拓朗
プログラマー、百間取締役企匠

中山雅文
中山倉庫 取締役社長

川戸良幸
びわこビジターズビューロー会長

柴山直子
建築士、柴山建築研究所 代表

内田孝
清水寺 学芸員

海東英和
滋賀県議会議員

加藤賢治
成安造形大学芸術学部地域実践領域
教授 副学長

永田和宏
歌人、細胞生物学者

河野裕子
歌人

横谷賢一郎
博物館学芸員、見立数寄者

恩田侑布子
俳人、文芸評論家

髙村薫
作家

ロジャー・パルバース
作家、劇作家、演出家

MESS
映像監督

濱田祐史
写真家

渡辺傑
建築家、
隈研吾建築都市設計事務所

小堀宗翔
茶道家

張大石
地域文化遺産学研究者

黒川隆介
詩人

櫛田理
編集者、ブックディレクター、
EDITHON代表

松田行正
グラフィックデザイナー、装丁家

鎌田東二
哲学者・宗教学者

清水祥彦
神田神社 宮司

細川晋輔
臨済宗妙心寺派龍雲寺 住職

大谷栄一
宗教社会学者

竹村牧男
仏教学者

師茂樹
仏教学者

藤田一照
曹洞宗 僧侶

浅野孝雄
脳外科医、中村元東方学院 講師

佐伯啓思
経済学者、思想家

米澤泉
女子学研究者

田中貴子
国文学者

亀山隆彦
仏教研究者、上七軒文庫 代表

安藤礼二
文芸評論家

青野恵子
一穂堂オーナー

鷲尾龍華
大本山石山寺 第五十三世座主

寿福滋
写真家

鈴木郷史
ポーラ・オルビスホールディングス
代表取締役会長

加藤巍山
仏師・彫刻家

森山未來
俳優・ダンサー

樂直入
陶芸家、樂家十五代当主

熊倉功夫
歴史学者、
国立民族学博物館 名誉教授

川瀬敏郎
花人

森村泰昌
現代美術家

エバレット・ブラウン
Cultural Explorer、京都会所 代表

田中泯
ダンサー

山本耀司
ファッションデザイナー

今福龍太
文化人類学者、批評家

平出隆
詩人、散文家、装幀家

ヴィヴィアン佐藤
ドラァグクイーン、美術家

ヤマザキマリ
漫画家、文筆家、画家

髙山宏
英米文学者

伊藤比呂美
詩人、小説家

山本ひろ子
宗教思想史家

中田英寿
JAPAN CRAFT SAKE COMPANY 代表、
TAKE ACTION FOUNDATION 代表理事

いとうせいこう
作家、クリエイター

緒方慎一郎
SIMPLICITY 代表、デザイナー

原丈人
デフタ パートナーズ グループ代表、
アライアンス・フォーラム財団会長

津田一郎
数理科学者

三日月大造
滋賀県知事

佐藤健司
大津市長

田村泰雅
写真家

亀村佳宏
シネマトグラファー

和泉佳奈子
百間 代表、
近江ARSプロデューサー

Special Thanks

◎染め替えて近江大事：冷泉為人、冷泉貴実子、蓑 豊、石丸正運、大道良夫、中島省三、奥田博士、小堀貴美子、河村奈穂子、奥田美恵子
◎演奏：本條秀慈郎、森田啓介
◎大津絵：五代目髙橋松山
◎声明：福家紀明、久世円寿、中原賢明、総本山三井寺／安田秀悟、久木崇央、大本山石山寺
◎染織：吉岡更紗、染司よしおか
◎謡：河村和貴、河村和晃
◎囃子方：赤井要佑、林吉兵衛、河村 大
◎音響演出：佐久間海土、奥山奈央子
◎三番叟：常磐山、三役修業塾
◎琴屏風：足立利幸、高橋輝充、丸三ハシモト／朝比奈秀雄、串畑文彦、稲岡 稔、三角屋
◎取材：山出 保、石野圭祐、石川県中小企業団体中央会
◎自然茶：堀口一子
◎和菓子：塩崎浩司、角田 徹、生地伸行、叶 匠壽庵
◎甘酒：清水千広、藤野由紀子、冨田酒造
◎食の神輿：野本育恵、Tsunagu／七尾うた子、Nanao pottery／堀江昌史、丘峰喫茶店／お米の家倉
◎政所茶：山形 蓮、政所茶縁の会
◎珈琲：山崎 淳、百間

◎着付け：江木良彦、江木デザイン事務所
◎森山未來—湖独の舞：武重裕子
◎ars members：藤野徹雄、竹嶋克之、武田英裕、籏瀬昌生、渡邊嘉久
◎ars partners：福家博子、中山 郁、中山信希、中山夏生、服部美紀、金子博美、三宅貴江、佐野元昭、渡辺文子、岩根順子、野田浩子、志賀谷光弘、伊香忠雄、池田寿視、小堀泰道、川村和彦、横田莉大、松本伸夫
◎venue preparation：角 克也、西坊信祐、中村虚空、犬山空翼、総本山三井寺／小島幸絵、武田雅代、田中眞一、田中水萌、遠江隆行、大本山石山寺／村瀬行寛、清凉寺／長浜まちづくり／奥村栄造、南 隆史、肥田和己、中山倉庫／水谷仁美、堂脇榛華、六角屋
◎movie：伊賀倉健二、亀村佳宏、小川櫻時／松本唯史、北村真太郎、フィックス／今氏源太、兒玉真太郎
◎photograph：田村泰雅、新井智子、川本聖哉、下川晋平
◎lighting：伊東啓一、井上靖雄、MGS照明設計事務所
◎events：飯島髙尚、宮本千穂、ポマト・プロ／三浦直心、三浦ニュールーム／手計摩美、ブライトン／成沢繁幸、シミズオクト／萩原桂吾、綜合舞台／和田 浩、本庄
◎online delivery：難波美代子、園村健仁

◎design assistant: 内倉須磨子
◎IT technology：光永 誠、ソルフレア
◎artisan：栗田純徳、栗田建設（穴太衆）／河村直良、河村雅史、河村社寺工殿社（檜皮葺師）／津田弘道、津田左官工業所（漆喰職人）／美濃邉恵一、美濃邉哲郎、美濃邉恭平、美濃邉鬼瓦工房（鬼師）／堀田忠則、飯田 剛、中西敬介、森下孝志、堀田工務店（堂宮大工）

あみ定、安閑神社、安藤家、伊香具神社、いろは、魚治、胞衣塚、遠州茶道宗家、近江孤篷庵、近江聖人中江藤樹記念館、大津絵の店、大津市伝統芸能会館、尾上湖上タクシー、佳山、鴨稲荷山古墳、かわ重、願養寺、安念寺、京阪電気鉄道、江北図書館、湖里庵、滋賀県立芸術劇場びわ湖ホール、石道寺、新月、赤後寺、菅浦惣村の会、すし慶、清凉寺、関蝉丸神社、大通寺、高島歴史民俗資料館、佃平七糸取り工房、藤樹書院、鳥居楼、成子紙工房、針江 生水の郷、びわ湖大津プリンスホテル、琵琶湖汽船、琵琶湖グランドホテル 京近江、BIWAKO PICNIC BASE、古橋史跡文化保存会、紅鮎、報恩寺、三尾神社、安産もたれ石、翼果楼、葭嘉 西川嘉右衛門商店、よもぎ

近江ARSのプロジェクトにご協力頂いた皆様に御礼申し上げます。

編著者

松岡正剛

MATSUOKA Seigow

編集工学研究所 所長
角川武蔵野ミュージアム館長

1944年京都府生まれ。父方のルーツは湖北・長浜。オブジェマガジン「遊」編集長、東京大学客員教授、帝塚山学院大学教授などを経て、情報文化と情報技術をつなぐ方法論を体系化した「編集工学」を確立し、様々なプロジェクトに応用。2000年より「千夜千冊」の連載を開始。同年、eラーニングの先駆けともなるイシス編集学校を創立。近年は、編集的世界観にもとづく書店空間「松丸本舗」、図書空間「エディットタウン」など本をもちいた数々の世界観を提示する。著書に『知の編集工学』『日本という方法』『日本文化の核心』『擬 MODOKI』ほか多数。

執筆者代表

福家俊彦

FUKE Toshihiko

天台寺門宗
総本山三井寺（園城寺）長吏

1959年滋賀県大津市生まれ。立命館大学大学院文学研究科（西洋哲学専攻）修士課程修了。天台寺門宗・総本山三井寺（園城寺）第164代長吏。天台寺門宗・宗機顧問。また滋賀県の国峰道場・太神山不動寺の兼務住職を務める。天台寺門宗ならびに三井寺を中心に仏教文化史、建築生産史を研究。成安造形大学招聘教授、認定NPO法人びわ湖トラスト理事長。著書に『三井の山風どこ吹く風』、三井寺事典シリーズ『三井寺の文学散歩』『三井寺の精進料理』『三井寺の建築案内』『三井寺建築小史』、ブックウェアエッセイ『本の暇つぶし』など。

末木文美士

SUEKI Fumihiko

仏教学者　東京大学名誉教授
国際日本文化研究センター名誉教授

1949年山梨県甲府市生まれ。73年東京大学文学部印度哲学科卒、78年東京大学大学院博士課程修了。東京大学人文社会系研究科教授、国際日本文化研究センター教授などを歴任。専攻は仏教学、日本思想史。仏教を含めた日本思想史・宗教史の研究を行い、現代に生きる思想としての仏教を探究する。主な著書に『日本宗教史』『日本思想史』『日本仏教史 思想史としてのアプローチ』『仏典をよむ 死からはじまる仏教史』『草木成仏の思想 安然と日本人の自然観』。2023年には20年ぶりとなる『岩波 仏教辞典 第三版』の改訂を編者として担った。

author/editorial director	松岡正剛
co-author	福家俊彦、末木文美士 田中優子、隈研吾ほか 近江 ARS
producer	和泉佳奈子
art director/designer	佐伯亮介
chief editor	広本旅人
code editor	米山拓矢
mode editor	櫛田 理
node editor	中村 碧
interview writer	阿曽祐子
research writer	林 愛
illustrator	伊野孝行
photographer	新井智子、田村泰雅、川本聖哉、下川晋平
production	百間
publishing management	豊嶋悠吾、柳澤友里亜
publishing producer	佐藤清靖
special cooperation	中山雅文、對馬佳菜子、竹村光雄、 川戸良幸、柴山直子、横谷賢一郎
cooperation	中山事務所、中山倉庫、総本山三井寺、大本山石山寺、 叶 匠壽庵、松岡正剛事務所、編集工学研究所、 イシス編集学校、EDITHON、さふじ総合出版研究所

近江ARSいないいないばあBOOK
別日本で、いい。

2024年4月29日　第1刷発行

編著者　松岡正剛
発行者　小林公二
発行所　株式会社　春秋社
〒101-0021　東京都千代田区外神田2丁目18番6号
電話　03-3255-9611（営業）
　　　03-3255-9614（編集）
振替　00180-6-24861
https://www.shunjusha.co.jp/
印刷製本　萩原印刷株式会社

ISBN 978-4-393-33396-9
定価はカバー等に表示してあります

近江ARS公式サイト
https://arscombinatoria.jp/omi

◎松岡正剛の本◎

空海の夢〈新版〉

万能の天才・空海に秘められたメッセージを曼荼羅を描くように縦横無尽に語り尽くす。新たに「母なる空海、父なる宗教」という新しい視点の空海論を所収。

2200円

17歳のための世界と日本の見方
——セイゴオ先生の人間文化講義

ワクワクする世の中の秘密、教えます。世界の文化・宗教・思想をクロニクルにまとめ、日本とのつながりを明らかにする。流れるようにドンドン読める人間と文化の教科書！

1870円

18歳から考える国家と「私」の行方〈東巻〉〈西巻〉
——セイゴオ先生が語る歴史的現在

全ての歴史は現代史だ。激動の時代の背景を探り、時空を超えて世界規模の関係性を「編集」から読み解く、白熱の近現代講義。

各1870円

擬 MODOKI
——「世」あるいは別様の可能性

現代の捉えがたい「世界」と「世間」をめぐって、縦横無尽に論を展開。来たるべき「世」を見据え、展望する。蕪村からミトコンドリア、アーリア主義からヒッグス粒子まで！

2090円

雑品屋セイゴオ ZAPPin'YA SEiGOW

オブジェのフェチを語り尽くしたセイゴオワールド全開の異色の書。ノスタルジックな思い出が薫る。ウィットの効いたイラスト付。

1980円

松岡正剛＆イシス編集学校（著）
インタースコア——共読する方法の学校

松岡正剛が「自らの最高傑作」と語る、イシス編集学校とは何か。ネット黎明期に誕生した「方法の学校」で伝えられる秘密が遂に開陳。

2420円

松岡正剛（編著）中谷巌／田中優子／松本健一／隈研吾／西松布咏／柳家花緑／安田登／エバレット・ブラウン／小堀宗実（著）
匠の流儀——経済と技能のあいだ

「近代」という枠組みを、私達はどう乗り越えられるか。卒近代・脱近代・超近代のために日本の歴史と文化にヒントを探る講義録。

1980円

価格は税込（10％）